삶 따라 자취 따라

茶山 정약용

윤동환 著

다산초당도

다산 정약용 선생 초상화

책을 펴내며

"다산 정약용 선생을 알지 못하면, 근세 한국의 학문과 사상을 말할 수 없다."

"술에 취하면 하루가 가고, 목민심서에 취하면 천년 대계가 이루어진다."

그 동안 수많은 사람들이 다산문화원을 다녀갔습니다. 다산문화원에는 다산정신을 이해하고 실천하고자 하는 이들의 흔적이 이 시대 사람들의 발자취가 되어 이미 수백권의 기록으로 남아 있습니다. 이 기록은 "효도는 부모님의 뜻을 거스르지 않는 것이다. 동트기 전에 일어나라, 기록하기를 좋아하라."고 당부하신 다산 말씀의 실천이기도 합니다.

이들은 강의를 듣고, 토론하고, 기록하면서 어른과 아이들이 함께 읽을 수 있는 책이 있었으면 좋겠다고 했습니다. 다산 초당을 다녀와서 자녀들과 함께 느낌을 정리하고, 다산의 정신을 쉽게 이해할 수 있는 책이면 더욱 좋겠다고 했습니다.

이 책은 이런 방문객들의 요청을 받아들여 쓴 책입니다. 다신 선생의 어린 시절부터 오늘의 초당이 있기까지의 내용을 산문적으로 기술하여, 누구나 쉽게 접할 수 있도록 하였습니다.

다산초당을 답사하는 많은 분들께 다산 정약용 선생에 대한 지적(知的) 염원을 채워 줄 수 있을 것입니다.

평소 다산정신 생활화운동을 추진해 왔던 저의 노력이 『삶 따라 자취 따라 다산 정약용』이라는 책으로 정리되어, 다산 문화원에서 함께 토의하고 기록하면서 다짐하였던 분들 외에도, 다산을 알고자 하는 많은 독자들과 만나게 되어 기쁩니다. 오늘을 살기 힘겨워 하는 많은 분들께 희망이 되고, 귀중한 깨달음으로 간직되길 바랍니다.

필자의 부모님께서 해변산중 오지마을 다산초당을 찾는 학자와 수많은 문화답사인들에게 평생 무료로 숙식을 제공하며 어려운 이웃들에게 한없이 자애로우셨던 부모님의 영전에 이 책을 바칩니다.

다산선생 탄신 235주년을 기념하며
다산문화원에서

정약용 선생 | 외가 - 예손 | 裔孫 | 다 산 | 茶 情
제자 - 현손 | 玄孫 | 지킴이 | 尹楝煥

삶따라 자취따라

茶山 정약용

차례

제1장
하늘이 낸 천재

당파 싸움을 뒤로하고
외갓집 서재에 묻혀
일곱 살에 확인된 천재성
새로운 학문에 눈을 뜨고

당파 싸움을 뒤로 하고

'하늘이 인재를 내는 것은 본디 한 시대의 쓰임을 위해서이다. 하늘이 냈는데도 사람이 버리는 것은 하늘을 거스르는 것이다. 하늘을 거스르고도 하늘에 나라를 길이 유지하게 해 달라고 비는 것은 있을 수 없는 일이다. 나라를 다스리는 자가 하늘의 순리를 받들어 행하면 나라의 명맥(命脈)을 훌륭히 계속시킬 수 있을 것이다.'

허균이 「유재론(遺才論)」에서 언급한 말이다. 조선후기 사회는 분명 국운 융성의 시기였다. 그러나 모처럼 맞이한 좋은 기회를 잃어버림으로써 조국은 근대화에 늦었고, 결국 뼈아픈 근대사를 맞이해야했다. 이러한 비운의 역사 속에 다산 정약용이라는 민족의 큰 스승이 자리하고 있었다. 어찌 보면, 다산 정약용의 삶과 우리 민족의 역사가 동일한 궤적을 그리고 있는지도 모르겠다.

여기 물 있고 산 있네   有水有山處

큰 영화 없고

헛된 욕심 또한 없네   無榮無辱身

푸르름이 천지를 뒤덮은 계절 6월이었다. 마을 앞에 '소내(笤 川)'라는 이름의 강이 있었다. 강 주변은 매우 아름다울 뿐만 아니라 평화롭고 조용했다.

그 강가에 큰 갓을 쓰고 도포를 입은 선비 한 사람이 낚싯대를 드리우고 앉아, 고기 대신 세월을 낚는 듯 강 건너 먼 산을 바라보며 한 수 시를 읊었다.

그는 당파 싸움에 밀려 관직을 그만두고 고향 마을로 내려온 정약용의 아버지 정재원(丁載遠)이었다.

마침 논에 풀을 뽑으러 강가를 지나가던 한 농부가 정재원에게 인사말을 건넸다.

"어르신, 오늘도 낚시하십니까?"

"그러하오만……"

정재원은 바쁜 농사철에 강가에 앉아 낚싯대를 드리우고 있는 것이 미안했다. 그래서 그는 말끝을 흐렸다.

"많이 낚으셨습니까?" 하면서 농부는 정재원 곁으로 다가서며 다시 말을 걸었다.

그로서는 서울에서 높은 벼슬에 올라 나랏일을 돌보아야 할 어른이 한적한 농촌으로 내려와 하루하루를 지루하게 소일하고 있는 것이 안타까워서 위로의 말이라도 건네고 싶은 마음이었다.

"아니, 아직 그럴 듯한 손맛 한번 못 보았으니……"

정재원은 마지못해 대꾸했다.

"입질이 없으시다는 말씀이시지요?"

농부는 정재원 곁에 쪼그리고 앉았다. 그리고 덧붙였다.

"어르신, 이런 농촌에 파묻혀 계시기 적적하시지요?"

"아니, 그렇지도 않으이."

"저희들이 볼 때는 귀양살이하시는 것 같아 안타까울 때가 많답니다."

"귀양살이라…. 허어, 어쩌면 그럴지도 모르지."

"어서 어서, 서울로 올라가시어 나랏일을 돌보셔야 할 터인데…."

농부는 진심에서 우러나오는 말을 건네면서 정재원의 옆얼굴을 바라보았다.

"글세…. 그러나 어떤가. 선인의 시구에 이런 대목이 있지."

정재원은 낚싯대의 끝에 시선을 고정시킨 채, 방금 혼자 마음으로 읊었던 시구를 이번에는 농부가 들을 수 있도록 소리 내어 읊었다.

"여기 물 있고 산 있으니, 큰 영화도 없고, 헛된 욕심도 없노라."

"예?"

농부는 선뜻 정재원의 시구를 알아듣지 못했다. 정재원은 말을 이었다.

"여기 경관이 얼마나 좋은가. 천상에 앉아 있는 듯한데 벼슬이 무어 필요한가. 아니 그런가?"

"그러긴 하옵지요. 우리 마현 마을의 산과 소내 강물은 어디 비유할 데가 없습지요."

농부는 이러한 마현 마을에 산다는 것이 자랑스러운 듯 싱글거렸다.

"벼슬이 무어 필요한가……."

정재원은 혼잣소리로 반복해 중얼거리면서 지난날 벼슬살이하던 때를 떠올렸다.

소론, 노론, 남인, 북인의 파벌로 갈려 서로를 헐뜯고 비방하는 당파싸움을 뒤로 하고, 홀연 고향 마현으로 내려온 것은 참으로 잘한 일이었다고 생각했다.

벼슬아치들이 백성을 위하여 고심하지는 않으면서, 자신들만의 권익을 위하여 아귀다툼하는 것이 정재원의 성품에는 맞지 않았다.

"떠나버리길 잘 했지…."

"예? 무엇을 말씀이신지요?"

농부는 정재원의 혼잣소리에 귀를 세웠다.

"아닐세. 혼자 생각이네."

"아, 예… 그러면 저는 물러갑니다. 아무쪼록 월척을 낚으십시오."하고 농부는 정재원에게 몸을 굽혀 인사하고, 강줄기를 따라 위로 올라갔다.

"그래, 그러지. 산 절로수절로 하니, 산수 간에 나도 절로라, 이 것이 신선이라는 것일 터, 싸움질이나 일삼는 그런 벼슬은…"

농부가 멀찍이 언덕배기로 올라가자 정재원은 중얼거렸다. 그때였다. 낚싯대의 끝이 크게 움직였다. 동시에 정재원이 잡고 있는 손에 강한 전류가 흐르듯 찌르르한 손맛이 왔다.

"옳지, 대어로구나."

생각과 동시에 정재원은 낚싯대를 위로 잡아챘다. 제법 묵직했다. 묵직한 놈을 끌어올리는 정재원의 입가에 절로 미소가 번졌다. 낚시 바늘에 걸린 놈이 점차 수면 위로 올라왔다. 큼직한 잉어였다. 잉어는 마침 내리쪼이는 햇살을 받아 비늘을 반짝이며 퍼덕거렸다.

"허어."

정재원은 만면에 웃음을 띠었다.

"마님, 나리 마니임."

정재원이 끌어올린 잉어의 주둥이에 걸린 낚시 바늘을 빼내고 있을 때 하인이 뛰어오며 소리쳤다.

"이놈아, 목소리를 낮추어라."

정재원은 하인의 경망스런 행동을 책망했다.

"그것이 아닙니다요. 마님, 어서 댁으로 가셔야 합니다." 하인은 정재원의 책망 따위는 아랑곳하지 않고 다급하게 말했다.

"이 녀석, 무슨 일인지 말해야지. 무작정 허둥대기만 하면 내가 영문을 모르지 않느냐."

말은 그렇게 하면서 정재원은 낚싯대를 거두어들였다.

"저어, 마님께서…"

"뭐? 그러면 산기가 있단 말이로구나. 아니 그러냐?"

"예, 그렇습니다."

"그래, 오늘이 며칠이더라…."

정재원은 아기가 태어나는 날을 셈하면서 낚시 바구니를 하인에게 넘기고 앞서 걸었다.

얼마 되지 않아 정재원은 대문 앞에 다다랐다. 그러자 곧 안채에서 아기의 우렁찬 울음소리가 들렸다.

정재원은 발걸음을 멈춘 채 아기의 울음소리가 들리는 안채를 바라보며 흐뭇함을 감추지 못했다.

"아드님이십니다, 아드님요."

산모의 시중을 들던 아낙네가 안방에서 나오면서 웃음을 머금고 큰소리로 말했다.

"그래, 산모의 건강은 어떠하더냐?"

정재원은 그녀 자신이 아들을 받았다는 기쁨에 싱글벙글 웃고 있는 아낙네에게 성급히 물었다.

"예, 마님도 건강하시고 아기님도 건강하십니다."

"그러냐. 고생했구나."

이 아기가 녹음방초의 계절, 푸르른 여름에 태어난 정재원의 넷째 아들 정약용(丁若鏞)이다.

정약용의 어머니는 명문 해남 윤씨(海南尹氏)로 시(詩)·서(書)·화(畵) 삼절로 유명한 공재 윤두서(恭齋 尹斗緖)의 손녀다. 어머니의 5대조는 효종과 현종 때의 남인 거두 고산 윤선도(孤山 尹善道)다.

정약용이 태어난 날은 정재원이 벼슬을 버리고 고향 마현으로 내려온 그 해 1762년 6월 16일이었다.

정재원은 처음 이 아들의 이름을 귀농(歸農)이라고 불렀다. 귀농은 '농촌으로 돌아간다'는 뜻을 품고 있는 한자 이름이었다. 그 자신 벼슬을 버리고 농촌으로 돌아와서 낳은 아들이기 때문이었다.

정재원이 농촌으로 돌아온 까닭은 이 해에 나라에 말 못할 변괴가 일어났기 때문이다. 그 당시 왕이었던 영조가 당파싸움에 휘말려 아들인 사도세자를 뒤주에 가두어 굶어 죽게 한 사건이었다. 이 때 사도세자를 죽여야 한다고 주장한 사람들을 가리켜 '벽파'라 했고, 사도세자를 동정하여 죽이지 말라고 했던 사람들을 '시파'라 했다. 이 논쟁에서 정재원은 시파였으며, 아들까지도 참혹하게 죽인 비정한 정치에 환멸을 느끼고 한양에서 고향 마현으로 돌아온 지 얼마 안 되어 아들 약용을 낳았던 것이다.

외갓집 서재에 묻혀

정약용은 어린 시절 어머니를 따라 외갓집에 자주 갔다. 외가(外家)로 선조가 되는 고산 윤선도는 남인계의 혁혁한 학자로 「어부사시사」, 「오우가」 등의 시조문학에 조예가 깊은 선비였다. 일찍이 벼슬을 했던 윤선도는 서울에 집을 가지고 있었다. 공재 대에 이르러서는 서울의 중심지인 종현(鐘峴 ; 오늘의 명동)에 집이 있었나. 성약용은 어머니를 따라 종현에 있는 외갓집에 자주 갔다.

그리고 해남에도 갔다. 해남은 '해남 윤씨'의 본거지였고 텃밭이었다. 당대의 대학자였던 윤선도의 해남 집(녹우당) 역시 많은 자료들이 있었다.

어린 정약용은 일찍이 선대 윤선도의 글과 외증조부 공재 윤두서가 그린 그림들, 중국으로부터 들어온 귀한 책들을 가까이 접할 수 있었다.

외갓집에는 모든 것이 풍족했지만 특히 학문과 가까이 할 수 있는 귀한 책들이 서가에 수천 권 빽빽이 꽂혀 있었다.

그것은 윤씨 집안 대대로 물려받아 잘 보관된 보물들이었다.

녹우당 전경(해남읍 연동리)

정약용은 젖먹이 아기 때부터 그것들을 보면서 자랐고, 조금
철들 무렵에는 서가에 앉아 이것저것 뒤적이면서 한번 서가에 들
어가 앉으면 책 구경하는 것으로만 하루를 보낼 때도 있었다.

하루는 마침 증조부의 기일이었다. 온 가족이 한데 모여 담소
와 함께 음식 장만에 여념이 없었다. 그러나 정약용은 사람들이
모여 있는 곳을 피해 사랑채 서가에 들어갔다.

그는 책장에 가지런히 정리되어 있는 책들을 모두 마루 바닥에 내
려놓고 뒤적이기 시작했다. 특별히 그가 찾는 책이 있는 것은 아니었다.

그는 여러 책장을 넘기면서 그 안에 빼곡하게 씌어 있는 글자
들을 눈으로 훑었다. 글을 읽는 것이 아니라 글자들을 보는 것만
으로 만족한 듯한 미소를 머금고 있었다.

'내가 이 책들을 다 읽을 수 있는 날이 언제일런가?'

어린 정약용은 자신이 성장하여 그 많은 책들을 모두 읽을 날을 기다렸다. 어느 날 아침 일찍 서가로 들어간 정약용은 책 더미에 묻혀 시간 가는 줄 몰랐다.

점심때가 훨씬 지났다. 안채에서는 음식 장만에 부산했고 별채에는 많은 손님들이 북적거렸다. 그 때문에, 그때까지 어린 정약용에 대해서 어느 누구도 신경 쓰지 못했다. 그러나 해가 질 무렵까지 정약용이 보이지 않자, 외손자를 찾으라는 할아버지 말씀에 따라 식구들이 여기저기 정약용의 이름을 부르며 뛰어다녔다.

"귀농아, 귀농이 어디 있느냐?"

"귀농이 도련님, 도련니임."

집안 구석구석 심지어는 뒷동산 소나무 숲까지 온통 뒤지고 다녔지만 정약용은 보이지 않았다.

식구들은 모두 외갓집에 와서 귀농이를 잃어버렸다고 근심에 싸였다. 그런데 사랑채 서가에 들어갔던 외삼촌의 목소리가 크게 들렸다.

"여기 있습니다. 귀농이 여기 잠들어 있습니다."

가족들은 우르르 서가로 달려가 방문을 활짝 열었다. 정약용은 방안 가득 책들을 흐트려 놓고, 책 한 권을 펴서 든 채, 책더미에 묻혀 곤히 자고 있었다.

"이 녀석이 책을 장난감 삼아 놀다가 그대로 잠이 들었구나."

외할아버지가 그렇게 말하며 정약용을 안고 밖으로 나왔다.

"두고 보거라. 이 놈이 학문에 일가를 이룰 것이야."

외할아버지는 의미 있는 말을 남겼다.

정약용의 어머니는 그 말을 새겨듣고서 아들을 찾았다는 안도감에 아들을 안채 선넌방에 뉘고 그의 발그레한 볼에 입맞춤을 하며 볼기를 다독거렸다.

'그래, 부디 나라를 위해 무언가를 해내는 인물이 되어야 하느니라' 아버지 정재원은 연천현감으로 부임하였다. 아버지를 따라간 정약용은 글공부도 하면서 아버지가 고을을 다스리는 모습을 눈여겨보았다.

그런데 다산이 아홉 살 되던 해, 그토록 자상하고 따뜻한 어머니가 세상을 떠나셨다. 정약용은 당장 어머니를 잃은 슬픔이 무엇인지 몰랐다. 훗날 다산은 당시를 이렇게 회고했다.

'내가 어렸을 때 부모님을 따라 연천현으로 간 적이 있는데, 그때 일을 아직도 기억하고 있다. 지금은 돌아가셨지만 그때는 살아계셨던 어머님께서 술 담그고, 장 달이던 여가에 삼이야 육이야 하면서 형수와 저포(樗蒲) 놀이를 하시느라 즐거움이 화락하기만 했다. 몇 년 뒤에 어머니께서 세상을 버리시니, 내 나이 그때 겨우 아홉 살이었다. 머리에 이와 서캐가 득실거리고 때가 얼굴에 더덕더덕 붙어 있었다. 형수가 날마다 힘들여 씻기고 빗질해 주었다. 그러면 나는 늘 흔들어대며 벗어나려고만 하면서 형수에게로 가려 하지 않았다. 형수는 빗과 세숫대야를 들고 따라와서 어루만져 주며 씻으라고 통사정을 하곤 했다. 달아나면 붙잡기도 하고 울면 놀려대기도 하였다. 꾸짖고 놀려대는 소리가 뒤섞여 떠들썩하니 온 집안이 한바탕 웃고 식구들 모두가 나를 밉살스럽게 여겼다.'

일곱 살에 확인 된 천재성

어느 여름날, 강에서 모래 장난을 하던 정약용은 멀리 고향 쪽을 바라보다가 생각이 난 바가 있었다. 그는 아버지가 손님들과 시회(詩會)를 열며 이야기하고 있는 줄도 모르고 집으로 달려갔다.

"이 녀석, 온통 흙투성이를 하고 무슨 짓이냐? 어르신들께 냉큼 인사 올리거라."

아버지가 야단을 쳤다.

"예, 귀농이라고 합니다. 절 올리겠습니다."

정약용은 아버지의 말이 떨어지기 무섭게 넙죽 엎드려 큰절을 올렸다.

"허어, 그 놈 장난질이 심하겠구먼."

"아믄, 저맘때는 맘껏 뛰놀아야 하느니."

선비들은 까치집 지은 정약용의 머리를 쓰다듬으며 한마디씩 했다.

그러나 정재원은 심기가 불편했다. 여러 벗들 앞에 불쑥 뛰어들어온 자식이 흙감탱이에 까치머리라서 여간 민망하지 않았나.

"어서 물러가 몸을 씻어야 하느니…."

정재원은 아들에게 물러가라고 고갯짓을 했다.

그러나 정약용은 물러갈 기미를 보이지 않았다. 그는 방금 선비들과 정재원이 짓고 있던 시와 벼루 가장자리에 놓아 둔 붓을 바라보고 있었다.

　한 선비는 그런 정약용의 꿍꿍이가 무엇인가 어렴풋 짐작이 갔다.

　"아니 이 녀석이 급히 사랑채로 뛰어든 것은 무슨 연유가 있어서 인 것 같은데 그 의견을 들어보도록 하시지요."

　그 선비는 정재원을 바라보면서 그렇게 말했다.

　정재원도 아들이 앞뒤 생각 없이 불쑥 사랑채로 뛰어든 것에는 필시 다른 사유가 있음을 짐작하고 있던 터였다.

　"그래, 귀농이는 무슨 일인지 말하여라."

　아버지의 말이 떨어지자마자 정약용은 공손히 고개를 숙이고 붓을 가리켰다.

　"아버님, 저 붓과 종이를 가지러 왔습니다."

　정약용이 그렇게 말하자 둘러앉아 있던 선비들은 입가에 미소를 띠며 어린 약용을 지그시 바라보았다.

　"무엇하려고?"

　정재원이 물었다.

　"예, 다름이 아니오라 방금 강에서 놀면서 먼 산을 바라보다가 생각나는 것이 있어서 잊어버리기 전에 적어 놓으려고…."

　"호오, 그래?"

　"그러면 시를 짓겠다는 말이더냐?"

　"어서 붓과 벼루를 내어 주도록 허락하심이 좋을 듯하오."

　선비들이 또 한마디씩 했다.

　"아니, 붓과 종이를 그냥 내줄 것이 아니라 마침 우리들이 시회를 열고 있었으니, 여기서 한 수 지어 보라 하시지요."

한 선비가 그렇게 말하자 모두들 그러는 것이 좋겠다며 맞장구를 쳤다.

그러나 정재원은 조심스러웠다. 글 읽기를 좋아한다고는 하지만, 어린것이 시를 짓는다는 것은 생각해 보지 않았기 때문이었다.

"자, 무얼 망설이느냐, 아가, 괜찮으니 어서 써보아라."

"예, 어르신."

정약용은 선뜻 종이를 끌어당기고 붓을 들었다. 그는 서슴없이 종이에 붓끝을 떨어뜨려 글을 쓰기 시작했다.

작은 산이 큰 산을 가리는 것은   小山蔽大山
거리가 멀고 가까움이 다르기 때문이다.   遠近地不同

정약용이 시를 짓고 나자 선비들은 모두 벌린 입을 다물지 못했다. 특히 놀란 것은 아버지 정재원이었다.

"보통 아이가 아니군요."

"그렇지요? 시에서 세상 이치를 정확히 보는 지혜가 번뜩입니다."

"이 아이가 몇 살이오?"

한 선비가 정재원을 바라보며 물었다.

"이제 일곱 살입니다."

"놀랍군요, 놀랍습니다."

다섯 글자로 된 두 구절의 시를 본 아버지는 깜짝 놀라며 자신의 느낌을 말해주었다.

"분수(分數)와 소장(消長)에 밝으니 역법(曆法)이나 산수(算數)에 능통하리라."

멀리 있는 산과 가까운 산의 지세를 판단한 어린 다산도 훌륭하고 기특했지만, 아들의 분별력을 읽어낸 아버지의 판단도 훌륭했다.

이렇듯 여러 선비들을 깜짝 놀라게 한 정약용은 그의 나이 10세 때는 그 동안의 글을 모아 삼미자집(三眉子集)이란 책을 엮어내기도 했다.

그런데 정약용이 아홉 살 되던 해에 자상하고 따뜻한 어머니가 돌아가셨다.

정약용은 어려서 어머니를 잃은 슬픔이 무엇인지 몰랐다.

여전히 들로 강가로 뛰어다니며 장난이 심했고, 지나칠 만큼 심한 정약용의 장난질은 새어머니로 맞게 된 김씨를 무척 애먹였다. 그러나 새어머니 또한 어머니 못지않게 자상한 성품이어서 아무리 장난질이 심해도 크게 꾸지람하지 않았다.

장난이 심할 때는 심해도 한번 책 속에 파묻히면 시간 가는 줄 모르고 책을 읽기 때문이기도 했다.

"그래, 맘껏 뛰어 놀고 맘껏 책을 읽어라. 구애받지 않는 행동 속에 생각과 이상이 크는 것이란다."

새어머니는 오히려 그런 것이 정약용의 사고를 키워 주는 데 한 몫 한다고 믿었다. 그래도 정약용은 돌아가신 어머니가 그리울 때 외갓집으로 자주 가곤 하였다. 그곳에 가면 어머니의 냄새가 남아 있는 것 같았고, 그보다는 서가에 가득한 책을 마음껏 볼 수 있어서 좋았다. 외증조부가 남긴 많은 책들이 어머니를 잃은 그를 위로하는 것이었다.

'박학호고(博學好古)'라는 말은 '널리 배우고 옛것을 좋아하는 사람'을 일컫는 말이다. 이 말이 가장 잘 어울린 학자 가운데 한 사람이 바로 다산의 외증조부였던 공재 윤두서였다. 공재 윤두서는 겸재(謙齋) 정선과 현재(玄齋) 심사정 등과 함께 조선의 3대 화가인 '삼재'로 알려져 있다. 그의 그림은 특히 인물화로 이름이 높았다. 그 가운데서도 오늘날까지 남아 전하는 '자화상'은 전 세계적으로 주목받고 있는 대작이다.

그런데 이 그림을 본 사람들은 누구나 다산의 얼굴 모습이나 머리털, 수염까지도 공재의 자화상을 닮았다고 했다. 실제 다산은 자신의 문인들에게 "나의 정기(精氣)와 성분(性分)은 대부분 외가에서 물려받았다."고 말하곤 했다. 8대가 옥당을 거친 친가의 핏줄도 만만하지 않은데, 고산 윤선도 와 공재 윤두시로 이이 지는 외가의 핏줄에 더 큰

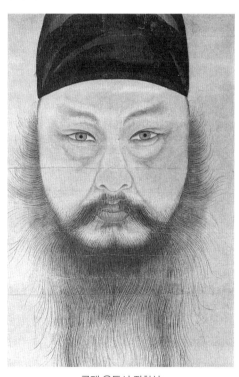

공재 윤두서 자화상

자부심을 지니고 있었음을 알 수 있었다.

다산은 독서를 할 때도 한 가지 의문이 생기면 그에 대한 의문이 깨끗하게 풀릴 때까지 관계되는 모든 서적을 추적하며 끝까지 읽었다. 어느 한 권의 책만을 정독하는 것이 아니었다. 그저 자신의 궁금함을 풀기 위한 책이라면 어떤 것이나 손에 잡히는 대로 뒤적였다. 정치, 역사, 경제, 천문학에 대한 책들을 두루 섭렵하며 읽었다. 다산은 그러는 중에 다방면의 학문에 흥미와 관심을 갖게 된 셈이었다.

정약용이 그렇듯 책읽기를 좋아하는 것을 알게 된 아버지 정재원은 그에게 남다른 애정으로 곁에 앉히고, 글을 가르치며 선인들의 좋은 시를 읽게 했다.

어느 여름날이었다. 정약용은 마을 앞 강가에 앉아 책을 읽고 있었다. 그의 곁에는 10여 권의 책이 따로 놓여 있었다.

때마침 어떤 학자가 강가를 지나가게 되었다. 그는 버드나무 그늘에 앉아 열심히 책을 읽는 정약용을 무심히 지나쳤다.

그러나 며칠 후 그가 다시 그 강가를 지나게 되었다. 그날도 정약용은 독서삼매에 빠져 있었다.

지난번에는 무심히 지나쳤으나 또다시 같은 자리에서 같은 소년을 만난 그는 걸음을 멈추고 소년의 곁에 다가섰다.

낯선 선비가 그의 곁에 다가선 것도 모른 채 정약용은 글 읽기에 여념이 없었다.

그는 허리를 굽혀 정약용이 읽고 있는 책을 들여다보았다.

그리고 그는 깜짝 놀랐다. 정약용이 읽고 있던 책은 통감강목이었기 때문이다. 통감강목은 중국 송나라의 주희(주자)가 쓴 59권이나 되는 긴 역사책이었다.

“얘야, 지금 네가 읽고 있는 책은 강목이 아니냐?”

그는 정약용에게 불쑥 물었다. 그때서야 정약용은 책에서 눈을 떼고 그를 바라보았다.

“예, 그렇습니다.”

정약용은 서슴없이 대답했다.

“강목, 통감강목이란 말이지?”

선비는 다시 한번 확인하여 물었다.

정약용은 미소를 띤 채 고개를 주억거렸다.

“그처럼 어려운 책을 네가 읽는단 말이냐?”

“예, 이제 거의 다 읽었습니다. 이것이 마지막 권입니다.”

그는 믿어지지 않았다. 10여 세 남짓한 소년이 그 어려운 책을 다 읽었다는 것은 도저히 납득하기 어려웠다.

그는 책 한 권을 빼들고 책의 내용을 물었다. 그의 물음에 정약용은 거침없이 대답했다.

그는 정약용의 머리를 쓰다듬으며 혼잣소리로 중얼거렸다.

‘거목이 될 묘목이다. 꼭 나라의 대학자가 될 것인즉……’

새로운 학문에 눈을 뜨고

　1776년 봄, 오랫동안 왕의 자리를 지키고 있던 영조가 세상을 떠났다. 그 즉시 왕세손이던 정조가 새 임금이 되었다.

　정조는 사도세자의 아들이었다. 임금이 된 정조는 억울하게 세상을 떠난 아버지를 죽음으로 몰아넣었던 벽파의 대신들을 몰아내고, 아버지를 돕다가 벼슬에서 물러난 시파의 선비들을 다시 불러 요직에 앉혔다.

　시파로 몰려 벼슬에서 밀려났던 정약용의 아버지 정재원도 호조 좌랑에 임명되었다.

　같은 해 이른 봄, 15세의 정약용은 승지까지 지낸 홍화보(洪和輔)의 딸과 결혼하고, 정재원과 함께 고향 마현을 떠나서 서울로 올라왔다. 정약용은 아버지에게 글을 배우는 틈틈이 선조인 정시한의 성리학을 익히고 있었다.

　성리학이란 중국 송나라에서 일어난 학문으로서, 경서의 해석에만 치우치던 지난날의 학문과는 달리 우주의 근본과 인간의 본성에 대해 연구한 학문이었다.

정약용은 그 성리학을 공부하다가 막히는 데가 있으면 이승훈(李承薰)을 찾아갔다. 이승훈은 정약용의 매형으로 정약용보다 나이가 여덟 살 위였다.

그는 학문이 깊어 정약용이 찾아가서 질문하면 막힘없이 가르쳐 주곤 하는 스승이었다.

이승훈은 진사시험에 합격하고도 벼슬에 마음을 두지 않고 학문에만 전념했다.

그리고 아버지를 따라 중국에 가서 천주교를 알게 되었으며, 중국에 머물고 있던 그라몽 신부에게 영세를 받고 한국 최초의 세례 신자가 되었다.

정약용은 이승훈을 통하여 학식이 높기로 유명한 이가환을 알게 되었다. 이가환은 이승훈의 외삼촌으로 나이가 정약용보다 20세 위였다.

정약용은 그들과 함께 시와 학문, 종교를 이야기하는 동안 여러 가지 새로운 학문과 접하게 되었다.

그런 중 특히 정약용의 가슴을 울렁이게 하고 머릿속을 맑게 한 책을 손에 쥐게 되었다.

그것은 이가환의 증조부 이익이 쓴 성호문집(星湖文集)이었다.

성호는 이익(李瀷)의 호이며 성호문집 외에 성호사설(星湖僿說), 곽우록(藿憂錄) 등 많은 책을 썼다. 그 책에서는 모든 학문은 실제 사회에 도움이 되게 쓰여야만 값진 것이라고 하였다. 그것은 주지학에 뿌리박힌 당시 학계에 혁명적이고 혁신적 주장이었다. 그 때의 느낌을 사암연보에서 다산은 이렇게 회고했다.

성호 이익의 원고를 처음 보았다. 당시에 온 세상의 후학들이 성호선생의 학문을 이어가려고 하지 않은 사람이 없었다. 그래서 나도 성호의 학문을 준칙으로 삼았다. 자식들이나 조카들에게 항상 말하기를, "나의 미래에 대한 큰 꿈은 대부분 성호 선생을 따라 사숙했던 데서 깨달음을 얻었다"고 했다.

정약용은 이익의 글을 모두 읽고 이가환과 마주 앉은 자리에서 말했다.

"이 글들은 지금까지 제가 읽은 것들하고는 전혀 다릅니다. 이 글을 쓰신 분은 어떤 어른이십니까?"

"내 증조부이시네. 증조부께서도 처음엔 과거를 보아 벼슬길에 나가려 하셨으나 뜻한 바가 있어 그만 두시고 평생을 학문 연구에 몰두한 분이시네."

이가환은 자랑스럽게 말했다.

"참으로 저희 같은 사람들이 본받아야 할 어른이시군요."

"그렇지. 그분은 실사구시를 주장한 율곡(栗谷), 이이(李珥)와 반계(磻溪) 유형원 선생의 학문을 이어받아 기존 학자들과는 전혀 다른 사상을 발전시켰다네. 지금까지 대부분 유교 경전을 해석하는 데만 힘썼을 뿐, 우리 실생활에 필요한 학문은 소홀히 하였네. 다시 말해 성호 선생께서는 실용적인 학문에 평생을 바치신 분이라네."

"실용적인 학문이라면?"

정약용은 이가환의 설명을 들으며 흥미롭게 그 다음 말을 기다렸다.

"그런 학문을 우리는 실학이라고 한다네."

"실학이란 말씀이십니까? 저는 처음 듣는 학문입니다."

"즉 이론보다는 실제를 더 중히 여기는 학문을 말함일세. 성리학이 실제 생활과 상관없이 이론과 사상에만 치우친 학문이라면, 실학은 우리의 실생활에 꼭 필요한 학문을 말하는 것일세."

"참으로 옳은 주장이시군요."

정약용은 이가환의 말을 들으며 깊이 공감하였다. 그는 새롭게 깨우친 바가 있으므로 고개를 크게 주억거리면서 생각에 잠겼다.

"어떤가, 자네도 실학에 관심이 있는 모양인데, 그렇다면 우리 집 서재에 있는 책을 내 기꺼이 내줄 터이니, 마음대로 읽고 실학을 연구해 보게나."

이가환은 정약용이 실학에 대하여 깊은 호기심을 보이므로 그렇게 말했다.

"그리 해 주신다니 참으로 고맙습니다."

정약용은 그 날 이후 성호의 글을 모조리 읽으며 새로운 학문을 터득해 나갔다.

그의 글들 속에는 천문·지리·역사·과학·유교·문학 등 여러 방면에 풍부하고도 정확한 지식이 설명되어 있었다.

뿐만 아니라 지금까지 접해 보지 않았던 서양의 과학 문명과 천주교 사상에 대한 것도 기록되어 있었다.

또한 그는 서양 문명을 무조건 배척할 것이 아니라, 쓸 만한 것은 받아들이고 버릴 것은 버려야 한다고 주장하였다. 그리고 당파싸움이 심하고 나라가 어지러운 것을 바로잡기 위해서는 과감히 정치제도를 바꾸어야 한다면서 그 방법까지 기록되어 있었다.

"과연 새로운 학문이다. 이렇게 훌륭한 학문을 지금까지 나는 모르고 있었다니 한심한지고…. 그러나 지금이라도 새로운 학문을 접할 수 있다니, 나는 참으로 복이 많은 사람이로구나. 어린 시절 외갓집의 책들을 다 읽고 나니까 이제 성호 선생께서 남겨 놓으신 책이 나를 기다리고 있으니…."

정약용은 하나하나 새로운 지식을 깨우쳐 나갈 때마다 가슴이 뜨겁게 달아올랐다.

"학문은 헛된 이론에만 치우쳐서는 아니될 터, 세상을 바로잡고 백성의 삶을 풍족하게 해주는 데에 그 참 뜻이 있다."

정약용은 학문하는 태도부터가 달랐다.

그는 학문을 닦아 과거에 급제하여 벼슬을 높이는 것은 그 자신의 영화만을 위한 것이라고 생각을 굳혔다.

"청나라는 일찍이 서양 문물을 받아들여서 문화가 발달하였다고 하지 않는가. 우리도 한시 바삐 그쪽으로 눈을 돌려 개개인이 벼슬자리 뺏기지 않으려고 안간힘 쓰는 당파싸움을 버려야 하느니…"

새로운 학문에 눈을 뜬 정약용은 가슴속이 다 후련할 정도로 신바람이 났다.

정약용의 학문은 이때부터 나라를 바로잡는 정치와 백성들의 생활을 풍요롭게 할 수 있는 경제 분야에 중점을 두었다.

정약용이 성호의 실학사상을 깊이 연구하면서 느낀 바가 있었다. 즉, 백성들은 한결같이 부지런하고 선량했으나, 살림살이는 여전히 가난을 면치 못함은 천재지변을 만나거나 심한 가뭄으로 흉년이 든것 때문이 아니었다.

정약용은 백성들이 가난할 수밖에 없는 직접적인 원인을 벼슬아치들의 협잡과 착취 때문이라고 보았다.

정약용은 농촌의 비참한 모습을 보면서 〈성호사설〉 한 구절이 떠올랐다.

'사람은 태어나면서부터 부귀를 몸에 지니는 것이 아니어서 임금에서부터 일반 백성까지 몸에 지니고 나온 것은 아니다. 양반들은 직업을 가지고 있지 않기 때문에 백성들이 부지런히 일해서 쌓은 재물을 빼앗고 있다. 따라서 백성들과 똑같이 양반들도 농사에 힘쓰고 근검절약하여 백성들의 재물을 빼앗아 가는 일을 막아야 한다.'

이렇듯 정약용은 책을 통해 이론에 의한 학문을 닦기도 했을 뿐 아니라, 아버지를 따라다니면서 고을을 다스리는 일을 직접 보고 배우기도 했다. 정약용의 나이 21세 되던 해, '의지를 밝히다(述志)'는 제목의 시로 자신의 의지를 표현하였다.

어린 시절 서울에서 놀던 때	弱歲游王京
교제하는 수준이 낮지 않았네.	結交不自卑
속기 벗은 운치가 있기만 하면	但有拔俗韻
이에 충분히 속마음 통하였네.	斯足通心期
힘껏 본래 유학으로 돌아와서는	戮力返洙泗
두 번 다시 시속에 맞는지 묻지 않았네.	不復問時宜
예의는 잠시나마 새로웠으나	禮義雖暫新
더욱 후회할 일이 이로부터 나왔구나.	尤悔亦由玆
지닌 뜻 확고하지 않다면	秉志不堅確
이 길이 어찌 순탄하리오.	此路寧坦夷
중도에 가는 길을 고친다하여	常恐中途改
뭇 사람들의 영원한 비웃음 받을까 두렵네.	永爲衆所蚩
슬프도다 우리나라 사람들	嗟哉我邦人
주머니 속에 갇혀 사는 듯	辟如處囊中

삼면은 바다로 들러 쌓였고	三方繞圓海
북방은 높고 큰 산이 쳐 있네.	北方繚高崧
사지가 언제나 움츠러들고 급어서	四體常拳曲
기상과 뜻을 어떻게 채워볼까.	氣志何由充
성현은 만리 밖에 있는데	聖賢在萬里
누가 이 몽매함을 열어줄까.	誰能豁此蒙
머리 들어 인간세상 바라보아도	擧頭望人間
보이는 사람없고 정신은 흐리멍텅	見鮮情瞳矓
남의 것 모방하기에 급급하니	汲汲爲慕倣
정교하고 숙달함을 가릴 겨를 없구나.	未暇揀精工
뭇바보들 천치같이 한 사람만 받들고	衆愚捧一癡
왁자지껄 모두 함께 받들게 하네.	諮哈令共崇
지금 세상은 단군세상만도 못한지라	未若檀君世
질박한 옛 풍속이 남아있지 않구나.	質朴有古風

　다산은 절대적 진리로 간주되던 성리학을 무비판적으로 수용하지 않고, 실제의 현실을 보고 경험을 통해서 학문의 깊이를 더해 갔다. 훗날 정약용이 지은 〈목민심서〉에는 이렇게 적혀 있다.

　'나의 선친께서 두 고을의 현감, 한 고을의 군수, 한 부의 도호부사, 한 주의 목사를 지내셨다. 그때마다 선친께서는 공적을 남기셨다. 비록 나는 어리석었으나 선친을 따라다니면서 배우고 깨달은 바가 있었다. 그때 배운 것이 나중 벼슬길에 올라서 내가 직접 백성을 다스릴 때 큰 도움이 되었다.'

제2장
성군(聖君)
정조대왕과의 만남

임금 앞에서 강의한 다산
천주교를 믿는 사람들
첫 귀양길에 올라
암행어사 정약용

임금 앞에서 강의한 다산

1783년, 정약용은 22세 때 소과 초시를 거쳐 회시에 합격했다. 이때부터 정약용의 집에 경사가 잇따랐다.

그 해에 맏아들 학연을 낳았고, 남산 밑 회현방에 집을 사서 이사를 했다.

정약용은 '재산루(在山樓)' 아래에 집을 마련하여 서재를 꾸미고, 그곳에서 학문을 닦았다.

다음해 정약용은 어전에서 「중용(中庸)」을 강의하게 되었다. 23세의 청년이 임금 앞에서 자신의 실력을 발휘할 기회를 갖게 되었으니, 참으로 영광스러운 일이었다.

중용은 공자의 손자인 자사(子思)가 지은 유교 경전의 하나다. 모든 일이 한 쪽으로 치우치지 않으면서 때에 적중하는 덕을 쌓는 것을 가르치는 책이다.

정약용이 어전에서 강의할 때 차분하면서도 엄숙한 분위기로 이끌어 갔다. 그는 임금 앞에 나가기 전에 미리 그 내용을 조사하고 연구하였다. 임금 앞에서 한 시간 강의를 하려면, 정약용 자신은 무려 몇 곱절의 시간동안 그 내용을 분석하면서 준비해야 했다.

이때 그 자신이 이해하기 힘들거나 의문 나는 대목이 있으면 수표교 부근에 사는 큰형 약현(若鉉)의 처남으로 학문이 높기로 잘 알려진 이벽(李檗)을 찾아가서 묻고 도움을 받곤 했다.

이처럼 성실하고 철저하게 준비를 하고 난 다음이므로 정약용의 강의는 당연히 명강의였다.

하루는 강의를 듣고 난 임금이 곁에 있던 승지에게 이렇게 말했다.

"궁중에서 강의하는 선비들 가운데 으뜸가는 사람은 바로 정약용이오. 그의 강의는 항상 조리 있고 명쾌하여 어려운 대목도 이해하기 쉽게 풀이하거든…."

임금의 말을 전해들은 대사헌 김상집은 정약용에게 그 이야기를 들려주었다.

"그대의 강의가 선비들 중 으뜸이라고 말씀하셨소. 장래가 촉망되는 인재라는 말씀을 덧붙이시면서…."

"황공하옵니다. 그러나 제 강의가 참으로 임금의 마음에 드셨다면 그것은 모두 광암(曠菴) 이벽 선생님의 덕분이옵니다."

정약용은 겸손하게 말하며 고개를 숙였다.

그러던 어느 날, 정약용은 고향 마현의 큰형 약현의 집을 찾아갔다.

때마침 그곳에는 둘째형인 약전(若銓), 셋째형인 약종(若鍾), 그리고 이벽이 함께 있었다.

그들은 '서학(西學)'에 대해 이야기를 나누고 있었다.

그 무렵의 사람들은 서양의 과학기술과 천주교를 서하이라고 불렀다.

　학문이라면 무엇에나 관심이 많던 정약용은 서학에 대해 불쑥
질문했다.

　"서학은 어떤 학문입니까?"

　이벽이 정약용의 질문에 답했다.

"자네가 공부하고 있는 성호 선생의 학문이 바로 서학에 그 뿌리를 둔 학문이라네. 자네는 성호 선생의 학문에 깊이 매료되어 있는 줄로 아는데…."

"예, 그러하옵니다."

"그 학문도 실은 서학에 근본을 둔 것이라네."

"그렇습니까? 그러면 서학에 관한 책도 있습니까?"

"물론이지. 중국에서 들어온 〈천주실의〉등 나도 여러 권 가지고 있네. 하지만 소문내서는 안 되네. 조정에서 금하고 있는 책이니까."

"금하다니요?"

정약용은 책을 읽는 것을 금한다는 말이 금시초문이어서 반문했다.

"차차 알게 되겠지만, 그렇게 되었다네."

"알겠습니다. 그런데 저도 그 책을 읽어 볼 수 있을까요?"

"알겠네. 서울에 올라오거든 내 집으로 오게."

정약용은 서울에 올라오자 곧 이벽을 찾아갔다. 그리고 서양의 새로운 사상과 과학기술에 관한 것을 깊이 연구하기 시작했다.

천주교를 믿는 사람들

정약용이 서학에 관심을 갖기 몇 십 년 전부터 중국을 통해 천주교와 서양의 과학기술 책이 흘러 들어왔다.

그리고 당시 벼슬에서 물러나 있던 남인 학자들이 서학에 흥미를 갖고 연구하기 시작했다. 정약용의 학문에 지대한 영향을 끼친 성호 이익도 그러한 사람들 중 하나였다.

그는 서학을 깊이 연구하고 서양의 발달된 과학기술을 받아들여 그것을 활용해야 한다고 주장했다.

그리하여 달력도 음력 대신 양력을 쓰자고 하였고, 농사도 하늘의 뜻에만 맡길 것이 아니라 저수지 등을 만들어 과학적인 농사를 짓자고 부르짖었다.

서양의 새로운 기술을 적은 책이 중국으로부터 건너올 때 그런 책들 중에는 천주교에 대한 것도 끼여 있었다.

때문에 서양의 과학 기술에 대한 책을 읽던 선비들 중 자연히 천주교 사상에 흥미를 갖게 되었으며, 적지 않은 사람들이 천주교를 믿게 되었다.

천주교를 믿는 신자들은 조상의 제사를 지내지 않았다. 천주교가 조상의 제사를 금했기 때문이었는데, 이것은 유교의 사상이 뿌리 깊이 내린 우리나라에서는 있을 수 없는 일이었다.

따라서 조정에서는 유교 국가의 사회질서와 도덕을 유지하기 위해 천주교 신자를 단속하기 시작했다. 그러나 천주교 세력은 갑자기 불길이 번지듯 번져나갔다.

천주교 신자들 중 정약용의 두 형인 약전과 약종, 이벽, 이벽의 처남들인 권철신과 권일신, 또한 정약용의 매부인 이승훈이 중심 세력이었다.

특히 이승훈은 사신으로 가는 아버지를 따라 중국으로 가서 베이징에 와 있던 예수회 신부 그라몽에게 영세를 받고 베드로라는 영세명을 얻기까지 했다. 이는 후일 신유박해의 발단이 되었다. 이승훈은 수십 권의 천주교 책과 십자가상을 가지고 귀국했다.

그 후 이승훈은 이벽과 권일신에게 영세를 주고 본격적인 전도 활동을 시작했다.

정약용은 자연히 천주교 신자들과 잘 아는 사이며 가까웠다. 형제도, 스승도, 친척도, 대부분 신자였으며, 정약용 역시 서양사상과 성호의 실학사상을 학문적으로 연구하고 있었다.

이렇듯 천주교의 세력이 커짐에 따라 반대의 목소리도 커졌다.

"천주학쟁이들은 조상의 제사도 반대한다니, 그런 불효가 어디 있느냐!"

"천주교에서는 모든 사람이 천주의 자식이고 양반이나 상민 가리지 않고 똑같이 사랑한다니, 이런 해괴망측한 일이 어디 있느냐!"

천주교에 반대하는 소리가 날로 높아지자 평소에 시파를 미워하던 벽파 사람들이 들고일어났다.

기회를 잡아 천주교 신자들이 많은 시파들을 조정에서 몰아내자는 속셈이며 권력다툼이었다. 그리하여 마침내 벽파 사람들은 정조에게 상소를 올렸다.

　'요즘 시파의 학자들 가운데 천주교에 관한 책을 보지 않는 사람은 거의 없다고 합니다. 그 종교는 하느님만 알고 조상을 모실 줄 모를 뿐더러 임금을 섬길 줄도 모른다 합니다. 또한 천당과 지옥이라는 말로써 우매한 백성들을 현혹시키고 있다 합니다. 그러므로 일어나는 독은 홍수나 맹수보다도 더 크오니, 마땅히 엄한 벌을 내리셔야 합니다.'

　원래 천주교에 대하여 너그러운 생각을 갖고 있던 정조는 벽파 사람들의 끈질긴 상소와 천주교에 대한 금지령을 내리라는 성화에, 함께 모여 예배를 본 사람들을 잡아들였다.
　이 무렵 정약용은 어전 강의를 계속하는 한편, 서양의 천문, 지리, 농사정책, 측량법 등에 깊은 관심을 가졌다.
　정약용이 26세가 되던 해인 1787년, 임금의 부름을 받고 그는 대궐에 들어갔다.
　임금은 정약용에게 「국조보감(國朝寶鑑)」이라는 책 한 질과 백면지 백장을 상으로 내렸다. 그런 다음 바로 「어정병학통」이라는 병법에 관한 책을 다시 내렸다.
　"그대는 장수도 될 수 있는 인물이어서 이 책을 내리니, 나라에 변란이 있을 때 지체 없이 나아가 싸우도록 하라."
　정약용은 정조 임금에게서 책을 하사 받고 기쁨을 누르지 못한 채 대궐을 향해 네 번 절하였다.

"성은이 망극하옵니다."

이렇듯 정조의 사랑과 신임을 받던 정약용은 28세 때 문과 전시에 급제하고, 승정원 가주서를 거쳐 이듬해에는 예문관 검열이 되었다. 예문관은 임금이 내리는 교서 등 명령문을 짓고 기록하는 관청이었다.

그런데 정약용의 학문이 깊어지고 정조의 사랑이 날로 두터워지자 차차 그를 시기하는 사람들이 생겨났다.

그들 일파는 곧 정약용의 약점을 찾아 공격할 준비를 하고 있었다.

"임금을 가까이 모시는 신하가 서학을 한다는 것은 말도 안 되오."

"나라에서 금하는 천주학쟁이들과 친교를 하고 그 학문을 연구한다니, 그는 두말 할 나위 없는 죄인이오."

"정약용은 국법을 어기고 서학을 하여 백성들의 마음을 어지럽게 했으니, 마땅히 엄한 벌을 내리셔야 합니다."

그들은 여러 가지 말들을 만들어 정조에게 상소를 올려 정약용을 처벌할 것을 요구하고 나섰다.

정조는 처음 그들의 주장을 묵살했으나, 끈질기게 물고 늘어지는 데에는 어쩔 수가 없었다.

이 무렵 이승훈을 비롯한 조선의 천주교 신자들은 전국으로 교세를 넓히고 있었다.

특히 이승훈은 청나라로 가는 사신 편에 북경 남천주교당으로 몰래 사람을 보내어, 조선에 신부 한 사람을 보내 달라는 뜻을 전하도록 했다.

"신도들을 이끌어 줄 신부님이 필요합니다."

"그러지요. 서둘러 마땅한 사람을 찾도록 합시다."

그때 함께 있던 중국인 신부 주문모가 나섰다.

"제가 기꺼운 마음으로 가겠습니다. 저를 조선에 보내 주십시오."

"주 신부님의 뜻이 그러하다면 좋습니다만, 조선에서는 아직 천주교를 사교라 하여 탄압이 심하다고 하니 각별히 조심하십시오."

"각오한 바 있습니다."

주문모 신부는 이미 결심이 선 듯 그 뜻이 단호했다. 그는 그것을 하느님의 뜻으로 받아들였다.

"조선의 신자를 구원하러 가는 마당에 무엇이 두렵겠습니까?"

그리하여 주문모 신부는 사신 일행을 따라 압록강까지 다다랐다.

"신부님 여기서부터는 조선 땅입니다. 이제 옷을 갈아 입으셔야 합니다." 주문모 신부는 조선의 사신들이 준비해 간 상복을 갈아 입었다. 조선은 유교의 예법을 존중했기 때문에 상제에 대해서는 검문을 하지 않는다는 것을 이용해, 베로 지은 두루마기를 입고 머리에는 크고 둥근 방갓을 썼다. 그런 차림새라면 누가 보아도 상제(喪制)임이 틀림없었다.

해가 바뀐 이듬해 정월 초에 주문모 신부는 서울까지 무사히 숨어 들어올 수 있었다.

"날씨도 추운데 먼 길 오시느라 고생이 많으셨습니다."

이승훈은 주문모 신부를 반가이 맞았다.

"모두가 천주님의 뜻입니다. 고생이랄 게 있겠습니까."

주문모 신부가 왔다는 소문을 듣고 많은 천주교 신자들이 모여 들었다. 신자들은 주문모 신부의 설교에 감복하였다.

신자들은 양반, 상민 할 것 없이 모두 한 자리에 모여 앉아 비밀

예배를 보았다.

그런 중에 어느 날, 포도청 나졸들이 들이닥쳤다. 누군가 밀고자가 있었다.

"천주학쟁이들이 역적 모의를 하고 있소."

"부모도 모르는 고이얀 놈들!"

그들은 집회에 모여 있던 사람들을 끌어내어 오랏줄로 묶었다.

"중국 신부를 잡아라!"

나졸들은 주문모 신부를 잡기에 혈안이 되어 있었다.

그때 강완숙이라는 여자 신자가 위험을 무릅쓰고 주문모 신부에게 여자의 쓰개치마를 씌워 몸을 피하도록 도와주었다.

주문모 신부는 충청도 연산으로 몸을 피함과 동시에 그곳에서 다시 포교활동을 했다.

조정에서는 주문모 신부의 체포령을 내림과 함께 포도청에 끌려 간 천주교인들을 고문하였다.

주문모의 입국 경위가 드러나고 그를 몰래 들어오도록 도와준 지황, 윤유일 등이 잡혀 사형을 당했다.

그러나 그것으로 끝나지 않았다.

평소 정약용을 시기하고 모함하던 무리들이 정약용의 형인 정약전이 천주교에 깊이 관계되어 있음을 알고, 정약용도 천주교에 관련된 자라고 상소문을 올렸다.

"이번 사건에는 정약전과 이승훈 등이 깊이 관련되어 있습니다. 그리고 약선의 아우 징약용도 서학을 한답시고 천주교를 퍼뜨리는 자이오니, 마땅히 엄벌에 처해야 합니다."

그때 정조는 상소문이 올라오자 그들을 설득하려 애썼다.

"서학은 이미 2백 년 전에 이수에 의해 들어온 학문이 아니더냐? 그 학설이 유교의 근본 바탕에 어긋남이 없음이 밝혀졌는데 어찌 이리 소란이더냐!"

그러나 반대파들은 조금도 수그러들지 않았다. 오히려 더 들고 일어났다.

정조는 그들의 아우성에 못 이겨 하는 수 없이 이가환은 충주로, 이승훈은 예산으로 귀양 보냈다.

정조는 가슴 아팠지만, 그가 총애하는 정약용마저 귀양을 보내지 않을 수 없었다.

첫 귀양길에 올라

정약용은 1790년 3월, 충청도 해미현으로 귀양 가게 되었다.

해미는 충남 온양의 서남쪽에 자리 잡은 작은 고을이었다. 들이 넓으며 바다와도 가까운 거리에 있는 해산물이 풍부한 고장이었다. 그곳은 귀양지 치고는 아주 좋은 곳이었다. 부근에는 개심사(開心寺)라는 절도 있었다.

정약용은 절을 찾는 이의 마음이 열린다는 그 절에 자주 왕래했다. 그리고 개심사 뒷산에 올라 멀리 안면도를 바라보며 서울을 생각했다.

그가 귀양 보낸다는 교지를 받들고 도성을 나오면서 지은 시가 전한다.

해미로 귀양보낸다는 교지를 받들고 도성문을 나서며 짓다
[奉旨謫海美 出都] 3월 10일이었다

난때를 아스라이 이로부터 하직하니   蘭佩遙遙自此辭
대궐 숲의 꽃과 새들 좋은 철이 서글프네.   禁林花鳥悵佳時
직접 회수당하고서 변방 귀양 재촉하니   收回職牒投荒急

책보따리 꾸려 묶어 힘없이 성곽 나서네.	裝束書囊出郭遲
영화로운 듯 세상사 욕이 함께 붙어 있고	世事似榮眞寓辱
노한 듯한 임금 마음 사랑 진정 지니셨네.	君心如怒正含慈
망춘정 정자가의 붉은 비단 촛불 아래	望春亭畔紅紗燭
향안 주변 오가던 일 꿈속처럼 아련하네.	香案周還煙夢疑

*난패 : 난초를 허리에 찬다는 것으로, 고결한 은사의 행색을 형용할 때 쓰는 말인데
　　　여기서는 조정의 청직(淸職)을 가리킨 듯하다. 다산은 이때 예문관 검열로 있었다.
*향안 : 향로를 올려두는 탁자로 임금이 거처하는 곳을 가리킨 말이다.

　그러나 어찌된 연유인지 귀양길에 오른 지 열흘 만에 기쁜 소식이 내려왔다. 그것은 정약용의 죄를 용서하여 귀양에서 풀어준다는 전갈이었다.

　본래 이렇다 하고 내세울 죄도 없이 당한 귀양살이어서 당연한 일이었다. 그러나 거기에는 정약용을 향한 임금의 사랑이 배어 있음을 알 수 있었다.

　정약용은 서울로 올라가는 길에 온양에 들렀다. 온양은 서울에서 가깝고, 온천이 있는 곳이기 때문에 여러 임금들이 휴양하기 위해 자주 찾는 곳이기도 했다.

　정조의 아버지인 사도세자도 생전에 이곳에 온 일이 있었다.

　그때 사도세자는 손수 나무 한 그루를 심었는데, 그 나무가 이제는 크게 자라서 무성한 잎을 드리우고 있었다.

　정약용은 그 나무를 보자 눈시울이 뜨거워졌다. 그는 나무를 손질하고 어루만지면서 억울하게 세상을 떠난 사도세자의 명복을 빌었다.

　"사도세자가 억울하게 세상을 떠난 것도 당파싸움 때문이 아니

었는가. 당파싸움은 죄 없는 사람들을 무수히 죽음으로 몰아넣기도 하고 귀양살이를 하게도 한다.”

정약용은 후에 두 아들 학연과 학유를 불러 앉혀 이렇게 훈계했다.

“우리 집안 선조 대에는 당파에 휘말린 적이 없으니, 너희들도 장차 파벌 싸움에 끼어들어서는 안 되느니라.”

이것은 정약용이 온양에 들렀을 때 깨달은 바가 컸기 때문에 자식들에게 미리 당부한 말이었다.

귀양지에서 돌아온 정약용이 임금 앞에 나가 엎드렸다. 그때 정조는 그의 고생을 위로하며 말했다.

“그대의 학문은 이미 지금껏 만으로도 우리나라의 으뜸인데 왜 서학에서 새로운 것을 찾으려 하는가. 그것이 아니었다면 어찌 그대 에게 귀양이라는 형벌을 내렸겠는가.”

정조는 정약용이 서학에 몰두하다가 다른 이들과 연루되어 고생을 한 것이 안타까웠다.

정약용은 임금의 사랑을 한없이 고맙게 생각했으나, 서학을 그만 둘 수 없겠느냐고 넌지시 비치는 정조의 말에는 따를 수 없었다.

그가 추구하는 학문은 어떤 벼슬을 위한 학문이나 학문만을 위한 학문이 아니라, 나라의 발전과 백성들의 생활을 풍요롭게 하기 위한 학문이었다. 정약용의 그런 신념에는 결코 흔들림이 없었다. 물론 정조도 서양의 과학 기술을 받아들여야 한다는 것을 알고 있었다.

그러므로 서학을 하는 선비들을 조정에서 몰아낼 생각은 추호 노하시 않았나.

정조의 이해와 사랑 속에 정약용은 귀양에서 돌아오자, 곧 예문관 검열에 다시 오르고 용왕위 부사과로 승진되었으며, 사간원

정언 잡과 감대를 거쳐 사헌부지평, 무과 감대가 되었다.

해가 바뀌어 1791년 정약용이 30세 때 뜻하지 않은 사건이 일어났다. 그것은 서학과 천주교의 반대파들에게 들고 일어날 좋은 구실이 되었다.

전라도 진산군에 윤지충(尹持忠)이라는 천주교인이 살고 있었다. 그는 어머니를 여의자 천주교 교인인 외사촌 권상연(權尙然)과 장례에 대해 의논했다.

"어머니의 장례식을 어떻게 치러야 합니까?"

윤지충이 권상연에게 물었다.

"우리는 천주교인이니까 천주교 의식을 따라야 하지 않겠느냐? 예로부터 전해 내려오는 주자의 예를 따라 장례식을 치를 필요는 없다."

"어머니께서도 그것을 원하시겠지요?"

"그렇다 마다. 살아 생전에 효를 보여야지, 부모가 돌아가신 뒤 곡을 하고 삼년 상을 치른들 무슨 소용이 있겠느냐."

"예, 저도 그렇게 생각합니다."

그리하여 윤지충은 빈소를 없애고 어머니 장례를 천주교 의식대로 간소하게 치렀다. 이것이 문제를 일으켰다.

"양반의 집안에서 대대로 행하여 오던 유교의식을 버리고 서양놈들 의식대로 장례를 치르고 신주까지 없애다니, 이런 일이 또 어디 있느냐!"

이런 비난의 소리가 백성들 사이에 높아지고, 그 소문이 조정에 까지 알려졌다. 천주교와 서학을 반대하던 무리들은 이렇듯 좋은 기회를 놓칠 리 만무했다.

"천주교인이라 하여 인륜에 어긋나는 행동을 하는 것은 도덕을 타락시키는 만행이오. 더욱이 부모의 제사를 지내지 않는다고 하니, 후대를 위해서라도 그냥 넘어갈 일이 아니옵니다.”

“예, 천주학쟁이들을 엄히 다스려서 우리 조선의 예의를 저버리는 일이 없도록 하여야 합니다.”

“이렇듯 불효한 일이 생기는 것은 일부 조정의 대신들이 감싸고 있기 때문입니다. 이러다간 온 백성들이 유교의 높은 가르침을 버리게 될까 걱정됩니다.”

“옳으신 말씀입니다. 결국 충효사상이 무너지고 나라는 혼란에 빠지게 될 것입니다. 상감마마께서는 부디 이 점을 염두에 두시어, 이 기회에 서학을 뿌리 뽑으셔야 나라 기강이 바로 잡힐 것이옵니다.”

서학을 반대하는 사람들은 이처럼 천주교를 믿으면 사회질서가 흔들리고, 끝내는 임금에게 충성하는 마음이 없어질 것이라고 몰아 세웠다. 정조도 이쯤 되니 어쩔 수 없었다.

“윤지충과 권상연을 당장 잡아들여 사형에 처하고, 진산 군수 신사 원은 백성을 잘못 다스린 죄를 물어 귀양을 보내도록 하라.”

그런 후 전국에 명을 내려 천주교를 금하고 서학에 관한 책을 모두 압수하라 명했다. 이것이 역사상 최초의 천주교 박해였으며, 이 사건을 ‘신해박해’ 또는 ‘신해사옥’이라 불렀다. 이 사건은 비교적 적은 희생으로 마무리 되었다. 윤지충과 권상연의 사형 말고는 그 고을 군수가 귀양을 가고, 이승훈이 벼슬에서 물러난 것이 모두였다. 이것은 정조가 서학을 너그럽게 대하고 있었기 때문이었다.

그러나 정약용은 근심에 싸였다.

‘이것으로 끝났다고 결코 기뻐할 일이 아니다. 재앙은 이제부터 시작일터’라며 정약용은 앞으로 더욱 큰 박해가 닥칠 것을 미리 예감하고 있었다.

암행어사 정약용

1792년 정약용의 나이 31세 때 그는 홍문관 수찬이 되었다.

홍문관에서는 궁중의 경서와 사적 등을 관리하고 학문을 연구하여 임금이 질문하면 언제든지 답변해야 하는 관청이었다.

또한 홍문관의 관리는 임금 앞에 나아가 강의하는 경연관이라는 벼슬까지도 겸하게 되어 있다.

홍문관 수찬이 이토록 중요한 자리이므로 학문이 깊고 덕망이 높은 사람으로 홍문록에 이름이 올라야만 했다.

홍문록이란 홍문관의 교리나 수찬 등을 임명할 때 거기에 뽑힐 만한 인물들의 이름을 적은 것이다.

그 뒤 홍문관 부제학 이하 여러 사람들이 자기가 추천하고 싶은 이름 위에 표시하도록 되어 있다. 홍문록에서 뽑힌 사람은 다시 두 번의 선거를 거친 뒤 임금의 허락을 받아 비로소 교리나 수찬이 되는 것이다.

이렇듯 어려운 관문을 통과해야만 할 수 있는 홍문관 수찬에 정약용이 오르자 부러워하는 사람들이 많았다. 정조도 정약용을 마음껏 축하해 주었다.

"그대는 훌륭한 인재이니 어떤 벼슬을 맡겨도 잘 해낼 것이오."

정약용은 임금이 하는 치하의 말에 고개를 떨구고 송구스러워했다.

그 해 4월이었다. 뜻밖에도 진주 목사로 있던 아버지 정재원이 임지에서 세상을 떠났다.

"아버님……"

정약용의 슬픔은 누구보다 더 컸다.

진주로 급히 내려간 정약용은 아버지의 시신을 충주의 하담으로 옮겨 장례를 치렀다. 그리고 그는 마현의 집 옆에 초막을 짓고 3년의 시묘살이를 시작했다.

그러던 중 정조의 부름을 받았다.

정조는 억울하게 죽음을 당한 아버지 사도세자의 무덤이 있는 수원에 성을 쌓을 계획을 세우고 있었다.

"성(城)을 쌓을 것이오. 튼튼하게 축성할 수 있도록 과학적인 방법으로 연구해 보오."

정조의 명을 받은 정약용은 『기기도설(奇器圖說)』을 읽으며 축성 기술을 연구하였다.

'큰 비용과 노력을 덜 들이고 후대까지 남길 튼튼하고도 아름다운 성을 쌓아야 할 터인데…….'

정약용은 밤낮 없이 축성 기술을 연구하여 '수원성제(水原城制)' 라는 것을 도면으로 만들어 정조에게 올렸다.

이것은 성의 설계와 축성 방법과 기술을 자세히 기록한 치밀한 계획서이기도 했다.

그는 또 이와 함께 성을 쌓는 데 필요한 기구의 하나인 '거중기

거중기

(擧重機)'라는 기계를 연구하여 『기중가도설(起重架圖設)』이란 제목의 서류를 꾸며 올렸다.

이 거중기는 도르래와 고패 등을 사용하여, 적은 힘으로도 무거운 짐을 움직일 수 있게 하는 오늘 날의 기중기(起重機)와 같은 원리의 기계였다.

이러한 것들은 청나라 고금도 서집성 속에 있는 『기기도설』의 서양식 축성 기술을 참고로 응용 한 것이었다.

이 새로운 서양식 축성법과 기계를 사용한 덕에 수원성 공사는 짧은 기간에 완성할 수 있었고, 백성들의 노력과 비용을 줄일 수 있었다. 임금은 이처럼 4만 꿰미의 돈을 절약하게 된 것은 정약용의 큰 공이라며, 크게 칭찬하였다.

수원성을 완성한 뒤 정조는 정약용을 더욱 신임하게 되었다.

1794년 정약용이 33세가 되었다. 그해 6월에 아버지의 3년 상을 모두 마쳤다. 한 달 후인 7월에 정약용은 성균관 직강(成均館直講)을 거쳐 다시 홍문관 수찬이 되었다.

이때에도 반대파에서는 여전히 정약용을 시기하여, 기회만 있으면 그를 조정에서 몰아내려는 음모가 곳곳에 도사리고 있었다.

그러나 정약용은 어느 쪽에도 휘말리지 않고 맡은 바 일을 성실히 해나갔다.

수원성

1794년 10월 어느 날, 정약용은 정조의 부름을 받고 대전으로 갔다.

'무슨 일로 상감마마께서 급히 부르시는 것일까?'

정약용이 대전 안으로 들어서자, 문 앞에 머리를 조아리고 있던 내관이 임금에게 아뢰었다.

"상감마마, 홍문관 수찬 정약용 대령했사옵니다."

"어서 들라 일러라. 그리고 주위를 물리고 내관도 멀찍이 가 있도록 하여라."

내전에서 임금의 목소리가 들렸다.

내관이 문을 열어 주자 정약용은 허리를 굽히고 들어가서 정조에게 절을 올린 뒤 엎드려 아뢰었다.

"신 정약용, 어명 받자와 대령이옵니다."

"오오, 어서 가까이 오오. 내 그대에게 어려운 짐을 맡기려 하니 부디 성심껏 받들어주오."

정조는 정약용을 가까이 불러 앉혔다. 정약용은 머리를 조아리며 임금 앞으로 다가 앉았다.

"듣자하니 경기도 마전을 비롯한 그 부근 지방 백성들의 원성이 높다 하오. 관찰사가 옳지 못한 행동으로 백성들을 괴롭히고 있는 성싶으오."

"그럼, 서용보(徐龍輔)가……."

"그렇소. 내 그대를 경기도 일대 암행어사에 임명하니 은밀히 둘러보고 조사하여 낱낱이 보고하도록 하시오."

"황공하옵니다. 신 맡은 바 소임을 다하겠나이다."

정조는 정약용에게 중책을 맡긴 것이었다.

정약용은 양 어깻죽지가 짓눌리는 것 같은 부담을 안았다. 그러나 임금의 뜻을 받들어 나라의 평온을 찾으려는 듯 비장한 각오로 물러났다.

그 무렵, 경기도 관찰사 서용보의 문객 중에 마전현감으로 벼슬을 살고 있는 이가 있었다. 그 자가 서용보를 찾아와 아첨을 하고 있었다.

"사또 나으리, 제가 땅 좀 마련해 드릴까요?"

"땅이라? 그거 마다할 사람이 있겠느냐. 그런데 어떻게?"

서용보는 은밀한 미소를 띠며 문객의 다음 말을 기다렸다.

"귀 좀 가까이……."

"오오냐."

서용보는 무릎걸음으로 문객 가까이 다가서며 귀를 쫑긋 세웠다.

"모든 걸 제게 맡겨주시면 으흐흐."

"그래, 그러지. 으으흐."

"허락하시는 겁니까?"

"땅이 거저 들어오는데 마다할 사람이 있겠는가? 그러나 말썽이 생기면 안 되네."

"근심 걱정 풀어 놓으십시오. 제가 이래봬도……."

문객은 음흉한 웃음을 흘린 뒤 도포자락을 날리며 마전으로 돌아갔다. 그리고 곧 엉뚱한 수작을 부리기 시작했다.

"나는 팔도강산을 두루 돌아다니며 지관 노릇을 하는 사람이다. 그런데 이런 흉지는 처음이오. 향교 터를 잘못 써서 인재가 나기는커녕 마을이 망하게 생겼소."

풍수지리설을 믿는 당시 사람들은 모두 깜짝 놀랐다.

"아니, 그것이 정말이오?"

"그럼 내가 헛소리하고 있단 말입니까!"

"그러고 보니 그런 것도 같아서……."

사람들은 잘 모르면서도 고개를 끄덕였다.

"저기 산줄기를 자세히 보시오. 언뜻 보면 저 줄기가 좌청룡 우백호 같지만 사실은 그렇지 않소이다."

문객은 잠시 뜸을 들인 후 말을 이었다.

"수구 또한 꽉 막혔으니, 큰 물난리가 나서 장차 이 마을이 ……."

문객은 마을 사람들에게 불안감을 조성시켜 향교를 다른 데로 옮기게 해서 그 땅을 서용보에게 안겨 주려고 하였다.

그러기 위해 그 자는 향교 사람들을 협박해서 명륜당까지도 헐어 버리게 했다. 정약용은 결국 경기도 관찰사 서용보가 그 땅을 가로 챘음을 알았다.

그 뿐만이 아니었다. 서용보는 관에서 관리하는 곡식을 갖고 온갖 협잡을 다 했다. 가난한 백성들을 도와준다는 명목으로 제 것도 아닌 관가의 곡식을 빌려 준 뒤 받아들일 때는 돈으로 높은 이자를 쳐서 폭리를 취하였다.

백성들은 사또의 협잡질에 걸려 신음했고, 사또에 대한 원성이 자자했다. 그런 중에 임금인 정조의 귀에까지 그러한 소문이 들어갔던 것이다.

정약용은 임금이 내린 마패를 안쪽에 깊숙이 감추고 행색이 초라한 나그네로 변장했다.

그가 거느리는 사령들은 어느 한 곳에 대기시켜 놓고 홀로 암행 길에 나섰다.

'좋은 기회다. 이번에 백성들이 사는 형편을 속속들이 살펴보리라.'

정약용은 발길을 재촉했다.

괴나리봇짐 속에는 여러 모습으로 변장할 수 있는 옷가지가 들어 있었다.

정약용은 허름한 선비 차림으로 어느 마을에 다다랐다.

마침 해가 뉘엿뉘엿 서산으로 넘고 있었다. 저녁 시간이었고 저녁밥을 짓는 연기가 집집마다 피어오를 터인데, 이상하게도 연기가 오르지 않고 있었다.

'벌써 저녁을 지어먹은 것일까? 아직 그럴 시각이 아닌데……'

정약용은 이렇게 생각하면서 길가에 있는 집안을 들여다 보았다. 울타리도 없는 그 집은 마당가에 깨진 항아리가 몇 개 놓여 있을 뿐, 부엌에는 솥도 없이 아궁이만 시커멓게 아가리를 벌리고 있었다.

'빈집인가.'

정약용은 다시 근처의 다른 집을 기웃거렸다.

"주인 계십니까?"

정약용은 주인을 찾았다. 그러자 추레한 모습의 남자가 방문을 열었다.

"뉘시오?"

중년의 그 남자는 기운 빠진 목소리로 물으며 밖을 내다보았다.

"지나가던 길손입니다. 날은 어두워지고, 목은 마르고……. 잠시 지체할까 합니다만."

정약용은 집주인의 눈치를 보며 말을 건넸다.

"원 이를 어쩐담. 워낙에 누추하고 먹을거리가 변변치 못해서……."

"아니오. 상관 마시고, 물이나 한 사발 주시구려."

"그럽지요. 물이야 샘에서 나오는 것이니 얼마든지 드립지요."

주인은 서까래가 곧 내려앉을 듯한 오두막집 뒤편으로 돌아가더니 바가지에 물을 떠 가지고 왔다.

"드십시오. 물맛이 좋을 것입니다."

정약용은 주인이 건네는 바가지를 들고 벌컥벌컥 물을 들이켰다.

"저런 보아하니 먼 길 떠난 선비이신 것 같은데, 이거 원, 시장기를 메울 곡기가 없어서."

주인은 정약용의 시장기를 채워 줄 길이 없음이 마치 자신의 잘못이라도 된 듯 몹시 민망해 했다.

"아닙니다. 정히 배가 고프면 물을 한바가지 더 머지요. 그건 그렇고, 이슬만 피할 수 있는 곳이면 잠자리를……."

"그러시다면 들어오십시오. 누추하지만 여기서 주무시고, 저희

식구들은 정지간 방에서 하루 보냅지요."

주인은 난처한 표정을 지으며 정약용을 안으로 들게 했다.

"아닙니다. 그러면 제가 그 방에서 묵을 것이오니, 주인댁은 여기서 계시오."

"정지간 방이라고는 하지만, 비가 새서 눅눅하고 냄새도 날 것이옵니다."

"상관없습니다. 동가식 서가숙하는 몸인데 진자리 마른자리 찾겠습니까?"

정약용은 주인의 고운 마음씨를 대하며 무엇인가가 울컥 치밀어 올라왔다.

'선량한 백성들의 살림이 이렇게 궁색할 줄이야…….'

"그런데 주인양반, 농사를 짓지 않습니까? 전부터 이렇게 끼니 걱정을 하고 사셨습니까?"

정약용은 주인에게 넌지시 물어보았다.

"아니지요. 전에는 그래도 이렇지는 않았습니다요."

"그렇다면 지난해에 혹 몹쓸 흉년이 들었습니까?"

"반드시 그렇지만도 않습니다. 농사를 지어도 빚을 갚고 나면 남는 것이 없답니다."

"빚이라니요? 무슨 일로 빚을 지셨습니까?"

"관가에서 꾸어 주는 곡식을 갖다 먹었다가 그 이자가 어찌나 비싼지……. 빚을 갚을 길이 없어 미루다 보니 나중에는 곱에 곱으로 쳐서 논째 넘어갔습니다요."

주인은 한숨을 길게 내쉬었다.

"허어……."

정약용은 가슴이 미어지는 듯했다.

"게다가 아직 어린 두 아들이 군적에 올라서 군포를 내느라고 빚을 더 지게 되었답니다."

군적이란 군대에 갈 나이가 된 장정의 장부를 말하는 것이다. 군포는 군적에 오른 장정이 군대에 가는 대신 바치는 삼베나 무명을 말한다.

"아니, 어린아이가 벌써 군적에 오르고 심지어 낳지도 않은 아이를 군적에 올리고 군포를 바쳐야 한단 말입니까? 그것은 법에 어긋나는 일이 아닙니까?"

"그게 어디 우리 집 뿐인가요, 집집마다 다 그렇습니다. 그러니 한숨밖에 더 나옵니까?"

주인은 실제 길게 한숨을 내뱉었다.

부잣집은 이자놀이로 재미를 보고 관가와 짜고 가난한 백성들을 울리고 있었다. 관가 뜰에는 빚을 갚지 못하여 곤장을 맞는 백성들의 비명소리가 꽉 찼다.

사또가 백성들의 재물을 약탈하므로 그 밑에 딸린 벼슬아치들의 행패 또한 눈을 뜨고 볼 수 없는 지경이었다.

'음, 이런 나쁜 놈들.'

정약용은 치밀어 올라오는 울화를 가까스로 내리 누르고 이를 악물었다.

제3장
목민관이 되어
백성들의 삶 속으로

굶주리는 백성들
농부의 마음으로

굶주리는 백성들

정약용은 그 이튿날 날이 밝자 곧 집을 나왔다.

그는 아침부터 여기저기 돌아다니며 가난에 찌든 백성들의 생활 모습과 반대로 지방 벼슬아치들의 부패상을 직접 보거나 들었다. 개혁되지 않으면 안 될 당시 농촌의 실정과 봉건적 억압 속에서 신음하는 농민들의 딱한 사정을 접하며, 솟아나는 눈물을 감추지 못했다. 그는 경기도 연천에 있는 적성 가서 본 백성들의 에참상을 낱낱이 파헤치고자 긴 시를 지어 울분을 달랬다.

시냇가 헌집 한채 뚝배기 같고 臨溪破屋如瓷鉢
북풍에 이어 걷혀 서까래만 앙상하네. 北風捲茅椽臄臄
묵은 재에 눈 덮여 부엌은 차디차고 舊灰和雪竈口冷
뚫어진 벽 틈으로 별빛만 스며드네. 壞壁透星篩眼谺
집안에 있는 물건 쓸쓸하기 한 없어 室中所有太蕭條
모조리 팔아도 칠팔 푼이 안 되겠네. 變賣不抵錢七八
개꼬리 같은 조 이삭 세 줄기 걸려 있고 龍尾三條山粟穎
닭 창자 같은 마른 고추 한 꿰미 놓여 있다. 鷄心一串番椒辣
깨진 항아리 헝겊으로 묶고 때우고 破甖布糊麋穿漏

찌그러진 시렁대는 새끼줄로 얽었네.
놋수저는 벼슬아치가 가져갈지 오래고
무쇠솥은 엊그제 옆집 부자 앗아갔지.
닳아진 무명이불 오직 한 채 뿐이라서
부부유별 그 말은 마땅치도 않구나.
어린 것 해진 옷은 어깨 팔뚝 나왔고
태어나서 바지 버선 입어보지 못했다네.
큰아이 다섯 살에 기병으로 올라 있고
작은아이 세 살에 군적에 올라 있네.
두 아들 군포세로 오백 푼을 물고 나니
빨리 죽길 원할 판에 옷이 다 무엇이랴.
갓난 강아지 세 마리 애들 함께 잠자는데
호랑이는 밤마다 우리 밖에서 으르렁대네.
남편은 산에 가 나무하고 아내는 방아품 팔러가
대낮에도 사립 닫혀 그 모습 참담하다.
아침 점심 다 굶다가 밤에 와서 밥을 짓고
여름에는 좀 누더기 겨울에는 삼베 적삼
들이 캐려 하나 땅이 아직 녹지 않아.
이웃집 술 익어야만 지게미라도 얻어먹지
지난봄에 꾸어 먹은 환곡이 닷 말이라
이때문에 금년은 정말 못살겠네.
나졸놈들 문밖에 들이닥칠까 겁날 뿐
관자 곤장 맞을 일 걱정일랑 하지 않네.
아아! 이런 집들이 온천지에 가득한데
구중궁궐 깊고 싶어 어찌 모두 살펴보랴.
직지사는 한나라 때 벼슬로서
고을 수령도 마음대로 처벌했지.
폐단의 근원 많기도 많아 바로 못잡고
공수, 황패 다시 바로잡기 어려우리.
먼 옛날 정협의 <유민도>를 본받아
시 한편 그려내어 임에게 바쳐볼까

庋架索縛防墜脫
銅匙舊遭里正攘
鐵鍋新被隣豪奪
靑錦敝衾只一領
夫婦有別論非達
兒稚穿襦露肩肘
生來不著袴與襪
大兒五歲騎兵簽
小兒三歲軍官括
兩兒歲貢錢五百
願渠速死況衣褐
狗生三子兒共宿
豹虎夜夜籬邊喝
郎去山樵婦傭春
白晝掩門氣慘怛
晝闕再食夜還炊
夏每一裘冬必葛
野薺苗沈待地融
村醪糟出須酒醱
餉米前春食五斗
此事今年定未活
只怕邏卒到門扉
不愁縣閣受笞撻
嗚呼此屋滿天地
九重如海那盡察
直指使者漢時官
吏二千石專黜殺
樊源亂本勢未正
龔黃復起難自拔
遠摹鄭俠流民圖
聊寫新詩歸紫闥

정약용은 백성들의 딱한 처지를 시 한수로 읊어 본 후, 언덕을 내려와 향교 사건으로 시끄러운 마전으로 향했다.

정약용이 도착했을 때는 소문대로 향교는 이미 다 헐려 있었고, 인부들은 명륜당을 헐고 있었다. 그는 인부 한 사람을 잡고 조용한 소리로 물었다.

"이렇게 좋은 땅에 자리 잡고 있는 향교가 어째서 헐립니까?"

"우리 같은 천민이 높은 양반들 하는 일을 어떻게 알겠습니까요. 방해하지 말고 저만큼 가시오."

찌들어 보이고 검게 탄 인부는 정약용의 말에 대꾸하기 싫다는 표정으로 손사래를 쳤다.

정약용은 다른 인부를 붙잡고 말을 걸었다.

"어째서 이런 명당의 향교를 헐었습니까? 그 사유가 있을 법한데요"

그러자 인부는 정약용을 한번 흘낏 쳐다보더니 손을 잡아끌었다.

"보아 허니 이 고을에 처음 오신 분 같은데 말조심 하십시오. 저기 있는 저 작자의 눈에 거슬리면 이내 사또 앞에 불려가서 곤장을 맞게 될 것이니……."

그 인부는 턱에서 저만큼 긴 담뱃대를 물고 거드름 피우는 자를 가리켰다.

"저 사람은 누구요?"

"사또 곁에서 빌붙어 사는 작잔데, 모두 저작자와 사또가 꾸민 일이 아니겠습니까."

"그렇다면 알면서 속는 거요?"

"그렇고 말고요. 뻔히 알면서도 코 베일까 두려워 모두 쉬쉬하는 것이랍니다."

"허어허, 이럴 수가……."

정약용은 치밀어 오르는 분을 삭이지 못하고 그만 큰소리로 울분을 토해냈다.

"댁은 누구시오. 보통 지나가는 나그네는 아닌 성 싶은데……"

인부는 정약용의 불끈 하는 혈기를 보고 그렇게 물었다.

"아니오. 그저 지나가는 나그네요만, 못마땅한 것이 한두 가지가 아니라서……."

"아닐 것이오. 필시 중요한 일을 보시는 선비님 같으신데……. 그렇다면 우리 마을의 억울함을 중앙에 알려 살펴보시게 해주십시오"

인부가 그렇게 말하자 정약용은 고개를 크게 끄덕거리고 급히 그 자리를 떴다.

마전일대를 살피고 백성들의 하소연을 귀담아 들은 정약용은 연천으로 향했다. 이르는 곳마다 백성들은 관찰사와 고을 수령들의 포악한 정치를 원망하고 있었다. 그 중에는 임금까지 원망하는 소리 도 있었다.

여러 고을을 암행한 정약용은 임무를 거의 마칠 무렵 스스로 죄인이 된 것만 같아서 마음이 몹시 울적했다.

'이번 일을 모두 상감께 아뢰어 썩은 관리들을 뿌리째 뽑고 착한 백성들이 안심하고 살 수 있게 하리라. 그리고 못된 관리들이 발붙일 수 없게 하는 제도를 만들리라.'

정약용은 여러 지방을 두루 살피고 돌아오는 길목에서 도탄에 빠진 백성들을 아랑곳하지 않는 위정사들의 죄악을 한딴하며, 「굶주린 백성들」이라는 시를 읊었다.

인생이 만약에 초목이라면　　　　　　人生若艸木
물과 흙으로만 살아가련만.　　　　　　水土延其支
허리 구부려 땅의 털 먹으니　　　　　　俛焉食地毛
이것이 콩과 조이다.　　　　　　　　　菽粟乃其宜

콩과 조는 구슬보다 귀하거니　　　　　菽粟如珠玉
그러므로 어찌 넉넉히 먹을소냐.　　　　榮衛何由滋
마른 목은 길쭉하여 따오기 같고　　　　槁項頻鵠形
병든 살갗 주름져 닭살 같구나.　　　　病肉縐鷄皮

우물이 있지만 새벽동자 할 수 없고　　有井不晨汲
땔감 있지만 저녁거리 없네.　　　　　有薪不夜炊
팔다리 아직도 움직일 때지만　　　　　四肢雖得運
걸음을 혼자 옮기지 못하네.　　　　　行步不自持

해 저문 넓은 들에 부는 바람 서글픈데　曠野多悲風
슬피 우는 기러기 어디로 갈까.　　　　哀鴻暮何之
고을원님 어진 정사 베풀기 위해　　　　縣官行仁政
없는 백성 구한다며 쌀 준다 한다.　　　賑恤云捐私

가다가다 고을 문에 이르면　　　　　　行行至縣門
옹기종기 입만 들고 죽솥으로 모인다.　　喁喁就湯糜
개돼지도 버리고 거들떠 안 볼텐데　　　狗彘棄不顧
이내 굶주린 사람 입엔 엿보다 달구나.　乃人甘如飴

또한 어진 정사 한다는 말 당치 않고　　亦不願行仁
또한 주린 백성 구한다니 당치 않네.　　亦不願捐貲

관가의 돈궤짝 남이 볼까 숨기기 바쁜데　　官帑惡人窺
우리들 굶주리게 한 것이 바로 그것 아닌가.　豈非我所嬴
관가 마구간 마소들도 살찌는데　　　　　　官廐愛馬肥
이런 우리들의 피와 살이네.　　　　　　　　實爲我膚肌

슬피 울며 고을 문 나서고 보니　　　　　　哀號出縣門
아득하고 깜깜하여 앞이 안 보이네.　　　　眩旋迷路岐
잠시 멈춰 마른 언덕에서　　　　　　　　　暫就黃莎岸
무릎 펴고 앉아 우는 아기 달래네.　　　　　舒膝挽啼兒

고개 숙여 우는 애기 서캐와 이를 잡으니　　低頭捕蟣蝨
두 눈에 폭포 같은 눈물 나오네.　　　　　　汪然雙淚垂

유유히 흐르는 천지자연 큰 이치를　　　　　悠悠大化理
고금에 그 누구 알기나 할까.　　　　　　　今古有誰知
많은 백성들 태어나서는　　　　　　　　　林林生蒸民
여위고 말라 곤궁에 빠졌네.　　　　　　　憔悴含瘡痍

말라서 약한 몸, 가누지 못하며　　　　　　槁莘弱不振
길가에 만나느니 유랑민뿐이로세.　　　　　道塗逢流離
이고 지고 나섰으나 갈 곳이 없어　　　　　負載靡所聘
어디로 가야할지 아득할 뿐이네.　　　　　不知竟何之

골육도 보전치 못하겠으니　　　　　　　　骨肉且莫保
두려울 손 천륜까지 못하겠으니.　　　　　迫厄傷天彝
상농군도 이제 거지되고　　　　　　　　　上農爲丐子
집집마다 문 두드려 구걸하오.　　　　　　叩門拙言辭

가난한 집 구걸 갔다 오히려 슬프고　　　　　貧家反訴哀
부잣집 구걸하면 더욱 피하네.　　　　　　　富家故自遲
날짐승 아님에 벌려 쪼아 먹지 못하고　　　非鳥莫啄蟲
물고기 아님에 헤엄칠 수 없네.　　　　　　非魚莫泳池

얼굴은 붓고 누렇게 뜨고　　　　　　　　　顔色慘浮黃
머리는 흩어져 어지러이 날리네.　　　　　鬢髮如亂絲
옛 성현 어진 정사 펴던 시절　　　　　　　聖賢施仁政
홀아비와 과부 먼저 구해주었는데.　　　　常言鰥寡悲

지금 그들 오히려 부러우니　　　　　　　　鰥寡眞足羨
굶어도 혼자 굶고 지내어.　　　　　　　　飢亦是己飢
집식구 없었으니　　　　　　　　　　　　　合無家室累
어찌 집안 살림 걱정했겠나.　　　　　　　豈有逢百罹

따뜻한 봄바람에 봄비 뿌려지면　　　　　春風引好雨
꽃과 잎 피어 초목 자라난다.　　　　　　　艸木發榮滋
생의 뜻 온 천지에 가득하니　　　　　　　生意謁天地
빈민구제 높은 정이 천지에 가득찼네.　　賑貸此其時

엄숙하고 점잖은 관청의 높은 분　　　　　肅肅廊廟賢
나라의 운명 오직 경세제민 뿐이네.　　　經濟仗安危
모든 생명 도탄에 빠졌는데　　　　　　　生靈在塗炭
이를 구할 자 관리 말고 누구랴.　　　　　拯拔非公誰

누런 얼굴 볼 모양 없고　　　　　　　　　黃馘索無光
이른 가을 마른 버들 형상이네　　　　　　枯柳先秋萎

굽은 허리에 걸음 옮길 힘없어   傴僂不成步
벽을 부여잡고 간신히 일어나네.   循墙强扶持

일가 친척 도울 길 없고   骨肉不相保
길가는 나그네 아는체 할까 보냐.   行路那足悲
제 살기 얽매어 본 마음 어기고   生理梏天仁
주려 병든 자를 보고 도리어 웃고 있네.   談笑見羸

이리저리 뒤척여 온 마을을 찾아가나   宛轉之四隣
마을 인심 어찌 본래 이러하던가.   里俗本如斯
부럽다, 들판 날아가는 새들은   羡彼野田雀
벌레나 쪼아먹고 가지 위에 앉았도다.   啄蟲坐枯枝

사또네 집안에는 술과 고기 낭자하고   朱門多酒肉
풍악소리 울리며 예쁜 기생 화려하다.   絲管邀名姬
희희낙락 즐겁게 태평성대의 모습이여   熙熙太平象
대감네 그 모습은 우람하고 엄숙하다.   儼儼廊廟姿

간사한 인간은 거짓말만 꾸며대고   奸民好詐言
우활한 양반들은 걱정이라 하는 말이   迂儒多憂時
오곡이 풍성하여 흙더미로 쌓였으되   五穀且如土
농사에 게으른자 스스로 주리노라.   惰農自乏貲

초목같이 많은 백성 어찌 모두 번영하리.   林葱何其繁
요순 때 임금도 백방으로 병 고쳐도   堯舜病博施
하늘에서 홍수같이 좁쌀이 쏟아져도   不有天雨粟
이 같은 흉년 어찌 구하라.   何以救歲飢

두어라 술이나 또 한잔 기울여라.	且復倒一壺
대부 벼슬 깃발 아래 춘흥이 가시겠다.	曲旆春迷離
언덕과 산골에 묻힐 땅도 남았으리	溝壑有餘地
사람은 한번 죽게 되네.	一死人所期
비록 오매초를 가졌다해도	雖有鳥味草
조정에 사정을 알려 무엇하리.	不必獻丹墀
저들의 형장이 서로 돕지 않는 것을	兄長不相憐
부모인들 어찌 자애를 베풀소냐.	父母安施慈

정약용은 조정으로 돌아와서는 암행어사의 임무를 띠고 돌아본 실정을 낱낱이 임금에게 보고했다.

"가장 심한 것은 환곡이었습니다. 관가에서는 봄에 양곡을 빌려 주었다가 가을에 약간의 이자를 붙여 거두어들입니다. 그런데 부패한 관리들이 이 제도를 나쁘게 이용하고 있었습니다. 즉, 몇 곱의 이자를 부쳐 거두어들인 후 자기들의 배를 채우고 있었습니다."

그리고 정약용은 정치란 백성들의 생활을 중히 여겨야 한다고 생각했다. 이에 백성을 다스리는 사람들은 법을 잘 지키고 일을 공정하게 처리해야 한다고 주장했다. 백성들은 법과 질서를 잘 지키는데, 법을 만들고 집행하는 자들은 법을 어기고 있음을 알았다.

정조는 정약용의 말을 들으며 고개를 끄덕였다. "그래, 맞는 말이로다." 정조는 경기도 관찰사 서용보와 그 밑의 못된 벼슬아치들을 쫓아내고, 그들을 멀리 귀양보내 버렸다. 그 사건을 계기로 서용보는 정약용에게 크게 앙심을 품고 있었다. 이후 그는 기회가 있을 때마다 정약용을 모함했다.

농부의 마음으로

1795년 7월 정약용은 서울을 떠나 금정으로 향하던 중 동작나루를 건너고 있었다.

마침 해는 서산마루에 걸려 있었다. 정약용은 지는 해를 바라보며 쓸쓸함을 감출 수 없어, '동작나루를 건너며' 라는 시를 읊었다.

해 저무는 동작나루 물결만 출렁이네.　　　　銅津斜日浪花翻
멀어지는 서 남산은 그리운 옛 동산　　　　船尾終南是故園
드리운 수양버들 비에 더욱 희고　　　　垂柳野橋猶白雨
연기 솟은 성안은 황혼에 젖어 있네.　　　　澹烟城闕近黃昏
궁궐에서 다시 부르심 기다리는 것만　　　　金門待詔非長策
상책이 아니로다.

성은으로 이 몸은 나루터에 보내졌노라.　　　　水驛投荒也聖恩
서학은 들었지만 참뜻을 모르는데　　　　聞說西人迷不悟
이 길은 머나먼 귀양길인가 하네.　　　　此行還似出淮藩

충청도 금정 찰방으로 내려가면서 정약용은 그것이 상감의 은혜라고 읊었다 하지만, 정약용이 지금까지 지낸 벼슬을 생각할 때 그것은 귀양살이와 다를 게 없었다.

그러나 정약용은 그에게 주어진 일에 만족했다. 오히려 농민들의 생활을 가까이에서 볼 수 있음을 다행으로 생각했다.

그 당시 토지가 넉넉하여 가을에 곡식을 듬뿍 거두어들인 농가는 보릿고개를 모르고 여름을 맞게 되었지만, 도지 논이나 붙여 먹고 사는 가난한 농민들은 추수를 하기가 바쁘게 양식이 떨어져 허덕이게 마련이었다.

도지를 갚고, 가짓수 많은 세미(稅米)를 다 바치고 나면 늦가을이 되기도 전에 배를 주리는 것이 보통이었다. 그러니 긴 겨울을 굶어 죽지 않고 살아남는 것만도 다행한 일이었다.

그런데도 관아에서는 보릿고개에 허덕이는 농민들을 구하려고는 하지 않고 오히려 날마다 부역으로 귀찮게 하였다. 어디를 가나 아전들의 행패는 극악하였다.

백성들은 토지를 밭으로 여기는데
아전들은 가난한 백성들을 밭으로 여기는구나.
백성들은 씨앗을 뿌리고 곡식을 거두기 위해
땅에 피땀을 쏟지만
아전들은 땀 한 방울 흘리지 않고
백성들을 홀태로 벼를 훑듯 훑어내고
키로 사래질하듯 어지럽게 까불러대니
견뎌낼 재주가 있겠는가.
진실로 백성을 사랑하는 목민관이라면

굶주리는 세민(細民)들의 수를 낱낱이 파악하여
골고루 환곡을 나눠줘야 할 것이다.
그러나 아전들의 농간으로
백성들의 진휼을 위한 환곡은 악법이 되고 말았다.

　정약용은 금정 찰방으로 지내면서 오래 전에 아버지 정재원의 부임지를 따라다니면서 보았던 농민들의 모습을 떠올렸고, 암행어사 시절에 몸소 체험했던 백성들의 아픔을 다시 한번 생각해 볼 수 있는 계기로 인해 마음으로 자주 들로 나갔다.

　그는 그곳에서 농민들의 일하는 모습을 보며 그들의 애로사항이 무엇인가 곰곰 생각하기도 했다. 어느 날은 산등성이 밭에서 김을 매고 있는 젊은 부부를 발견하고 그들 곁으로 다가갔다.

　"금년 농사가 어떻습니까?"

　농부는 구부렸던 허리를 펴고 이마의 땀을 닦으면서 대답했다.

　"글쎄 옳습니다. 거두어들일 때까지 하늘의 뜻에 맡겨야지요."

　정약용은 농부의 말을 들으면서 생각하는 바가 있었다.

'하늘의 뜻이라……. 그렇기 때문에 똑같은 노력으로도 풍년과 흉년이 있지. 가뭄과 홍수를 대비해서 저수지가 있다면 그것은 인간의 힘으로 헤쳐 나가야 될 터.'

　"산등성이 자갈밭이라 땅이 메마르군요."

　정약용은 농부의 아내에게 물었다.

　"예, 곡식을 심어도 씨알이 작고 김매기도 여간 힘들지 않습니다."

농부의 아내는 호미질을 하면서 대꾸했다.

"그렇다면 다음에는 퇴비를 많이 깔아 두었다가 밭을 갈아 보십시오. 가을철에 풀을 베어서 썩혀 그것을 퇴비로 사용하면 밭이 기름진 땅으로 변할 것입니다. 물론 굵은 돌멩이는 골라 내버리고 말입니다."

"예. 다음번에 꼭 그렇게 실행해 보겠습니다. 사실 퇴비가 젤 좋은 거름이지요."

젊은 부부는 정약용의 말에 맞장구치면서 웃었다. 정약용은 가난 하지만 부지런한 젊은 농부를 보며 흐뭇한 기분에 젖었다. 정약용은 후에 「농책(農策)」에 이렇게 써 넣었다.

'농사하는 방법은 천시(天時) 즉 계절이나 자연현상에 따르고, 토질의 상태를 분간하고, 사람의 노력을 이용하는 것이다. 이 세 가지 힘이 모인 다음에야 농사일이 잘 된다. 다시 말해 하늘과 땅과 사람의 3요소가 잘 조화되어야 농사일이 순조롭다.'

젊은 농부 부부를 만났던 다음날, 정약용은 어린 아들과 어머니가 나누는 이야기를 들었다.

어머니가 밭을 일구기 위하여 땅을 파는데, 그 옆에서 열 살쯤 되어 보이는 아이가 어머니를 따라 괭이를 들고 땅을 파고 있었다.

"이 녀석, 괭이 놔두고 어서 가서 글이나 읽어."

어머니는 아이를 향해 큰 소리로 말했다.

"싫어요. 저도 어머니를 돕겠어요."

아이는 퉁명스럽게 대꾸했다.

"이 어미처럼 뼈 빠지게 일하지 않으려면 열심히 공부해서 과거에 급제해야 돼. 그것이 어미 소원이다.”

어머니는 아이의 등을 손바닥으로 치며 꾸짖었다.

아이는 마지못해 집으로 들어가면서 혼자 구시렁거렸다.

“에이, 공부하는 것보다 어머니랑 밭에 있는 것이 더 좋은데…….”

이때 정약용은 깨달은 바 컸다. 그는 농사일은 한없이 낮추고 글 읽는 선비를 높이는 어머니의 마음을 이렇게 적었다.

'선비와 농부가 두 갈래로 갈라지면서 농사는 나날이 나빠졌다. 옛날 조정에서는 벼슬한 사람들 가운데 농촌 출신 아닌 자가 어디 있는가. 요 임금 때 백규(白圭)란 자는 역산의 농사꾼이었고, 순 임금 때의 후직(后稷)도 농사꾼이지 않았는가…… 혀만 나불거리며 놀고먹는 자들이 푸른 띠를 두른 선비이거늘 백성을 좀먹고 농사를 해치는 자들이 늘 이런 무리들이니……'

이것은 농부보다 선비가 더 나을 까닭이 없다는 뜻이 숨어 있다. 즉 선비들이 놀고먹지만 말고, 농토로 돌아가 실제로 생산에 종사해야 한다는 사농일치(士農一致) 사상에서 나온 것이다.

이처럼 정약용은 백성들의 생활을 살피는 틈틈이 학문 연구에도 열심이었다. 금정 시절 정약용은 퇴계 이황의 학설을 더욱 깊이 연구하여 그 곳에서 「도산사숙록(陶山私淑錄)」을 지었다.

「퇴계집」을 읽고 느낀 바를 33항목의 글로 쓴 것이었다.

머리말을 다음과 같이 썼다.

'내가 금정에 있을 때였다. 마침 이웃 사람이 퇴계집을 가지고 있었다. 나는 그것을 빌려다가 날마다 새벽에 일어나 세수하고는 그 중 한 편을 읽은 뒤에 아전들의 조회를 받고, 오전에는 거기서 느낀 바를 적어 스스로 깨치곤 했다. 서울에 돌아온 뒤 이 글을 「도산사숙록」이라 이름 붙였다.'

정약용은 퇴계의 학문에 취해 있어서 그에 대한 시를 짓기도 했다.

고요한 가운데서도 바쁜 것을 알았네.
흐르는 시간을 그 누가 막으랴.
가시밭 험한 길에 허둥지둥 반평생
사나운 싸움터에 이 몸 찢기겠구나.

수없는 움직임도 한번의 고요만 못하여라.
수많은 꽃떨기 속에 홀로의 꽃다움 있네.

도산의 그 퇴수가 어드메뇨.
높으신 선생의 위풍 생각할수록 아득하네.

특히 천주교에 연루되어 금정 찰방으로 귀양살이나 다름이 없는 생활을 하면서도 정약용은 그저 세월을 보내지 않았다. 평소 존경하던 성호 이익의 책을 교정하였던 것이다. 그 동안 이익이 지은 책은 수백여 편에 달했지만 후학들의 성의가 부족하여 그것을 편집하여 책으로 간행하지 못했던 것이다.

정약용은 성호의 후손인 이삼환과 의논하여 1795년 10월 14일에 서해안에 있는 봉곡사에 선비들과 모여 강학하였다. 그들은 성호가 지은 여러 저서를 교정하였다. 정약용은 성호 선생의 위대한 학문적 업적을 시로 노래했다.

박학한 성호 선생	博學星湖老
백세사(百世)로 모시련다.	吾從百世師
동림(東)은 무성하여 새끼가 번창하고	鄧林繁結子
큰 나무는 무성하여 가지가 많은 법	喬木鬱生枝
강하는 자리에 선풍의(豐儀)가 준엄하고	講席風儀峻
투호엔 예법이 지극히 맑네.	投壺禮法熙
드높은 그의 위의(威儀) 속인들 몰라보고	孤標驚俗眼
중인 속에 섞였으니 이 일을 어이할까.	歷落竟何爲

여기에서 백세사란 백세 후세까지 사람들의 사표로서 존경을 받을 사람을 뜻하는 것이고, '동림'이란 중국 초나라 북쪽에 있는 대나무 숲의 이름을 뜻하는 것이다. 이 시를 통해 정약용이 성호 선생을 학문적으로 얼마나 존경했는지를 알 수 있다. 이와 같이 정약용은 한직에 있으면서도 잠시도 학문 연구를 게을리 하지 않았다.

이 무렵 정약용은 많은 시를 지었다. 농사짓는 부부가 들에서 일하는 모습을 보고는 비록 가난하지만 행복해 보인다는 부러움을 표하기도 했고, 농촌의 정경을 한 폭의 그림처럼 나타내기도 했다. 그의 시는 대체적으로 사회의 실생활을 소재로 하여 쓴 것이 많았다. 그런 시에는 항상 비판 정신이 들어 있었다. 백성의 비참한 생활을 시로 적으며, 그 속에는 썩은 관리들의 행태를 꼬집어 세상을 바로잡고자 하는 비판정신이 담겨 있었다.

그런 비판정신이 특히 잘 나타난 시에 '공수의 창곡이 폐정을 이루고' 라는 것이 있다.

| 관가에서 꾸어 쓴 쌀 값을 땐 수북하게 말질하고 | 庭量須溢斛 |
| 정하게 찧은 쌀로 바쳐야 하네. | 廚餉籾精春 |

| 성화같은 독촉에 어찌 기한 어길건가. | 督責寧踰限 |
| 그때마다 사람 사서 운반해가니. | 調移每雇傭 |

| 몸은 마치 낱알 끄는 개미 신세요 | 身如輸粒蟻 |
| 마음은 다리 잘린 벌과도 같네. | 心似割脾蜂 |

| 집안은 텅텅 비어 아무도 없는데 | 盡室方懸磬 |
| 곡식 짐 짊어지고 새벽 길 떠나네. | 贏糧各趁鐘 |

| 아전 놈들 잔꾀는 언제나 빈틈 없고 | 吏謀隨處密 |
| 백성들 습성은 예전부터 공손하기만 하네. | 氓俗古來恭 |

사람 잡아가느라 온 고을 시끄럽고	逮捕騷鄰里
먼 친척 사람까지 잡아가 세금 물리네.	徵逋及遠宗
백성들 뒤엔 해 넘길 것 없는데	村長無卒歲
관가 창고에 겨울 양식 풍부하네.	官廩利經冬

| 궁한 백성 부엌에는 바람 서리쌓이건만 | 窮蔀風霜重 |
| 대감님 밥상에는 고기 생선 갖춰있네. | 珍盤水陸供 |

　　정약용은 금정 찰방으로 내려간 지 6개월 뒤인 12월, 정조로부터 서울로 올라오라는 부름을 받았다. 정조는 정약용에게 무관직인 용양위 부사직을 내렸다.

금정 찰방보다 조금 높은 직위였다. 그러나 앞서 말했듯이 정약용은 직위의 높고 낮음을 가리지 않았다. 그는 그에게 주어진 일에 최선을 다하고 있었다.

정약용은 금정에 있는 동안 모든 일을 성심껏 처리했을 뿐 아니라 깨끗하고 바르게 행정을 처리했다.

이러한 사실이 다음 해 여러 대신들에게 알려졌다.

대신들 중 재상 심환지가 그 사실을 정조에게 알렸다. 정조는 매우 기뻤다.

"역시, 내가 믿었던 사람이야."

정조는 정약용에게 규장각에서 일할 수 있게 해주었다.

당시의 규장각은 학문을 좋아하는 정조가 궁중에 둔 도서관이다. 이곳에 훌륭한 학자들을 모아 학문을 연구하고 책을 펴내게 하고 있었다.

규장각에는 유득공, 이가환, 박제가를 비롯한 실학자들이 있었다.

그러므로 학구열이 강한 정약용에게는 더할 수 없이 좋은 자리였다. 정약용이 규장각에 합세한 후, 학자들은 정조의 명령으로 「규장전운」을 편찬하고 있었다.

이 책은 한자사전으로 오늘날까지 학문적으로 매우 귀중한 자료로 여겨진다.

정약용은 그 해 12월 병조참지를 거쳐 우부승지, 좌부승지를 차례로 제수 받았다.

이런 연유로 정조의 신임이 두터운 것이라고 생각하는 반대파들은 정약용을 트집잡기에 혈안이 되어 있었다. 가장 좋은 트집거리는 역시 정약용이 서학을 공부한다는 것이었다.

일찍이 정약용은 천문·지리·측량술·농사·수리 등의 과학 기술을 받아들여야 한다고 주장했다. 그렇듯 여러 분야에 한발 앞서가며 임금의 총애를 받는 정약용이 그들 눈에 가시였다.

그들은 당파싸움의 구실로 정약용의 진보적인 생각을 문제 삼고 있었다.

정약용은 그들의 비방에 차라리 조정을 떠나고 싶어져서 벼슬에서 물러나겠다는 뜻을 정조에게 전했다. 그러나 정조는 정약용을 황해도 곡산 도호부사로 임명했다.

멀리 떨어져 있으면 정약용을 시기하고 비방하는 무리들이 조용해지려니 하는 생각에서였다.

정약용은 정조의 뜻을 받들어 산간벽지 고을의 수령으로서, 그가 늘 마음속으로 생각해 오던 것을 실천에 옮기기로 결심했다.

즉, 그가 다스리는 백성들을 풍요롭고 편하게 살 수 있도록 하고 싶었다.

곡산은 황해도 북동쪽에 있는 산간벽지로, 농토가 적고 메마르기 때문에 인심도 사나운 고을이었다. 뿐만 아니라 전에 이곳을 다스리던 부사들이 협잡질을 많이 하여 벼슬아치들의 기강은 땅에 떨어지고 백성들의 생활은 말이 아니었다.

정약용이 곡산 도호부사가 되어 마을에 들어오자 여기저기서 수군거렸다.

"새로 부임해 온 사또가 우리 고을을 잘 다스려 줄까?"

"글쎄, 학문이 깊어서 상감의 은총을 받던 분이라지만, 두고 봐야 알겠지."

"두고 보나마나 권력 있는 놈들치고 토색질을 마다하는 놈이 있던가."

"그래도 부임행차가 조촐한 것을 보면 좀 다를 것 같은데."

정약용이 곡산 부사가 되어 곡산 경내에 이르렀을 때, 전임 부사 때 농민들과 관가에 들어와 사또의 부정을 항의하는 소동을 벌여 결국 곡산 부사의 자리를 떨어뜨린 이계심이란 자가 부임 행차에 나타난 것이다.

"신임 사또를 만나게 해주시오. 꼭 만나 뵈어야 합니다."

"아니, 이놈! 썩 물러가지 못하겠느냐!"

아전은 그 사람을 몰아내기 위해 큰 소리를 질렀다. 정약용이 행차를 멈추고 보니 아전이 그자와 옥신각신하고 있었다.

"어찌 이리 소란하고!"

"예, 저자는 이계심이라는 자입니다. 전임 사또 때도 고을백성들과 함께 몰려와서 군포를 트집 잡아 난동을 부렸습니다."

"군포를 어떻게 받아들였기에 그런단 말이냐."

"그것이 저어……"

"좋다. 어떻든 그 사람을 데리고 오너라. 내가 직접 알아보겠다."

정약용은 이계심을 데리고 오도록 명했다.

이계심은 곧 아전의 안내를 받아 정약용 앞에 엎드렸다.

"그대는 매번 사또에게 난동을 부리고 도망간다는데, 이번에는 무엇 때문에 소란을 피우는가?"

정약용은 꿇어 엎드린 이계심을 내려다보며 엄한 목소리로 다그쳐 물었다.

"소란을 피운 죄는 소인이 잘 알고 있습니다. 그러나 이 고을 백성의 억울한 사정을 말씀드리고자 하오니, 저의 말을 들으시고 난 뒤 벌을 내리십시오."

"억울한 사정이라니, 어떤 것인지 들어보자."

이계심은 그의 말을 들어준다는 사또가 고마웠다. 지금까지는 말을 꺼내지도 못하게 하고 잡아서 곤장을 칠 궁리만 했던 사또들이었다.

　"예, 황송하오나 소인은 백성들의 어려운 사정 12가지를 적어 왔습니다. 이것을 보시고 백성들의 아픔을 덜어 주십시오."

　이계심은 품속에서 두루마리를 꺼내 정약용에게 바쳤다. 정약용은 그것을 펴서 읽었다. 두루마리를 읽으면서 연방 고개를 끄덕이면서 꿇어 엎드려 있는 이계심에게 말했다.

　"고개를 들고 나를 보아라."

　"끝까지 읽어주셔서 감사합니다. 사또, 이제 벌을 받아도 원이 없습니다."

　정약용은 머리를 가로 저은 후 미소를 지었다.

　"훌륭한 사람이로다. 그대는 죽음을 무릅쓰고 사또나 아전들의 잘못을 바로잡으려고 나섰으니, 의롭고 용기 있는 그대에게는 상을 주어 마땅하다. 그런데 상 대신 벌을 내리다니 당치 않은 말이로다."

　정약용은 이렇게 말하면서 이계심의 손을 잡았다.

　"그대로 인해 나는 힘을 얻었네. 그러니 어서 돌아가 농사일을 하게 그리고 다음에 또 하고 싶은 말이 있으면 언제든지 찾아와 말하게."

　"황공하옵니다. 사또."

　이계심은 눈물을 글썽이며 정약용에게 거듭 절을 했다.

　이로부터 정약용은 이계심이 지적한 관가의 잘못을 하나하나 고쳐나갔다.

정약용은 부임하는 그 날부터 관가의 장부를 조사했다. 그 결과 정약용이 미리 짐작했던 대로 부정과 협잡이 보였다.

심지어 벼슬아치들은 백성들에게 관가의 곡식을 빌려 주지 않고 빌려 준 것처럼 이중장부를 만들어 이자를 받아 가로채기도 했다.

군포를 거두는 과정에서도 예외 없이 부정이 엿보였다.

정약용은 관리들의 부정들을 찾아낼 때마다 혀를 차면서 분노했다.

'이런 지경이니 백성들의 살림살이가 온전할 수 있겠는가.'

임금은 어진 정치를 하려고 노력하는데 일선 관리들이 이를 따라 주지 않으니 마음이 아팠다.

정약용은 그 날로 관청의 부정을 없애고 관리들이 바르고 깨끗한 생각을 갖도록 교육시켜 백성을 위해 제대로 관청의 일을 하도록 한 것이다.

환곡을 올바르게 이용하도록 하기 위해 백성들에게 곡식을 꾸어 줄 때는 반드시 자신이 직접 나누어주고, 거둘 때는 한꺼번에 운반하도록 했다. 환곡 정리도 빠르고 깨끗이 처리했다.

"백성들이 환곡을 이용할 때는 반드시 나에게 알려라!"

정약용은 백성들이 고르게 환곡을 이용할 수 있도록 하기 위해, 직접 돌아다니며 나누어 주었다. 또한 백성들끼리 다투는 송사가 벌어졌을 때는 공정하게 처리해 주었다.

다음에는 호적·토지대장·군적 등의 등록사무를 공정하게 정리하고, 호포도 관가에서 함부로 사용하지 못하도록 했다.

또 농가마다 의무적으로 송아지를 기르게 하여 농사철에 이용할 수 있도록 장려했다.

이에 백성들은 너나없이 허리를 펴고 살겠다며 신관 사또를 칭송하고 좋아했다.

정약용은 수시로 백성들이 사는 모습을 살펴보러 나갔다. 그런 중에 한 고을에서 뜻밖의 상황을 목격했다.

고을에서 몇 사람이 마마에 걸려 신음하고 있었다.

'전염병이 돌고 있다니…….'

정약용은 마마에 걸린 사람들을 격리 수용하게 하고 치료에 온 정성을 다했다. 그러한 후에 그는 천연두에서 백성들을 구하기 위해 「마과회통(麻科會通)」책 12권을 펴내었다.

그 해 어느 겨울이었다. 정약용은 동헌 뒷산에 올라갔다가 바위 틈에서 흘러나오는 맑은 물을 발견했다. 그는 물을 떠서 마셨다.

"음, 물맛이 일품이고."

정약용은 무슨 생각에서인지 물을 마셔 본 후 일꾼들을 시켜 땅을 파게 했다.

몇 명의 일꾼들이 땅을 판지 얼마 되지 않아 한 길 정도 되는 깊숙한 사각의 구덩이가 만들어졌다.

정약용은 그 구덩이 밑바닥에 기름종이를 깔고 사방 벽에도 기름종이를 둘러대도록 했다. 그런 다음 샘물의 길을 터서 구덩이에 맑은 물이 고이도록 했다. 물이 20센티미터쯤 높이에 이르자 정약용은 물길을 막아 물을 꽁꽁 얼리라고 했다.

물이 얼기를 기다렸다가 다음엔 얼음 위에 왕겨를 덮고, 다시 그 위에 또 기름종이를 깔고 전과 같이 물을 대어 얼음을 얻게 했다.

이렇듯 며칠을 두고 물을 얼려서 왕겨를 덮고 그 위에 또 기름종이를 깔아 물을 채워 얻게 했다. 그러기를 거듭한 다음 마침내 커다란 얼음덩이 위에 두툼한 짚을 덮도록 했다.

이듬해 여름, 청나라 사신이 우리나라에 오게 되었다. 사신이 지나 가는 길목의 각 역에는 그들을 대접할 음식 장만에 바빴다.

그런데 한창 더운 여름이어서 음식이 쉽게 상했다. 따라서 음식을 상하지 않게 하고, 더위에 지친 사신 일행의 갈증을 풀어주려면 얼음이 필요했다.

정약용은 지난 겨울 동헌 뒷산에 만들어 둔 얼음광 속에서 얼음을 꺼내 각 역에 나누어 사용하도록 했다.

청나라 사신들은 그 얼음 덕분에 한 여름에도 시원한 음식을 먹고 갈증을 풀 수 있게 되었다.

정약용은 얼음을 나누어주고 받은 돈을 모두 구덩이를 파느라고 고생한 마을 사람들에게 나누어 주었다.

정약용의 지혜와 베푸는 마음은 곧 온 고을에 퍼졌다.

"이렇듯 훌륭한 사또는 다시 없을 거야."

"우리 고을 사또 만세."

정약용이 인심 사납고 메마른 곡산을 잘 다스려, 백성들이 평화롭게 생활하고 있다는 소식은 조정에까지 알려졌다.

그리하여 정조는 그에게 비밀리에 명령을 내려, 황해도 여러 수령들이 백성의 재물을 함부로 거두어들이는 일이 없는지 조사하도록 했다.

그는 곧 정조의 명령을 받들어 각 고을을 돌아다니며 수령들의 잘잘못을 자세히 조사해 임금에게 보고했다.

정조는 정약용의 보고를 받고 매우 만족해 했다.

제4장
어긋나기만 하는
인간사에 밀려

고향 마현 어유당을 찾아
다시 시작된 천주교 박해
남도 천리 강진에 유배

고향 마현 여유당을 찾아

정약용은 1799년 4월 그의 나이 서른여덟 살이 되던 해, 다시 서울로 올라와 형조참의를 지내면서 성심껏 나랏일을 살폈다. 그러나 반대파들은 여전히 그를 가만두지 않았다.

천주교 신자인 정약용을 처벌해야 한다는 상소는 계속되었다. 특히 그 무렵은 천주교 탄압을 적극적으로 막아 주던 영의정 채제공이 죽은 뒤여서 반대파의 공격이 더 심해지고 있었다.

이로 말미암아 조정은 어수선해지고 정약용에 대한 압박과 비방은 더했다.

정약용은 안타까웠다. 벼슬자리에 앉아 있기 때문에 없는 사실을 뒤집어쓰고, 당파싸움 때문에 백성을 위해 일하려 해도 제대로 하지 못하는 것이 답답하기만 했다.

정약용은 결국 무고에 대하여 반박 모함 받던 천주교 문제에 대해 그 전말을 소상하게 설명하는 상소를 정조에게 올린다. 「변방 사동 부승지소」라는 상소다. 「변방소(辨謗疏)」 혹은 「자명소(自明疏)」라고 불리는 만여 자에 달하는 장문의 글을 올리고 벼슬에서 물러났다. 정조도 말리다 못해 허락하였다.

　이듬해 1800년 봄 아버지 정재원이 그러하였듯이 정약용은 가족을 데리고 고향 마현으로 향했다. 그는 '서울을 떠나면서'라는 시를 지어 자신의 쓸쓸한 마음을 전했다.

간악한 물여우 한 마리	一夫作射工
이리저리 사방에 독을 퍼뜨려	衆喙遞傳驛
정직한 이 발붙일 곳 없구나.	詖邪旣得志
교활한 자 이미 다 차지했구나.	正直安所宅
외로이 난 새 깃털이 약해	孤鸞羽毛弱
가시밭 험한 길 견딜 수 없어.	未堪受枳棘
한 척 돛단배에 몸을 싣고	聊乘一帆風
아득히 서울을 하직하네.	杳杳辭京國
방랑이 좋은 일 아니건만	放浪非敢慕
더 이상 머무름은 진실로 뜻이 없네.	濡滯諒無益
범같은 무리가 대궐 앞에 버티고 있어	虎豹守天閽
이 어찌 충성을 전할 수 있으리요.	何繇達衷臆

　그는 고향집에 칩거하면서 예전 아버지 정재원처럼 낚시와 글 읽기로 소일하며 고향에 사는 재미를 만끽하고 있었다.

　늘 누군가를 짓밟고 올라서고자 하는 분위기의 벼슬살이 때와 달리 고향의 자연은 그를 따뜻이 감싸면서도 자연이 가르치는 큰 이치를 깨우치게 했다.

타향살이 꿈길에서 고향을 맴돌다가　　　　　羈夢棲棲繞碧山
처자식 데리고 옛집에 돌아왔네.　　　　　　敝盧風雨挈家還

내 재주 원래부터 부족한 탓에　　　　　　　才疎敢惜休官早
벼슬 일찍 버린 것 아깝지 않네.　　　　　　性拙深知涉世艱

마을에 벌린 잔치 비웃는 이 없고　　　　　　鄕里開筵無白眼
고깃배에 술 취하여 모두가 웃는 얼굴　　　　釣船沽酒每朱顔

선인이 남긴 글 읽어가며　　　　　　　　　殘書點撿先人跡
여생을 이 곳에 안거하리라.　　　　　　　　已辦餘生付此間

　　이것은 정약용이 고향에 내려온 심정을 노래한 시이다.

　　정약용은 여유당 사랑채에 앉아 글을 읽다가 문득 시구가 떠오
르면 시를 짓곤 했다.

　　그는 남은 생을 고향에 묻혀 학문에 전념하고 싶어했다. 그러나
소박한 그의 소망도 뜻대로 되지 않았다.

　　정약용은 자신을 떠나보내고 나서 가슴 한 곳이 텅빈 듯 쓸쓸
해하던 정조 임금이 부르는 명을 받고서 지금까지 정조에게 입은
은혜와 넘치는 사랑을 생각해서 차마 거절할 수 없었다. 그는 마
지못해 다시 서울로 향했다.

　　정약용이 문안인사 드리기 위하여 대궐에 들었을 때 정조는 반
가운 빛으로 그를 맞아주었다. 그런데 정약용은 그날 정조의 안
색에서 심상치 않은 그늘을 발견했다.

‘상감마마의 심경에 변화가 있는 듯하구나.’

정약용의 예감대로 대궐에 들어갔다 나온지 며칠이 지나지 않아 정조가 세상을 떠나고 말았다.

“전하……”

너무나 갑작스런 일이어서 정약용은 말문이 막혔다.

고향에 있는 그를 서울로 오게 하여 그의 손을 잡고 한참이나 무슨 말을 할듯하던 정조였다. 그러나 “곁에 있어 주시오.”라는 한 마디의 말을 던지고 그를 지긋이 바라보던 그 날이 마지막이 될 줄이야.

글 읽기와 시 짓기, 그림 그리기를 좋아하고 당파싸움 속에서도 백성을 위한 올바른 개혁정치를 하려 애쓰고, 진보적인 사고로 서학을 깊이 이해하고, 정약용을 믿고 사랑했던 정조대왕이었다.

정약용은 나라의 큰 별이 떨어진 슬픔을 참지 못하고 며칠 동안이나 곡기를 입에 넣지 못했다.

다시 시작된 천주교 박해

정조가 세상을 떠나자 그의 아들 순조가 왕위에 올랐다.

순조의 나이 겨우 11세였다. 임금의 나이가 어리다는 핑계로 영조의 계비인 정순왕후가 대왕대비로서 정치에 깊이 간여하게 되었다.

어린 순조는 왕이라는 이름뿐, 모든 실권은 정순왕후가 거머쥐고 있었다.

정순왕후는 사도세자와 사이가 나빴을 뿐 아니라 정조 때에는 사도 세자를 죽음으로 몰고 간 벽파에 속했던 자기 친정 쪽 사람들이 화를 입은 일이 있었기 때문에, 정조와 정조의 신임이 두터웠던 시파 사람들에게 원한을 품고 있었다.

정순왕후는 기회를 잡았다고 회심의 미소를 띠고, 조정에서 쫓겨났던 벽파 사람들을 불러 요직에 앉혔으며 시파 사람들에게는 탄압을 하였다.

정권을 잡은 벽파 사람들은 시파 사람들을 조정에서 몰아낸 것만으로 만족하지 못했다. 앞으로의 화를 미리 막기 위해서 그들의 뿌리를 뽑아야 한다고 생각했다. 먼저 그들을 탄압하기 위한 가장 좋은 구실로 천주교 문제를 들고 일어났다.

그들은 천주교를 이단이라고 몰아붙였다. 천주교를 믿는 자들은 부모도 임금도 모르고 하느님이라는 신을 소중히 여긴다고 주장하였다.

천주교는 물론 서양 학문인 서학(西學)을 하는 선비들까지도 엄하게 다스려야 한다고 했다.

1801년 1월, 정순왕후는 마침내 벽파 사람들의 편에 서서 명령을 내렸다.

'천주학이나 서학은 자신을 낳아 길러 준 부모와 임금도 몰라보고 인륜을 파괴할 뿐 아니라, 인간의 마음을 엉뚱하게 교화시킨다. 선량한 우리 백성들이 이런 것을 모르고 천주학이라는 사학에 물든다면 이 어찌 안타까운 일이 아니겠느냐. 선왕 정조 때부터 이를 금하고 알아듣게 타일렀으나 아직도 그 사학에서 빠져나오지 못하고 있으니 통탄할 일이로다. 이제는 그대로 두고 보지 않겠다. 천주학에 속해 있는 자들을 엄한 벌로 다스릴 테니, 각 지방수령들은 자기 고을에 있는 천주학쟁이들을 잡아내어 즉시 극형에 처하도록 하라.'

정순왕후의 명령은 곧 임금의 명이었다. 결국 전국적으로 천주교에 관계하고 있는 사람들이 속속 체포되고, 많은 사람들이 참혹한 고문으로 죽어갔다.

1801년 2월 10일 새벽 정약전, 정약종 형제와 이승훈, 이가환, 권철신 등이 체포되었다. 그 중 이가환과 권철신은 모진 고문을 당한 끝에 감옥에서 죽었으며, 정약종과 이승훈은 서소문 밖에서 목이 베어 죽였다.

이 거센 박해의 회오리바람은 정조가 죽고 상심하여 고향에 내려가 묻혀있던 정약용 자신에게도 밀어닥칠 것을 알았고, 그는 고향에서 상경하여 서울 집에 있다가 붙들려 감옥에 갇혔다.

이때 심문하고 답변했던 재판기록인 「신유추안(辛酉推案)」에 나오는 다산의 답변은 탄복을 자아내게 한다.

형님의 죄상을 캐묻는 대목에 이르자, 위로는 임금을 속일 수도 없으나, 또한 아래로는 아우가 형의 죄를 증언할 수도 없다고 하면서 형(약종)이 죽음을 피할 수 없다면 오직 죽음만이 있을 뿐이라고 대답했다.

아울러 자기에게는 잘못된 형이 한 분 있지만, 형제지간의 천륜은 원래 무서운 것이니 어떻게 자신 혼자 선하다고 하겠느냐며 함께 죽여주기를 바란다고 답했다.

형을 변호하자면 진실을 속이는 셈이니 이는 임금께 거짓을 아뢰는 것이다. 이처럼 곤란한 처지에 놓였지만, 다산은 훌륭하고 모범적인 답변을 했다는 칭찬이 자자했다.

이러한 다산의 답변을 훗날 「매천야록(梅泉野錄)」에서는 "임금을 속이겠는가. 임금을 속여서는 안 된다. 형님의 죄를 어떻게 증언하겠는가. 형님의 죄상을 증언할 수는 없다." 라고 인용하고 있다.

감옥에 갇혀 있는 정약용의 됨됨이를 잘 아는 벽파 사람이 그의 석방을 주장하고 나섰다.

"정약용은 천주교나 당파와는 관계없이 나라 일에만 몰두한 사람이오. 그가 여러 고을의 백성들을 지혜롭게 선정을 베푼 사례가 있지 않습니까. 그를 천주교쟁이로 몬다면 그 고을 백성들의 원성이 클줄 아옵니다."

그러나 한 정승이 나서서 결사적으로 반대했다.

"그를 놓아준다는 것은 절대로 안 됩니다. 그는 자기 형과 친척들이 천주교인인데도 보고만 있었소. 이것은 그 자신도 천주교 신자임을 증명한 것이오. 그뿐만 아니라 그는 전에 우리 벽파들의 비리를 파내어 몰아내려 했던 장본인이오."

그가 벽파의 서용보였다. 예전에 정약용이 암행어사로 연천에 갔을 때, 관찰사로 있으면서 마전의 향교를 빼앗으려다 발각된 사람이었던 것이다. 그는 정약용이 자기 부정을 밝혀내서 쫓겨났던 옛일을 떠올리고 이 기회에 보복하기로 작정한 사람이었다.

당시 재판기록을 검토해 보면, 재판장격인 영중추부사 이병모는 2월 10일부터 시작해서 2월 25일에 끝난 국문결과를 임금에게 다음과 같이 보고했다.

'정약전과 정약용에게 애초에 물들고 잘못 빠져 들어간 것을 범죄로 논한다면 역시 애석하게 여길 것이 없지만, 중간에 사(邪)를 버리고 정(正)으로 돌아왔던 문제를 그들 자신의 입으로 밝히고 있습니다. 뿐만 아니라 정약종에게서 압수한 문서 가운데 사당(私黨)들과 오간 편지에서 "자네 아우(약용)가 알지 못하도록 하게나" 라는 말이 나오며, 약종 자신이 썼던 글에도 "형(정약전)과 아우(정약용)와 더불어 천주님을 믿을 수 없음은 나의 죄악이 아닐 수 없다."고 했습니다. 이 점으로 보면 다른 죄수들과는 구별되는 면이 있습니다. 사형 다음의 형벌인 유배형을 시행하여 관대한 은전에 해롭지 않도록 하소서.'

결국 정약용은 천주교를 두둔했다는 죄명으로 목숨만은 건져서 경상도 장기로, 둘째 형 약전은 전라도의 신지도로 귀양을 가게 되었다. 다산과 약전을 유배 보내는 판결문을 「순조실록(純祖實錄)」에는 이렇게 적고 있다.

　'죄인 정약전, 정약용은 바로 정약종의 형과 아우 사이다. 애초에 우리나라에 사서가 들어오자 읽어보고 좋은 것으로 여기지 않음은 아니었으나, 중년에 스스로 깨닫고 다시는 더러움에 물들지 않으려는 뜻이 예전에 올린 상소문과 이번에 국문을 받을 때 상세히 드러나 있다. 차마 형에 대한 증언을 할 수 없다고는 했지만, 정약종의 문서 가운데 그들 서로 간에 주고받았던 편지 속에서 정약용이 알게 되는 것을 경계하고 있으니, 평소 집안에서도 금지하고 경계했던 것을 증험할 수 있다. 다만 최초에 물들었던 것으로 세상에서 지목을 받게 되었으니, 약전, 약용은 사형 다음의 형벌을 적용하여 죽음은 면해주어 약전은 강진현 신지도로, 약용은 장기현으로 정배한다.'

　1801년 2월 27일 정약용은 스무 날 가까이 옥중에서 신음하다가 밤중에 끌려나와 날이 밝자 곧 경상도의 바닷가 마을인 '장기현'으로 귀양길을 떠나야했다.
　감옥에 있는 동안 모진 고문으로 온몸이 쑤시고 결렸다. 그는 걸음을 옮길 때마다 통증으로 인상을 찌푸리곤 했다.
　그러나 한강 남쪽 사평(지금의 강남 고속터미널 부근)까지 전송 나온 가족들이 볼세라 얼굴을 돌리고 걸었다.
　이 때 정약용은 슬픔 속에서 가족들을 생각하며 '사평에서 헤어지다'라는 이별의 시 한 수를 남겼다.

동쪽 하늘에서 샛별이 뜨자	明星出東方
하인들 서로 부르며 떠들썩하네.	僕夫喧相呼
산바람 불어와 가랑비 뿌리는데	山風吹小雨
서로가 이별에 서러워 머뭇거리네.	似欲相跙躕

주저하고 머뭇거린들 무슨 소용 있을까.	跙躕復何益
끝내는 이 이별 막을 수 없건만	此別終難無

옷자락 뿌리치고 길을 떠나	拂衣前就道
들판 넘고 냇물 건너 멀어져가네.	杳杳川原踰

얼굴빛이야 꿋꿋하고 장엄하나	顔色雖壯厲
마음은 처자식과 어찌 다르랴.	中心寧獨殊

하늘을 우러러 날아가는 새를 보니	仰天視征鳥
쌍쌍이 오르락내리락 짝을 지어 춤을 추네.	頡頏飛與俱

어미 소는 음매하며 송아지를 돌아보고	牛鳴顧其犢
어미 닭도 구구구 소리내어 병아리를 부르네.	雞昀呼其雛

　날짐승도 암컷과 수컷이 쌍쌍이 날 수 있고, 어미 소도 송아지를 예뻐할 자유가 있으며, 암닭노 병아리를 품에 안을 사유가 있건만, 사랑하는 아내와 자식들을 품에 안으며 사랑할 수 있는 자유를 빼앗긴 비통함과, 권력에 짓눌린 사람의 가슴을 에이는 서러움을

토로하고, 길을 재촉해야만 했다.

언제 다시 만날 수 있을 지도 모르는 귀양길을 떠나며 처자와 사평촌에서 이별할 때에, 가지 못하고 주저하는 것이 유배객에게 아무런 보탬이 될 수 없는 부질없는 일이라고 하였다. 가슴에는 피눈물이 흐르면서도 이를 안색에 나타내지 않으려 하였다고 하여 심화된 이별의 아픔을 내재하고 있다.

쌍쌍이 자유롭게 오르락내리락 함께 나는 새와, 어미 소가 울며 송아지를 돌아보고, 어미 닭이 병아리를 부르며 울었다는 것은 의재언외(意在言外)이다. 여기서 한 쌍의 새, 어미 소와 송아지, 어미 닭과 병아리의 심상은 무엇인가? 이는 분명 다산 자신과 사랑하는 아내와 어린 자녀이다. 유배 길을 떠나며 이별해야 하는 비애를 물(物)에 의탁하여 뜻을 드러내어 치환한 이러한 수사법은 더욱 의미의 전달이 선명하게 된다.

1801년 2월 28일 길을 떠나 2월 그믐날은 경기도 죽산에서 묵고, 3월 초하룻날은 가흥에서 묵은 후, 초이튿날 부모님의 묘소가 있는 충주의 하담에 도착하여 성묘하고 나서 한바탕 통한의 눈물을 뿌렸다.

하담의 부친 묘소를 떠나

아버님은 아시나요 모르시나요.	父兮知不知
어머님은 아시나요 모르시나요.	母兮知不知
집안이 갑자기 뒤집혀 버려	家門欻傾覆
죽은 사람 산사람이 제이지경이 되었네요.	死生今如斯

| 목숨만은 겨우겨우 부지했지만 | 殘喘雖得保 |
| 온몸은 서럽게도 찌들었답니다. | 大質嗟已虧 |

저희들 낳으시고 기뻐하셨고	兒生父母悅
기르실 때 품안에 안으시고 정성 다하셨지요.	育鞠勤攜持
어서 커서 높이 되어 공갚으라 하셨지요.	謂當報天顯
어찌 유배 죄인 되랴 생각하셨겠어요.	豈意招芟夷

| 바라노니 세상 사람 그 누구도 | 幾今世間人 |
| 다시는 아들 낳았다고 기뻐하지 마시라. | 不復賀生兒 |

이때까지만 해도 다산은 모든 희망을 잃고 뼈아픈 삶의 절망에 빠져 있었다. 충주에서 탄금대를 지나 연풍현에 있던 무교(蕪橋)를 건너고 새재를 넘어 문경과 함창을 지나 목적지 장기현에 도착한 날은 3월 9일이었다. 다산은 지나는 곳마다 그냥 지나치지 않고 그곳의 역사적 사실까지 들어가며 그곳의 풍물을 노래하는 시를 남겼다.

비운의 처지인데도 마음의 상처를 달래기라도 하려는 듯이 아름답고 멋진 시를 지은 것이다. 무교에서는 임진왜란 당시 이일(李鎰) 장군이 군대를 버리고 도망간 역사적 불행을 읊었고, 새재에서는 신립(申砬)장군이 천험의 요새를 버리고 탄금대에 진을 쳤다가 패한 사실을 들어 민족의 비극을 노래하기도 했다. 어디서나 국가의 문제를 걱정하고 염려하던 다산의 애국심이 매우 높이 자리하고 있었다.

그곳 마산리의 늙은 이전 성선봉의 집에 방 한 칸을 얻어들었다. 정약용은 그날부터 바깥나들이를 하지 않고 학문에 열중했다. 당시 다산의 심정을 술회하고 있는 기록을 살펴보면 다음과 같다.

'나는 장기에 도착하여 마음을 고요히 가라앉히고 정신을 깨끗이 가다듬고 나서 「삼창고훈(三倉詁訓)」이라는 자학(字學)책을 고찰했다. 그리고 「이아술(爾雅述)」이라는 책 6권을 저술하고, 「기해방례변(己亥邦禮辨)」이라는 예설(禮設)을 지었다. 그러나 겨울의 '황사영백서' 사건으로 옥에 갇혔을 때 분실하고 말았다.'

　다산의 정신은 무섭도록 견고하여 보통 사람으로서는 상상하기 어려운 측면이 있다. 죽느냐 사느냐의 무서운 옥사, 더구나 어전에서 심문을 받는 국문은 전제왕조 시절의 혹독한 재판으로 누구라도 국문을 당하고 나면 온전한 심신을 유지하기가 어려웠다. 더구나 다산은 한 집안이 온통 천주교와 관련된 죄에 연루되는 처절한 비운을 당해 분노와 억울함, 실의와 좌절의 수렁에 깊이 빠질 만한 상황인데 한때 고생하던 공포증에서 벗어나 난해한 전문서적을 뒤적이며 저술활동에 착수했으니, 그의 정신이 얼마나 굳건했는지를 짐작할 수 있다.

　3월이 가고 4월이 오면서 갖가지 꽃들이 향기를 뿜으며 피어났다. 그러나 정약용이 기다리는 봄은 아직도 멀리 있었다. 그는 방문을 닫고 방안에서 꼼짝하지 않은 채 책을 읽었다.

　이를 보다 못한 집주인 성선봉이 한마디 했다.

　"날씨도 화창한데 바람이라도 쐬시지요."

　"죄인인 주제에 어찌 화창한 봄을 맞이하겠소."

　정약용은 성선봉에게 말하고 혼잣소리로 중얼거리며 시를 지었다.

서남해 바다 물빛 금릉과 맞닿아서　　　　　　　西南海色接金陵

장삿배 며칠이면 이곳까지 닿는다네.　商舶東來數日能
경주해협(瓊州海峽)을 볼 수 있다는　未信瓊雷解相望
말 믿지 못했더니
빽빽하게 모인 섬들 푸르고 험하구나.　叢攢島嶼碧崚嶒

　유배 중에 가족에 대한 그리움이 솟구칠 때면 다산은 시를 지어 읊으며 쓸쓸함을 달래곤 했다.
　다산은 장기에서 단오를 맞았을 때 고향에 두고 온 어린 딸이 단옷날에 예쁘게 단장하고 절하던 모습을 떠올리며, 어린 딸에 대한 그리움을 한 수의 시로 읊었다.

단옷날 어린 딸이　幼女端陽日
새 단장하니 살이 구슬 같네.　新粧洗玉膚

붉은 모시 말라서 치마해 입고　裙裁紅苧布
머리엔 푸른 창포 꽂고 있었네.　髻插綠菖蒲

절하는 모습에 단아함 엿보이고　習拜徵端妙
술잔 올리면서 예쁜 미소 지었는데.　傳觴示悅愉
오늘 같은 단옷날 저녁　如今懸艾夕
그 누가 있어 우리 딸 구슬릴까.　誰弄掌中珠

　정약용은 이렇듯 방안에 들어앉아 책을 읽고 글을 쓰는 일에 몰두했다. 그는 그곳 장기로 귀양 온 지 6개월 동안에 「기해방례변(己亥邦禮辨)」등 3권의 책을 썼다.

「기해방례변」은 여러 지방의 예의범절에 대하여 쓴 것으로, 그 기본 정신은 유교에 있었으나 현실에 맞게 뜯어고칠 것을 주장한 것이다.

그 동안에도 조정에서는 계속 천주교를 탄압하며 교인들을 체포하고 있었다.

중국인 주문모 신부는 신도들의 도움으로 서울의 어느 신자 집에 숨어 있었다. 그는 숨어 지내는 중에도 전도에 힘을 쓰고, 신자들이 잡혀가서 수없이 죽어 가는 것을 알고 끼니를 거르며 기도했다. 숨어서 전도를 하고 있던 주문모 신부는 신도들을 모아놓고 최후의 설교를 마친 후 자수의 뜻을 말했다.

그를 따르고 있던 신도들이 울부짖으며 말렸다.

"신부님, 신부님께서는 꼭 살아 계셨다가 다시 불쌍한 어린 양들을 구원하셔야 합니다."

"아니오. 내가 죽는다고 해서 그것이 영원히 죽는다고 생각하지 마시오. 순교하는 것이오. 그럼으로써 더 많은 신도들이 천주를 믿을 것이오."

주문모 신부의 뜻은 굳혀져 있었다.

그는 자수하여 곧 혹독한 고문을 당한 끝에, 자신이 전도하여 신도가 된 사람들을 위해 기도하며 사형장의 이슬로 사라졌다.

주문모 신부에게 영세를 받은 사람 가운데는 정조의 배다른 동생과 은언군의 부인, 상계군의 부인도 끼여 있었다.

"대왕대비 마마, 이 일을 어찌하였으면 좋겠습니까?"

의금부에서는 정순왕후에게 물었다. 그 이유는 정순왕후의 손자며느리와 증손자며느리가 천주교 신도중에 끼여 있었기 때문이다.

"무슨 소리냐. 상감의 친척이라도 죄인은 죄인이거늘, 사사로운

정에 얽매이지 말고 사약을 내리거라."

정순왕후의 명이었다.

의금부에서는 이들에게도 사약을 내려 죽이고, 은언군도 강화에 귀양 보냈다가 사약을 내렸다.

그 해 10월 황사영(黃嗣永)의 백서사건(帛書事件)이 일어났다.

황사영은 정약용의 큰형 정약현의 사위이며, 정약용의 조카사위가 된다.

주문모 신부가 처형되고 왕족들까지도 사약을 받는 마당에 더 이상 서울에 숨어 지낼 수 없는 실정이어서, 황사영은 김한빈이라는 신도와 함께 산으로 몸을 숨겼다.

강원도 접경인 제천에 이르자 험한 산골짜기에 몸을 숨기기 좋은 굴을 하나 발견했다.

"우선 이곳에 몸을 숨기고 기회를 보아야 하겠소."

황사영이 김한빈에게 말했다.

"그렇습니다. 당분간 몸을 숨기기엔 안전할 듯합니다."

김한빈과 황사영은 그곳에서 풀뿌리와 나무껍질로 연명하며 천주교인들의 앞날을 기도했다.

며칠 후 김한빈은 서울로 향했다. 그리고 황심, 옥천희, 김유산 등을 만나 그곳으로 데리고 왔다.

황사영은 그들이 합세하자 힘이 솟았다.

"우리가 이렇게 숨어 있을 것이 아니라, 주문모 신부님의 처형과 천주교 탄압을 청나라에 알리고 도움을 청해야겠습니다."

황사영은 그들 신도들과 머리를 맞대고 사후책을 의논했다.

"좋습니다. 그리해서라도 더 이상의 신도들에 대한 처형을 막아야 합니다."

"예, 밀서를 써서 청나라로 숨어 들어가도록 해 봅시다."

"좋소. 청나라에 밀서를 보내 천주교 탄압을 누그러뜨리도록 청해봅시다."

그들은 의견의 일치를 보았다. 그러나 조사가 워낙 살벌해서 편지를 어떻게 숨겨 가느냐가 문제였다.

"좋은 수가 있습니다. 백반을 물에 타서 글씨를 씁시다. 마르면 아무 것도 안 보이지만 물에 넣으면 다시 글씨가 살아나는 원리를 이용합시다."

"그것 참 좋은 방법이군요."

그들은 비단에 물을 탄 백반으로 주문모 신부가 입국하여 신유 사옥의 박해를 받기까지의 사실을 낱낱이 기록했다.

비단에 쓴 편지를 지니고 서울에 들어간 김한빈은 마침 청나라로 가는 역졸을 만나기로 되어 있는 주막으로 향했다. 역졸에게 줄 돈과 편지를 은밀히 숨겨서 들어갔다.

바로 그 순간, 주막집 방문을 걷어차면서 포졸들이 들이닥쳤다.

"이놈, 천주학쟁이!"

포졸들은 김한빈의 멱살을 낚아채며 큰 소리로 말했다.

"수상쩍다 싶어서 뒤를 따랐더니 틀림없구먼."

김한빈은 오랏줄에 묶여 끌려갔다. 그들은 모진 고문을 하여 끝내 황사영이 숨어있는 굴까지 알아내고 말았다. 포졸들은 단걸음에 산골짜기 굴을 덮쳐 그 안에 있던 모두를 끌어냈다.

"천주학쟁이들이 이런 곳에 숨어 있을 줄이야. 한 놈도 놓치지 않도록 하렸다."

포졸대장이 큰 소리로 호령했다.

이렇게 하여 황사영을 비롯한 신도들은 모두 끌려가고, 비단에 쓴 편지는 그들에게 빼앗기고 말았다. 노력했던 보람도 없이 일이 어긋나고 만 것이었다.

이것이 황사영 백서사건이었는데, 백서란 비단에 쓴 글이라는 뜻이다.

황사영과 백서사건에 연루된 신도들은 모진 고문을 받다가 그 해 11월 모두 처형되었다. 그렇지만 그 사건은 그것으로 끝나지 않았다.

그 비단에 쓴 편지에는 청나라 황제의 명령으로 조선의 임금을 잘 달래어 서양인 신부가 들어올 수 있게 해달라는 것, 청나라가 직접 조선의 천주교 발전에 힘써 달라는 것, 그리고 서양 군인들이 무기를 싣고 와서 무력으로 천주교를 전파하게 해 달라는 등의 내용이 씌어 있었다.

조정에서 보았을 때는 이런 내용의 편지는 천주교 탄압을 필히 해야 한다는 좋은 구실이 되었다.

외국의 힘을 빌려, 더구나 서양의 무력을 빌려 천주교를 전파하려 한 것은 나라의 역적과 다름없는 것이었다.

"이것은 역적의 행위다. 이 기회에 역적의 뿌리를 뽑지 않으면 나라를 서양의 천주학쟁이한테 빨아먹히는 일이 일어날 것으로 나라의 장래가 위태로워질 일이로다."

조정에서는 이 사건을 기회로 또다시 무서운 탄압을 가하기 시작했다. 이때 목숨을 잃은 사람은 수배 명에 이르렀고 많은 사람들이 벼슬에서 물러나 귀양을 가게 되었다.

특히 백서사건의 주된 인물이었던 황사영은 정약용의 조카사위로서, 정약용을 비방하던 무리들은 일제히 정약용에게 화살을 쏘았다.

"정약용을 더 이상 두고 볼 수 없습니다. 그 형들이 모조리 천주학쟁이일 뿐더러 이번 사건의 주범이 정약용의 조카사위 아닙니까?"

"이 기회에 정약용을 죽이지 않으면 어떤 화를 부를지 모릅니다. 천명을 죽여도 정약용 한 사람을 죽이지 못하면 아무도 죽이지 않는 것과 같습니다. 이번 기회에 정약용을 반드시 죽여야 합니다."

이렇게 반대파에서는 정약용을 반드시 죽이고자 하였다. 그래서 장기에서 귀양살이를 하고 있는 정약용과 신지도에서 귀양을 살고 있는 형 정약전을 서울로 소환하여 죽이고자 문초하였다.

그러나 극구 정약용의 사형을 주장하는 그들에게 맞서 황해도에서 막 임기를 마치고 돌아온 정일환이 순조에게 아뢰었다.

"아니 되옵니다. 정약용은 지난날 곡산부사로 있을 때 백성들을 잘 다스려 지금도 칭송이 자자한 터에, 이런 사람을 죽이면 민심이 흉흉해지고 조정을 불신할 것입니다."

황해도에 있으면서 정약용이 예전에 베풀었던 좋은 정치를 백성들로부터 전해들은 정일환이 정약용을 죽여서는 안 된다고 두둔하고 나섰다.

그러나 반대파들은 물러서지 않았다.

"하지만 서학을 하는 자요. 더구나 황사영은 그의 조카사위가 아니오?"

"서학을 한다지만 그의 입장은 전에 그가 스스로 쓴 '자명소'에서 다 밝혔소. 황사영이 비록 조카사위이기는 하지만 정약용이 시켜서 한 일이 결코 아니오. 정약용은 죽일 수 없는 사람이오. 다시 말하지만 선대왕의 부름을 받아 어질고 지혜로운 정치로 백성을 다스림에 공이 컸던 그를 죽이면 민심이 우리를 떠날 것이오. 그렇게 하여 만약의 경우 민란이 일어난다면 그 일을 어찌 감당하려 하시오."

죄가 있고 법을 어겨서 재판을 받고 처벌을 받는 것이 아니라, 반대파의 미움을 사서 억지로 재판받고 처벌을 받는 정황을 자세히 설명했다. 이 무렵에 다산 일파가 얼마나 억울하게 당했는지를 분명하게 짐작할 수 있는 일화가 「사암연보(俟菴年譜)」에 전하고 있다.

'이때 교리 윤영희(尹永稀) : 평생동안 절친했던 다산의 친구가 다산의 생사를 탐지하려고 대사간 박장을 찾아가 재판의 진행과정을 물었다. 마침 홍낙안이 와서 윤영희가 옆방으로 피해갔다. 홍낙안이 말에서 내려 방에 들어와 발끈 성을 내며 소리치기를 "천 사람을 다 죽여도 정약용 한 사람을 죽이지 못하면 아무도 죽이지 않는 것만 못한데 그대는 왜 힘써 다투지 않소!"라 하니, 박장설이 "저 사람이 스스로 죽지 않는데 내가 어떻게 그를 죽이겠소?"라 했다. 떠나간 뒤에 박장설이 말하기를 "답답한 사람이다. 죽여서는 안 될 사람을 죽이려고 두 번이나 큰 옥사를 일으키고도 나더러 다투지 않았다고 책하니 답답한 사람이로다."라 했다.'

다산은 이 무렵의 정황을 「사암연보」에서 이렇게 회고하고 있다.

'황사영이 체포되자 홍낙안, 이기경의 무리가 온갖 계책을 다 써서 조정에 공갈협박까지 했다. 스스로 사헌부, 사간원의 벼슬자리에 들어가 계청(啓請 : 재판하기를 요구)하여 다시 정약용을 국문하여 반드시 죽이고야 말겠다고 했다. 당시 유현

(儒賢)으로 발탁되어 승지도 지내고 황해도 관찰사를 역임한 정일환(鄭日煥)이 황해도에서 돌아왔다. 다산은 황해도의 이 곡산을 다스리며 베풀었던 은덕에 대한 칭송이 아직도 그곳에 자자해, 만약 사형으로 재판 결과가 나오면 반드시 재판을 잘못했다는 비방을 불러일으킬 것이라고 곡진하게 말했다. "죄인의 답변서에 거명되지도 않은 사람을 체포하는 법은 없다."하고, 영의정에게 권해 홍낙안, 이기경의 주장에 넘어가지 말라고 했다.

이때 정약전, 이치훈(이승훈의 아우), 이관기, 이학규, 신여권 등이 함께 체포되었다. 황사영의 백서를 보여주면서 재판관이 말하기를 "반역의 변이 이 지경에까지 이르렀으니, 조정에서 또한 어떤 생각인들 하지 않으랴. 무릇 서교(西敎)에 관한 서적을 한 자라도 본 사람이면 살아남지 못 하리라."고 했다. 그러나 일을 조사해보니 모두 참여한 정상이 없었고, 여러 대신들이 문서 가운데 예설, 이아설과 지은 시율을 보았으나 모두 편안 하고 한가로우며 정밀하여 적과 내통한 흔적이 없었다. 그리하여 측은하게 생각하고 어전에 들어가 무죄임을 아뢰니, 정순대비도 그것이 모함이라는 것을 살펴 여섯 사람은 정상을 참작하여 석방하라 했다. 호남에는 남은 근심이 있다고 하여 나를 11월에 강진현으로 옮겨 유배해 진정시키게 하고, 형님인 정약전은 흑산도로 유배했다.'

이렇듯 정일환의 끈질기고 강한 변호로 정약용은 또 다시 가까스로 죽음만은 면하게 되었다.

그러나 경상도 장기의 유배지에서 끌려온 그는 다시 전라도 강진으로 귀양의 명이 떨어졌다.

남도 천리 강진 유배

청파역 앞 하늘 빛은 칠흑과도 같건만
눈썹처럼 기우는 달 어슴푸레 빛도 없네.

靑坡驛前天正黑
一眉殘月濛無色

차가운 모래 펄에 말발굽만 사각사각
북녘 바람 씽씽 기러기 날개에 부딪히네.

寒沙策策響馬蹄
朔風急急吹雁翼

물속으로 넣는 배는 얼음이 미끄러워 삿대 밀리고
뱃사공도 돌아서서 언 손가락 비벼대네.

流斯擊船氷滑篙
篙工却立愁指直

거센 물결 출렁출렁 물소리는 더욱 세차
사나운 이무기가 뛰어 올라 삼킬 듯

洪波蕩漾聲轉雄
頑蛟踴躍欣欲得

새벽별 반짝반짝 북두성도 찬란한데
꼬리 별빛을 내며 북극으로 돌아가네.

參星煜煜斗柄燦
芒角森昭環北極

물빛조차 어슴프레 산 비탈에 가리었고
고개 들어 남산을 보니 눈물만 이 가슴 저미네.

水氣凄迷障山郭
回首終南淚沾臆

서울에서 다시 전라남도 강진으로 유배길을 떠날 때, 밤에 동작나루를 건너며 지은 작품이다. 초겨울을 알리는 매서운 바람이 휘몰아치고 있었다.

정약용은 전라도 흑산도로 귀양을 가게 되어 있는 둘째 형 정약전과 함께 천리 먼 길 강진을 향해 걷고 있었다.

재촉하는 관리들을 따라가는 길목에 사람들이 나와 애석해 하며 수군거렸다.

"허어, 하늘도 무심하시지. 형제가 함께 귀양길에 오르다니……"

"무슨 큰 죄를 지었길래. 쯧쯧……"

"저렇듯 조정의 인재가 사라지면 나라는 누가 돌보리."

정약용은 백성들의 수군거림을 들으며 마침 길가에 떨어져 뒹구는 나뭇잎을 바라보았다.

'그래, 너는 떨어져 썩어 흙이 되면 또 다른 싹을 틔울 수 있는데, 이 몸 죽어 무엇을 싹 틔우리…… 저 선량한 백성들을 위해 내가 할 수 있는 일이 무엇이리……'

착잡한 심정으로 걷고 또 걷는 동안 서울을 떠난 지 보름만에 나주 조금 못미쳐 율정점이라는 곳에 다다랐다.

"여기서 갈라져야 합니다."

관리가 외쳤다. 그곳 율정점이 강진과 흑산도로 갈라지는 길목인 것이었다.

정약용은 가슴이 내려앉았다. 그 동안 먼 길 걸으면서도 형님과 함께 걷는다는 것 때문에 그리 힘든 줄 몰랐다. 그런데 이제 헤어지면 언제 만나게 될지 막막한 이별의 길목이었다.

"형님."

정약용은 형님의 손을 잡았다.

"염려 마라."

정약전은 담담한 어투로 정약용의 등을 다독였다.

"예, 형님."

"잘 지내야 한다. 형들 때문에 너까지 고생을 하는구나."

"형님, 무슨 말씀을 하십니까. 몸 건강히 계시면 다시 뵈올 날이 있을 것입니다."

"오냐, 너도 몸 조심 하거라."

"……"

정약용은 끝내 눈시울을 붉히며 말을 잇지 못했다. 그리고 속으로 중얼거렸다.

'형님이 강진에 계시고 내가 흑산도로 가야하는 것을……'

형인 약전이 가는 흑산도는 바다를 건너 하늘과 물이 맞닿는 곳에 있다는 말을 듣고 있던 터였다. 정약용은 자신의 귀양지로 정해진 강진은 그래도 육지인지라 환경이 흑산도보다는 좋을 것이란 생각을 했다. 때문에 할 수만 있다면 형을 강진에 머물게 하고 그가 흑산도로 가겠다고 말하고 싶었다.

"날 저물기 전에 당도하려면 서둘러야 할 것이외다."

차마 발길 떨어지지 않는 그들 형제의 이별을 지켜보던 관리가 재촉을 했다. 또 다른 관리는 자꾸만 주춤거리는 정약용의 필을 낚아채서 끌었다. 형제는 말없는 가운데 뒤돌아보며 눈으로 마음을 보내고 다시 만날 날을 기약하고 헤어졌다. 그러나 그것이 형제의 마지막 이별이었다. 흑산도로 끌려간 정약전은 그곳에서 세상을 하직하고 말았다.

1801년 율정점 갈림길에서 형제의 이별이 마지막이 될 줄이야 누구도 짐작하지 못했을 것이다.

정약용은 '율정의 이별'이란 시를 지어 슬픔을 달랬다.

초가 주막집 새벽녘 등잔불은 깜박 깜박 꺼질 듯한데
일어나서 샛별 보니 이별할 일 참담해라.

茅店曉燈青欲滅
起視明星慘將別

설움에 겨워 두 눈만 말똥말똥 둘이 다 할말 잃어
치솟는 슬픔에 목이 메인다.

脈脈嘿嘿兩無言
強欲轉喉成鳴咽

흑산도는 아득한 곳 바다와 하늘 뿐인데
그대는 어찌하여 그 속으로 가시나요

黑山超超海連空
君胡爲手入此中

고래는 이빨이 산과 같아서
배를 삼켰다가 다시금 뱉어낸 다오

鯨鯢齒如山
吞舟還復噀

지네는 크기가 쥐엄나무 껍질 같고
독사가 등나무 덩굴처럼 엉켜 있다오.

蜈蚣之大如皂莢
蝮蛇之紏如藤蔓

내가 장기에서 귀양살이 할 때는
밤낮으로 강진의 형님을 생각했다.

憶我在鬐邑
日夜望康瀁

날갯죽지 활짝 펴고 푸른 바다 뛰어넘어
바다 가운데서 저 형님 보려 했는데.

思張六駅戳青海
于水中央見伊人

지금 나는 높은 나무에 오른 귀양살이니	今我高遷就喬木
밝은 진주 없어진 빈독만 산 것 같구나.	如脫明珠買空櫝
또 미련하고 어리석은 아이처럼	又如癡獃兒
망녕되어 무지개 불잡으려고	妄欲捉虹鯢
서쪽 언덕 바로 옆에	西陂一弓地
아침 무지개 분명히 보이나.	分明見朝蹧
아이가 무지개를 쫓아가면 멀어만 가듯	兒來逐虹虹益遠
잡힐 듯한 흑산도는 서쪽으로만 달아나네.	又在西陂西復西

　형과 헤어진 정약용은 자신의 유배지인 전라도 강진 땅에 도착했다. 아무도 반겨 주는 사람 없는 강진에 도착하니 막막하기만 하였다. 정약용은 강진에 도착하였던 날의 상황을 자찬묘지명(다산이 유배가 풀린 후 고향에서 그가 살아 온 반생을 회고하기 위하여 스스로 쓴 자서전이다.)에서 이렇게 적고 있다.

　'신유년(1801년) 겨울 장기에서 체포당해 서울로 왔으며, 또 유배지가 바뀌어 강진으로 귀양갔다. 강진은 옛날 백제의 남쪽 지역으로 낯선 지역 이었다. 그 당시 백성들은 귀양 온 사람이라고 하면 흘겨보면서 독소라도 지닌 사람처럼 여겼기에 이르는 곳마다 모두 문을 닫고 냉대했다. 그런데 어떤 노파가 가엾게 여기고 집을 내어 주었다.'

　그는 처음 강진읍 변두리에 있는 노파의 주막집 방 하나를 얻어 살게 되었다. 그리고 일체 바깥출입을 하지 않았다.

찾아오는 이도 하나 없었다. 그 동안 교분이 있었던 항촌의 윤 부잣집 서유(書有)라는 아들의 일화는 그 시대의 분위기를 잘 대변하고 있다.

서유는 다산의 두 살 아래로 아버지들간의 교유로 윤서유도 다산의 형제들과 왕래가 있었다. 젊은 시절 서울로 유학하여 다산 형제들과 가깝게 어울리면서 과거공부를 했다.

이런 사실이 알려져 1801년 신유사옥 때 윤서유도 강진의 감옥에 갇히고 말았다. 조사 후 천주교에 관여한 사실이 없어 풀려나기는 했지만, 다산이 강진으로 유배 온다는 소식을 듣고는 감옥에 갇혔던 악몽에 벌벌 떨면서 다산을 만날 엄두도 내지 못했다.

다산의 아버지 정재원이 처가인 해남 연동에 가는 길에 윤서유의 부친 윤광택의 집에 들렀을 때, 소를 잡아 대접할 정도로 가까이 지내는 사이였지만, 차마 무슨 덤태기를 쓸지 몰라 감히 죄인으로 유배 온 다산을 만나지 못했던 것이다.

그러나 세월이 약이라고 했던가.

시간이 지나자 윤서유는 다산에 대한 옛정을 잊지 못하고 사람의 눈을 피해 밤에 술과 고기를 가져다주면서 위로하기도 했다.

이렇게 인연되어 다산의 도움으로 윤서유는 쉰세살의 나이로 문과에 급제하여 사간원 정원 벼슬까지 지냈다. 뒷날 다산은 외동딸 을 윤서유의 아들인 창모(昌模)에게 시집보내 두 집안은 사돈이 되기도 했었다.

다산의 사위 윤창모는 다산초당 18제자 가운데 한 사람이기도 했지만, 다산의 가르침을 열심히 따라 진사과에 합격하는 영광을 안기도 했다. 그리고 윤창모의 아들, 다산의 외손자 되는 윤정기 (尹廷琦)는 다산의 슬하에서 어린시절부터 글을 배워 당대의 뛰어난 학자로 많은 저술이 전해진다.

이처럼 나중에는 강진의 부호 윤씨 일가들의 도움을 받아 학문에 매진할 수 있었지만, 유배 초기에는 창문을 닫고 방에 들어가면 말 걸어 주는 사람도 없이 혼자 외롭게 살았다.

그러나 정약용은 오히려 기뻐서 혼자 좋아하기를 '내가 학문에 몰두할 여가(餘暇)를 얻었구나.'라고 하였다.

이러한 역경 속에서도 결코 절망하지 않았다. 정약용은 차라리 귀양살이 중에 마음의 평온을 찾았다.

또한 누가 찾아와도 그들을 만나지 않았다. 만나 뵙기를 간곡히 청하는 어느 선비에게 정약용은 겸손하게 말했다.

"저는 죄인의 몸으로 이곳에 왔습니다. 조용히 글이나 읽고 싶습니다."

정약용은 사는 동안 쌓았던 모든 인연을 끊고 글을 읽으며 시름을 달래고 있었다. 어쩌면 그 자신이 귀양살이하는 몸이라는 것도 잊고 있는 듯 보였다.

그것들은 정약용의 깊은 생각 때문이었다.

어디를 가나 그를 모함하는 자가 있음을 그는 알았다. 정약용이 사람을 피하고 몸을 숨긴 것은 그 모함에 걸려들지 않으려는 마음이었다.

사실 강진 현감인 이안묵이라는 사람이 정약용이 귀양살이 중에도 천주교와 내통하고 있다고 거짓 보고를 해서, 조정에서 정약용을 살피러 강진에 사람을 보내기도 했다.

그러나 실제 정약용이 바깥출입을 하시 않고 사람들과의 내통도 없음이 밝혀져 별 탈 없이 지낼 수 있었다.

그 무렵에 지은 '강진읍 주막'이라는 시는 정약용의 심정을 잘

드러내 보이고 있다.

북풍이 눈날리듯 휘몰아치는데	北風吹我如飛雪
남녘땅 강진의 주막에 이르렀네.	南抵康津賣飯家
작은 산이 바다를 가려서 고맙고	幸有殘山遮海色
빽빽한 대나무는 꽃처럼 아름답네.	好將叢竹作年華
날씨 따뜻하여 겨울은 없는 듯하고	衣緣地瘴冬還減
근심 많으니 밤술 더 마시네.	酒爲愁多夜更加
설전에 동백꽃 붉게 피어	一事纔能消客慮
나그네 수심을 그나마 풀어주네.	山茶已吐臘前花

　그가 바깥출입을 하지 않고 글읽기와 글쓰기로 세월을 보낸 결과,
1804년에「주역사전」,「아학편훈의」등 여러 권의 책을 썼다.

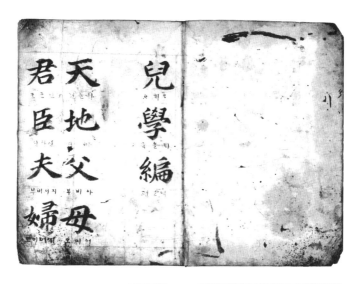

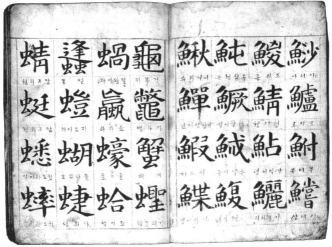

『아학편훈의(兒學編訓義)』

다산이 1804년 봄에 완성한 『아학편훈의(兒學編訓義)』를 적은 필사본이다.

다산이 중형 정약전(丁若銓)에게 보낸 서간에서 "제가 편집한 『아학편(兒學編)』 2권은 2천 글자를 한도로 하여 상권(上卷)에는 형태가 있는 물건의 글자를, 하권에는 물정(物情)과 사정(事情)에 관계되는 글자를 수록했으며, 여덟 글자마다 『천자문(千字文)』의 예(例)와 같이 1개의 운(韻)을 달았습니다. 어떨지는 모르겠습니다." 라고 하였다.

「아학편훈의」는 어린이들을 가르치기 위해 쓴 책이다. 나라의 장래를 짊어질 어린이들이 책을 많이 읽어 올바르게 배우고 익혀야만 나라의 미래가 밝게 열린다고 강조하는 내용의 글이었다.

'사람이 세상에 태어나서 살아 있는 동안 책을 읽을 수 있는 날은 모두 합해도 5년 밖에 되지 않는다. 그것은 11세 이전에는 철이 나지 아니하여 아둔하다. 17세 이후에는 남자는 여자를 여자는 남자를 서로 가까이 두고 지내면서 즐기고 좋아 하고픈 욕심이 생기게 되어, 책을 읽어도 머리 속에 들어가질 않는다. 그러니 오직 11세 이후부터 17세 전까지의 5년이 책을 읽는데 가장 좋은 기간이다. 즉 사람이 12세가 되면 귀가 밝고 눈이 예민해져서 사물의 이치를 밝히고 시비와 선악을 판별하는 능력이 최고로 발달하기를 마치 죽순이 하룻밤 사이에 키를 넘게 솟아오른 듯 한다. 그러다가 16세가 되면 괜히 멋내고 싶고 남의 것을 훔쳐 제것으로 삼고 싶고, 보고 싶고, 그리운 얘기가 듣고 싶어진다. 그런후 턱에 수염이 돋고 겨드랑이에 털이 나서 남녀가 결혼을 약속할 나이가 되어서야 6경(시, 서, 역, 예, 춘추, 악기)과 4서(대학, 중용, 논어, 맹자)를 온종일 배우게 한다. 그러나 뼈는 이미 굳었고 정신은 딴 곳에 있어 배운 글인들 마음에 간직되어 있을 리 만무 하다. 그런 때문에 사람은 글 읽는 적절한 시기를 놓쳐서는 아니된다.'

그는 또 강진 주막에 머물고 있을 때 자신이 거처하는 방을 '마땅히 네 가지를 해야 할 방'이라는 의미로 '사의재(四宜齋)'라 이름하였다.

‘의(宜)’는 ‘의롭다(義)’는 뜻과도 의미가 통하니, 매사에 경계하고 삼가는 태도로 스스로를 다스리자는 다짐일 터다.

　나이만 먹고 뜻한 일을 이루지 못한 것이 서글퍼져 스스로를 돌이켜 보고자 정약용은 이곳에서 ‘사의재기’를 지었다.

생각은 마땅히 맑게 하되	思宜澹
맑지 못함이 있다면	其有不澹
곧바로 맑게 해야 하고	尚亟澄之
용모는 마땅히 엄숙해야 하며	貌宜莊
엄숙하지 못함이 있다면	其有不莊
곧바로 엄숙함이 있도록 해야 한다.	尚亟凝之
말은 마땅히 과묵해야 하니	言宜訒
요점이 전달되지 않으면	其有不訒
더욱 잔말을 줄이고	尚亟止之
행동은 무겁게 하되	動宜重
무겁지 않으면	其有不重
더욱 중후하게 하라.	尚亟遲之

　그리고 정약용은 사의재에서 주막집 노인의 아들을 불러 공부를 가르쳤다. 그러자 그 소문을 듣고 젊은이들이 모여들었다.

　그때 그의 제자로 들어온 이들은 6명이었으며, 손병조, 황상, 황취, 황지초, 이청, 김재정 등이었다.

　주막의 노인은 그런 정약용을 극진히 대해 주었다. 그 노인에게 과년한 딸이 있었는데 그 딸 또한 외롭게 홀로 귀양살이하는 정약용의 처지를 안타깝게 생각하고 성심껏 살펴 주었다. 또한 주막집 가족들뿐 아니라 이웃에서도 정약용에게 따뜻한 시선을 보내 주었다.

처음에는 관의 감시가 심하여 이웃에 가는 것조차 여의치 않았으나 강진에 도착한 지 만 2년이 지나자 감시가 좀 누그러졌다. 그래서 전부터 마음을 먹고 있던 보은산(報恩山) 우두봉에 오르기로 했다.

우두봉에 오르면 오매불망 잊지 못하는 형 정약전이 귀양 살고 있는 흑산도를 볼 수 있을까 해서였다. 그래서 1803년 9월 9일 강진읍에서 5리 떨어진 우두봉에 올라갔다.

절정에 오르고 나서 서쪽을 바라보니 바다와 산이 얽혀 있고 안개와 구름이 꺼졌다 솟으며, 흑산도의 여러 섬들이 역력히 눈앞에 있었다. 그러나 어떤 섬이 형님이 계시는 우이 섬인지를 가리지 못했다.

멀리 흑산도를 바라보며 인간의 시계(視界)에 한계가 있음을 안타까워했다. 형이 있는 흑산도라도 눈앞에 선연하게 보였다면 다소나마 위안이 되었을 것이다. 그날 스님 한 사람이 따라왔는데, 그 스님이 말하기를 "보은산의 다른 이름이 우이산(牛耳山)이고 절정의 두 봉우리는 형제봉(兄弟峰)이라 한다."고 했다.

바다를 사이에 두고 형님이 계신 곳을 그냥 바라볼 수도 있겠구나 했었는데, 형이 계신 곳과 내가 있는 곳의 두 곳이 이름이 '우이봉'이고, 봉우리 이름 또한 '형제봉'이라니 결코 우연만은 아니었다. 그래서 슬퍼지고 산에 오른 기쁨이라고는 사라져 버렸다. 가슴 아픈 이내 심정 사람들은 모르리라고 천륜에 대한 그리움을 술회하였고, 함께 산에 올랐던 스님에게는 자신이 유배객 신세라서 한스러워 슬퍼하는 것이 아니라 하였다. 술을 마시며 비애를 사르려 해도 눈은 자꾸만 먼 곳의 흑산도를 바라본다고 하면서 스님과 주고받은 시에서, "이미 술이 취하니 눈물이 비 오듯 하지만 이 그리움 그대에게 말하기 어렵다네."라고 하여 손암 (巽菴) 형님에 대한 사모의 정과 형제가 만날 수 없는 통절한 비애를 노래했다. 다산은 산행에서 돌아와 시를 지었다.

흑산도와 강진 사이 이 백리	羅海耽津二百里
험준한 우이산을 두 곳에 만들었네.	天設龍嵸兩牛耳
3년 동안 묻혀 살며 풍토를 익혔으나	三年滯跡習風土
흑산도의 이름 여기 있음을 몰랐었네.	不省玆山又在此
인간의 안력이야 애쓴들 멀리 못봐	人眼之力苦不長
백보만 멀어져도 눈앞이 희미해라.	百步眉目已微芒
더구나 흙비 구름 끼어 술빛처럼 짙으니	況復雲靈濃似酒
눈앞의 섬들이야 더욱 구별 어려워라.	眼前島嶼猶難詳
먼 경주해협(瓊州海峽) 실컷 본들 무슨 소용 있을 거가	瓊雷騁望嗟何益
괴로운 마음 쓰린 창자 남들은 모른다네.	苦心酸腸人不識

꿈속에서 서로 본 듯 안개 속 바라보니   夢中相看霧中望
눈물만 흐르고 천지는 어득해라.   目穿淚枯天地黑

　안타깝게도 율정점에서 생이별한 두 형제는 그것이 영원한 이별이 되고 만다. 둘째 형은 유배지인 흑산도에서 59세를 일기로 불귀(不歸)의 객이 된다. 그때가 1816년 6월 6일이었다. 다산은 아들에게 보낸 편지에서 다음과 같이 형님의 죽음을 통곡하였다.

　'6월 초 6일은 어지신 둘째 형님께서 세상을 떠나신 날이다. 아! 슬프도다. 어진 형님께서 이처럼 궁색하게 돌아가시다니! 원통한 죽음에 나무도 돌도 눈물을 흘릴 일인데 다시 무엇을 말하리! 외롭기 그지없는 천지간에 다만 손암 형님이 있어 나의 지기(知己)였는데, 이제 그 분을 잃었다! 이제부터는 비록 학문 연구에서 얻은 바가 있다 해도 어디에 상의하겠는가! 지기가 없다는 것은 죽은 것과 다름없다. 아내가 지기가 되겠는가! 형제와 친척이 모두 지기가 되겠는가! 지기가 죽었으니 슬프지 않겠는가! 경집(經集) 240책의 내 저서를 새로 장정(裝幀)하여 서가 위에 두었는데 이젠 불사르지 않을 수 없구나. 율정점(栗亭店)에서 헤어진 것이 영원한 이별이 되었구나…….'

제5장
가족을 그리며 흘린 눈물

하피첩에 담긴 가족사랑
유배지에서 보낸 편지
약전 형님을 생각하며

하피첩에 담긴 가족사랑

　1806년 겨울 다산 정약용이 강진에서 유배생활 하던 중 부인 홍혜완으로부터 편지와 함께 낡은 치마가 보내져 왔다. 이 치마는 부인이 1776년 시집 올 때 입었던 붉은 치마였다. 이 치마는 세월이 흘러 색이 바래 누런 빛을 띠고 있었다. 1806년은 두 사람이 결혼한 지 30년이 된 해이기도 하다. 부인 홍씨는 남편에 대한 절절한 그리움을 담은 시 한 수를 편지와 함께 보내왔다.

　　'눈서리 찬 기운에 수심만 더욱 깊어지고
　　등불 아래 한많은 여인은 뒤척이다 잠 못 이루며
　　그대와 이별 7년 서로 만날 날 아득하네.'

　1810년 다산은 부인이 보낸 온 치마를 꺼내 자르고 다림질 하여 두 아들에게 경계하는 글을 쓰기 시작했다. 이 글을 4개의 서첩으로 만들어 고향에 있는 두 아들에게 보냈는데, 이 작품이 바로 그 유명한 하피첩이다. 하피첩은 부인에 대한 애틋한 그리움과 사랑을 담은 남편으로서의 부정(夫情)과 자식들의 교육과 장래를 걱정하는 아버지로서의 부정(父情)의 모습을 담고 있다.

다산하피첩 1첩

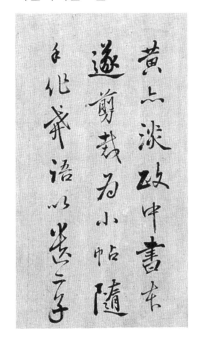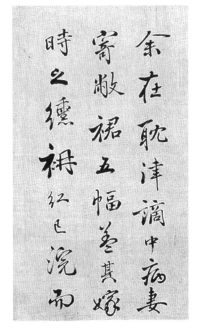

余在耽津謫中 病妻寄敝裙五幅
蓋其嫁時之纁帉 紅已浣而黃亦淡
政中書本 遂剪裁爲小帖
隨手作戒語 以遺二子

내가 탐진(耽津 강진의 옛이름)에서 귀양살이하고 있을 때에 병든 아내가 낡은 치마 다섯 폭을 보내왔는데, 시집올 때 입었던 훈염(纁神, 결혼예복)이다.
붉은색은 이미 바래고 노란색도 엷어져서 서첩으로 사용하기에 꼭 알맞았다. 이것을 잘라서 조그만 서첩(書帖)을 만들고, 붓 가는 대로 훈계하는 말을 써서 두 아들에게 준다.

庶幾異日覽書與懷 把二親之芳澤
不能不油然感發也 名之曰霞帔帖
是乃紅裳之轉讔也
嘉慶庚午首秋 書于茶山東菴
籜翁

훗날 이 글을 보고 감회가 일어나서 부모의 향기로운 은택을 떠
올린다면 뭉클한 감동이 절로 일어나게 될 것이다. 이 서첩의
이름을 '하피첩(霞帔帖)'이라고 한 것은 홍군(紅裙, 붉은 치마)
이라고 쓰지 않기 위함이다. 가경(嘉慶) 경오년(庚午年1810,
순조 10년) 7월에 다산(茶山)의 동암(東菴)에서 쓰다.
탁옹(籜翁)

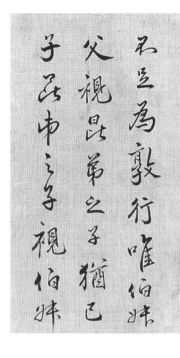

집안 사람들과 화목하게 지내도록 하거라.

孝弟爲行仁之本 然愛其父母
友其昆弟者 世多有之 不足爲敦行
唯伯叔父 視昆弟之子猶己子
昆弟之子 視伯叔父猶親父

효제(孝弟)는 인(仁)을 실천하는 근본이다. 그러나 그 부모를
사랑하고 그 형제끼리 우애(友愛)하는 사람들은 세상에 많이
있으니 그것만으로는 도타운 행실이라고 할 수 없다.
오직 백부(伯父)·숙부(叔父)가 형제의 자식들을 자기 자식처럼
여기고, 형제의 자식들이 백부·숙부를 친아버지처럼 여기며

從父昆弟 相愛如同胞
使他人來館者 閱日踰旬
終不知孰爲孰父 孰爲孰子
方纏是拂家氣象

사촌형제끼리 친형제처럼 서로 사랑하여, 집에 찾아온 다른 사람이 하루를 보내고 열흘을 넘겨도 끝내 누가 누구의 아버지가 되며, 누가 누구의 아들이 되는지를 알 수 없을 정도가 되어야만 겨우 가문을 유지해 나갈만한 기상(氣象)이 있다고 할 수 있는 것이다.

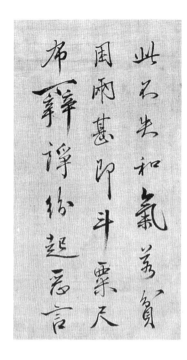

人家方富貴榮暢之時
骨肉且方依附藉賴 雖有小怨
含之不泄 所以彼此不失和氣
若貧困兩 卽斗粟尺布 辨諍紛起

어떤 집안이든 한창 부귀영화를 누릴 때는 친척들이 또한 서로
의지하고 도우며 살기 때문에 약간의 원망이 있더라도 참고 내
색하지 않는다. 그래서 서로 간에 화목한 분위기를 잃지 않게
되는 것이다. 그러나 만약 양쪽 다 빈곤이 심해지면 한 말의 곡
식이나 한자의 베를 가지고도

惡言相加 胥侮胥慢
轉輾層激 終爲仇敵
當此之時 若無一個恢弘男子
感動得一個婉慧婦人
廓開山藪之量

따지고 다투면서 심한 말도 서로 하게 되는데, 이렇게 서로 모욕하고 업신여기는 것이 점점 더해지면 끝내는 원수처럼 되고 만다.

이러한 때를 당하여, 만약 어떤 도량이 넓은 남자가 아리땁고 지혜로운 부인(婦人)을 감동시켜 산수(山藪) 같은 도량을 넓혀주고

昭回雲日之光 守雌致柔
如嬰孩 如無腸公 如無骨蟲 如葛天民 如入定僧
彼投以石 我報以瓊
彼設以刀劍 我待以酏醴

태양처럼 밝은 마음을 갖게 함으로써 여자의 도리를 지키게 하
여, 어린아이처럼, 창자가 없는 게처럼, 뼈 없는 벌레처럼, 갈
천씨(葛天氏)의 백성처럼, 입정(入定 마음을 가라앉히고 선정
(禪定)에 들어감)한 중처럼 하여, 저쪽에서 돌을 던지면 이쪽에
서는 옥돌로 보답하고 저쪽에서 칼을 가지고 나오면 이쪽에서
는 단술로 대접해 주어야 한다.

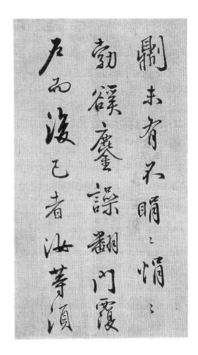

則未有不睍睍悁悁 勃豀鬮謀
翻門覆户而後已者 汝等須知此義
日取小學外篇嘉言善行
寸寸摹擬 拳拳服膺也

그렇게 하지 않는다면, 서로 눈을 흘겨보며 성내고 다투다가 죽이기까지 하는 등 결국 집안을 망치고야 말 것이다. 그러니 너희들은 반드시 이러한 뜻을 알아서 날마다 《소학(小學)》외편(外篇)의 가언(嘉言)·선행(善行)을 날마다 읽고 하나하나 본받아 가슴 깊이 새겨야 한다.

久則感悅 自成雍睦
雖或不幸而不格
親戚鄉黨 自有公論
不至混同驅歸於夷獠蠻貊之俗
而門戶得以保全矣

그렇게 오래 하다보면 모두 감동하고 기뻐해서 저절로 화목한
가정이 이루어질 것이다.
혹시 불행히 그렇게 되지 않는다 하더라도, 친척과 마을 사람들
사이에 저절로 공론(公論)이 형성되므로 오랑캐 풍속으로 돌아
가게 되는 지경에는 이르지 않게 되어 가문을 보존할 수 있을
것이다.

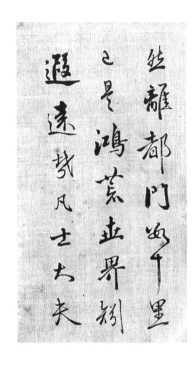
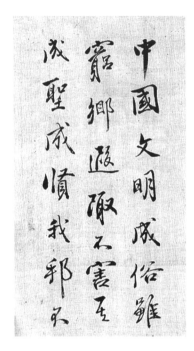

中國文明成俗 雖窮鄉遐陬
不害其成聖成賢 我邦不然
離都門數十里 已是鴻荒世界
矧遐遠哉 凡士大夫家法

중국(中國)은 문명(文明)이 습속을 이루어 비록 궁벽한 시골이
나 먼 산구석의 마을에 살더라도 성인도 될 수 있고 현인(賢人)
도 될 수 있다. 그러나 우리나라는 그렇지 못하여 도성(都城)의
문(門)에서 몇 십리만 벗어나도 태고(太古)의 야만사회가 되어
있으니, 더구나 멀고 먼 외딴 곳이야 말할 게 있겠는가?

무릇 사대부(士大夫) 집안의 법도는

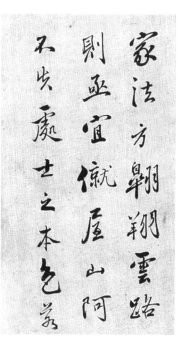
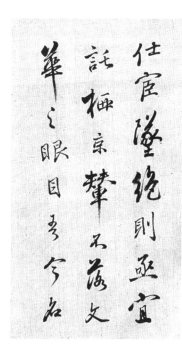

方翶翔雲路 則亟宜僦屋山阿
不失處士之本色 若仕宦墜絶
則亟宜託栖京輦 不落文華之眼目

벼슬길에 나갔을 때에는 곧장 산기슭에 집을 얻어 지내면서 처사(處士)의 본색을 잃지 말아야 하고 만약 벼슬에서 물러나게 되면 빨리 서울에 거처를 마련하여 문화(文華)의 안목(眼目)을 떨어뜨리지 않아야 한다.

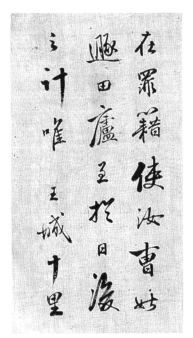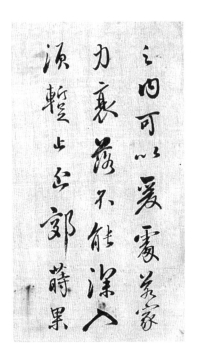

吾今名在罪籍 使汝曹姑田廬
至於日後之計 唯王城十里之内
可以爰處 若家力衰落
不能深入 須暫止近郊

나는 지금 죄인명부에 이름이 올라있기 때문에 너희에게 우선
은 시골집에서 물러나 지내도록 하였다만, 훗날의 계획은 오직
서울의 십 리 안에서 살도록 하는 것이다. 만약 가세가 기울어
져 서울에서 살 거처를 마련할 수 없다면 잠시 근교에 머물며
지내면서

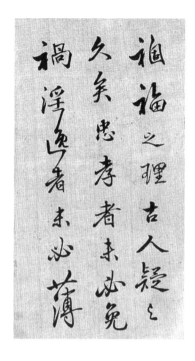

蒔果種菜. 以圖生活. 待資賄稍贍.
便入市朝之中. 未爲晚也.

괴수를 심고 채소를 재배하여 생계를 유지하다가, 재산이 좀 넉넉
해지기를 기다린 다음에 서울로 들어가더라도 늦지는 않을 것이다.

禍福之理. 古人疑之久矣.
忠孝者未必免禍. 淫逸者未必薄福.

화(禍)와 복(福)의 이치에 대하여는 옛날 사람들도 의심해 온지
오래되었다. 충(忠)과 효(孝)를 행한 사람이라 하여 반드시 화를
면하는 것도 아니고, 음란하고 방탕한 자라 하여 반드시 박복한
것도 아니다.

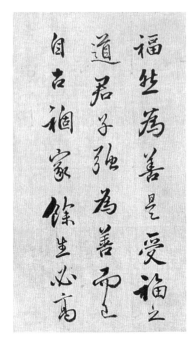

然爲善是受福之道 君子強爲善而已
自古禍家餘生 必高翔遠
唯恐入山之不深 究也爲爲兎焉而已
大凡富貴薰濃之家

그러나 선(善)을 행하는 것이 복을 받는 도(道)가 되므로 군자
(君子)는 힘써 선을 할 뿐이다.
옛날부터 화를 당한 집안의 자손들은 반드시 놀란 새가 높이 날
고 놀란 짐승이 멀리 도망하듯이 하여 오직 숨어든 산이 깊지
않을까 걱정하였는데, 이렇게 하면 결국 노루나 토끼처럼 되어
버리고 말 뿐이다.
대체로 부귀(富貴)한 집안의 자식들은

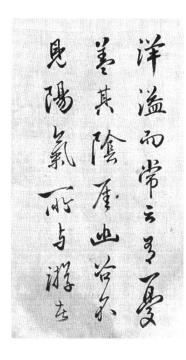

薔難然眉 而晏然無愁
落拓擯棄之族 太平洋溢
而常云有憂 蓋其陰厓幽谷
不見陽氣

재난이 화급한데도 아무런 걱정이 없는 반면에 몰락하여 버림
받은 집의 가족들은 태평한 세상인데도 언제나 걱정이 있는 것
처럼 말을 하는데, 이는 그들이 그늘진 벼랑이나 깊숙한 골짜기
에 살다보니 햇빛을 보지 못하고

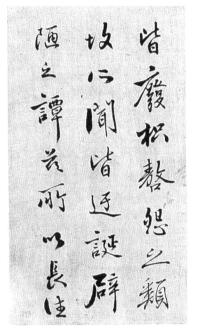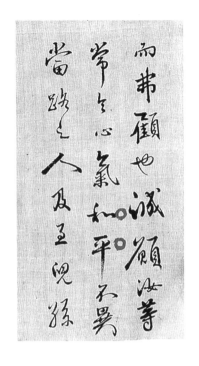

所與游者 皆廢枳螯怨之類

故所聞 皆迂誕僻陋之譚

玆所以長往而弗顧也

誠願汝等常令心氣'和平'

不異當路之人 及至兒孫之世

함께 지내는 사람들도 모두가 버림받고 벼슬길이 막혀 원망하고 지내는 부류들이기 때문이다. 그러므로 듣는 것이라고는 모두 사리에 어둡고 허망하며 편벽되고 비루한 이야기뿐이니 이것이 바로 멀리 떠나고 나서는 뒤돌아보지 못하게 되는 이유이다. 진실로 너희들에게 바라노니, 항상 심기(心氣)를 '화평'하게 가져 중요한 자리에 있는 사람들과 다름없이 하라. 그리하여 아들이나 손자의 세대에 가서는

得存心科擧 留神經濟
天理循環 不必一踣而不起也
若不勝一朝之忿 勃然流徙者
終於吡隸而已矣

과거(科擧)에도 마음을 두고 경제(經濟)에도 정신을 기울일 수
있도록 해야 한다.
하늘의 이치는 돌고 도는 것이라서, 한 번 쓰러졌다 하여 결코
일어나지 못하는 것은 아니다. 만약 하루아침의 분노를 견디지
못하고 서둘러 먼 시골로 이사가버리는 사람은 천한 무지렁이
로 끝나고 말 뿐이다.

다산하피첩 2첩

敬直
義方

공경함으로 마음을 바르게 하고
의로움으로 행동을 반듯하게 해야 한다.

"주역周易 곤괘坤卦 문언전文言傳"의 "敬以直內 義以方外"를 축약한 말로 옛 사람들
이 좌우명으로 즐겨 쓴 글귀이다.

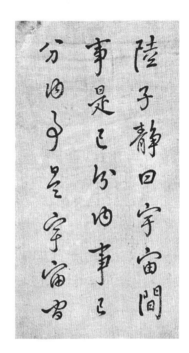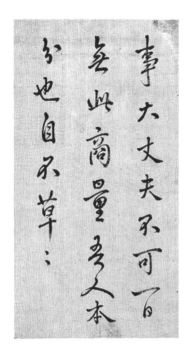

陸子靜曰. 宇宙間事.
是已分內事. 已分內事.
是宇宙間事.
大丈夫不可一日無此商量.
吾人本分 也自不草草.

육자정(陸子靜)은, "우주(宇宙) 사이의 일이란 바로 자기 분수
(分數)안의 일이요, 자기 분수 안의 일은 바로 우주 사이의 일
이다."라고 하였다.
대장부라면 하루라도 이러한 생각이 없어서는 안 된다. 우리 인
간의 본분(本分)이란 역시 그냥 허둥지둥 넘길 수는 없는 것이다.

顚木有蘗　　쓰러진 나무에 싹이 트고
碩果不食　　석과(碩果)*는 먹히지 않는다.
以道屈伸　　도(道)로써 굽히고 펼 것이니
與時消息　　때에 따라 성하고 쇠한다.

石果(碩果)는~ : 원문의 석과불식(碩果不食)은 "주역 산지박괘(山地剝卦) 상구(上九)"에서
　　　　　　나온 말이다. 큰 과실은 다 먹지 않고 남긴다는 뜻으로, 자기의 욕심을 버
　　　　　　리고 후손들에게 복을 준다는 뜻으로 쓰인다.

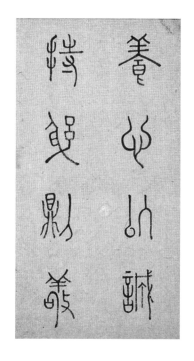

榮辱一致　　영광과 치욕은 다르지 않고
窮通惟命　　궁함과 형통함은 오직 명에 달렸으니
養心以誠　　마음은 성(誠)으로 기르고
持躬則敬　　몸은 경(敬)으로 보존한다.

호연지기를 잃지 않도록 하거라

士大夫心事. 當如光風霽月
無纖毫蕾翳. 凡愧天作人之事
截然不犯. 自然心廣體胖
有浩然之氣.

사대부(士大夫)의 심사(心事)는 광풍제월(光風霽月 맑은 날의
바람과 비 갠 날의 달)처럼 털끝만큼도 가려진 곳이 없어야 한
다. 무릇 하늘에 부끄럽고 사람에게 부끄러운 일을 전혀 하지
않으면 자연히 마음이 넓어지고 몸이 윤택해져 호연지기(浩然
之氣)가 있게 되는 것이다.

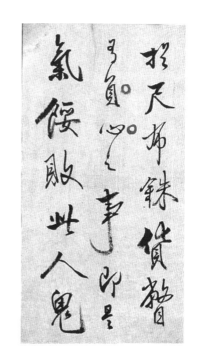

若於尺布銖貨. 瞥有負心之事.
卽是氣餒敗. 此人鬼關頭.
汝等切戒之

만일 포목(布木) 몇 자, 동전 몇 닢 때문에 잠깐이라도 양심을 저버리는 일이 있으면 그 즉시 호연지기가 없어지는 것이니 이것이 바로 사람이 되느냐 귀신이 되느냐 하는 중요한 갈림길인 것이다. 그러니 너희들은 각별히 주의하도록 하라.

再此口業 不可不愼 全體皆完

거듭 말하는데, 말을 조심하지 않으면 안 된다.
전체가 모두 완전하더라도

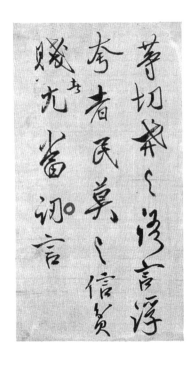

一孔偶滲 猶是破甕
百言皆信 一語偶謊
猶是鬼徒 汝等切戒之
語言浮夸者 民莫之信
貧賤者尤當訒言

구멍 하나가 새면 이는 바로 깨진 옹기그릇일 뿐이요, 백 마디가
모두 신뢰할 만하더라도 한 마디의 거짓이 있다면 이건 바로 도
깨비장난에 지나지 않는 것이다.
너희들은 아주 조심해야 한다. 말을 과장하여 떠벌리는 사람은
일반 사람들이 믿어 주지 않는 법이니 가난하고 천한 사람일수록
더욱 말을 참아야 한다.

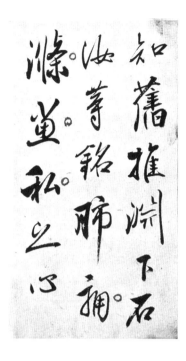
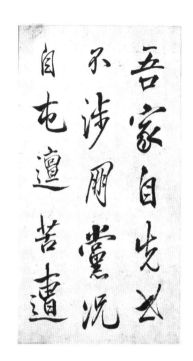

당파적인 마음을 없애도록 하거라

吾家自先世不涉朋黨
況自屯遭. 苦遭知舊推淵下石
汝等銘肺. 痛滌黨私之心

우리 집안은 선조 대대로 붕당(朋黨)에 관계하지 않았다.
더구나 곤경(困境)에 처한 때부터는 괴롭게도 옛 친구들조차
언못에 밀어 넣고 돌을 던지는 경우를 보였으니, 너희들은 내
말을 명심하여 당파적 사심을 깨끗이 씻어버려야 한다.

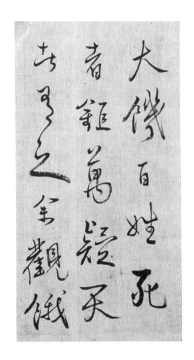

부지런하고 검소하게 생활하도록 하거라

大饑 百姓死者鉅萬. 疑天者有之.
余觀餓莩 大抵皆惰者.
天厭惰者. 剿殄滅之.

큰 흉년이 들어 굶어 죽은 백성들이 수만 명이나 되므로 하늘을
의심하는 사람도 있으나, 내가 굶어 죽은 사람들을 살펴보니 대
체로 모두 게으른 사람들이었다. 하늘은 게으른 자를 미워하여
벌을 내려 죽이는 것이다.

余無宦業. 可以田園遺汝等
唯有二字神符. 足以厚生救貧
今以遺汝等. 汝等勿以爲薄
一字曰勤. 又一字曰儉.
此二字 勝如良田美土. 一生需用不盡.

何謂勤
今日可爲 勿遲明日
朝辰可爲 勿遲晚間
晴日之事 無使荏苒値雨

雨日之事 無使遷延到晴
老者坐有所監 幼者行有所奉
壯者任力 病者職守

나는 전원(田園)을 너희에게 남겨줄 수 있을 만한 벼슬은 하지 않았다만 오직 두 글자의 신부(神符)가 있어서 삶을 넉넉히 하고 가난을 구제할 수 있었다.
이제 너희들에게 주노니 너희는 소홀히 여기지 말라. 한 글자는 '근(勤)'이요 또 한 글자는 '검(儉)'이다. 이 두 글자는 좋은 전답이나 비옥한 토지보다도 나은 것이니 일생 동안 쓴다하여도 다 쓰지 못할 것이다.

'근(勤)'이란 무얼 말하는가?
오늘 할 수 있는 일을 내일로 미루지 말며, 아침에 할 수 있는 일을 저녁때까지 미루지 말며, 맑은 날에 해야 할 일을 비 오는 날까지 끌지 말며, 비 오는 날에 해야 할 일을 날이 샐 때까지 미루어서는 안 되는 것을 말한다.
늙은이는 앉아서 감독할 것이 있고, 어린이는 돌아다니며 도울 일이 있으며, 건장한 사람은 힘쓸 일을 맡고, 아픈 사람은 지키는 일을 하며

守婦人未四更不得寢要使室
中上下男女都无一個游口亦
一息閑晷斯之謂勤也何謂儉
衣取掩體細而緻者帶得萬古
凄凉氣褐寬博雖敝亦傷也

每裁一領衣衫須思此後可繼
与否如其不能將細而緻矣商
量及此未有不捨精而取疏者
飲取延生凡於美鯖入脣卽
成穢物不行工咽而後人唾之也

婦人未四更不得寢
要使室中　上下男女　都無一個游口
亦無一息閑晷　斯之謂勤也

아낙네는 밤 사경(四更)이 되기 전엔 잠들지 않아야 한다.
이렇게 집안의 남녀노소가 한 사람도 놀고먹는 식구가 없게 하
고, 한순간도 한가로이 시간을 보내는 일이 없도록 하는 것을
'근(勤)'이라고 한다.

何謂儉

衣取掩體 細而敝者 帶得萬古凄涼氣

褐寬博 雖敝無傷也

每裁一領衣衫 須思此後可繼與否

如其不能將細而敝矣

商量及此未有不捨精而取疏者

食取延生 凡珍胲美鯖 入脣卽成穢物

不待下咽而後 人唾之也

'검(儉)'이란 무엇인가?

의복은 몸을 가리기 위한 것이다.

고운 베로 만든 옷은 해어지기만 하면 세상없이 처량한 티가 난다.

그러나 거친 베로 만든 옷은 비록 해어진다 해도 별 상관이 없다. 한 벌의 옷을 만들 때마다 이후에도 계속해서 그 옷을 입을 수 있느냐의 여부를 생각해야 하는데, 만약 그렇게 하지 못하면 고운 베로 만든 옷은 시간이 지나면 해어지고 말 뿐이다.

생각이 여기에 미치면 고운 베를 버리고 거친 베로 만들지 않을 사람이 없을 것이다.

음식이란 목숨을 부지하기 위해 먹는 것이다.

귀한 고기와 맛있는 생선도 입 안으로 들어가기만 하면 더러운 것이 되어버리므로 목구멍으로 넘어가기도 전에 사람들은 더럽다고 침을 뱉는 것이다.

유일하게 입맛을 속여도 상관없다

人生兩間 所貴在誠 都無可欺
欺天寙惡 欺君欺親
以至農而欺耦實而欺伴 皆陷罪戾
唯有一物可欺 卽自己口吻
須用薄物欺罔 瞥過暫時斯良策也

今年夏 余在茶山 用萵苣菜包飯作搏而呑之
客有問者曰 "包之有異乎菹之乎?"
余曰, "此先生欺口法也"

每喫一膳 須存此想
不要竭精殫智 爲溷中效忠也

하늘과 땅 사이에 사람이 귀히 여기는 것은 '성(誠)'에 있다. 모든 일에는 속임이 없어야 한다. 하늘을 속이는 것이 가장 나쁘고, 임금을 속이고 어버이를 속이는 데서부터 농부끼리 서로 속이고 상인들끼리 서로 속이는데 이르기까지 모두 죄악에 빠지는 것이다.
오직 하나 속여도 되는 것이 있으니 바로 자기의 입이다. 아무리 보잘 것 없는 음식으로 속이더라도 잠깐 그때만 지나면 되니, 이는 괜찮은 방법이다.

금년 여름에 내가 다산(茶山)에 있을 때 상추로 쌈을 싸서 먹었더니 한 나그네가 "쌈을 싸서 먹는 것이 절여서 먹는 것과 차이가 있습니까?" 하고 물었다.
나는, "이는 선생이 입을 속이는 방법입니다." 라고 대답하였다.
어떤 음식을 먹을 때마다 반드시 이런 생각을 가져야한다.
정력과 지혜를 다하여 뒷간을 위해서 애쓸 필요는 없다.

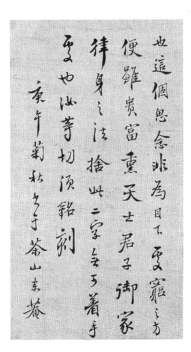

근검은 가난을 벗어나기 위한 방편이다

這個思念. 非爲目下處窮之方便
雖貴富熏天. 士君子御家律身之法
捨此二字. 無可着手處也 汝等切須銘刻
　庚午菊秋. 書于茶山東菴

이러한 생각은 눈앞의 궁한 처지를 대처하는 방편일 뿐만 아니다. 비록 부귀가 하늘을 찌르는 사군자(士君子)일지라도 집안을 이끌고 몸을 다스리는 방법으로 이 근(勤)과 검(儉) 두 글자를 버리고는 할 수 있는 일이 없을 것이다. 너희들은 반드시 가슴 깊이 새겨두도록 하라.

경오년(1810, 순조 10년) 9월에 다산의 동암에서 쓰다.

勤以生貲　　부지런함으로 재화를 생산하고
儉以救貧　　검소함으로 가난을 구제하라.

다산하피첩 3첩

病妻寄敝裙千里託
心素歲久紅已褪悵
然念衰暮裁成小書
帖聊寫戒子句庶幾
念二親終身鑴肺腑
嘉慶庚午菊秋之于茶山東菴

病妻寄敝裙	병든 아내가 보낸 해진 치마 속엔
千里託心素	천리 먼 길 애틋한 마음이 담겼네.
歲久紅已褪	오랜 세월에 붉은 빛 다 바래서
悵然念衰暮	서글프게 늙음을 떠오르게 하네.
裁成小書帖	잘라서 작은 서첩으로 만들고
聊寫戒子句	애오라지 자식들 일깨우는 글을 적으니
庶幾念二親	부디 어버이 마음 잘 헤아려
終身鑴肺腑	평생토록 가슴속에 새기려무나.

嘉慶 庚午菊秋 書于茶山東菴

가경 경오년(1810년) 9월에 다산의 동암에서 쓰다.

나의 글을 읽어다오

鑢向有歆	유향(劉向)에게는 아들 유흠(劉歆)이 있고,
杜鄴有林	두업(杜鄴)에게는 아들 두림(杜林)이 있으며,
揚寶有震	양보(楊寶)에게는 아들 양진(楊震)이 있고,
桓榮有典	환영(桓榮)에게는 현손 환전(桓典)이 있다.

 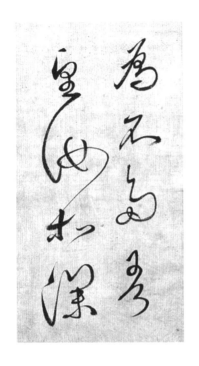

佳子能讀其父書者 不爲不多

훌륭한 아들로서 이처럼 아버지의 글을 읽을 수 있었던 사람이
많지 않았던 것은 아니다.

吾望汝等　　내가 너희에게 바라는 것은

深幸潛心硏究　다행스럽게도 너희가 마음을 차분히 가라
　　　　　　　앉혀 연구하고,
通其蘊奧　　　그 심오한 이치를 깨닫게 되는 것이다.

吾雖窮无悶也　그러면 나는 곤궁하여도 근심이 없을 것이다.

君子著書傳世 唯求一人之知
不避擧世之嗔 如有知我書者

군자가 글을 써서 세상에 전하는 뜻은
오직 한 사람이라도 알아주기를 바라는 것이니
온 세상 사람들이 비난해도 피하지 않는다.
만약 내 글을 알아주는 사람이 있는데

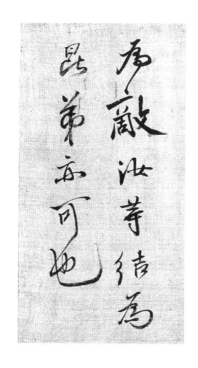

若其年長汝等父事之
倘與爲敵, 汝等結爲昆弟亦可也。

만약 나의 글을 알아주는 사람이 있는데
그 사람의 나이가 많으면
아버지처럼 섬기고,
너희와 비슷한 나이라면
너희와 형제를 맺는 것도 괜찮을 것이다.

학문에 앞서 처세를 반듯하게 해야 한다.

嘗見先輩著述 其鹵莽寡陋者
多爲世所宗 而詳核淹博者
反受擯斥 遂亦湮沒而不傳
反復思惟 不得其故近始悟之

君子正其衣冠 尊其瞻視
凝默端坐, 儼然若泥塑人
而其言論篤厚嚴正 如是然後能威服衆人
風聲所覃 遂至久遠

일찍이 선배들의 저술 가운데 거칠고 고루하여 볼품없는 글이 세상 많은 사람들에게 받들어지지만, 상세하고 해박한 글은 오히려 배척을 받아 끝내 자취도 없이 죄다 없어져 전해지지 않는 경우를 보았다.

거듭 생각해 보아도 그 까닭을 알 수 없었는데 최근에 비로소 깨닫게 되었다.

군자는 의관을 바르게 하고, 시선을 존엄하게 가지며 말없이 단정하게 앉아, 마치 진흙으로 빚은 사람처럼 엄숙하고, 말을 할 때는 돈독하고 엄정해야 한다. 이와 같이 한 후에야 많은 사람들이 그 위엄에 복종하게 되고

명성이 퍼져 마침내 오래도록 전해지게 될 것이다.

若惰慢俳優 雜以諧詼
雖其所言深中理竅人亦莫之肯信
生前不能樹立根基 死後 自然日就泯滅
此事理當然耳

天下鹵莽者多 通透者少
孰肯捨其易見之威儀 別求難識之義理哉
高妙之學 知音益少 雖復道紹周孔

만약 나태하고 산만하며 잡스런 농담이라도 하게 되면,
비록 그 말이 심오하고 이치에 들어맞는다고 해도 사람들이 또
한 신뢰하지 않을 것이다.
살아서는 그 근간을 세울 수도 없을 것이며
죽은 뒤에는 자연스럽게 자취도 없이 사라질 것이다.
이것은 사리로 볼 때 당연한 일이다.

세상에는 거칠고 엉성한 사람은 많고 이치에 통달하여 훤히 아
는 사람은 적다.
누가 쉽게 보이는 위의(威儀)를 버리고 알기 어려운 의리(義理)
를 특별히 구하겠는가.
고상하고 오묘한 학문은 알아주는 사람은 더욱 적다.
설령 도(道)가 주공(周公)과 공자(孔子)를 계승할 만하고

文軼揚劉 亦莫之見知也
汝等知此 姑緩鑽硏之工 首務矜持之業
習爲靜坐 如鐵山嶷然
待人接物 先須撿點氣象
覺自己本領得立 然後 漸當留意著述
卽片言隻字 皆爲人所珍護也
若自視太輕如土委地 斯亦已焉而已

문장이 양웅(揚雄)이나 유향(劉向)과 견줄만하더라도 아무도 알아주지 않을 것이다.

너희는 이를 깨달아 학문연찬(學問硏鑽)의 노력은 잠시 늦추더라도 우선 올바른 몸가짐의 공부에 힘쓰도록 하라.

육중한 산처럼 우뚝 솟은 모습으로 고요히 앉아 있는 자세를 익혀야 한다. 사람을 대하고 사물(事物)을 접하는 데 있어서도 먼저 자신의 기상(氣象)을 살피고

자기 본령(本領)이 세워졌음을 깨달은 이후에야 조금씩 저술(著述)에 뜻을 두어야 한다.

그래야 한 마디 말, 한 구절의 글을 남들이 모두 귀하게 여겨 아끼게 될 것이다.

만약 스스로를 지나치게 경시하여 땅에 버려진 흙처럼 여긴다면, 이는 또한 끝나버리는 일일 뿐이다.

재물을 모으려 하지말고 베풀도록 하거라

世間衣食之需 財貨之物 皆是 幻妄空花
服之則敝 餌之則腐 傳之子孫 則終歸蕩散
唯散與冷族貧交者 永久不滅 猗頓之庫藏無跡
疏傳之黃金尚譏 金谷之步障成塵
范家之麥舟猶轟 何以故?
有形者易壞 無形者難滅
自用其財者,

세상에서 의복을 입거나 음식을 먹는 것, 그리고 재물은 모두 환영(幻影)이고 망상이다.

옷은 입으면 해지고, 음식은 먹으면 썩으며, 재물을 자손에게 물려주면 끝내 흩어져 없어지게 된다.

오직 한미한 친척이나 가난한 친구에게 나누어 주는 것만이 영원토록 사라지지 않는다.

*의돈(猗頓)의 창고는 자취도 없으나 *소부(疏傅)의 황금은 아직도 뭇사람의 입에 오르내리며, *금곡(金谷)의 비단 보장(步障)은 먼지가 되었으나 *범중엄(范仲淹)의 보리를 실은 배는 여전히 떠들썩하게 이야기되고 있는 것은 무엇 때문인가?

형체가 있는 것은 허물어지기 쉽고 형체가 없는 것은 사라지기 어렵다. 자신이 사용한 재물은

* 의돈(猗頓): 춘추 시대 노(魯)나라 사람. 도주공(陶朱公 범려)에게 치부술을 배워 의(猗) 지방에서 소와 양을 먹였는데, 10년 만에 크게 부(富)를 이루어서 왕공(王公)에 비길 만했다고 전한다.
* 소부(疏傅): 한(漢)나라 때 '태자 태부(太子太傅) 소광(疏廣)'과 '태자 소부(太子少傅) 소수(疏受)' 숙질(叔姪)을 가리키는 단어로, 소광이 소수와 함께 벼슬을 그만 두고 고향으로 돌아올 때 천자와 태자는 황금을 하사하고, 공경대부들은 동도문(東都 門) 밖에서 성대하게 전별한 일이 있다.
* 금곡(金谷): 진(晉)의 부호 석숭(石崇)의 별장이 있던 곳을 말한다.
* 범중엄(范仲淹)의 보리~ : 송(宋)나라 범중엄이 보리 500곡(斛)을 배에 싣고 오다가, 단양(丹陽)에서 석만경(石曼卿)이 두 달 동안이나 상(喪)을 치르지 못했다는 말을 듣고는, 그 배를 모두 그에게 내준 뒤에 자신은 맨손으로 돌아왔다는 고사가 있다.

用之以形

以財施人者 用之以神

形享以形 期於敝壞 神享以無形 不受變滅也。

凡藏貨祕密 莫如施舍

不虞盜奪 不虞火燒 無牛馬轉輸之勞

而吾能攜至身後 流芳千載 天下有此大利哉?

握之彌固, 脫之彌滑, 貨也者鮎魚也。

형체로 사용한 것이며,
재물을 남에게 베풀어 준 것은 정신적으로 사용한 것이 된다.
물질로써 누리는 물질적인 향락은 해지고 파괴되지만, 형체 없이
누리는 정신적인 향락은 변하거나 사라지지 않을 것이다.

무릇 재물을 저장해두는 것은 남에게 베풀어 주는 것만 못하다.
도둑에게 털리는 것을 걱정하지 않고 불에 타서 없어질 근심도
없으며 소나 말로 옮겨야 할 수고로움도 없다.
내가 죽은 뒤에라도 지니고 갈 수 있어서 아름다운 명성이 천년
토록 전해지는 것이니, 천하에 이렇게 큰 이익이 있겠는가?
꽉 잡으려 하면 할수록 더욱더 미끄럽게 빠져나가니, 재물이란
메기와 같은 것이다.

밥한톨의 슬픔과도 같다

晚間試步林樊 偶見一嬰兒 急聲啼叫 雀踊無算
有若衆錐鑽肚 亂杵搏心
慘怛迫切 有頃刻滅死狀
詢其故 於樹下拾一栗 人攘之也

해질 무렵 숲길을 거닐다가 우연히 한 어린아이를 보았는데
자지러지게 울며 참새처럼 펄쩍 뛰고 있었다.
마치 송곳으로 배를 찔린 듯,
절굿공이로 가슴을 마구 찧는 것처럼
참담하고 절박하여 곧 숨이 멎을 것 같은 모습이었다.
그 까닭을 물었더니, 나무 아래서 밤 한 톨을 주웠는데
다른 사람이 빼앗아 갔다는 것이다.

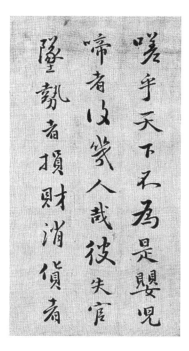

嗟乎!
天下不爲是嬰兒啼者 復幾人哉?
彼失官墜勢者 損財消貨者
與夫喪其子姪 而毀至滅性者
自達觀而臨之 皆一粟之類也

아, 슬프다!
천하에 이 어린아이처럼 울지 않을 사람이 또 몇이나 되겠는가? 저 벼슬을 잃고 권세에서 추락한 자, 재물을 손해보고 돈을 잃은 자, 그리고 자식을 잃고 지나치게 슬퍼하다가 목숨을 잃을 지경에 이르게 된 사람들은 달관(達觀)의 경지에서 살펴본다면 모두가 밤 한 톨을 잃은 어린아이와 같은 부류다.

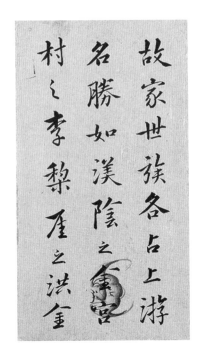

고향을 떠나서는 안된다

故家世族 各占上游名勝
如美陰之金 宮村之李 梨厓之洪 金灘之鄭
如古江黃蓼六之據漢東也
不保其基 則如亡國 我家之馬峴亦然

여러 대에 걸쳐 세도를 누리고 있는 집안은 저마다 아주 좋은
명승지를 차지하고 있다.
미음(渼陰)의 김(金)씨, 궁촌(宮村)의 이(李)씨, 이애(梨厓)의
홍(洪)씨, 금탄(金灘)의 정(鄭)씨 등은 옛날 중국의 강(江)씨,
황(黃)씨, 요(蓼)씨, 육(六)씨 등이 한수(漢水)의 동쪽을 차지
하고 있었던 것처럼 하고 있다. 그 터전을 보전하지 못한다면
망한 나라와 같다. 우리 집안의 마현(馬峴)도 또한 그렇다.

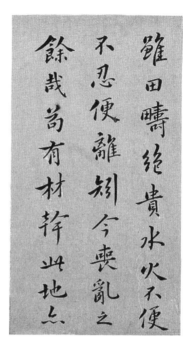

雖田疇絶貴 水火不便 不忍便離
矧今喪亂之餘哉! 苟有材幹 此地亦足起家
若怠多不悛 雖廬於腴地 不免飢凍
堅守故基可也
　　付穉孫

　농토가 몹시 귀하고 식수와 땔감이 불편해도 차마 바로 떠나지
못했는데, 하물며 지금처럼 환란의 뒤임에랴!
　진실로 재간이 있다면, 이 땅에서도 가문을 일으키기에 충분하
다. 만약 게으름과 사치스러움을 고치지 않는다면, 비록 기름진
땅에 터전을 잡는다고 해도 굶주림과 추위를 면치 못할 것이다.
'옛 터전을 굳게 지켜야만' 한다.

어린 손자에게 부탁한다.

가족을 그리며

다산은 학연이 머물다 돌아가자 다시금 외로움에 젖어 들었다. 그는 예전처럼 고향으로 띄우는 편지를 썼다. 둘째 학유가 강진에 내려와 있는 동안 큰 아들 학연에게 보내는 글이다.

벼슬길을 차단당하고 온갖 수모와 고난을 극복할 수 있는 길은 오직 학문뿐임을 강조하고 있다. 특히 학연이 공부를 소홀히 하고 의원 노릇을 하고 있다는 소식을 접하고는 망연자실하여 그만 둘 것을 권하면서 계속할 경우 부자지간의 인연을 끊겠다고까지 하고 있다.

큰 아들 학연(學淵)에게

너의 동생 학(學)의 재주가 너보다는 주판 한 알쯤 부족한 것 같다. 그런데 금년 여름에 고시(詩)와 산문을 짓게 해 보니 좋은 글이 많이 나왔다. 다음에는 주역을 베끼는 일에 힘쓰느라 독서는 많이 못했다. 그러나 학유의 견해가 제법이고 요즈음은 좌전(左傳)을 읽는 것 같은데, 옛 임금들의 전장이라든지 대부들의 말 올리는 법도

등을 거의 다 배워 꽤 볼만한 경지에 이르고 있다.

그런데 너 학연은 본래 네 동생에 비해 재주가 조금 낫고 어렸을 때의 독서량도 상당히 많았으니, 이제라도 분연히 뜻을 세워 향학열을 돋운다면 서른이 넘기 전에 대학자로서의 이름을 얻을 것이라 믿는다.

좋은 시를 짓는 것도 중요하지만 아무쪼록 이번 겨울부터 내년 봄까지는 상서(尙書)와 좌전을 읽어야 한다.

만약 어려워서 읽을 수 없는 곳이나 난삽하고 의미가 깊은 곳도 이미 다 주석을 달았으니, 마음을 깊이하고 잘 연구하면 읽을 수 있을 것이다. 이것들을 읽으면서 「고려사」, 「반계수록」, 「서애집」, 「징비록」, 「성호사설」, 「문헌비고」 등의 책을 읽을 것이며, 이 중에서 요점을 골라 옮기는 일도 잊지 말아야 한다.

너의 학문은 점점 때를 넘기고 있는 것 같은데, 너는 정에 얽매어 있으니 꼭 밖에서 유학을 해야 할 것 같아 이곳으로 불러 나와 함께 지내게 하고 싶다만, 대의를 모르는 집안 아낙네들이 너를 놓아 주지 않을 것 같구나.

네 동생의 학문이나 식견이 지금 한창 봄기운이 돌아 모든 초목이 움을 터 오를 듯한 기세란다.

너의 처지를 미루어 짐작하니 네 동생도 차마 보낼 수 없어 지금 생각으로는 내년 다음 경오년 봄에나 보내려는데, 그날까지 허송세월을 해서는 안 된다.

여러 번 생각에 생각을 보태어 보아도 집에서 학습하면 진도가 더딜 것이고, 그러자면 네 동생과 교내를 해야 하는 데 지금은 사정이 어려울 것 같으니, 명년 봄 날씨가 풀어지면 만사를 제쳐 놓고 내려와서 함께 공부하기로 하자.

배움을 찾아 이곳 젊은이들도 몇 사람 모여들고 있으니, 네가 오면 공부하는데 도움이 될 것이다. 사람은 선의의 경쟁을 하면서 목표를 향해 달려가야 하느니라.

이곳에 와서 함께 교육받아야 된다고 아비가 강조하는 것은 첫째 홀로 있으면 날로 다짐했던 마음이 허물어지고 행동거지가 비루해지는 것이고, 둘째 식견이 짧아지고 지기(志氣)가 사라져 간다는 점이며, 셋째 경전 공부에 거칠어져 지식이 공소해져 간다는 것이 마지막 이유이다.

작은 일에 얽매이지 말 것이며, 사사로운 정을 안타깝게 여겨서는 아니 될 터이다.

**둘째 학유를 곁에 두고 있을 때 강진에서

의원(醫員) 행세를 그만 두어라

옛날에 불초자로 조괄(趙括)이란 사람을 맨 먼저 쳤지만 조괄은 그래도 아버지의 글을 잘 읽어 뒷날에 전해 주었다. 다만 요령이 부족했을 뿐이다. 너희들은 나의 책을 읽을 수도 없으니, 만약 반고(班固)에게 사람의 등급을 가르게 했더라면 너희들을 반드시 조괄의 아래에 두더라도 분해할 수도 없겠구나. 힘쓰고 힘쓰도록 하라.

네가 갑자기 의원이 되었다니 무슨 의도며 무슨 이익이 있어서 그리 했느냐? 네가 의술을 빙자하여 벼슬아치들과 사귀면서 아버지의 석방을 도모하고 싶어서 그러느냐? 그런 일을 해서는 안 되겠지만 그럴 수도 없을 것이다. 그리고 세상에서 말하는 바 덕을 베푸는 것처럼 하고 다니는 사람을 너는 알지 못하느냐? 돈 안 드는 입술을 지껄여 너의 뜻을 기쁘게 해주고는 돌아가 비웃는 사람이 대부분이라는 것을 너는 아직 깨닫지 못했단 말이냐? 넌지시 권세 있음을 보이며 몸을 구부리고 땅에 엎드리게 하도록 할 때 너는 그 술수에 빠져 들게 되니 너야말로 어리석은 사람이 아니냐? 무릇 사람들 중에 높은 벼슬이나 깨끗한 직책에 있는 사람, 덕이 높고 학문이 깊은 사람도 의술에 대하여 터득하고 있지만 그들 스스로 천하게 의원 노릇을 하지 않고, 병자가 있는 집안에서도 바로 찾아가 묻지 못하고, 세 차례 네 차례의 간곡한 부탁을 받고 위급하여 어쩔 수 없는 경우에야 겨우 한 가지 처방을 해주어 귀중한 처방으로 여기게 하는 정도라야 옳다.

요즘 너는 크게 소리를 내고 문을 활짝 열어놓고서 모든 종류의 사람들을 모두 방에 가득 모이게 하여 못된 별의별 사람들을 내력도 모르면서 사귀고, 재워주고, 먹여 준다니 그게 무슨 변고냐?

이 뒤로도 내가 너 하는 일을 모두 들을 것이니 네가 그 일을 그만 두지 않으면 살아서는 연락도 않을 것이고 죽어서도 눈을 감지 못할 것이니 네 마음대로 하거라. 다시 말도 하기 싫다.

다산이 강진 유배 중 가족을 그리며 아들들에게 남긴 편지는 이 밖에도 여러 편이 있다.

두 아들에게 인생을 어떻게 살아가야 하고 어떤 책을 읽으며 어떤 내용의 저서를 남겨야 하는지를 간곡하게 가르치고 있다.

남의 은혜를 기다리지 말고 먼저 도와라

너희들은 편지에서 항상 버릇처럼 말하기를 일가친척 중에 한 사람도 긍휼히 여겨 돌보아 주는 사람이 없다고 개탄하였고, 더러는 험난한 물길 같다느니 꼬불꼬불한 길고 험악한 길을 살아간다고 한탄하였다. 이는 모두 하늘을 원망하고 사람을 미워하는 말투니 큰 병통이다. 전에 내가 벼슬하고 있을 때에는 조금 근심할 일이나 질병의 고통이 있으면, 다른 사람들이 돌봐 주게 마련 이어서 날마다 어떠시냐는 안부를 전해오고 안아서 부지해 주는 사람도 있고, 약을 먹여 주고 양식까지 대어 주는 사람도 있었다. 그래서 이런 일에 익숙해진 너희들이라 항상 은혜를 베풀어 줄 사람이나 바라고 있으니 가난하고 미천한 사람의 본분을 망각하고 있는 것이다.

옛날이나 지금이나 남의 도움이나 받으면서 살라는 법은 애초 없었다. 더구나 우리 일가친척은 서울과 시골에 뿔뿔이 흩어져 은정을 입을 수도 없었다. 지금 와서 공박하지 않는 것만도 두터운 은혜일 텐데 어떻게 돌봐 주고 도와주는 일까지 바라겠느냐? 오늘날 이처럼 집안이 패잔하긴 했지만 다른 일가들에 비하면 오히려 부자라 할 수도 있겠다. 다만 우리보다 못한 사람을 도와 줄 힘이 없을 뿐이다. 그렇게 극심하게 가난하지도 않고 또 남을 돌볼 힘이 없으니, 바로 남의 도움을 받지 않아도 될 처지가 아니겠느냐?

모든 일은 안방 아낙네들로부터 일어나는 것이다. 그러나 유심히 살펴서 조치하고 마음속으로 남의 은혜를 받고자 하는 생각을 버린 다면 저절로 마음이 평안하고 기분이 화평하게 되어 하늘을 원망한 다거나 사람을 원망하는 그런 병통은 없어질 것이다.

여러 날 밥을 끓이지 못하고 있는 집이 있을 텐데, 너희는 쌀되라도 퍼다가 굶주림을 면하게 해주고 있는지 모르겠구나. 눈이 쌓여 추워 쓰러져 있는 집에는 장작개비라도 나누어주어 따뜻하게 해주고 병들어 약을 먹어야 할 사람들에게 한푼의 돈이라도 쪼개서 약을 지어 일어날 수 있도록 도와주고 가난하고 외로운 노인이 있는 집에는 때때로 찾아가 무릎을 꿇고 모시어 따뜻하고 공손한 마음으로 공경해야 하고, 근심 걱정에 쌓여있는 집에 가서는 얼굴빛을 달리 하고 깜짝 놀란 눈빛으로 그 고통을 함께 나누고 잘 처리할 방법을 함께 의논해야 하는 것인데 잘하고 있는지 궁금하구나.

이런 몇 가지 일도 못하면서 어떻게 다른 집에서 너희들이 위급 할 때 깜짝 놀라 허겁지겁 쫓아올 것이며, 너희들이 곤경에 처했을 때 달려올 것을 바라겠느냐? 남이 어려울 때 자기는 은혜를 베풀지 않으면서 남이 먼저 은혜를 베풀기를 바라는 것은 너희들이 지닌 그 오기 근성이 없어지지 않았기 때문이다.

이후로는 평상시 일이 없을 때라도 항상 공손하고 화목하며 삼가 고, 자기 마음을 다하여 다른 일가들의 환심을 얻는 일에 힘쓸 것이 지 마음속에 보답 받을 생각을 갖지 않도록 하라. 뒷날 너희가 근심 걱정할 일이 있을 때 다른 사람이 보답해 주지 않더라도 부디 원한을 품지 말 것이고 바로 미루어 용서하는 마음으로 "그 분들이 마침 도울 수 없는 사정이 있거나 도와 줄 힘이 미치지 않기 때문이구나." 라고 생각할 뿐, 가벼운 농담일망정 "나는 저번에 이리저리 해 주었는데, 저들은 이렇구나!" 라는 소리를 입밖에 내뱉지 말아야 한다. 만약 이러한 말이 한번이라도 입밖에 나오게 되면 지난날 쌓아 놓은 공과 덕이 하루아침에 재가 바람에 날아가듯 사라져버리고 말 것이다.

거짓말하지 않는 것은 집안의 전통이나

부형이나 일가친척 중에 더러 흠이 있는 사람이 있으니, 어찌 숨기겠는가마는 거짓말을 입 밖에 내는 것을 내 평생 본 적이 없다.

우리 집안에서 우리 아버지 3형제분과 진천공 형제분, 해좌공 형제분, 직산공 형제분 등이 한때 종중에 명망이 있었는데 단 한번도 거짓말을 하다 탄로되었다는 말을 들은 적이 없다.

나는 지금까지 살아오면서 세상의 많은 사람을 보아 왔는데, 비록 고관대작들이라도 그가 한 말을 공평하게 검토해 보면 열 마디 말 중 일곱 마디가 거짓말이더구나. 너희들은 서울거리에서 자라났기 때문에 어렸을 때 말씨가 잘못 물든 게 없나 모르겠다. 이제부터라도 거짓말을 하지 않도록 온 힘을 다 써라.

서간문 글줄에서 한 자라도, 평소 주고받는 말 중에 한마디라도 사실 아닌 것이 없도록 단단히 반성해야만 위로 조상들의 모범을 본 받는 길이 될 것이다. 그분들을 본받으면 입에 비루하고 어긋나는 말이나 천박한 시정의 말투를 닮지 않게 될 것이니, 이는 우리 집안사람으로 시골에 사는 사람도 다 그러했고 심지어 어린애들까지도 그렇게 해 왔다. 소내, 용인, 법천의 일가들도 마찬가지였다. 멀리 황해도나 영남지방 일가들까지 다 그렇게 해 왔는데, 유독 서울 물을 먹은 사람들만 더러 나쁜 습성이 들었으니, 너희들은 힘써 고치도록 노력해야 할 것이다. 그러면 머지 않아 좋게 될 수 있다.

지금 우리 집안은 폐족이 되었고, 여러 일가들도 갈수록 더욱 쇠약해져 가고 있다. 옛날 우러러 볼만한 풍류나 문장들이 근자에 와서 삭막하게 되었으니, 너희들은 본래 우리 집안이 이렇구나 생각하고 선조들을 따라가려는 노력을 틀림없이 하지 않겠지.

그러나 끝을 보면 그 근본을 헤아릴 수 있고, 흐르는 물을 건너다보면 수원지를 찾아낼 수 있다는 말이 있으니, 우리 집안이 참으로 어떤 집안이었나를 알아줄 사람이 있을 것이다. 아무쪼록 너희들이 힘을 합쳐 30년 전의 옛 모습을 만회해 낼 수 있다면 너희들이야말로 참으로 효자가 되는 것이고 미쁜 자손이라 할 것이다.

세상에서 우리 정씨 가문을 일컬어 야박한 풍속을 가졌다고 하는 것이 하나 있는데, 그것은 고모나 누나, 누이 중 이미 시집간 사람은 남편 집안에서 인도하여 오지 않으면 만나주지 않는다는 것이다. 또 내외종 자매인 경우에는 남편 집안에서 인도해 와도 만나 주지 않는데, 이는 언뜻 보면 야박한 것 같지만 이런 법도는 지킬 만한 것이니, 예로부터 전해 오던 것을 수월하게 고쳐버리는 것은 온당치 못한 일이다. 그러나 아버지 쪽으로 8촌을 벗어난 일가라도 설날에는 그 부녀자들에게도 세배하는 것은 후한 풍속이 아니겠느냐?

사람이 집안에서 힘써야 할 일은 화기가 있도록 하는 일이다. 일가끼리 자리를 같이 한다거나 가끔 친한 손님이 찾아오면 기쁜 마음으로 맞아 대접하고 하룻밤이라도 더 주무시고 가게끔 하며 마음을 흐뭇하게 해주어야 한다. 만약 단정하게 무릎을 꿇고 앉아 천천히 안부만 묻고 나서는 말도 않고 웃지도 아니하고 무뚝뚝하게 대하여 손님을 어색하게 하여 손님이 가겠다고 하면 그냥 가도록 만류도 하지 않고 보내면서도 마루로 내려서지 않는다면 여러 사람이 상대해주지도 않을 뿐만 아니라 필경 평생의 복을 망쳐버리는 일이 될 것이니, 부디 깊이 조심하도록 해라.

비밀이 없어야 한다

남이 알지 못하게 하려거든 그 일을 하지 말고, 남이 듣지 못하게 하려면 그 말을 하지 않는 것이 제일이다. 이 두 마디 말을 늘 외우고 실천한다면 크게는 하늘을 섬길 수 있고 작게는 한 가정을 보전할 수 있다.

온 세상의 재화, 우환, 하늘을 흔들고 땅을 움직이는 일이나 한 집
안을 뒤엎는 죄악은 모두가 비밀로 하는 일에서 생겨나게 마련이니
사물을 대하고 말을 함에 있어서 그 결과를 깊이 살피도록 하여라.

술 마시는 법도에 대하여

너의 형이 왔을 때 시험 삼아 술 한 잔을 마시게 했더니 취하지
않더구나. 그래서 동생인 너의 주량은 얼마나 되느냐고 물었더니
너는 형보다 배도 넘는다 하더구나. 어찌 글공부에는 아버지의
버릇을 이을 줄 모르고 주량만 훨씬 아버지를 넘어서는 것이냐?
이것 이야말로 좋지 못한 소식이구나. 너의 외할아버지 절도사공
(節度使公)은 술 일곱 잔을 거뜬히 마셔도 취하지 않으셨지만 평생
동안 술을 입에 가까이 하지 않으셨다. 벼슬을 그만 두신 후 늘그
막에 세월을 보내실 때 비로소 수십 방울 정도 들어갈 조그만 술
잔을 하나 만들어 놓고 입술만 적시곤 하셨다.

나는 아직까지 술을 많이 마신 적이 없고, 스스로의 주량을 알
지 못한다. 벼슬하기 전에 중희당(重熙堂)에서 세 번 일등을 했던
덕택으로 소주를 옥필통(玉筆筒)에 가득 따라서 하사하시기에 사
양하지 못하고 다 마시면서 혼잣말로 '나는 오늘 죽었구나.' 라고
했는데 그렇게 심하게 취하지 않았다. 또 춘당대(春塘臺)에서 임
금을 모시고 공부하던 중 맛난 술을 큰 사발로 하나씩 하사받았
다. 그런데 그때 여러 학사들이 곤드레만드레 되어 정신을 잃고
혹 남쪽으로 향해 절을 하고, 더러는 자리에 누워 뒹굴고 하였다.
하지만 나는 내가 읽을 책을 다 읽어내 차례를 마칠 때까지 조금

도 착오 없게 하였단다. 다만 퇴근하였을 때 조금 취기가 있었을 뿐이었다. 그랬지만 너희들은 지난날 내가 술 마실 때 반 잔 이상을 마시는 걸 본 적이 있느냐?

진정한 술맛이란 입술을 적시는 데 있다. 소물 마시듯 마시는 사람들은 입술이나 혀에는 적시지도 않고 곧장 목구멍에다 탁 털어 넣는데 그들이야 무슨 맛을 알겠느냐? 술을 마시는 정취는 살짝 취하는 데 있는 것이지 저들 얼굴빛이 홍당무처럼 붉고 구토를 해대고 잠에 곯아떨어져 버린다면 무슨 술 마시는 정취가 있겠느냐? 요컨대 술 마시기 좋아하는 사람들은 병에 걸리기만 하면 폭사하는 사람들이 많다. 술독(酒毒)이 오장육부에 배어들어 하루아침에 썩어 물크러지면 온몸이 무너지고 만다. 이거야말로 크게 두려워 할 일이다.

무릇 나라를 망하게 하고 가정을 파탄시키거나 흉패한 행동은 모두 술 때문이었기에 옛날에는 뿔이 달린 술잔을 만들어 조금씩 마시게 하였고 더러 그러한 술잔을 쓰면서도 절주할 수 없었기 때문에 공자께서는 "뿔 달린 술잔이 뿔 달린 술잔 구실을 못하면 뿔 달린 술잔이라 하겠는가!" 라고 탄식하였단다.

너처럼 배우지 못하고 식견이 없는 폐족 집안의 사람으로서 못된 술주정뱅이라는 이름을 더 가진다면 앞으로 어떤 등급의 사람이 되겠느냐? 조심하여 절대로 입에 가까이 하지 말거라. 제발 이 하늘 끝의 애처로운 아버지의 말을 따르도록 하라. 술로 인한 병은 등에서도 나고 뇌에서도 나며 치루(痔漏)가 되기도 하고 황달이 되기도 하는 등 별별스런 기괴한 병이 발생힌디. 그러니 한번 병이 나면 백가지 약도 효험이 없게 된다. 너에게 바라고 바라노니 입에서 딱 끊고 마시지 말도록 하라.

가정생활이 바른 친구를 사귀어라

몸을 닦는 일(修身)은 효도와 우애를 근본으로 삼아야 한다. 효도와 우애에 자기본분을 다하지 않으면 비록 학식이 아무리 높고 문체가 뛰어난다 하더라도 흙담에 색칠해 놓은 것에 지나지 않는다. 자기 몸을 엄정하게 닦아 놓았다면 그가 사귀는 벗도 자연히 단정한 사람이어서 같은 기질로 인생의 목표가 비슷하게 되어 친구 고르는 일에 특별히 힘쓰지 않아도 된다.

이 늙은 아버지가 세상살이를 오래 경험하였고 또 어렵고 험난한 일을 고루 겪어 보아서 사람들의 심리를 두루 알게 되었는데, 무릇 천륜에 야박한 사람은 가까이 해서는 안 되며 믿을 수도 없다. 비록 충성스럽고 인정 있고 부지런하고 민첩하여 온 정성을 다하여 나를 섬겨 주더라도 절대로 가까이 해서는 안 된다. 이들은 끝내는 은혜를 배반하고 의를 잊고 아침에는 따뜻이 대해 주다가도 저녁에는 차갑게 대하고 만다.

대개 온 세상에서 깊은 은혜와 두터운 의리는 부모형제보다 더 두터운 것이 없는데, 그들이 부모형제를 그처럼 가볍게 버리는데 벗들에게 어떠하리라는 것은 쉽게 알 수 있는 이치이다. 너희는 이 점을 반드시 기억해 두도록 하라. 무릇 불효자는 가까이 하지 말고 형제끼리 우애가 깊지 못한 사람도 가까이해서는 안 된다.

사람을 알아보려면 먼저 가정생활을 어떻게 하는가를 살펴보면 된다. 만약 옳지 못한 점을 발견할 때는 돌이켜 자신에게 비춰 보고, 자신도 그러한 잘못이 있지 않나 조심하면서 그렇게 되지 않도록 단단히 노력해야 한다.

옛날에 돌아가신 우리 아버지와 남거한공(南居韓公)은 특별히 서로 사이좋은 벗이었는데 두 분 모두 효자였다. 또한 옛날 우리 할아버지와 사곡(沙谷) 윤정자공(尹正字公)께서도 아주 사이좋은 벗이었으며, 그분들도 효자였다. 그렇기 때문에 그분들은 살아 계실 때 훌륭한 명성을 잃지 않고 사셨던 것이다.

나에 이르러서는 벗을 고르는 일이 바르지 못하여 화살 끝을 갈고 칼날을 벼르며 서로 시기하는 사람들이 모두 내가 옛날 친히 사귀던 사람들이었기에 나는 이 점을 반성하고 있다.

재물은 나누는 것이 오래 보존하는 법이다

세상의 옷이나 음식, 재물 등은 부질없는 것이고 가치 없는 것이다. 옷이란 입으면 닳게 마련이고, 음식은 먹으면 썩고 만다. 자손에게 전해준다 해도 끝내는 탕진되고 만다. 다만 몰락한 친척이나 가난한 벗에게 나누어 준다면 영원히 없어지지 않을 것이다.

의돈의 창고 속에 감춰 둔 것은 이제는 흔적이 없지만 소부의 황금이 지금까지도 이야기가 전해 오고, 금곡의 화려하던 장막은 이제는 티끌로 변해버렸지만 범중엄이 보리 배에 보리를 실어 친구를 도왔던 일은 아직도 많은 사람들의 입에 오르내린다. 왜 그런가 하면 형태가 있는 것은 없어지기 쉽지만 형태가 없는 것은 없어지기 어렵기 때문이다. 자기 스스로 자기 재물을 사용해 버리는 것은 형태를 사용하는 것이고 재물을 남에게 나누어주는 것은 정신적으로 사용한 것이 된다. 물질로써 물질적인 향락을 누린다면 닳고 없어지는 수밖에 없고 형태 없는 것으로 정신적인 향락을 누린다면 변하거나 없어질 이유가 없다.

무릇 재화를 비밀리에 숨겨 두는 방법으로는 남에게 시혜하는 방법보다 더 좋을 게 없다. 시혜해버리면 도적에게 빼앗길 걱정이 없고, 불이 나서 타버릴 걱정이 없으며 소나 말로 운반하는 수고도 없다. 그리하면 자기가 죽은 후 꽃다운 이름을 천년 뒤까지 남길 수도 있다. 자기 몸에 늘 재화를 지니고 다닐 수 있는 방법은 그렇게 하는 수가 있으니 세상에 그처럼 유리할 수가 있겠느냐? 더욱 꽉 쥐면 쥘수록 더욱 미끄러운 게 재물이니 재물이야말로 메기 같은 물고기라고나 할까!

재물은 깨끗하게 모아야 오래 지킬 수 있다

요직에 있는 권력자에게 파고 들어가 인연을 맺고, 재판하는 일을 청탁하여 그 더러운 찌꺼기를 빨아먹으며, 무뢰한들과 결탁하여 어리석은 시골사람들을 속여서 뇌물이나 훔쳐 먹는 사람은 모두 가장 간사한 도둑이다.

적게는 욕을 먹고 질책을 받아 몸과 명예를 떨어뜨리게 되거나, 크게는 법률에 걸려 형벌을 받게 된다.

또 불의(不義)로 얻은 모든 재산은 오래 지킬 수 없는 것이다. 너는 포교(捕校)나 나졸(羅卒)들의 재산이 일생동안 유지되는 것을 보았느냐? 버는 대로 써버리고는 또 다시 악착같이 이익을 추구하니, 비유하자면, 굶주린 귀신(鬼神) 혀끝의 한 방울 물로 불을 끄는 격이다. 끝내 해갈될 이치가 없을 것인데도 어찌 그 근본으로 돌아가지 않겠는가. 공손하고 성실하게 정성을 다해 경전(經傳)을 연구하고, 부지런하고 검소하게 원포(園圃 과실나무와 채소 따위를 심어 가꾸는 뒤란이나 밭)에 힘을 다하며, 겸손한 마음으로 도를 지키고, 일을 줄여 경비를 절약하면 집안을 보존하는 어진 아들이 될 수 있을 것이다.

손님으로 남의 집에 가서 며칠 머물러 있어도 아무개 총각, 아무

개의 아들인지 분간되지 않는다면 이는 형제간에 서로 화목하고 품 행(品行)이 있는 집안일 것이다.

능력에 맞는 일을 맡아 해야 한다

옛날의 어진 임금들은 사람을 쓰는 데 있어 적재적소에 쓰는 지혜가 있었다. 눈먼 소경은 음악을 연구하게 하였고, 절름발이는 대궐 문을 지키게 했다. 고자는 후궁의 처소를 출입케 하였고, 곱사, 불구자, 허약하여 쓸모없는 사람이라도 적당한 곳에 적절하게 용무를 맡길 수 있었으니, 이 점에 대하여 항상 연구하도록 하여라.

집에 사내종이 있으면서 너희는 항상 말하길 힘이 약해서 힘든 일을 시키지 못한다 하였다. 그런데 이는 너희들이 난쟁이에게 산을 뽑아내라는 식의 가당치 않은 일을 맡기고 있었기 때문에 힘이 약한 것을 걱정하는 것이다.

집안일을 처리해 나가는 방법으로 위로는 주인어른 내외로부터 남자, 여자, 어른, 아이, 형제, 동서의 차례에서 아래로는 남녀의 종, 어린애에 이르기까지 무릇 5세 이상은 각자 할 일을 나누어 주어 한 시각이라도 놀지 않게 되면 가난함을 걱정하지 않아도 될 거다. 내가 장기(長鬐)에 유배 가서 있을 때 주인 성(成)모씨는 어린 손녀가 겨우 다섯 살 정도였는데 그 애에게 뜰에 앉아 소리를 질러서 병아리를 물고 가는 솔개를 쫓게 하였다. 일곱 살짜리에게는 긴 막대를 손에 들고 참새 떼를 쫓게 하면서 한 솥에서 밥을 먹는 모든 식구들에게 다 각자의 임부를 맡도록 하였으니, 이 섬은 본받을 만하나.

집에 늙은 할아버지가 있으면 칡으로라도 노끈을 꼬고 늙은 할머니는 실 꾸러미를 들고 실을 뽑는 일을 놓지 않아 이웃집에 놀러가더라도 계속하는 그런 집안은 반드시 먹을 것이 충분하게 마련이고 가난을 걱정하지 않아도 될 것이다.

하늘로 치솟아 오를 기상을 품어라

한 차례 배가 부르면 살찔 듯이 여기고 한 차례 주리면 몸이 말라 버릴 듯이 여기는 것은 천한 짐승들이나 하는 짓이다. 소견이 좁은 사람은 오늘 뜻과 같지 않은 일이 있으면 눈물을 줄줄 흘렸다가, 다음날에 마음에 맞는 일이 생기면 벙긋거리면서 낯빛을 펴곤 하여, 일체의 근심·유쾌함·슬픔·기쁨·감격·분노·애정·미움 등의 감정이 대부분 아침저녁으로 변한다. 달관의 경지에 이른 사람이 본다면 비웃지 않겠느냐?

비록 그렇다고 하더라도, 소동파(蘇東坡)가 "속된 눈은 너무 낮고, 하늘을 통한 눈은 너무 높다."고 하면서도, 장수한 팽조와 단명하는 것을 똑같이 보고 죽음과 삶을 하나로 여겼으니 그의 병통 또한 지나치게 높았다.

아침에 햇볕을 먼저 받는 곳은 저녁 때 그늘이 빨리 들고, 일찍 피는 꽃은 그 시듦도 빠르다는 것을 반드시 알아야 할 것이다.

운명은 돌고 돌아 한 시각도 멈추지 않는 것이니, 이 세상에 뜻이 있는 사람은 한때의 재해(災害) 때문에 마침내 청운(靑雲)의 뜻까지 꺾어서는 안 된다.

사나이의 가슴속에 가을 매가 하늘로 치솟는 기상을 항상 간직하여, 건곤(乾坤)이 눈 안에 조그맣게 들어오고 우주(宇宙)가 손바닥 안에 가볍게 놓여있는 듯하여야 옳을 것이다.

**경오년(1810, 순조 10년) 2월에 다산의 동암(東庵)에서 쓰다.

편지는 좋은 글귀와 문장인가를 생각하며 써라

열흘 정도마다 집안에 쌓여 있는 편지를 점검한다. 찢어져 사람의 눈에 번거롭게 띄는 것을 하나하나 뽑아내어, 심한 것은 풀로 잘 봉해 붙여 두고 그렇지 않은 편지는 노끈으로 묶어 두며, 나머지 것은 벽 바르는 종이로 쓰거나 잘라서 종이 갑(匣) 같은 것을 만들어 두면 정신이 청초해질 것이다.

편지 한 장 쓸 때마다 두 번, 세 번 읽어 가면서 이 편지가 사통 오달(四通五達)한 번화가에 떨어졌을 때 그것을 누구라도 주워 펴볼 수 있다. 그런 점을 감안하여 누가 읽더라도 좋은 글귀에 좋은 문장의 글인가 아닌가 생각하면서 써야 하느니라.

또 이 편지가 수백 년 동안 전해져서 안목 있는 많은 사람들의 눈에 읽히더라도 조롱을 받지 않을 편지인가를 생각해 본 후에 그럴 듯하게 겉봉투를 달아야 한다. 이런 것이 바로 군자의 모습이니라.

내가 젊어서 글자를 너무 빨리 썼던 단점이 있었으나, 중년에 다시 훗날을 생각하며 이런 법칙을 지켰더니 아주 큰 도움을 얻었다. 너희도 이 점을 명심하여라.

**1810년 봄 다산 동암에서

임금의 총애보다는 존경을 받아야 한다

벼슬하기 전부터 임금이 나를 알아주었고 벼슬에 나온 뒤로는 임금께서 나를 더욱 깊이 이해해 주셨다. 임금 곁에서 중요한 정책을 수립할 때노 임금의 뜻과 내 뜻이 부합되었던 것이 많았던 것을 사람들이 알아차리지 못한 것이 많이 있었다.

그래도 마침내 나의 계획안과 정책이 역사책에 오르거나 공적이 많은 사람의 사적(史跡)을 새겨 놓은 종묘의 솥에도 새겨지지 않았음은 무엇 때문이겠느냐? 옛 성현들이 말한 바 있다. "그 자리에 있지 않고서는 그 정사(政事)를 도모하지 않는다."라 하였고, 「논어(論語)」, 「주역(周易)」에는 "군자는 생각하는 범위가 그 자리에서 벗어나지 않는다."라고 하였다.

회고해 보면 그때는 나이가 어리고 식견이 얕아 이런 성현의 뜻을 알지 못했다. 아아! 후회한들 어쩔 수 없는 일이다. 임금을 섬기는 방법에는 임금의 존경을 받아야지 임금의 총애를 받는 사람이 되는 것이 중요치 않다. 또 임금의 신뢰를 받는 것이 중요하지 임금을 기쁘게 해주는 사람이 되는 것은 중요하지 않다. 아침저녁으로 가까이 접근하여 임금을 모시고 있는 사람은 임금이 존경하는 사람이 아니며, 시나 글을 잘하고 기예를 가진 사람도 임금이 존경한다고 할 수 없다. 글씨를 민첩하게 잘 쓰는 사람도 그렇고, 얼굴빛을 살펴 비위를 잘 맞추는 사람, 벼슬 버리기를 어려워하는 사람, 위의(威儀)가 장엄하지 못한 사람, 권력자에게 이리저리 붙는 사람 등을 임금은 존경하지 않는다.

경연에서 온화하게 말을 주고받고, 일을 처리할 때 비밀리에 부탁하여 임금이 마음속으로 믿고 의지하여 서신이 자주 오가고 하사품이 자주 내려질지라도 그런 것을 총애나 영광으로 믿어서는 절대 안 된다. 뭇 사람들이 노여워하고 시기하게 되니 결국은 재앙이 따르게 마련이다. 그 뿐만 아니라 오히려 한 단계의 승진도 못하는 것은 무엇 때문이겠느냐? 임금도 또한 늘 혐의를 받는 것을 피하려하기 때문이다. 그런 신하는 임금이 첩같이 다루고 노예처럼 부려 먹으므로 혼자 매우 고달프고 힘들기만 하지 등용되기는 쉽지 않다.

무릇 초야(草野)에서 진출한 선비가 가장 좋은 것이다. 그러나 그때는 임금이 그 사람에 대해 잘 알지 못하고 있다. 그렇기 때문에 올리는 글은 논(論)이나 책(策)만 올리는데 그 글이 충성스럽고 굳세거나 간절해도 괜찮다. 미사여구의 문장 솜씨로 한 세상에 회자(膾炙)된다 해도 광대가 등장하여 우스갯짓을 연출하는 따위에 지나지 않는다.

임금께도 직언을 해야 한다

미관말직에 있을 때도 신중하고 부지런히 온 정성을 다해 맡은 일을 해야 한다. 언관의 지위에 있을 때는 날마다 적절하고 바른 의론을 올려서 위로는 임금의 잘못을 바로 잡고, 아래로는 백성들의 고통이 알려지게 해야 한다. 더러는 잘못된 짓을 하는 관리들은 물러나게 해야 한다.

모름지기 지극히 공정한 마음으로 언관의 직책을 행사하여 탐욕스럽고 비루하며 음탕하고 사치하는 일에는 당연히 손을 써서 조치하고 자기에게 유리하게만 의리를 인용해서는 안 된다. 또한 자기편에게만 힘쓰고, 자기와 다른 편을 공격하는 일을 하여 엉뚱하게 남을 곤경에 빠뜨려서도 안 된다.

벼슬에서 해직된 때에는 그날로 고향으로 돌아가야 하며, 아무리 절친한 벗들이나 동지들이 머물러 있으라고 간청을 해도 절대로 그렇게 해서는 안 된다. 집에 있을 때는 오로지 독서하고 예(禮)를 익히며 꽃을 심고 채소를 가꾸며 냇물을 끌어다 연못을 만들고 돌을 모아 동산을 쌓아 선비생활을 즐긴다.

가끔 군(郡)이나 현(縣)을 맡아 외직으로 나갈 때는 자애롭고 어질게하고 청렴결백하도록 힘써 아전들이나 백성 모두가 편하도록 해야 한다. 나라가 큰 난리를 당했을 때는 쉽거나 어렵거나 꺼려 말고 죽음을 무릅쓰고 절개를 지키도록 해야 한다. 이렇게 하는 사람을 임금이 어찌 존경하지 않을 수 있겠느냐? 이미 존경한다면 어찌 신뢰하지 않을 수 있겠느냐?

제(齊)나라 환공(桓公)과 관중(管仲)의 관계와 한(漢)나라 소열황제(昭烈皇帝 : 유비)와 제갈공명(諸葛孔明)의 관계는 이와 다른 경우다. 그런 경우는 천년의 오랜 세월 동안 두어 사람 밖에 있을 수 없는 일인데, 그런 관계를 만나기 쉽겠는가? 공신이나 외척의 자제들은 안으로 임금과 결탁되어 한 집안처럼 양육시키는 듯하다. 하지만 아버지와 아들이 서로 피해야 하므로 조용하게 임금을 모실 수 없게 된다. 이는 신하된 사람으로서 불행한 경우인데, 누가 공신이나 외척 자제가 되기를 바라겠는가?

**1810년 처서 날 다산의 동암에서

다산은 곤경에 처해 있는 집안을 걱정하면서도 자식들에게는 그런 집안만을 탓하지 않고 어떻게 행실을 반듯하게 해야 하는지를 가르치고 있다. 부모님을 어떻게 모시며, 어른들을 어떻게 섬겨야 하는지 다산의 생활철학은 현대인들에게도 귀중한 삶의 교훈이 되고 있다.

학문의 기본은 몸과 말과 얼굴빛을 바르게 하는 것이다

요즘 학문 가운데서 예전과 달리 오로지 반관(反觀 : 중국 송대의 학자)이라 이름을 붙이고서 외모를 단정히 하여 행실을 바르게 하는 것을 허식이라고 지목하는 경향이 있다. 약삭빠르고 방탕하게, 그리고 마음을 풀어놓고 살기를 좋아하는 젊은이들 중에는 이러한 학문 풍조를 듣고 제 세상 만난 듯 기뻐하여 결국은 처신하는 예절에 있어서는 제멋대로 해버리고 만다.

나도 전에 이런 풍조에 물들어 늙어서도 몸에 예절이 익지 않아 비록 후회하여 고치고자 했으나 어려웠다. 이는 매우 한스러운 일이다. 그 전에 너희들에게서 옷깃을 여미고 무릎 꿇고 앉으며, 단정·장중하고 엄숙한 얼굴빛을 가꾸려는 것을 한번도 보지 못했다. 그러니 내 습관이 한 번 더 심해져 너희들 꼴이 된 것이리라. 이 점은 성인들이 먼저 외모부터 단정히 해야만 마음을 안정시킬 수 있다고 사람들을 가르치는 원리를 전혀 모르는 탓이다.

세상에서 비스듬히 드러눕고 옆으로 삐딱하게 서고, 아무렇게나 지껄이고, 눈알을 이리저리 굴리면서 경건한 마음을 가질 수 있는 사람은 없다. 때문에 몸을 움직이는 것(動容貌), 말을 하는 것(出辭氣), 얼굴빛을 바르게 하는 것(正顔色), 이 세 가지가 학문을 하는데 가장 우선적으로 마음을 기울여야 할 점이다.

이 세 가지도 못하면서 다른 일에 힘쓴다면, 비록 하늘의 이치에 통달하고 재주가 있으며, 다른 사람보다 뛰어난 식견을 가졌다 하더라도 결국 발뒤꿈치를 땅에 붙이고 바로 설 수 없게 되어 어긋난 말씨, 잘못된 행동, 도적질, 대악(大惡), 이단(異端)이나 잡술(雜術) 등으로 흘러 걷잡을 수 없게 될 것이다.

나는 이 세 가지에 힘쓰겠다는 뜻으로 삼사재(三斯齋)로 당호를 짓고 싶다. 다시 말하면 이 세 가지는 난폭하고 거만한 것을 멀리하고 어긋난 짓을 밀리하며 미더움을 가까이 한다는 의미이니라.

이제 너희의 덕성이 발전하기를 소원하여 '삼사재'라는 것을 선물하니 당호로 삼고 「삼사재기」를 지어 다음 오는 편에 부쳐 보내라.

나는 너희를 위해 기(記)를 하나 짓겠다. 또 너희들이 할 일은 이 세 가지에 대한 잠언을 짓되 삼사잠(三斯箴)의 이름을 붙이면 된다. 이것이 정자(程子)의 사물잠(四勿箴)의 아름다운 뜻을 계승하는 일이 될 것이니, 그렇게 되면 더할 나위 없이 큰 복이 되리라 간절히 바란다.

집안을 지키는 네 가지 근본(居家四本)

주자가 말하길 "화합하여 잘 지내는 것은 집안을 질서 있게 하는 일의 근본이요, 부지런하고 검소한 것은 집안을 다스리는 근본이요, 독서는 집안을 일으키는 근본이요, 이치를 따르는 것은 집안을 지켜 나가는 근본이라." 했으니 이것은 이른바 네 가지 근본이다.

얼마 전에 어떤 사람이 내게 옛사람의 격언을 기록해 달라기에 객지인 이곳에 책도 없고 해서 이 네 가지를 편목으로 하여 네댓 권의 책 가운데 명언과 지론을 뽑아 편집하여 책으로 만들어 주었다. 그랬더니 그 사람이 자세히 살펴보지도 않고 너무 비현실적인 소리라 여겨 꼬깃꼬깃 구겨서 버리고 말았다. 이런 천박한 세상을 웃고 말 일이지만 다만 그 책이 없어진 것이 애석할 뿐이다.

너희들이 이런 편목에 따라 정자나 주자의 책, 「성리대전(性理大全)」이나 「퇴계언행록(退溪言行錄)」, 「율곡집(栗谷集)」, 「송명신록(宋名臣錄)」, 「설령(說鈴)」, 「작비암일찬(昨非庵日纂)」, 「완위여편(宛委餘篇)」 및 우리나라 여러 현인들의 기술(記述) 중에서 자료를 모아 편집하여 차례를 잡아 3, 4권을 만든다면 좋은 책이 될 것이다.

효(孝)·제(悌)·자(慈), 부화부순(夫和婦順), 목친척(睦親戚), 어비복(御婢僕) 등에서 올바른 행실 등은 마땅히 제가(齊家)의 근본에다 넣고, 밭 갈고 길쌈하는 이야기나 입고 먹는 것의 경계될 만한 교훈,

가축 기르는 법이나 전원(田園) 가꾸는 여러 이야기는 마땅히 치가(治家)의 근본 속에 넣어야 한다. 뜻을 세우는 일, 공부하는 일, 나쁜 일을 버리고 좋은 일을 따르는 것, 사물의 이치를 궁구하는 것에서 책을 간수하는 일, 책을 베끼는 일, 책 읽기를 좋아하는 일, 책을 아끼는 일에 관계된 이야기는 마땅히 기가(起家)의 근본에 넣을 것이다. 음덕(陰德)을 쌓고 성내는 일을 절제하는 것, 분수에 만족하는 일, 곤궁한 데 처해서도 느긋한 것, 일을 처리하는 것, 사물에 응대하는 것, 하늘이 부여한 운명을 즐거워하는 것, 자신의 본분을 아는 것 등이나 사욕(私慾)을 막고 천리(天理)를 따르는 말들은 마땅히 보가(保家)의 근본에 넣어 합하여 집안을 지키는 네 가지 근본으로 삼아 '거가사본(居家四本)'이라 칭하고 책상 위에 놓고 항상 읽는다면 어찌 심신(心身)에 크게 유익하지 않겠느냐? 너희들은 부디 힘쓰도록 하여라.

집안 어른들 살피는 법에 대하여

너희들은 사고무친(四顧無親)의 처지에서 성장하였지만 어린 시절은 유복하게 살아왔다. 그렇기 때문에 아들이나 동생이 되어 아버지나 형님을 섬기는 법, 집안 어른들을 섬기는 법에 대해 아직 견문이 없을 것이다. 뿐만 아니라 궁핍한 처지를 살아가는 방법에도 익숙하지 못할 것이다. 따라서 내 몸과 마음을 다해 남을 대할 줄도 모르고, 남이 먼저 자기에게 도움이나 주기를 바라며, 가정에서 해야 할 처신도 잘 익히지 못하면서 이웃 사람들의 칭찬이나 바라고 있으니 될 법이나 한 일이냐.

과거에 동지 벼슬을 지낸 방계의 고조할아버지 되시는 분이 계셨다.

70이 넘은데다 중풍을 앓으셔서 몹시 거동이 불편하셨다 하지만 아침 식사를 잡수신 후에는 매일 지팡이를 짚고 우리 집에 오셔서 "우리 종손을 하루라도 안 만나 볼 수가 있겠는가!"라고 말씀하시곤 했다. 하물며 너희가 일흔 살 잡수신 노인께서 종증손에게 한만큼도 큰아버님을 섬기지 않는대서야 말이 되겠느냐? 이제부터는 매일 이른 아침에 일어나 먼저 안방에 들러 어머니의 안부를 살피고 다음에는 동쪽 집에 사시는 큰아버님께 문안을 드리고 돌아와서 독서를 시작하도록 하여라. 여러 숙모님들은 점심때나 저녁 무렵에 틈이 나는 대로 들러 보면 된다.

큰아버지가 팔이 아팠을 때 너는 바로 찾아가 뵙고 뽕나무 벌레 똥을 주워다가 식초에 담근 쑥과 섞어 약을 달이고 약 달일 화로에 불을 피우고 약단지를 씻는 등 곁에서 시중들고 아침, 저녁으로 늘 떠나지 않고 밤에는 그대로 모시고 자면서 연연해하며 차마 물러나지 못하는 그런 극진한 마음으로 봉양해 본 적이 있느냐? 만약 너희들이 이렇게 극진히 섬겼다고 치자. 요즈음 그분이 긍휼히 보살펴 주지 않으시더라도 너희는 오히려 더욱 효도하고 공경하며 예를 다하여 감히 불쾌한 원망을 하지 않아야 될 텐데 그렇게 하지도 못하면서 무슨 더 할 말이 있느냐?

무릇 스스로 할 일을 다 하고 하지 않아야 될 일은 삼가고 살아도 부형들의 가슴엔 원망이나 불평들이 쌓일 수 있다. 평상시에는 이런 감정들을 내색 않다가 응당 간섭해야 될 일이 있을 때 때로 자기도 모르게 그것들이 폭발할 수 있는 것이다. 그럴 때 너희들은 그 일만 가지고 생각하기 때문에 "이 일이 왜 내가 잘못한 일인가, 왜 이같이 처리하시는가."라고 서운해 하겠지만, 사실은 오래전의 잘못 때문이지 단순히 이번 잘못에만 있는 것은 아니다. 곰곰이 생각해 보도록 하거라.

독실하게 행실을 닦아 부형의 마음을 기쁘게 해드리도록 해야 한다. 큰아버님 섬기는 일에는 특별히 따로 정해진 예절이 없고 오직 자기 아버지 섬기는 것과 한가지로 하면 되는 것이니 너희들이 느낀 바 있어 진실된 마음으로 행한다면 한 달 못가서 큰아버님의 마음이 풀릴 것이다.

오륜이 무너지면 세상이 무너진다

사람들은 자주 오륜이라 하지만 붕당(朋黨)의 화가 그치지 않고 정치인을 반역죄로 몰아넣는 옥사(獄事)가 자주 일어나고 있다. 그러니 군신의 의(義)는 이미 무너져버린 것이다. 또 아버지의 대를 잇는 입후(立後)의 의가 밝혀져 있지 않아 지손(支孫)이나 서자(庶子)들이 제멋대로 하게 되면 부자유친(父子有親)은 없어져 버릴 것이다. 또한 기생(妓生)을 금하지 않아 고을 수령들이 모두 빠져 있으니 부부유별(夫婦有別)은 이미 문란해져 버렸다.

노인들을 보살펴 봉양하지 않고 새파란 귀족 자제들이 교만을 피우고 있으니, 장유유서(長幼有序)는 파괴된 것이다. 과거만을 위주로 하고 도의(道義)를 가르치지 않으니, 붕우유신(朋友有信)도 어긋나 버린 것이다. 성인은 이 다섯 가지의 잘못을 반드시 바꾸느니라.

효도는 부모의 뜻을 거스르지 않는 것이나

어버이를 섬기는 일은 그 뜻을 거역하지 않는 것이 가장 중요하다. 여인들은 의복이나 음식, 거처하는 것에 관심이 많으므로 어버이를 섬기는 사람은 사소한 일에 유의해야만 효성스럽게 섬길 수 있다. 「예기(禮記)」의 내칙(內則)편에는 음식에 관한 것 등 조그만 예절이 많이 적혀 있다. 그런데 이것은 성인의 가르침이란, 물정을 알게 하는 데서 출발하는 것이지 결코 동떨어지고 미묘한 곳에서 시작되지 않고 있음을 알게 한다.

요즘 세상에 사대부 집안에서 부녀자들이 오래 전부터 부엌에 들어가지 않는 것이 예사다. 네가 한 번 생각해 보거라. 부엌에 들어간들 무엇이 그리 손해가 되겠는가? 다만 잠깐 연기를 쏠 뿐이다. 그런데 연기 좀 쐬고 시어머니의 환심을 얻으면 효부(孝婦)가 되고 법도 있는 집안도 만드니 효도하고 지혜로운 일이 아니겠느냐?

또 너희 형제는 새벽이나 늦은 밤에 방이 차가운가, 따뜻한가를 항상 점검하고 이부자리 밑에 손을 넣어보고 차면 항상 따뜻하게 몸소 불을 때되, 이런 일은 종들을 시키지 않도록 하여라. 그 수고로움도 잠깐 연기 쐬는 일에 지나지 않는 것이지만 네 어머니는 무엇보다 더 기분이 좋을 것인데, 너희들도 이런 일을 왜 즐거이 하지 않느냐?

어머니와 아들, 시어머니와 며느리 사이에서 아들과 며느리가 불효를 해서 어머니나 시어머니가 한탄하고 있을 때 사내와 계집종들은 그 틈을 노려 주인마님의 상에 장 한 숟갈이나 맛있는 과일 하나라도 더 올려 환심을 사고 골육간의 사이를 더욱 이간시키려고 할 것이다. 그런데 이것은 아들이나 며느리가 잘못하기 때문이지 남녀종들이 나빠서 그런 것은 절대 아니다. 마땅히 이런 것을 거울삼아 온갖 방법을 다 짜내서 어머니를 기쁘게 해 드리도록 하거라.

두 아들이 효자가 되고, 두 며느리가 효부가 된다면 나야 유배지에서 이대로 늙어 죽는다 해도 아무 유감이 없겠다. 힘쓸지어다.

효(孝)·제(悌)·자(慈)에 대하여

오전(五典)과 오교(五教 : 父는 의롭고 母는 어여삐 여겨주고 兄은 우애하고 弟는 공손하고 子는 효도함)를 요약하면 효(孝)와 제(弟)와 자(慈)이다. 군신(君臣) · 부부(夫婦) · 장유(長幼) · 붕우(朋友)는 들어 있지 않은데 들어있지 않음은 등한시한다는 뜻이 아니다.

효(孝)를 하게 되면 반드시 충(忠)하게 되고, 제(弟)를 하면 반드시 공(恭)하게 되며, 힘쓰지 않아도 부부는 화합하게 되고 친구들 사이에 신의를 지킬 수 있게 되기 때문이다.

공자(孔子)의 제자인 유자(有子)가 「논어」에서 자(慈)를 빼고 효제(孝弟)만을 이야기한 것은 자(慈)는 새나 짐승도 행할 수 있기 때문에 그랬을 것이다. 또 공자의 제자인 증자(曾子)가 줄여서 「효경(孝經)」이라는 책을 만든 것도 효(孝)만 하고 제(弟)는 하지 말라는 것이 아니라 효 하나만 제대로 하게 되면 모든 착한 일은 저절로 행해진다는 뜻에서이다.

부부유별(夫婦有別)이란 각자가 그 짝을 배필로 삼고 서로 남의 배필을 침범하지 않는다는 뜻이다. 그러므로 부부가 별(別)한 후에야 부자(父子)가 친(親)하게 되는 것이니 창부(娼婦)와 가까이해서 얻은 아들은 그 아버지를 알지 못하는 것이 바로 그러한 연유이다.

부부 사이에서도 서로 공경하기를 손님 대접하듯 한다고 하는데 부자(父子)간에는 더 말할 필요가 없는 것이다(경전 가운데 부부유별의 증거 자료가 셀 수 없이 많으니 그것을 모아 보도록 하여라).

천시(天時)가 있고 인시(人時)가 있기 때문에 사(子) · 축(丑) · 인(寅)의 정월(正月)이 있는 것이다. 다만 축(丑)이 정월이 되는 것은 잘 모르겠다. 그러나 7월의 시의 서문(序文)에서 말하기를, 주공

(周公)이 지었다고 했다. 그런데 4, 5월 10월 등 시에 나오는 달은 하(夏)나라 달력을 기준으로 한 것이다. 또 거기서 말한 일지일(一之日), 이지일(二之日)은 해가 궤도를 한 바퀴 돌아 다시 동지(冬至)에서 시작되기 때문에 자월(子月)을 일지일(一之日)이라고 하는 것이다. 일(日)을 따라 궤도를 돌기 때문에 일(日)이라 한 것이지 월(月)과 혼동하여 일(日)이라 한 것이 아니다.

「서경(書經)」의 소고(召誥)에 보이는 낙읍(洛邑)을 경영한 역사(役事)도 바로 중춘(仲春)이었다. 만약 중춘이 축월(丑月)이라 한다면 날씨가 춥고 얼어붙어 토목공사를 시작하기가 어려웠을 것이다. 소아(小雅)나 대아(大雅)에 실려 있는 모든 시들이 하나라 달력과 들어맞다 그러나 자월(子月)을 정월로 삼는 것은 주(周)나라 말엽에 된 것이리라.

인의예지(仁義禮智)는 행동과 일에서 실천된 후에야 비로소 그 본뜻을 찾을 수 있으며, 측은(惻隱)이나 수오(羞惡)하는 마음도 안으로부터 나온 것이다. 이(理)를 말하는 사람이 인의예지를 각각 낱개로 떼어 놓고 이것들이 마음 속에 감추어져 있다고 하는데 틀린 것이다. 마음속에 있는 것은 다만 측은(惻隱)이나 수오(羞惡)의 근본일 뿐이니 이것을 인의예지라고 불러서는 안 된다.

퇴계(退溪)는 오로지 심성(心性)을 주체로 삼았기 때문에 이발(理發)과 기발(氣發)을 주장(道心이란 理發이고 人心은 氣發이며 事端과 七情도 또한 그러하다)했고, 율곡(栗谷)은 도(道)와 기(器)를 통론했기 때문에 기발은 있어도 이발은 없다 하였다. 그러므로 두 현인이 주장한 바가 각각 차이가 있어서 말은 같지 않아도 아무런 해될 것은 없다. 그런데도 어떤 선배가 퇴계가 기(氣)를 성(性)으로 인정하였다고 그를 배척한 것은 지나친 일이다.

평소 생활에서 가장 중요시해야 할 근본으로 공부하는 습관을 강조했다. 공부의 근본으로서 독서의 중요성을 강조하는 여러 편의 편지를 보냈다. 그리고 독서를 통해 내용을 완전히 이해한 후 요점을 잡아 저술하는 방법에 대해서도 소상히 지도하고 있다. 이런 면에서 다산은 어버이면서 아울러 원격지에서 자녀들의 학문하는 습관을 가르쳤던 훌륭한 스승이었다.

공부를 그만두면 짐승과 다를 바 없다

집안일을 돌보는 석(石)이가 2월 초이렛날 되돌아갔으니 헤아려 보면 오늘쯤에나 집에서 편지를 받아 보겠구나.

이 달을 맞아 더욱 마음의 갈피를 잡지 못하겠구나. 내가 너희의 의중을 짐작컨대 공부를 그만 두고 싶은 심정인 것 같구나. 정녕 그러하다면 너희는 무식한 백성이나 우매한 사람이 되려느냐.

이름 있는 선비 집안으로 행세할 때에야 글을 잘하지 못하고도 혼인만 잘 하면 군대를 면할 수 있지만, 폐족으로서 글까지 못한다면 그 모양새가 어찌 되겠느냐.

글하는 일이 그렇게 중요하지 않다고 할 수 있을지 몰라도 배우지 못하고 예절을 모른다면 짐승과 하등 다를 바 없다. 폐족 중에서 흔히 뛰어난 인재가 나오는데, 이것은 다름 아니라 과거 공부에 얽매이지 않기 때문이다.

그러나 명심할 것은 과거에 응시할 수 없다고 해서 경전 읽는 일을 그만 두고 책 읽는 일까지 소홀히 하는 그런 사람이 되어서는 안 된다. 오늘은 이만 붓을 놓겠다.

**1802년 2월 17일 강진에서

독서의 근본은 효(孝)·제(悌)

이 세상에 있는 온갖 물건 중에는 자연스럽게 존재하여 그대로 좋은 것이 있다. 이처럼 온전한 것을 가지고 자랑하거나 말할 필요가 없다. 다만 깨진 것이나 찢어진 것을 만지거나 다듬어서 완전하게 만들어야만 그 공덕을 치사 받는 것이다. 즉 죽을병에 걸린 사람을 살려야만 훌륭한 의원이라 부르고, 공격 중에 곧 질 것 같은 군대를 일으켜 세워야 훌륭한 장수라 일컫는다.

요즘 세상을 휩쓸고 다니는 고관 자제들처럼 좋은 의관을 걸치고 다니면서 집안 이름을 떨치는 것은 아무리 못난 사람도 다 할 수 있다.

그러나 너희들은 망한 집안의 자식들이다. 그렇기 때문에 더욱 잘 처신하여 본래의 가문보다 더 훌륭하게 된다면, 이것이야말로 대견하고 자랑스럽지 않겠느냐. 집안이 망했기 때문에 더욱 정진해야 할 것은 책을 읽어 학문을 하는 일이다. 독서는 인간에게 가장 으뜸인 값진 일이다. 그리고 독서란 부귀한 집안 자제들에게만 그 맛을 알게 하는 것도 아니고, 또 시골 수재들이 그 깊고 오묘한 뜻을 넘겨다 볼 수 있는 것도 아니다.

반드시 벼슬하는 집안의 자제로서 어려서부터 보고 들은 바가 있는데다가 중년에 재난을 만난 너희 같은 젊은이들만이 진정한 독서를 하기에 가장 좋다. 부잣집 자제들이 책을 읽을 수 없다는 것이 아니라 뜻도 모르고 책만 읽는다고 독서를 한다고 할 수 없는 것이다.

의원이 3대를 거치지 않으면 그가 주는 약을 먹지 않는다고 했다. 이렇듯 몇 대를 내려가면서 글을 하는 집안이라야 문장을 할 수 있다. 돌이켜보건대 내 재주가 너희들보다 조금 더 있을지 모르지만, 어려서는 학문의 방향을 알지 못하기는 마찬가지였다.

나이 열다섯에야 겨우 서울 유학을 해 보았으나, 이것저것 기웃거리기만 했지 얻은 것은 별로 없었다.

그 후 스무 살 무렵에 과거 공부에 전력을 기울였더니 소과에 합격하여 태학에 들어가게 되었다. 여기서 또 대과 응시과목인 사자구(四字句), 육자구(六字句) 등의 화려한 문장 공부에 골몰하다가 규장각에 들어가서는 주어진 과제를 하려고 글자의 정의나 알아내는 일에 10년 가까이 온 마음을 쏟았다.

그 뒤로 책을 펴내는 내각의 직책으로 분주한 나날을 보냈다. 그러다가 곡산의 도호부사직을 맡게 되어 백성을 다스리는 일에 온 정성을 쏟았었다. 그런데 다시 돌아와 탄핵을 받게 되었다. 그 일 년 후에 정조 임금이 돌아가신 슬픔으로 흘린 눈물이 채 마르기도 전에 유배형을 받았다. 그러므로 거의 하루도 마음 편히 책을 읽을 겨를이 없었다.

사정이 그러했기 때문에 내가 지은 시나 문장은 아무리 맑은 물로 씻어낸다 해도 과거시험 답안 같은 굴레를 벗어날 수 없었다. 그리고 조금 괜찮은 것은 공문서체를 면할 수 없는 것이었다.

큰애야! 너의 재주와 암기력은 조금 떨어진 듯하나 열 살 때 지은 네 글을 나는 스무 살 적에도 짓지 못했을 것 같고, 이 근래에 지은 글은 지금의 나로서도 따를 수 없는 것이 더러 있으니, 그것은 네가 일찍이 공부하는 길을 택해 견문이 넓어졌기 때문이다.

네가 곡산에서 공부하다 집으로 돌아갈 때 과거 시험을 준비하라고 일러 보낸 적이 있었지. 그 당시 주위에서 너를 아끼던 선비들은 본격 적인 학문을 시키라면서 과거 따위에 욕심을 부리는 나를 탓했고 나 또한 곧 후회했다. 그러나 이제 과거에 응할 수 없는 신분이 되었으니, 과거 공부로 인해 학문의 영역이 좁아질까 염려하지 않아도 되겠구나. 아버지의 생각으로는 너는 이미 과거에 합격할 실력을 갖추었다고 생각하니, 진사 정도의 벼슬에 오른 것과 학문을 연구하는 것 중 어느 것이 나은가는 스스로 판단할 것인 즉, 이제 너야말로 참으로 독서할 때를 만났다. 이런 경우를 전화위복이라 하는 것으로서 가문이 망해 버린 때문에 오히려 더 좋은 일을 할 수 있다는 것 아니겠느냐.

둘째는 재주로 보면 너에 비해 주판 한 알쯤 부족한 듯하나 자상한 성품과 깊이 생각하는 사고력이 있다. 그러니 열심히 독서에 온 마음을 기울이다 보면 형과 어깨를 맞댈 수 있을 것이다. 근자에 둘째의 글을 보니 점점 향상되어 앞으로 잘 할 것 같더라.

독서할 때는 반드시 근본을 세워야 하는 법인데, 근본이란 무엇을 뜻하겠느냐? 이는 오직 효(孝)와 제(弟) 그것뿐이다. 먼저 효와 제를 힘써 행하여 근본이 세워지면 학문은 저절로 우리 몸속에 퍼져 들어온다. 학문이 몸속에 퍼져 들어온다면 독서에 대해 별다른 조건을 달 필요가 없다.

얘들아! 천지간에 외롭게 서 있는 내가 의지할 것이라고는 오로지 책과 붓이 있을 뿐이다. 문득 한 구절이나 한 편 정도 마음에 드는 것을 얻었을 때, 혼자서 읊조리다가 이 세상에서 다만 너희들에게 보여줄 수 있겠다 싶었다. 그런데 너희들 생각은 벌써 달나라처럼 멀리 떨어져 나가 내 뜻을 받아들이려 하지 않고 쓸모없는 것이라고 밀쳐버리지나 않을까 모르겠다.

어느새 나이 들어 수염까지 긴 너희들이 아버지를 대면한다면 밉게만 보일 텐데 내 책을 읽으려고 할까? 천하에 불효자였던 '조괄'이라는 사람은 그가 아버지의 글을 잘 읽었기 때문에 나중에 어진 아들이 되었다고 생각한다. 너희들이 정말로 책을 읽어 주지 않는다면 내 저서는 쓸모없는 것이 될 것이다. 더구나 내가 쓰는 글들이 쓸모없다면 나는 할 일이 없는 사람이 되고 말 것이다.

그렇다면 나는 앞으로 마음의 눈을 닫고 흙으로 빚은 사람처럼 앉아 있어야 할 것인즉, 열흘도 못 되어 병이 날 것이고 이 병을 고칠 약도 없을 것이다. 그러기 때문에 너희들이 독서하는 것은 내 목숨을 연장시키는 것과 다름이 없다. 너희들은 아버지의 말을 곰곰이 다시 한 번 생각해 주기 바란다.

폐족에서 걸출한 선비가 많이 배출되었다

새해가 밝았구나. 군자는 새해를 맞으면서 반드시 그 마음가짐이나 행동을 새롭게 하려고 한다. 나는 어릴적에 새해를 맞을 때마다 꼭 일년 동안 공부할 과정을 미리 계획해 보았다. 예를 들면 무슨 책을 읽고 어떤 글을 뽑아 적어야겠다는 식으로 작정을 해놓고 꼭 그렇게 실천하곤 했다. 때로는 몇 개월 못가서 사고가 발생해 계획대로 되지 않을 때도 있었지만 아무튼 좋은 일을 행하고자 했던 생각이나 발전하고 싶은 마음은 없어지지 않아 많은 도움이 되었다. 내가 지금 까지 너희들 공부에 대해서 수없이 글과 편지로 권했음에도 불구하고 너희는 아직 경전(經傳)이나 예악(禮樂)에 관한 질문을 단 하나도 해오지 않고 역사책에 관한 논의도 보여주지 않고 있으니 어찌된 셈이냐? 너희들은 내 이야기를 이렇게도 무시한단 말이냐?

도회지에서 자라난 너희들이 어린 시절에 보고 배운 것은 문전의 잡객(雜客)이나 시중드는 하인, 아전들뿐이어서 말씨나 마음씨가 약삭빠르고 비천할 수밖에 없겠지. 이런 못된 병이 골수에 박혀 너희 마음속에 착한 행실을 즐겨하고 공부하려는 뜻이 전혀 없는 것이다. 내가 밤낮으로 애태우며 돌아가고 싶어 하는 것은 너희들 뼈가 점점 굳어지고 기운이 점점 거칠어져 한두 해 더 지나버리면 완전히 나의 뜻을 저버리고 보잘 것 없는 생활로 빠져버리고 말 것이라는 초조감 때문이다. 지난해에는 그런 걱정에 병까지 얻었었다. 지난 여름내내 앓다가 허송세월을 보냈었다. 10월 이후로는 더 말하지 않겠다만, 그렇더라도 반드시 진보할 수 있는 법이다.

　너희들은 집에 책이 없느냐? 몸의 재주가 없느냐? 눈이나 귀에 총명이 없느냐? 어째서 스스로 포기하려 하느냐. 영원히 폐족으로 지내버릴 것이냐? 너희 처지가 비록 벼슬길은 막혔다 하더라도 성인이 되는 일이야 꺼릴 것이 없지 않느냐. 문장가가 되는 일이나 통식달리(通識達理)의 선비가 되는 일은 꺼릴 것이 없지 않느냐. 꺼릴 것이 없는 것뿐 아니라 과거 공부하는 사람들이 빠지는 잘못을 벗어날 수도 있다. 또한 가난하고 곤궁하여 고생하다 보면 그 마음을 단련하고 지혜와 생각을 넓게 되어 인정이나 사물의 진실과 거짓을 옳게 알 수 있는 장점을 가지고 있다. 그런 까닭에 선배로서 율곡과 같은 분은 어버이를 일찍 여의고 그 어려움을 참고 견디어 얼마 안 있어 마침내 지극한 도를 깨쳤다. 우리 집안의 선조 우담 선생께서도 세상 사람들의 배척을 받고서 더욱 덕이 높아졌고, 성호 선생께서도 난리를 당한 집안에서 이름난 학자가 되었다. 이분들 모두가 당대의 고관대작 집안의 자제들이 미칠 수 없는 훌륭한 업적을 남겼다는 것을 너희도 일찍부터 들어오지 않았느냐?

　폐족에서 재주 있는 걸출한 선비가 많이 나오는 것은, 하늘이 재주 있는 사람을 폐족에서 태어나게 하여 그 집안에 보탬이 되게 하려는 것이 아니다. 부귀영화를 얻으려는 마음이 근본정신을 가리지 않아 깨끗한 마음으로 독서를 하고 궁리하여 진면목과 바른 뼈대를 얻을 수 있었기 때문이다. 평민으로 배우지 않으면 못난 사람이 되고 말지만 폐족으로서 배우지 않는다면 마침내는 도리에 어긋나서 비천하고 더러운 신분으로 타락하게 되고 아무도 가까이 하려고 하지 않아 결국 세상의 버림을 받게 되어 혼인할 길마저 막혀 천한 집안과 결혼을 할 것이다. 또한 물고기의 입술이나 강아지의 이마 몰골을 한 자식이 태어나면 그 집안은 영영 끝장나는 것이다.

내가 유배생활에서 풀려 몇 년간이라도 너희들과 생활할 수만 있다면 너희들의 몸과 행실을 바르게 잡아 효제를 숭상하고 화목하는 일에 습관들게 하겠다. 또한 경사(經史)를 연구하고 시례(詩禮)를 담론하면서 3~4천 권의 책을 서가에 진열하고 일년 정도 먹을 양식 걱정 안 해도 될 것이고, 원포·상마·소과·화훼·약초들을 심어 잘 어울리게 하여 그것들이 무성하게 자라는 것을 구경하면 마음이 즐거울 것이다. 마루에 오르고 방에 들면 거문고 하나 놓여 있고, 주안상이 차려 있으며, 투호 하나, 붓과 벼루, 책상, 도서들이 품위 있고 깨끗하여 흡족할 만할 때에 마침 반가운 손님이 찾아와 닭 한 마리에 생선회 안주 삼아 탁주 한잔에 맛있는 풋나물을 즐겁게 먹으면서 어울려 고금의 일을 논의하면서 흥겹게 산다면 비록 폐족이라 하더라도 안목 있는 사람들이 부러워할 것이다. 이렇게 한두 해의 세월이 흐르다 보면 반드시 중흥의 여망이 비치게 될 것 아니겠느냐? 이 점 깊이 생각해 보도록 하여라. 이런 일조차 하지 않을 거냐?

**1803년 정월 초하루에

경학으로 기초를 다지고 역사책을 읽어라

누누이 말했듯이 번성하는 집안(淸族)은 비록 독서를 하지 않아도 저절로 존중받을 수 있으나, 기울어 가는 집안(廢族)은 다듬어진 교양이 없으면 얼마나 가증스러운 일이겠느냐. 사람들이 천하게 여기고 세상에서 얕잡아 보는 것도 서글픈 일이다. 그런데 너희들 스스로가 자신을 천하게 여기고 얕잡아 보고 있으니 이는 스스로를 비참하게 만드는 일이다.

너희들이 끝내 배우지 않고 스스로를 포기해 버린다면 내가 해놓은 이 저술과 간추려 놓은 것들을 앞으로 누가 모아서 책으로 엮고 교정을 하며 정리하겠느냐? 이 일을 못한다면 내 저술들은 더 이상 전해질 수 없을 것이며, 내 저술이 후세에 전해지지 않는다면 후세 사람들은 단지 사헌부의 계문(啓文)과 옥안(獄案)만 믿고 나를 평가할 것이 아니냐. 그렇게 되면 내가 어떤 사람 취급을 받겠느냐?

아무쪼록 너희들은 이런 점들까지 생각해서 다시 분발하여 공부해서 내가 이어온 우리 집안의 학문하는 전통을 더욱 키우고 번창하게하기 바란다. 그러면 세상에서 다시 빛을 보게 될 것은 물론 아무리 대대로 벼슬 높은 집안이라도 우리 집안의 청귀(淸貴)와는 감히 견줄 수 없을 것이다. 무엇이 괴롭다고 이런 일을 버리고 도모 하지 않느냐.

요즈음 한 두 젊은이들이 원·명 때의 경조부박한 망령된 사람들이 하던 가난과 괴로움을 극한적으로 표현한 말들을 모방해다가 절구나 단율을 만들어 당대의 문장인 것처럼 자부하며 거만하게 남의 글이나 욕하고 고전적인 글들을 깎아내린다. 내가 보기에 불쌍하기 짝이 없다.

반드시 처음에는 경학을 공부하여 밑바탕을 다진 후에 옛날 역사 책을 섭렵하여 옛 정치의 득실과 잘 다스려진 이유와 어지러웠던 이유 등의 근원을 이해하여라. 또한 실용의 학문, 즉 실학에 마음을 두고 옛사람들이 나라를 다스리고 세상을 구했던 글들을 즐겨 읽도록 해야 한다. 마음은 항상 만백성에게 혜택을 주어야겠다는 생각과 만물을 자라게 해야겠다는 뜻을 가지고 있어야만 참다운 독서를 한 군자라 할 수 있다. 그러한 사람이 된 뒤 더러 안개 낀 아침, 달뜨는 저녁, 짙은 녹음, 가랑비 내리는 날을 보고 문득 마음에 자극이 와서 한가롭게 생각이 떠올라 그냥 운율이 나오고 저절로 시가 되어질 때, 천지자연의 음향이 제 소리를 내는 것이다. 그러니 이것이 바로 시인이 제 역할을 해내는 경지일 것이다.

나보고 너무 실현성 없는 이야기만 한다고 하지 말거라. 근래 수십 년 이래로 한 가지 괴이한 논의가 있어 우리 문학을 아주 배척하고 있다. 우리나라의 여러 가지 옛 문헌이나 문집에는 눈도 주지 않으려 하니, 이는 대단히 잘못된 일이다. 사대부 자제들이 우리나라의 옛 일들을 알지 못하고 선배들이 의론했던 것을 읽지 않는다면 비록 그 학문이 고금을 꿰뚫고 있다 해도 엉터리가 될 뿐이다. 다만 시집 같은 것인들 서둘러 읽을 필요는 없겠지만 신하가 임금께 올린 상소문, 비문, 옛사람들끼리 주고받은 서간문 등을 많이 읽어 안목 을 넓혀야 한다. 또 당쟁기록으로서 남인에 관한 기록이 많은 「아주 잡록(鵝洲雜錄)」, 야사집인 「반지만록(盤池漫錄)」과 「청야만집(靑野漫輯)」 등의 책은 반드시 널리 찾아서 두루두루 보아야 할 것이다.

독서는 전체적인 의미의 이해에 바탕해야
학유야! 네가 열 살 전에는 파리하여 자주 잔병을 앓더니만 요즈음 들어 힘줄과 뼈마디가 굳세고 씩씩하며 정신력도 거친 일, 고달픈 일 등을 견딜 만하다니 제일 기쁜 일이구나. 무릇 남자가 독서하고 행실을 닦으며, 집안일을 보살필 때는 응당 거기에 전념해야 하는 데 정신력이 없으면 아무 일도 되지 않는다. 정신력이 있어야만 근면 하고 민첩할 수가 있고, 지혜도 생길 수 있으며, 업적도 세울 수 있다. 진정으로 마음을 견고하게 세워 똑바로 앞을 향해 나간다면 태산이라도 옮길 수 있을 것이다.

내가 몇 년 전부터 독서에 대하여 깨달은 바가 무척 많다. 마구잡이로 그냥 읽어 내리기만 하는 것은 하루에 천 번 백 번을 읽어도 오히려 읽지 않는 것과 다를 바가 없다. 무릇 독서할 때 도중에 의미를 모르는 글자를 만나게 되면 널리 고찰하고 세밀하게 연구하여 그 근본 뿌리를 파헤쳐 글 전체를 이해할 수 있어야 한다. 날마다 이런 식으로 책을 읽는다면 수백 가지의 책을 함께 보는 것이 된다. 이렇게 읽어야 책의 의리를 훤히 꿰뚫어 알 수 있게 되는 것이니 이 점 깊이 명심해야 한다.

자객전을 읽을 때 기조취도(旣祖就道)라는 구절을 만나면 "조는 무슨 뜻입니까"라고 묻게 되고, 선생은 "이별할 때 지내는 제사다."라고 대답할 것이다. "그렇다면 그 제사에다 꼭 조라는 글자를 쓰는데 뜻은 무엇입니까?" 라고 다시 묻게 되고 선생이 "잘 모르겠다."라고 대답하면 집에 돌아와 자서에서 조라는 글자의 본뜻을 찾아본다. 자서에 있는 것을 근거로 하여 다른 책을 들추어 그 글자를 어떻게 해석했는가를 고찰해 보고 그 근본 뜻만이 아니라 지엽적인 뜻도 뽑아 두어라. 「통전」이나 「통고」, 「통지」 등의 책에서 조제의 예를 모아 책을 만들면 없어지지 않을 책이 될 것이다. 이렇게 하면 전에는 한 가지도 모르고 지냈던 네가 이때부터는 그 내력까지 완전히 알게 될 것이고, 비록 홍유(鴻儒)라도 조제에 대해서는 너와 경쟁하지 못할 것이 아니겠느냐? 이러할진대 우리가 어찌 주자의 격물 공부를 크게 즐기지 않겠느냐?

오늘 한 가지 물건에 대하여 이치를 캐고 내일 또 한 가지 물건에 대하여 이치를 캐는 사람들도 이렇게 착수했다. 격(格)이라는 뜻은 가장 밑까지 완전히 다 알아낸다는 것을 의미하는 것이니 가장 밑까지 알아내지 못한다면 아무런 의미가 없다.

「고려사」는 빨리 보내 주지 않으면 안 되겠다. 거기에서 가려 뽑을 방법은 너의 형에게 상세히 가르쳐 주었으니, 네 형에게 자세하게 배우거라. 이번 여름 동안에 너희 형제가 정신을 집중하고 힘을 기울여 「고려사」에서 가려 뽑는 일을 끝마치기 바란다.

초서(抄書)하는 방법은 반드시 먼저 자기의 뜻을 정해 만들 책의 규모와 편목을 세운 뒤에 남의 책에서 간추려내야 맥락의 묘미가 있게 된다. 만약 그 규모와 목차 외에도 꼭 뽑아야 할 곳이 있을 때는 별도로 책을 만들어 좋은 것이 있을 때마다 기록해 넣어야만 힘을 얻을 곳이 있게 된다. 고기 그물을 쳐놓으면 기러기란 놈도 걸리게 마련인데 어찌 버리겠느냐?

학유의 독서 소식은 큰 위안이 되었다

너희들이 보낸 편지 잘 받았다. 읽는 동안 아버지는 마음의 위안을 크게 받았다. 둘째의 글씨체가 좋아졌고, 글 내용도 향상된 것이 나이가 들어가는 탓이라 생각되는구나. 물론 더욱 열심히 공부하기 때문이기도 하리라.

집안에 근심이 끼어 있다고 해서 절대로 좌절하지 말고 지극한 뜻으로 정진하기 바란다. 그리고 초서(큰 책에서 중요한 내용을 뽑아 옮겨 쓰는 것)나 저서(著書)하는 일에도 행여 게으름이 없도록 하여라. 죄를 지어 벼슬이나 출세 길이 막힌 집안의 자녀들이, 글도 못하고 예절도 갖추지 못한다면 남의 손가락질 받기 알맞다.

그러니 보통 집안사람들보다 백 배 열심히 공부해야 하느니라. 내 귀양살이 고통이 크다 하겠으나 너희들이 독서에 정진하고 몸가짐 바르게 생활한다는 소식만 들리면 근심은 사라진다. 학연이 4월 보름쯤 말을 타고 온다는 소식을 받고 반가움에 가슴이 떨렸다. 그러나 또 한편 생각하니 만나는 기쁨보다 이별의 아픔이 더 클 것을 헤아려 본다. 이를테면 이별의 괴로움이 벌써 앞선다는 말이다. 그러나 너희들이 보고 싶다. 학연을 기다리는 마음 간절하다.

**1802년 2월 7일 강진에서

유배지에서 자신의 고생이야 어떻게 해서든 참고 견딜 수 있으며 자식들이 공부만 열심히 하고 행동거지만 반듯하면 걱정할 것이 없겠다는 아버지의 바람이 너무나 간절하다.

큰 아들이 찾아온다는 소식을 듣고 만나는 기쁨을 생각하기 보다는 헤어질 아픔에 더 괴로움을 느끼고 있으니, 당시 다산의 처지가 어떠했는가를 가히 짐작할 수 있다.

저술 방법에 대하여

나는 예에 관한 경전 연구를 귀양살이의 굴욕과 쓰라림 속에서도 하루도 거른 적이 없다. 의리(義理)의 정밀하고 오묘함은 마치 양파껍질을 하나하나 벗기며 알아낸 것과 같다. 네가 왔을 때 너에게 해주었던 이야기들은 거의가 정밀하지 못한 겉껍질에 지나지 않는 다는 생각이 들어 그때 써 놓은 것들은 대부분 버릴 작정이다. 해가 다 가기 전에 이론의 실마리를 대략은 다 파악해 놓아야겠다.

곰곰이 생각해 보니 중국의 진(秦), 한(漢)나라 이후 수천 년이 지난 지금 수 천리 떨어진 요동만 동쪽의 조선에서 공자, 맹자 시 대의 옛 예(禮)를 다시 파악해 본다는 것은 중요한 일이라는 생각이 든다. 지금 마음 같아서는 저서가 이루어지는 대로 네게 보내서 1 부를 더 정리해 베낄 수 있도록 하고 싶다만 뜻대로 될지 모르겠 구나. 한스러운 것은 내가 깨달은 명언이나 지극한 세상 이치를 이야기 할 곳이 없는 것이지만 어쩌겠냐?

마융(馬融)이나 정현(鄭玄)이 비록 유학자라지만 권세가 한 세상 을 누르며 외당(外堂)에서는 제자들과 함께 학문을 논하면서도 내 당(內堂)에서는 노래하는 기생을 두고 즐겼을 정도로 호사스런 부 귀를 누렸다. 그러니 경전 연구에는 정밀하지 못했으리라. 그 뒤 를 이은 공안국(孔安國)이나 가규(賈逵) 등도 유림 가운데서는 이름 난 사람들이지만 마음이나 기상이 정밀하지 못했기 때문에 그 논리 또한 아리송한 곳이 많다. 학자란 궁한 후에야 비로소 저술을 할 수 있다는 것을 이제야 알겠구나. 매우 총명한 선비가 지극히 곤궁한 지경에 놓여 종일 홀로 지내며 사람의 떠드는 소리나 수레가 지나 가는 시끄러운 소리들이 들리지 않는 고요한 시각에야 경전이나 예 에 관한 정밀한 의미를 비로소 연구해 낼 수 있는 것이다. 세상이란 게 이렇듯 교묘할 수 있겠느냐? 옛날의 경전들을 고찰하고 나서 정 현이나 가규의 설을 살펴보니, 거의 대부분이 잘못 해석되었더구나 책을 읽는다는 것이 이처럼 어렵다는 것을 알았다.

남의 저서에서 도움이 될 만한 요점을 추려 책을 만들 때는 자신의 학문에 주견이 뚜렷해야 판단기준이 마음에 세워져 취사선택하는 일이 용이할 것이다. 학문의 요령에 대해서는 지난번에 대충 이야기했는데 너희들은 벌써 잊어버린 모양이구나. 그렇지 않고서야 왜 남의 저서에서 요점을 뽑아내어 책을 만드는 방법에 대해 의심나는 것이 있다고 다시 이러한 질문을 했느냐? 무릇 책 한 권을 볼 때 오직 나의 학문에 도움이 될 만한 것이 있으면 추려 쓰고, 그렇지 않다면 하나도 눈여겨 볼 필요가 없는 것이니 백권 분량의 책일지라도 열흘 정도의 공을 들이면 되는 것이다.

　「고려사(高麗史)」에서 초록하는 공부는 아직도 손을 대지 않았느냐? 젊은 사람이 멀리 보는 생각과 꿰뚫어 보는 눈이 없으니 탄식할 일이로구나. 너희들 편지에 군데군데 의심이 가고 잘 모르는 곳이 있어도 질문할 데가 없어서 한스럽다고 했다. 그런데 과연 그처럼 의심이 나서 견딜 수 없다면 왜 조목조목 적어서 인편에 부치지 않았느냐? 아버지와 아들이면서 스승과 제자가 된다면 더욱 좋은 일이 아니겠느냐? 학문에서 가장 중요한 내용인 효(孝)와 제(弟)로써 그 근본을 삼고 예(禮)와 악(樂)으로써 수식을 해야 한다. 또한 정치와 형벌로써 도움을 주고, 부역이 포함되는 병법(兵法)이나 재화 등이 포함된 농학(農學)으로써 그 이익을 주겠다는 생각을 가져야 한다. 초서하는 요령은 한 종류의 책을 펴면 그 책 속에 들어 있는 명언이나 선행(善行) 중에서 「소학(小學)」에는 없지만 소학에 넣어도 될 만한 것이 있다면 골라 써라. 경전도 마찬가지이지만 경전의 설(設) 중에서도 새로운 것으로 근거가 있는 것은 채록하고 글자의 근원, 구성 원리, 체(體)·음(音)·의(義)등에 관한 연구나 음운학에 관한 연구 중에 서는 열 가지 중에 하나 정도 채록하여라. 가령 「설령(說領)」 가운데 유구기정(琉球記程)과 같은 것은 병법에 관한 것으로 취급해서 채록하고 농학이나 의학에 관한 여러 학설은 먼저 집에 있는 책을 들춰보고 아직까지 없는 학설이라는 것을 확인한 후에 뽑아 적어야 한다.

내 저서의 참뜻을 알아주는 것이 가장 보람된 일이다

유향(劉向)은 그 아들 흠이 있었고, 두업은 임이라는 아들이 있었다. 양보는 진이라는 이름의 아들이, 환영은 전이라는 아들이 있었다. 그들의 아들은 모두 아버지만큼 훌륭한 인물이었으며, 아들들은 아버지의 책을 읽으며 자랐었다.

내가 너희들에게 바라는 바가 무엇이겠느냐. 나의 저서에 대하여 깊이 연구한 후 심오한 뜻을 알아주기만 하면 내가 아무리 궁색하게 지내더라도 보람된 일이렷다.

지식인이 세상에 전하려고 책을 펴내는 것은 단 한 사람만이라도 그 책의 진가를 알아주는 사람이 있으면 해서다. 나머지 욕하는 사람들이야 관계할 바 없다. 만약 내 책을 정말 알아주는 사람이 있다면 너희들은 나이 많은 사람은 아버지처럼 섬기고, 적대시하던 사람이라도 너희는 그와 형제의 정을 느껴야 하느니라.

일찍이 선인들의 저술을 보았더니 거칠고 빠진 게 많아 볼품없는 책들도 세상의 추앙을 받는 것이 많고, 자세하고 요령 있으며 광범위한 내용을 담은 책들이 오히려 배척을 받아 끝내 사라져버리고 전해지지 않는 책도 있었다. 여러 번 생각해 보아도 그 까닭을 알 수 없더니 요즈음에야 비로소 깨달았다.

군자는 의관을 바르게 하고 똑바로 바라보며, 입을 다물고 단정히 앉아 진흙으로 만들어낸 사람처럼 감정이 없는 양 엄숙하게 지내는 생활습관을 지녀야 그가 저술하는 글이나 이론이 돈후하고 엄정하게 된다. 그러한 뒤에야 위엄으로 뭇 사람을 승복시킬 수 있고 명성의 퍼져나감을 구원하게 된다. 만약 가볍게 여기고 경박하며 약삭빨라 농담처럼 저술했다면 비록 그가 말한 내용에 깊은 내용이 들어 있다 해도 믿으려 하지 않을 것이다.

살아있는 동안에 뿌리를 박지 못한 책이라면 죽은 후에 저절로 없어지게 되고 말 것이다. 세상에는 엉성한 사람은 많아도 정통한 사람은 적기 때문에 누가 쉽게 알아볼 수 있는 위엄이나 행동을 버려두고 특별히 알아내기 힘든 의리를 알아보려고 하겠느냐?

높고 오묘한 학문의 참뜻을 알 수 있는 사람의 수가 날로 적어져서, 비록 주공이나 공자의 도를 다시 잇고 양웅이나 유향을 뛰어넘을 문장이나 학술이 있다 하더라도 알아 볼 사람이 없어져 간다.

너희들은 이 점을 잘 알아차리고 아직은 연찬의 노력을 닦으며 먼저 긍지를 지니는 마음가짐에 힘써 큰 산이 우뚝 솟은 듯 고요히 앉는 법을 습관들여라. 또한 남과 사귀고 일을 처리함에 있어 먼저 기상을 점검하여, 자기가 해야 할 본령을 깨달아 확고하게 세운 뒤에야 점차로 저술에 임하는 마음을 먹도록 하라.

그렇게 하면 한 마디의 말과 단 한자의 글자라도 모든 사람들이 좋아하게 될 것이다. 만약 자기 스스로를 경시하여 흙이나 땅에 묻어버리면 이는 그것으로 영영이 된다. 너희들은 내 말을 명심하여 점차 정진해 가기 바란다.

**강진에서 아버지 정약용

시는 정신과 기맥(氣脈)이 있어야

번옹(樊翁: 채제공)은 시에서는 무척이나 시인의 기상을 중요하게 여겼다. 내가 유성의(劉誠意)의 시를 읽을 때마다 기상이 약한 듯 처량하고 괴로운 내용이 있었고, 소릉(少陵)의 시에는 번화(繁華)하고 부귀한 시어가 많았다. 하지만 끝내 뇌양(耒陽)에서 곤궁하게 살다가 죽었으니 꼭 그렇게 시와 기상이 관계있다고 말할 수는 없을 것 같다.

요즘 내가 상자 속에 넣어 둔 옛날의 시고들을 점검해 보니 난리를 만나기 전인 때, 즉 한창 벼슬을 하여 문학하는 선비들이 들고나던 한림원(翰林院)을 훨훨 날며 지내던 때에 지은 시편들은 대개가 처량하고 괴로워하며 우울한 내용이었다. 그리고 장기(長鬐)에 유배 갔던 때는 더욱 우울하고 슬픈 내용이었는데 강진으로 옮겨 간 이후의 작품들은 활달하고 확 트인 시어들이 많았다. 생각건대 재난이 앞길에 놓여 있으므로 그렇게 활달한 기상을 가지지 못했었다. 그런 데 재난을 당한 후에는 아마 근심이 없게 된 것인가? 선배인 번옹의 주장을 가볍게 들어서는 안 되겠구나.

그러나 기상을 화려하게만 하려고 해서는 시가 되지 않을 것이다. 시에는 반드시 정신과 기백이 있어야 한다. 산만하고 쓸쓸하기만 하여 잘 묶이고 짜여진 묘미가 없는 것은 그 사람의 운명이 곤궁하거나 현달한 것을 놔두고라도 그 수명이 길지 못할 것이다. 이 점은 내가 여러 차례 경험한 바다.

「시경」에 실려 있는 3백 편의 시는 모두가 현인이나 성인이 실의에 빠져 세상일을 근심하던 때 지은 시다. 그러므로 시가 모두 감개(感慨)한 내용을 중요하게 여겼지만 그러나 미묘하고 완곡(婉曲)하게 그런 뜻을 나타내도록 해야지 얄팍하게 보이도록 토로해 버려서는 안 된다.

일곱 자(字)로 지은 옛 시에 율조를 지닌 시가 많은데, 대개 평성(平聲)·입성(入聲)·상성(上聲)·거성(去聲)의 사성에서 반드시 고루 섞어서 시를 지었다. 거성으로 운자를 달면 평성으로써 잇고 평성으로 운자를 달면 입성으로써 이었다. 그러나 입성으로 시작한 시는 전혀 없다. 그러나 우리나라 사람은 오히려 이런 줄을 알지 못하고, 만약 평성으로써 운을 단다면 대구(對句)에서는 반드시 측성을 쓰지, 평성으로써 평성을 이은 시는 없다.

또「장안고의(長安古意)」같은 시는 글자마다 운율을 맞게 하여 매 사구(四句)마다 따로 한 장(章)이 되게 하여 마치 절구 같게 넣는다. 이게 바로 연환(連環) 율법(律法)이다. 시 전체에 대해 단지 한 가지 운(韻)만 사용하는 방법은 시 짓는 법에는 없다.

침울(沈鬱)·돈좌(頓挫)·연영(淵永)·한원(閑遠)·창경(蒼勁)·기굴(奇崛)이라는 열두 자(字)는 시인이 종지(宗旨)로 삼아야 하고, 욕려(縟麗)와 농연(濃妍) 등도 가볍게 여겨서는 안 된다.

**1808년 여름 윤달에 다산에서 쓰다.

시(詩)는 역사적 사실을 인용하여 지어라

지난 번 성수(醒叟) 이학규(李學逵)의 시를 읽어 보았다. 그가 너의 시를 논평한 것은 잘못을 잘 지적하였다. 그러니 너는 당연히 수긍해야 한다. 그의 자작시 중에는 꽤 좋은 것이 있지만 내가 좋아하는 바는 아니더라.

오늘날 시는 마땅히 두보(杜甫)의 시를 모범으로 삼아야 할 것이다. 모든 시인들의 시 중에 두보의 시가 왕좌를 차지하고 있는 것은 시경에 있는 시 3백 편의 의미를 그대로 이어받고 있기 때문이다.

시경에 있는 모든 시는 충신, 효자, 열녀, 진실한 벗들의 간절하고 진실한 마음의 발로로써 임금을 사랑하고 나라를 근심하는 내용이 아니면 그런 시는 시가 아니다. 또한 시대를 아파하고 세속을 분개하는 내용이 아니면 시가 될 수 없으며, 아름다움을 아름답다 하고 미운 것을 밉다 하며 선을 권장하고 악을 징계하는 뜻이 담겨 있지 않은 내용의 시를 시라고 할 수 없다. 따라서 뜻이 세워져 있지 아니한 학문은 설익고, 삶의 태도를 아직 배우지 못하고 위정자를 도와 민중에게 혜택을 주려는 마음가짐을 지니지 못한 사람은 시를 지을 수가 없으니, 너도 그 점에 힘쓰기 바란다.

두보의 시는 역사적 사건을 인용하는 데 흔적이 보이지 않아 스스로 지어낸 것 같지만 자세히 살펴보면 다 출처가 있으니 두보야말로 시성(詩聖)이 아니겠느냐?

한유(韓愈)의 시는 글자 배열법의 출처가 모두를 있게 하였으나 어구는 스스로 많이 지어냈으니 그분은 바로 시의 대현(大賢)이 된다.

소동파(蘇東坡)의 시는 구절마다 역사적 사실을 인용했는데 인용한 태가 나고 흔적이 있어 언뜻 보아서는 의미를 알아볼 수도 없다. 그러나 이리저리 살펴보아 인용한 출처를 캐내고 나서야 그 의미를 겨우 알아 낼 수 있으니, 그의 시는 시인으로서는 박사라 칭할 수 있을 것이다. 소동파의 시로 말하면 우리 삼부자의 재주로써 죽을 때까지 시에만 전념한다면 그 근처쯤은 갈 수는 있겠다. 하지만 인생이 세상에서 할 일도 많은데 무엇 때문에 그 따위 짓이나 하고 있겠느냐?

그러나 시에 역사적 사실을 선혀 인용하지 아니하고 음풍영월(吟風詠月)이나 하며, 장기나 두고 술 먹는 이야기나 주제로 하여 시를 짓는다면 이거야말로 벽지의 시골에 서너 집 모여 사는 촌 선비의 시에 지나지 않는다. 다음에 시를 지을 때는 적합한 사실을 인용하는 일에 주안점을 두어라.

우리나라 사람들은 역사적 사실을 인용한다면서 걸핏하면 중국의 일이나 인용하고 있다. 이는 볼품없는 짓이다. 아무쪼록 삼국사기, 고려사, 국조보감, 여지승람, 징비록, 연려실기술 및 우리나라의 다른 글 속에서 그 사실을 뽑아내고 그 지방을 고찰하여 시에 인용한 뒤라야 후세에 전할 수 있는 좋은 시가 나올 것이며, 세상에 명성을 떨칠 수 있을 것이다.

혜풍(惠風) 유득공(柳得恭)이 지은 「16국 회고시」는 중국 사람들도 책으로 간행해서 즐겨 읽던 시다. 그런데 그것은 바로 우리나라 사실을 인용하고 있다. 「동사즐(東史櫛)」은 본디 이럴 때 쓰려고 만들어 놓은 것인데, 지금은 대연(大淵)이 너에게 빌려줄 턱이 없다. 그러므로 우선 중국의 17사(十七史)에 있는 동이전(東夷傳) 가운데서 이름난 자취를 뽑아 놓았다가 사용하면 될 것이다.

다산이 몸을 움츠리고 글쓰기에 몰두하고 있을 때, 큰아들 학연이 강진의 주막집에 당도했다. 학연은 이미 스물세 살로 어른이 되어 있었고, 아버지와 같이 학문에 큰 뜻을 두고 있었다.

"아버님."

"이 먼 곳까지 네가 웬일이냐?"

"아버님을 찾아뵈어도 좋다는 승낙을 받고 왔습니다. 물리치지 마옵소서."

학연은 방안으로 들어가서 다산 앞에 큰절을 올렸다. 다산은 장성한 아들의 손을 잡고 집안 걱정을 했다.

"식구들은 모두 잘 있느냐?"

"예, 어머님 편안하시고 어린 동생들도 모두 잘 있습니다. 어머님께서 집안 걱정일랑 마시고 아버님 건강에 유의하시라고 말씀하셨습니다."

다산은 학연이 말은 그렇게 하지만 가장이 없는 가정생활이 얼마나 어렵고 고생스러울까 하는 것을 생각하니 눈시울이 시큰했다.

하룻밤 학연과 함께 이야기로 날을 밝힌 다산은 다음날 학연을 데리고 우두봉의 '고성암'이라는 암자로 갔다. 고성암은 백련사의 말사로 그 당시 백련사의 주지는 혜장선사였다. 그 덕으로 다산은 고성암에 머무를 수 있었다.

다산은 그곳에서 학연에게 주역과 예기를 가르쳤다. 그리고 집에 돌아가면 어린 동생들에게도 가르쳐 주라고 일렀다. 주역은 중국의 주나라 시대에 씌어진 철학서이고, 예기는 예절에 대한 책이다.

그러나 이들 책은 중국의 것으로서 우리나라 사정과는 맞지 않았다. 다산은 그것을 우리 시대에 맞게 해석을 달아 학연에게 설명해 주었다. 덧붙여 다산은 학문을 하는 선비의 태도에 대해서 아들에게 말했다.

"네가 좋은 글을 쓰고 시를 지으려거든 먼저 경서를 읽어서 학문의 기초를 쌓아야 한다. 학문의 기초 없이는 좋은 글과 시를 쓸 수 없다. 이를테면 집을 지을 때 반드시 그 터를 잘 닦아야 하는 이치와 같은 게다. 그런 다음에 지난날의 역사에 대한 책과 여러 문헌들을 찬찬히 주의하여 읽도록 해라."

"예, 아버님 말씀 명심하겠습니다."

"또한 한 나라의 흥망의 근원과 실천적 이론도 연구하여라. 잘 다스려진 세상과 어지러운 세상이 어떤 것인지 저절로 알게 될 때 좋은 글이 나온다. 그렇다고 너무 이상에만 치우치지 말고 실용적인 학문을 연구한 여러 선인들의 책을 읽도록 하여라."

다산이 말하는 동안 학연은 다소곳이 고개를 숙이고 경청하고 있었다.

"자기 나름대로 학문의 줄기를 이룩한 다음에는 반드시 백성을 위하여 무슨 일을 할 것인지 생각해야 한다. 자기 마음이 언제나 백성을 위하는 일에 열려 있고, 백성을 위해 성심껏 일할 수 있는 사상을 가져야만 비로소 참다운 선비라 할 수 있는 법이니라."

다산의 말은 실상 아들을 교육하는 말이었지만, 자기 자신에게 하는 말이기도 했다. 또한 모든 벼슬아치들에게 하고 싶은 말이었다. 이것은 다산의 실제 체험에서 나온 것이었다. 그는 모든 사상이 백성의 바탕 위에서 자라야 하고 백성을 위하는 데서부터 시작되어 한다고 믿고 있었다.

학연은 아버지의 말을 하나하나 마음에 새겼다. 다산은 말을 이었다.

"대부분의 선비들은 중국의 경서에만 치우치는 잘못을 범하고 있다. 이것은 옳지 못하다. 제 나라 고전을 제대로 알지 못하고 선인들의 사상을 알지 못한다면 제 아무리 학문이 깊다 해도 쓸모없게 된다. 그러니 중국의 경서에만 치우치지 말고 우리 것에 대해서 눈을 떠야 한다. 내 말을 부디 명심하여 우리나라 여러 문헌을 구해 읽도록 하여라."

"아버님 말씀 명심, 명심하겠습니다."

아버지 다산으로부터 많은 가르침을 받은 학연은 얼마 후 가족들이 있는 고향으로 돌아갔다.

다산은 장성한 아들을 옆에 더 두고 이것저것 두루 가르치고 싶었지만 어려운 집안을 이끌어야 하는 형편인지라 이별의 고통을 감내해야만 했다.

어려운 집안 생활이지만 일상생활 속에서 어떻게 살림을 꾸리고 집안을 지켜야 하는지를 편지로 당부하고 있다.

부업으로 과수원이나 채소밭을 가꾸어라

시골에 살면서 과수원이나 채소밭을 가꾸지 않으면 세상에서 버림받는 일이 된다. 지난번 국상(國喪)으로 바쁜 중에도 만송(蔓松) 열 그루와 전나무 한두 그루를 심었다. 내가 지금까지 집에 있었다면 뽕나무는 수백 그루, 접붙인 배가 몇 그루, 옮겨 심은 사과나무 몇 그루는 되었을 것이고, 닥나무는 지금쯤 이미 밭을 이루었을 것이다. 옻나무도 다른 밭 언덕으로 뻗어나갔을 것이고, 석류도 여러 그루, 포도도 군데군데 줄을 타고 덩쿨이 뻗어 있을 것이다. 파초도 네댓 개는 족히 가꾸었을 것이다. 불모지에는 버드나무도 대여섯 그루 심었을 것이고, 마재의 뒷산 소나무도 이미 여러 자쯤 자랐을 것이다.

너희는 이런 일을 하나라도 했는지 모르겠구나. 너희들이 국화를 심었다고 들었는데 국화 한 이랑은 가난한 선비의 몇 달 동안의 식량이 될 수도 있을 것이다. 그러니 한낱 꽃구경에만 그치는 것이 아니다. 생지황·끼무릇·도라지·천궁(川芎)은 물론 쪽나무나 꼭두서니 등에도 마음을 기울여 잘 가꾸도록 하여라.

채소밭을 가꾸는 일에는 땅을 반반하게 고르는 일과 이랑을 바르게 하는 일이 중요하고, 흙은 가늘게 부수고 깊게 갈아 분가루처럼 부드러워야 한다. 씨앗은 항상 고르게 뿌려야 하며, 모종은 아주 성기게 해야 한다. 아욱 한 이랑, 배추 한 이랑, 무 한 이랑씩 두고 가지, 고추 등도 마땅히 따로 따로 구별하여 심어놓아야 한다. 마늘이나 파

심는 일에도 힘쓸 것이며, 미나리도 심을 만한 채소다. 또한 한 여름 농사로서는 참외만한 것도 없느니라. 절약하고 본 농사에 힘쓰면서 부업으로 아름다운 결실을 얻을 수 있는 것은 채소밭 가꾸는 일이다.

내 땅 남의 땅 가리지 말고

어떤 집안의 둘째 아들이 세간을 나누어 가지지 않았을 때는 무릇 과수원이나 채소밭 등의 원예작물을 가꾸는 일에 전혀 신경을 기울이지 않는 수가 있다. 그런데 그런 마음은 앞으로 한 군데를 별도로 차지하여 모든 정성을 다해서 자기 소유지만 잘 경영해 보려는 뜻에서 나온 줄 안다.

그러나 이는 본래 사람의 성격에서 나온다는 것은 알지 못하고 하는 말이다. 자기 형의 과수원을 잘 보살피지 못하는 사람은 반드시 자기의 과수원도 보살필 수 없게 마련이다. 너는 내가 다산에다 연못이나 축대를 쌓고 텃밭 일에 힘쓰고 있음을 보았을 것이다. 그러한 일에 마음을 다하고 온힘을 써서 하고 있음이 그것을 내 소유로 한 후 자손에게 전해 주려고 그렇게 하였겠느냐? 그러한 일은 정말로 나의 본성에 그러한 일을 좋아하기 때문이었지 내 땅, 남의 땅을 따져서 한 일이 아니었다.

다산은 유배 중에 여러 자식을 잃었다. 어린 막내의 죽음을 듣고 한없이 눈물을 흘리며, 목메어 울던 아버지 다산, 막내 농아를 잃은 슬픔을 통곡하며 이렇게 적고 있다.

품속의 자식을 흙구덩이 속에 넣었음에랴!

우리 농아(農兒)가 죽었다니 비참하구나! 비참하구나! 가련한 애.

나의 몸이 점점 쇠약해져 가는 때 이런 일까지 닥치다니, 정말 마음을 크게 먹을 수가 없구나. 너희들 아래로 무려 사내아이 네 명과 계집애 하나를 잃었다. 그 중 하나는 낳은 지 열흘 남짓 후에 죽어 그 얼굴조차 기억하지 못하겠고, 나머지 세 아이는 모두 세 살 때여서 품에 안겨 한창 재롱을 피우다가 죽었었다. 이 세 놈들은 나와 네 어머니가 함께 있을 때 죽었기 때문에 운명이라고 할 수도 있어 이번처럼 간장을 후벼 파는 슬픔이 북받치지는 않았다. 내가 이렇듯 먼 바닷가에 앉아 있어 못 본지가 무척 오래인데 죽다니! 그 애의 죽음이 한결 서럽고 슬프구나.

　생사고락(生死苦樂)의 이치를 조금 깨달았다는 나의 애달픔이 이러할진대 하물며 네 어머니야 품속에서 꺼내어 흙구덩이 속에 집어넣었음에랴! 그 애가 살았을 때 어리광부리던 말 한 마디 한 마디, 귀엽던 행동 하나하나가 기특하고 어여쁘게만 생각되어 귓가에 쟁쟁하고 눈앞에 삼삼하다. 더구나 여자들이란 정이 많아 이성에 의지하지 못하는 것이 십상인데 얼마나 애통스럽겠느냐? 나는 멀리 떨어져 있는 데다 너희들은 이미 장성하여 밉상스러울 것이니 생명을 의탁하려고 했던 바는 오직 그 아이였을 것이다. 더욱이 큰 병환을 치르고 난 뒤 아주 수척한 무렵에 이런 일만 이어지니, 하루 이틀 만에 따라서 죽어가지 않는 것만도 크게 기이한 일이구나. 가령 내가 그런 경우를 직접 당했더라면 아버지라는 것도 잊은 채 다만 어머니가 슬퍼하는 것처럼 되고 말았을 것이다. 아무쪼록 너희들은 마음과 뜻을 다 바쳐 어머니를 섬겨 오래 사시노록 하여라.

　이 뒤부터라도 정성스런 마음으로 타일러 두 며느리로 하여금 아침, 저녁으로 부엌에 들어가 음식을 맛있게 해드려라. 또한 방이 차

고 따뜻한가를 잘 보살피고, 한시라도 시어머니 곁을 떠나지 않게
하며, 고운 태도와 부드러운 낯빛으로 매사를 기쁘게 해드려라.
시어머니가 쓸쓸해하고 불편을 느끼면 낯빛을 변치 말고 더욱 정
성스런 마음으로 힘을 다하라.

　너희들은 그 사랑을 얻도록 노력하여 마음에 조금의 틈도 없이
잘 화합하여 오래오래 가면 자연히 믿음직스러워져서 안방에서는
화평스러운 기운이 한 움큼 솟아 날 것이다. 이렇게 되면 천지의
화응(和應)을 얻어 닭이나 개, 채소나 과일 까지도 탈 없이 무럭무
럭 제명대로 자랄 것이고 일마다 맺힌 게 없어 나 또한 임금의 은
혜라도 입어 풀려 돌아가게 되리라.

　다산은 이런 아픔의 세월을 아내와 함께 할 수 없음을 아쉬워하며,
어느 해 칠월 칠석에 고향의 아내를 그리워하며 시를 읊기도 했다.

해맑은 은하수 밤 되어 비단 같고　　　　　明河夕如練
총총한 별들이 반짝거리며　　　　　　　　列宿光磷磷

주거니 받거니 풀벌레 울고　　　　　　　　候蟲互鳴答
뜰 앞 대나무에 이슬이 맺힐 때　　　　　　白露流庭筠
옷깃을 부여잡고 잠 못 이루며　　　　　　攬衣不成寐
엎치락뒤치락 새벽을 대겠지　　　　　　　樓樓達淸晨
흐르는 세월이 맘에도 못이 되어　　　　　流年感孤衷
눈물 떨어져 옷과 수건 적신다네.　　　　　淚落沾衣巾

부러워라 저 구름 속 학은　　　　　　　　羨彼雲中鶴
두 날개가 수레바퀴 같건마는　　　　　　兩翼如車輪

또한 유배지 강진에서 고향에 두고 온 아내를 꿈속에서라도 보고 싶다고 생각하는 시를 남기기도 했다.

하룻밤 지는 꽃은 천 잎이고	一夜飛花千片
우는 비둘기와 어미 제비 지붕 맴돌고 있다.	繞屋鳴鳩乳燕
외로운 나그네 돌아가란 말 없으니	繞屋鳴鳩乳燕
어느 때나 침방에 들어 꽃다운 잔치를 여나	幾時翠閨芳宴
생각을 말아야지.	休戀
생각을 말아야지 하면서도	
애처롭게 꿈속에서나 얼굴 보고지고	惆悵夢中顏面

다산은 서화가는 아니었으나 다산초당에서 그린 격조 높은 그림과 글씨는 서화가로서도 손색이 없을 경지에 이르렀다.

1813년 여름 다산은 '매조도' 한 폭을 그렸다.

이는 다산의 대표작으로 소개되고 있는데, 유배지에서 외로움을 달래며 어루만졌던 부인 홍씨의 여섯 폭 치마가 색이 바래자, 이를 화선지 삼아 그린 그림이다. 오른쪽에서 뻗어 나온 굵은 매화나무 가지에 매화를 봉긋이 피우고, 두 마리의 참새를 그려 넣고 딸에게 주는 글씨를 썼다. 매화가지에 앉은 다정한 두 마리 새는 마치 선생의 애틋한 부부애를 닮은 듯하다.

휠휠 나는 새들이 내 뜰
매화나무 가지에 앉아 쉬네.
매화꽃 향내 짙게 풍기자
꽃향기 있어 날아 왔네.
거기에서 쉬기도 하고 살기도 하고
내 집안 화락하기도 하다.
나무에 꽃이 활짝 피고 나면
주렁주렁 열매가 맺는단다.

翩翩飛鳥 息我庭 梅有烈 其芳惠
然其來 爰止爰棲 樂爾家室 華之旣榮
有黃其實

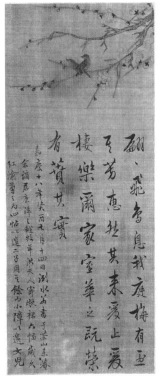

매화병제도

* 가경 18년, 계유년 칠월 십사일 열수옹이 다산 동암에서 쓰다. 내가 강진에 가서 귀양
 살이 한 지 몇 해 후에 홍 부인이 해진 치마 6폭을 보내왔다. 너무 오래되어 붉은 색
 이 다 바래 버린 것이었다. 그것을 오려서 족자 4폭을 만들어 두 아들에게 주고, 그 나
 머지로는 작은 족자를 만들어 딸아이에게 주었다.

* 嘉慶十八年, 癸酉七月十四日, 洌水翁書于茶山東菴. 余謫居康津
 之越數年, 洪夫人寄裙六幅, 歲久紅渝, 剪之爲四帖, 以遺二子, 用
 其餘爲小障, 以遺女兒

산수도

또한 유배생활의 고통스러움을 달래기 위해 그린 다산의 산수도는 조선 후기에 만연된 남종화의 전형을 보여 준다.

개성이 다른 세 그루의 나무가 중심인 이 산수화는 언덕, 강, 산 등 인물이 없는 화면을 구성하고 있다.

여린 떡갈나무는 더북하고	輭槲肥梧葉正舒
오동잎은 포동하게 잎과 줄기를 펼쳤는데	卄株枯木獨蕭疎
고목은 유독 쓸쓸하다.	
범관(范寬)이 자연을 본받아 그리던 활달함과	
서희(徐熙)가 화조를 그리던 진한 무색으로	范寬筆意徐熙墨
자연은 그리되 여백을 많이 남기는 법을	好向殘山剩水攄
터득하다.	

산수도

또한 붓을 옆으로 뉘어 수묵만을 사용하여 표현한 파격적인 작품도 있다. 강안의 송림과 언덕, 그리고 둥그스레한 먼 산을 소재로 하였다.

이 작품 역시 구도나 펼치는 남종화풍을 반영한 것으로, 다산 나름의 개성있는 풍경 해석을 엿볼 수 있다.

십여리 솔밭 앞 삿갓 같은 정자 하나
자욱한 물안개 구름장이 빙 둘렀다.
해질녘 남쪽 물빛은 바다처럼 짙은데
저 갈가마귀야 너는 노 젓는 소리 듣느냐.

九里松前一笠亭
餞餞煙水繞雲屛
水南暝色渾如海
柔櫓伊鴉尙可聽

산수도

　유배지의 황량한 생활은 세상사 덧없음이 뼈 속까지 스미는 고
뇌의 시간들이었을 것이다. 그래서였을까? 자식들에게 자신이 죽
은 후의 일에 대해 당부하고 있다.

산수도

사각사각 구름 낀 숲에 높은
산 열리니
아마도 바람이 불어 이곳으로
이르게 했겠지.
풀언덕 작은 정자 누가 지었나
폭포 소리가 두산에서 들려오네.

죄명을 씻어준 후에 반장(返葬)하라!

나는 요즘 신경통과 중풍이 심해 오래 살 수가 없을 것 같다. 조심조심 건강에 유의하여 몸에 해가 될 일을 하지 않는다면 조금 더 살 수 있겠지. 그러나 세상일이란 미리 정해 두는 것이 제일 나으니, 내가 죽은 후의 일에 관해 오늘은 몇 마디 하겠다.

옛날의 예(禮)에는 싸움터에 나가서 죽은 사람은 선조들의 무덤이 있는 선산(先山)에다 묻지 못했는데 그 몸을 삼가지 못했기 때문이란다. 「순자(荀子)」에는 죄인에게만 해당하는 상례(喪禮)가 따로 있는데, 욕됨을 드러내 경계하고자 그런 듯하다.

내가 만약 이곳 유배지에서 죽는다면 마땅히 이곳에다 묻어 놓고 국가에서 그 죄명을 씻어 준 후에야 반장(返葬)함이 마땅할 것이다. 너희들이 예의 뜻을 잘 알지 못하여 나의 유언을 위반한다면 어찌 효자라 하겠느냐. 어쩌다 다행히 은혜를 입어 나의 뼈가 고향 땅에 돌아가게 될 수만 있다면 그 죽음이야 슬픈 일이었지만 그 반장함은 영광스러운 일이다. 이 나라에 있는 사람들에게 이 사람이 죽은 후에 죄명에서 벗어나는 은혜를 받았다고 알게 해준다면 도로에서라도 빛이 날일이 아니겠느냐? 조용히 생각하여 각별히 따르도록 해야 한다.

나의 저서를 후세에 전하거라

내 일찍이 '조괄'이라는 사람은 불초자가 아니라고 생각했다. 조괄은 자기 아버지의 저서를 읽어 후세에 전했으니 훌륭하지 않느냐? 내가 나라의 은혜를 입어 실낱같은 목숨만은 보전하여 여러 해 동안 곤궁하게 살아오면서 저술한 책이 많아졌다. 다만 한탄스럽게도 너희들이 내 곁에 있지 않아 미묘한 말과 의미를 전해 들을 기회가 적었고 문리가 틔지 못했으며, 학문을 좋아하는 습성이 생기지 않은 것이다. 몇 가지를 억지로 이야기해 주어도 듣자마자 잊어 마치 진나라 효공이 임금되는 도를 들려주는 것과 같으니 무슨 의미가 있겠느냐? 내 아들이 이 모양이니 상자 속에 감춰 둔 책들이 나를 알아주는 사람을 만나게 될 때까지 전해지기를 기다리기가 어렵겠구나.

나 죽은 후에 아무리 청결한 희생과 풍성한 음식으로 제사를 지내준다 해도 내가 흠향하고 기뻐하기는 내 책 한 편을 읽어주고 내 책 한 부분이라도 베껴 두는 일보다는 못하게 여길 것이니, 너희들은 꼭 이 점을 새겨두기 바란다.

「주역사전(周易四箋)」은 내가 하늘의 도움을 얻어 지어낸 책이다. 절대로 사람의 힘으로 알아내지 못하고 지혜로운 생각만으로도 알아낼 수 없는 것이다. 그러하니 이 책에 마음을 푹 기울여 오묘한 뜻을 다 통달할 수 있는 사람은 자손이나 친구들 중에서도 천년에 한번쯤 만날 정도로 어려울 것이다. 아끼고 중하게 여기기를 여타의 책보다는 곱절을 더 생각해야 할 것이다.

「상례사전(喪禮四箋)」은 내가 성인의 글을 독실하게 믿고서 만든 것이다. 내 입장에서는 엉터리 학문이 거센 물결처럼 흐르는 판국에 그걸 흐르지 못하도록 모든 냇물을 막아 수사의 참된 학문으로 돌아가게 하려는 뜻에서 저술한 책이다. 정밀하게 사고하고 꼼꼼히 살펴 그 오묘한 뜻을 알아수는 사람이 있게 된다면 죽은 뼈에 새살을 나게 하는 일이고 죽을 목숨을 살려 주는 일이다. 나에게 천금의 대가를 주지 않더라도 감지덕지하겠다. 만약 내가 사면을 받게 되어 이 두 가지 책만이라도 후세에 전해진다면 나머지 책들은 비록 없애버린다 해도 괜찮다.

나는 임술년 봄부터 책을 저술하는 일에 마음을 기울이고 붓과 벼루를 옆에 두고 밤낮으로 쉬지 않고 일해 왔다. 그래서 왼쪽 팔이 마비되어 마침내 폐인이 다 되어가고 시력은 아주 형편없이 나빠져 오직 안경에 의존하고 있다. 이렇게 하는 일이 무엇 때문이겠느냐? 이는 너희들과 조카 학초(學樵)가 전술(傳述)할 수 있고 명성을 떨어뜨리지 않을 것으로 여겼기 때문이다.

이제 학초는 불행히 명이 짧아 죽었으니 너희만으로는 외롭고 세력이 미약하며, 본성이 경전을 좋아하지도 않고 요즘의 세상에 유행하는 시 나부랭이나 대강 알고 얄팍한 맛이나 이해하고 있다. 그러나 주역과 상례에 관한 나의 이 두 가지 책은 결국 사라져버려 빛을 보지 못하게 될까 정말 두렵다.

「시경강의(詩經講義)」8백조는 내가 정조대왕께 가장 크게 인정을 받았던 책이다. 임금의 평이 너무도 융숭하였고, 조목마다 임금께서 제자(題字)를 달아 주셨다. 그 무렵 하필 반대파가 우세하여 인쇄되지도 못하고 말았지만, 오직 교리 이명연(李明淵)이 전해 주어서 들은 한 조목에만 의하더라도 은혜가 넘쳐 깜짝 놀라기에 충분했다. 그 중에서 답변한 내용이 평범하거나 계발시켜줄 게 없는 구절은 생략해서 전집(全集) 첫머리에 실어 우리 정조대왕의 어평(御評)이 서문처럼 되게 하는 것이 내 뜻이었다.

유배지에서 보낸 편지

다산은 가족뿐만 아니라 제자들에 대해서도 애틋하고 간곡한 편지를 여러 편 남겼다. 어떤 학문에 마음을 기울이고 어떻게 살아야 하는 지에 대해 가르쳐 준 스승으로서의 다산은 제자들의 생계까지 염려하는 자상한 스승이었다. 이는 다산이 실학자로서 얼마나 튼튼한 현실주의적인 사고를 지니고 있는가를 알 수 있다.

근검으로 집안을 다스려라

… 제자 윤종에게 당부한다

「안씨가훈(顔氏家訓)」에는 "일용에 필요한 온갖 물건인 채소·과일·닭고기·돼지고기 등은 모두 집안에서 자급할 수 있으나 집에 염전만 없을 뿐이다."라 하였다. 이는 아주 좋은 말이다. 손쉽게 상자 속의 돈을 꺼내어 저자로 달려가는 사람은 죽을 때까지 집안을 일으킬 수 없다.

성호(星湖) 이익(李瀷) 선생은 어렸을 때 매우 가난했다. 가을 수확이 겨우 12석(石)이었는데, 이를 열두 달에 분배해 놓았다. 열흘 뒤에 식량이 떨어지면 즉시 달리 다른 물건을 변통하여 팔아서 곡식을 얻어 죽을 끓이도록 마련해 주고 다음 달 초하루가 되어야 비로소 곳간 속의 곡식을 꺼내다가 먹게 하였다. 중년에는 24석을 거두어 달마다 2석을 사용하였고, 늘그막에는 60석을 수확하여 달마다 5석을 사용하였다. 그런데 아무리 군색하고 부족하더라도 그달 안에는 끝내 다음 달의 양식을 손대지 않았으니, 이는 참 좋은 방법이었다.

심용담(沈龍潭)은 "엽전 열 꿰미 이상은 손쉽게 사용해야 하고, 엽전은 1문(文)이나 2문은 무겁게 지니고 내놓지 말아야 한다." 하였다. 이는 지극한 이치가 있다. 큰 것을 아끼는 사람은 큰 이익을 꾀하지 못하고 작은 것을 손쉽게 여기는 사람은 헛된 낭비를 줄이지 못할 것이니, 이런 데서 잘 살펴야 한다.

집안을 다스리는 요령으로 새겨둘 두 글자가 있으니, 첫째는 근(勤)자요, 둘째는 검(儉)자이다. 하늘은 게으른 것을 싫어하니 반드시 복을 주지 않는다. 또한 하늘은 사치스러운 것을 싫어하니 반드시 도움을 내리지 않는다. 유익한 일은 일각(一刻)도 멈추지 말고 무익한 꾸밈은 일호(一毫)도 도모하지 말라.

선비도 생활수단이 있어야 한다

…윤종억에게 또다시 당부한다

태사공이 "늘 가난하고 천하면서 인의(仁義)를 말하기를 좋아한다면 역시 부끄러운 일이다."라 하였다. 공자의 문하에서는 재리에 대한 이야기를 부끄럽게 여겼으나 공자의 제자 자공(子貢)은 재산을 늘리었다.

지금 소부(巢父)나 허유(許由)의 절개도 없으면서 몸을 누추한 오막살이에 감추고 명아주나 비름으로 배를 채우며, 부모나 처자식을 얼고 헐벗고 굶주리게 하고 벗이 찾아와도 술 한 잔 권할 수 없다. 또한 명절 무렵에도 처마 끝에 걸려 있는 고기는 보이지 않고 유독 공사의 빚을 독촉하는 사람들만 대문을 두드리며 꾸짖으니, 이는 천하에 가장 졸렬한 것으로 지혜로운 선비는 하지 않을 일인 것이다.

　　그러나 종아리를 드러내고 흙탕물 속에 들어가 8개의 발이 있는 써레를 잡고 소를 꾸짖으며 멍에를 밀고 거머리가 온몸을 빨아 상하지 않는 곳이 없게 되면, 이것은 남자의 곤란한 일이 된다. 더구나 열 손가락이 파잎처럼 부드러운 사람이야 아무리 자신의 힘으로 하려고한들 할 수 있겠는가? 그렇지 않으면 돈 궤짝을 들고 포구에 나가 앉아 먼 곳의 섬에서 오는 배를 기다려 무지한 어민들과 입이 닳도록 싸우며 몇 푼의 이익을 남기려 하고, 남의 것을 깎아 자기의 이익을 더하려 근거 없는 소리로 속이고 눈을 부라리며 억울함이 쌓여 성이 난 것처럼 하는 것도 세상에서 지극히 졸렬한 짓이다.

　　아니면 고리채를 놓아 사방 이웃들의 고혈을 빠는 짓을 하면서 어쩌다가 기한을 어기면 약하고 불쌍한 백성들을 잡아다가 나무에 매달아 놓고는 수염을 뽑고 종아리도 두들겨 온 고을에서는 '범'과 '이리'라고 호칭하며 가까운 일가들도 원수처럼 미워하게 된다. 이런 사람들은 돈을 산처럼 얻는다 해도 한 세대도 보존할 수 없게 된다. 그것은 반드시 그 사손들 중에 미치광이의 광증이 있거나, 술을 좋아하는 사람이나 여색을 좋아하는 사람이 나와 그 재산을 뒤엎기 때문이다. 하늘의 법망은 넓고 넓어서 성긴 듯하여도 빠뜨리지 않으니 매우 두려운 일이다.

그러므로 생활의 수단으로는 원포(園圃)와 목축(牧畜)만한 것이 없다. 따라서 연못이나 못을 파서 물고기도 길러야 한다. 문전의 가장비옥한 밭을 10여 두둑으로 구획하여 사방을 반듯하고 똑바르게 만들어 사계절에는 채소를 심어 집에서 먹을 분량을 공급해야한다. 그리고 집 뒤꼍의 공한지에는 진귀하고 맛 좋은 과일나무를 많이 심고, 그 가운데에는 조그마한 정자를 세워 맑은 운치가 풍기게 하고 겸하여 도둑을 지키는데 이용하기도 한다. 그리고 먹고 남은 여분은 비온뒤마다 색 바랜 잎은 따내고 먼저 익은 것을 가려서 저자에 내다 팔고 혹 월등하게 크거나 탐스러운 것이 있으면 각별히 편지를 써서 가까운 벗이나 이웃 노인에게 보내어 진귀하고 색다른 것을 맛보게 한다면 이것도 후한 뜻이리라.

또 흙을 잘 손질하여 여러 가지 약초를 심는데, 제니·자초·산수유 같은 것을 토질에 맞추어 구별하여 심고, 인삼만은 유독 쓰이는 방도가 많으니 법에 따라 재배하면 여러 이랑에 많이 심더라도 탈잡히지 않는다. 보리를 심는 것은 세상에서 가장 수익성이 낮다. 나라의 처지에서는 권장해야 하지만, 필부가 편히 사는 방도로써는 할 만한 것이 못 된다. 월령에 보리 심기를 권장했으나 그것은 이익이 없었기 때문이다.

동백에서는 기름을 짜내 부인들의 머리를 꾸미는 데 쓰며, 치자는 약에도 넣고 염료로도 쓰이니 아무리 많아도 못 팔 걱정은 없다. 만약 저자에 가까이 사는 사람이라면 복숭아, 자두, 매실, 살구, 능금 등은 모두 돈을 벌 수 있는 것이니, 보리심을 밭에다가 이런 것들을 심는다면 그 이익이 10배는 될 것이다. 그러니 자세히 헤아려서 할 일이다.

아내가 게으른 것은 가산을 탕진시킬 근본이다. 사경도 못 되어 촛불을 끄고 아침 해가 창에 비치도록 이불을 개지 않는 것은 모두 게으른 사람이다. 그러니 경계해 주어도 개전의 정이 없다면 버려도 괜찮은 것이다. 뽕나무 4, 5백주를 심어 2년마다 곁가지를 쳐주고 얽힌 가지를 풀어 주며 잘 자라지 못한 가지를 깎아 주면 몇 해가 안가서 담장의 키를 넘게 된다. 그 다음 별도로 잠실 4, 5칸을 지어서 칸마다 사방으로 통하는 길을 내고 잠상(蠶床)을 7층으로 만들어 누에를 기른다. 항상 우분(牛糞)으로 불을 피워 병을 퇴치하고 서북쪽 의문은 완전히 봉하고 동남쪽만 볕이 들게 해야 한다.

목화는 많이 갈 필요가 없이 오직 하루갈이 정도에서 그치고 별도로 삼과 모시를 심는다. 아내는 봄과 여름에 명주를 짜고, 가을과 겨울에는 베를 짜도록 해주어야 한다. 이를 부지런히 하게 하면 명주와 베가 궤에 가득하게 될 것이니, 그렇게 되면 일하는 재미를 갖게 되어 게으른 사람도 저절로 부지런해질 것이다.

생업을 꾸리며 독서에 매진하라

··· 제자 윤종문에게 당부한다

가난한 선비가 생업을 꾸려나가려고 생각하는 것은 사세가 그럴 수밖에 없다. 그러나 경작은 무척 힘들고 장사는 명예가 손상된다. 그러니 손수 괴수원이나 채소밭을 가꾸고 희귀한 과일과 맛좋은 채소를 심는다면 왕융(王戎)처럼 오얏씨의 구멍을 뚫고 운경(雲卿)처럼 참외를 팔더라도 해될 것이 없다. 또한 좋은 꽃과 기이한 대나무로 군색함을 가리는 것도 지혜로운 생각이다.

봄에 비가 갓 개일 때마다 조그만 가래와 큰 보습을 들고 메마른 자갈밭을 파고 거친 잡초를 매며, 도랑과 두둑을 정돈하여 종류별로 종자를 뿌리기도 하고 모종도 한다. 그리고는 돌아와 짧은 시 수십 편을 지어 석호(石湖)의 유운(遺韻)을 모방도 하고, 또 형상(荊桑)·노상(魯桑) 등의 뽕나무 수천 주를 심는다. 별도로 세 칸 잠실(蠶室)을 지어 7층 잠상(蠶床)을 설치해 놓고 아내에게 부지런히 누에를 기르도록 하라. 이렇게 몇 해만 하면 식량·소금·육장 등의 여러 살림살이로 결코 남편을 번거롭게 하지 않게 될 것이다.

그리고 육경(六經)이나 여러 성현의 글을 모두 읽어야 하나 「논어(論語)」만은 평생 동안 읽어야 한다. 삼례(三禮)에 대해서는 잡복(雜服)의 제도만 알면 이름난 집안의 훌륭한 후손이 될 수 있는 것이며, 또한 「주역(周易)」을 읽어 추이(推移)·왕래(往來)의 자취를 살피고 소장(消長)·존망(存亡)의 이치를 증험(證驗)한다면 천지를 이해하고 우주를 망라(網羅)할 수 있을 것이다. 또 여력이 있으면 산경(山經)과 수지(水志)도 읽어 문견(聞見)을 넓히며 혹 아내가 손수 빚은 찹쌀술을 권하거든 맛있게 마시고 기분 좋게 취하여 「이소경(離騷經)」「구가(九歌)」의 글을 읽어 울적한 회포를 푼다면 명사(名士)라 칭할 만하다.

번쩍번쩍 빛나는 좋은 의복을 입고 겨울에는 갖옷에 여름에는 발 고운 갈포옷으로 평생 넉넉하게 지내면 어떻겠는가? 그것은 비취나 공작, 여우나 너구리, 담비나 오소리 등속도 모두 그렇게 할 수 있다. 향기 풍기는 진수성찬을 조석마다 먹으며 풍부한 쇠고기·양고기로 평생 궁하지 않게 지내면 어떻겠는가? 그것은 호랑이나 표범, 여우나 늑대, 매나 독수리 등속도 모두 그렇게 할수 있는 것이다. 연지분을 바르고 푸른 물감으로 눈썹을 그린 미인과 함께 고대광실 굽이굽이 돌아 들어가는 방에서 춤추고 노래하며 세상을 마친다면 어떻겠는가? 아무리 모장(毛嬙)·여희(麗姬)와 같은 미인이라도 물고기는 그를 보고서 물속으로 깊이 들어가 버린다. 돼지의 즐거움이라 하여 금곡(金谷)이나 소제(蘇堤)의 호화스러운 놀이보다 못할 것이 없는 것이다.

그러나 독서는 위로는 성현(聖賢)을 뒤따라가 짝할 수 있고, 아래로는 수많은 백성들을 길이 깨우칠 수 있다. 어두운 면에서는 귀신의 정상을 통달하고 밝은 면에서는 왕도(王道)와 패도(覇道)의 정책을 도울 수 있어, 짐승과 벌레의 부류에서 초월하여 큰 우주도 지탱할 수 있다. 이것이야말로 우리 인간이 해야 할 본분인 것이다.

맹자(孟子)는 "대체(大體)를 기르는 사람은 대인(大人)이 되지만 소체(小體)를 기르는 사람은 소인(小人)이 되어 금수(禽獸)에 가까워진다."라 하였다. 만약 따뜻이 입고 배불리 먹는 데에만 뜻을 두고서 편안히 즐기다가 세상을 마치려고 한다면 죽어서 시체가 식기도 전에 이름은 벌써 없어지는 자가 될 것이니, 이는 금수일 뿐이다. 금수와 같은데도 원할 것인가.

과수와 채소로 농업을 보충하라

… 제자 윤종문에게 또다시 당부한다

조정에서 벼슬하는 사람을 사(士)라 이르고, 들에서 밭가는 사람을 농(農)이라 이른다. 귀족의 후예들로 서울에서 먼 지방에 유락(流落)되어 몇 대 이후까지 벼슬이 끊기면, 오직 농사짓는 일만으로 노인을 봉양하고 자식들을 키워야 한다. 그러나 농사는 이익이 박한 것이다. 겸하여 근세에는 전역(田役)이 날로 무거워져 농사를 많이 지을수록 더욱 쇠잔해지니, 반드시 원포(園圃)를 가꾸어 보충을 해야만 유지할 수 있다. 진귀한 과일나무를 심은 곳을 원(園)이라 이르고, 맛좋은 채소를 심은 곳을 포(圃)라 이른다. 다만 집에서 먹으려고 하는 것뿐만 아니라 앞으로 시장에 내다 팔아서 돈을 만들기 위한 것이다.

사방으로 길이 통한 읍(邑)과 큰 도회지 곁에 진귀한 과일나무 10주를 가꾸면 한 해에 엽전 50꿰미를 더 얻을 수 있다. 또한 맛있는 채소 몇 두둑을 심으면 1년에 엽전 20꿰미를 더 얻을 수 있으며, 뽕나무 40~50주를 심어 5, 6칸의 누에를 길러내면 또 30꿰미의 엽전을 얻을 수 있게 된다. 해마다 1백미의 엽전을 얻는다면 굶주림과 추위를 구제하기에 충분할 것이다. 그러므로 이 점은 가난한 선비들도 의당 알아야 할 일이다.

고문(古文)의 통달이 과거의 지름길이다

··· 다산의 제자들에게 당부한다

글에는 많은 종류가 있으나 과문(科文)이 가장 어렵고, 이문(吏文)은 그 다음이며, 고문은 그 중에서도 쉬운 편이다. 그러나 고문으로부터 길을 찾아 들어가는 자는 이문이나 과문에 대해 노력을 기울이지 않더라도 쉽게 통달할 수 있지만, 과문으로부터 시작하는 사람은 벼슬하여 관리가 되어도 판첩(判牒)을 쓰는 데 모두 남의 손을 빌려야 한다. 서(序)·기(記)·비(碑)·명(銘) 등을 지어달라고 요구하는 사람은 몇 글자를 쓰지 못하여 벌써 비루하고 졸렬함이 드러나게 마련이다. 이로 본다면 사실 과문이 어려운 것이 아니라 그것을 짓는데 방법을 잃었기 때문에 어렵게 된 것일 따름이다.

내가 전에 아들 학연(學淵)에게 과시(科詩)를 가르치면서 먼저 한(漢)·위(魏)의 고시(古詩)로부터 마디마디를 모방케 했다. 그리고 점차 소식(蘇軾)·황정견(黃庭堅)의 문로(門路)를 알도록 했더니, 수법(手法)이 조금씩 나아짐을 알았다. 과시를 짓도록 하자 한 수의 첫 편에서 벌써 여러 어른들의 칭찬을 받았었다. 그 뒤로도 남을 가르치면서 이러한 방법을 사용했더니 학연과 같지 않은 사람이 없었다.

가을이 깊으면 열매가 떨어지고, 물이 흐르면 도랑이 이루어짐은 이치가 그러한 것이다. 너희 모두는 반드시 가기 쉬운 지름길을 찾아서 갈 것이요. 가기 어려운 울퉁불퉁한 돌길이나 뒤얽힌 길을 향하여 가지 말라.

현실과 당당히 대결하라

… 다산의 제자들에게 당부한다

노(魯)나라의 공자와 추(鄒)나라의 맹자께서는 위란의 세상을 당하여서도 오히려 사방(四方)을 두루 돌아다니면서 벼슬하려고 급급해하였다. 그러니 진실로 입신양명(立身揚名)이 효도의 극치이고, 새나 짐승과는 함께 무리지어 살 수 없기 때문이었다.

요즘 세상에서 벼슬에 나아가는 길은 과거(科擧) 한 길만이 있을 뿐이다. 그런 까닭으로 정암(靜菴) 조광조(趙光祖), 퇴계 이황

(李滉) 등 여러 선생들께서도 모두 과거를 통하여 벼슬에 나갔으니, 그 길을 통하지 않고서는 끝내 임금을 섬길 방도가 없음을 알겠다.

근세에 고가(故家)의 후예로서 먼 지방으로 영락(零落)되어 와서 사는 사람들은 영달(榮達)할 뜻은 없이 오직 먹고 살아가는 일에만 힘쓰고 있다. 심한 경우는 새처럼 높이 날아가고 짐승처럼 멀리 달아나려고 하여 우복동(牛腹洞)만 찾고 있는데, 한번 그 속으로 들어가면 자손들이 노루나 토끼가 되어버리는 것을 전혀 알지 못하고 있다. 비록 농사짓고 물마시며 편안히 살아가면서 자손이 번성하게 되더라도 무슨 이익이 있겠는가? 제군(諸君)들은 우선 과거를 통한 벼슬살이에 마음을 두고, 그 이외의 것을 사모하는 마음을 먹지 말도록 하라.

다산이 문산(文山) 이재의(李在誼)의 아들로, 당시 영암 군수였던 무과 출신의 이종영에게 관리로서 주의 할 점을 당부한 몇 편의 편지가 전해진다.

수령 자리의 어려움

수령과 백성의 사이가 매우 멀어 애닯도다 백성들이여!

아전이 신체를 부러뜨렸어도 수령이 불러 물으면 대답하기를 "나무하다가 절벽에서 떨어졌습니다." 라고 한다. 재물을 아전에게 빼앗겨도 수령이 불러 물으면 "빚이 있어 마땅히 갚아야 하는 것입니다." 라고 말한다.

일에 밝은 자는 검토하여 그 재물을 되돌려 주되, 바로 면전에서 셈하여 주고 직접 거느리고 간 비장으로 하여금 호송하여 보내도 한번 문을 나서면 진흙으로 만든 소가 바다에 가라앉는 것과 같다.

내가 관장(官長)들을 보건대, 산에서 놀다가 절에 도착하여 어쩌다 돈과 양식을 계산해 준 것을 가지고 스스로 밝음과 은혜 두 가지를 모두 갖추었다고 하겠다. 하지만 옛날부터 한 사람도 능히 중으로 하여금 실제로 그것을 받게 하는 자는 없었으니, 나는 이것으로 관직에 있는 것이 어렵다는 것을 안다.

주는 것보다 빼앗지 않는 것이 낫다

재물을 남에게 주는 것을 혜(惠)라고 한다. 그러나 자기에게 재물이 있고 난 뒤에야 남에게 베풀 수 있는 것이다. 자기에게 없는 것을 남에게 줄 수는 없다. 그러므로 나에게 있는 것을 주는 것보다는 빼 앗지 않는 것이 낫다.

무릇 관고(官庫)에서 훔친 것으로는 조상의 제사를 지내거나 부모를 봉양하는 일에도 감히 쓸 수 없는 것이다. 그런데 그 나머지 일에 있어서야.

수입을 헤아려 지출을 하는 것이 성인의 법이다. 무릇 포흠진 것을 갚지 못하여 아전이 뒷말하게 되는 자는 비록 백성을 사랑하여 다스림이 저 차공(次公) 황패(黃覇, ?~기원전 51년, 전한후기의 관료)와 같다고 해도 오히려 잘 다스리는 관리는 아니다.

약전 형님을 생각하며

　다산이 강진 땅에 귀양 온 지도 어언 10년이 넘었다.

　그 사이 서울에서 반가운 소식이 올까 기대해 봤지만 모두가
허사였다. 다산은 비록 학문이 있고 서암에 거처하는 제자들이 있
었지만, 외로움은 수시로 몰려왔다. 그래서 해가 갈수록 고향이
그리웠다. 또 흑산도로 귀양 간 약전 형님도 그리웠다. 그럴 때면
다산초당 동쪽 산등성이로 올라갔다.

　다산은 소철(蘇轍), 소식(蘇軾) 형제가 서로 화답한 시에 차운(次
韻)하여 약전 형님을 그리며 시를 지었다.

손암 형님께

살아서는 미워할 율정점(栗亭店) 주막　　　　生憎栗亭店
문앞에는 두 갈래로 길이 갈렸네.　　　　　　門前岐路叉

본래 형제로 태어났는데도　　　　　　　　　本是同根生
지는 꽃잎인 양 각각 흩날리게 되었네.　　　分飛似落花

넓고 넓은 하늘땅 바라 보노라니 曠然覽天地
예전에야 한 집이 아니었던가. 未嘗非一家
짧은 인생살이 생각하니 促促視形軀
슬픔이 끝이 없노라. 惻怛常無涯

골수에 사무친 깊은 비극 深悲鏤骨髓
이별쯤이야 조그만 근심일러라. 離別亦小憂
뜬구름 바람 따라 흐르는데 浮雲常搖颺
저 새는 어디로 날아가는가. 征鳥將何求
독룡(毒龍)들이 몰아 나를 가게 하였는데 毒龍驅我去
구슬같은 두 줄기 눈물 마구 쏟아졌다오. 雙丸如湍流
걱정없이 무성한 풀을 뜯는 無愁齕豐艸
저 숲속의 소(牛)가 부럽구나! 羨彼林中牛

찬바람 몰아 닥쳐 내가 왔노라. 北風驅我來
걷고 걸어서 바닷가에 머무르게 되었네. 行行遇海止
우리 형님께 풍세가 사나워 我兄風力猛
크나큰 바다 속까지 들어가시게 했네. 乃入滄溟裏
남겨둔 아내는 생과부되었고 留妻作寡婦
이별한 자식들은 고아가 되었노라. 別兒爲孤子
형님은 유배되어 신지도로 들어갈 때 方其入海時
활달하여 기쁜 듯이 하셨네. 曠然若自喜
가슴 속에는 호걸스런 기상이 있어 傑氣在胸中
아무리 누르려 해도 다시 일어났노라. 百壓猶百起
해와 달이 방안을 비추일 때마다 日月照房屋
형님 생각에 슬퍼지네. 至公嗟天理

초라한 밥이지만	何來兩盂飯
혹 마시어 양생하소서.	欻然來養己
황제가 비록 부자이나	皇帝雖巨富
두 사발밥 밖에 더 먹겠는가.	如斯而已矣
계신 그곳 외로운 섬이니	赤縣本絕島
사람 눈으로는 아득하여 바닷물만 가물거리네.	目短迷涯溪
우리 집안 무너진 지가	豪門盡顚覆
그 사이 5년이 되었습니다.	其間僅五祀

장다리꽃 정원에는 티없이 깨끗한 데	菜花庭院一塵空
병을 털고 일어나자 옛적하던 저술 계속한다오.	病起圖書續舊功
꾀꼬리 오지 않아 봄도 고요하고	黃鳥不來春寂寂
녹음이 무성해지니 대낮에도 어득어득	綠陰初漲晝濛濛
채석강 배 안의 비단처럼 옷만 남고	衣餘采石舟中錦
동파의 지붕위 우리처럼 밥은 없구나.	飯乏東坡屋上銅
사미(沙尾)로 집을 옮겨 살 수만 있다면	但得移家沙尾住
바다에 파도쳐도 갈길이 막혔다고 다시금 울겠는가.	溟波誰復泣途窮

　　다산은 흑산도에서 귀양살이 하고 있는 약전 형님을 그리워하는 여러 편의 시를 남겼는데, 강진읍내에 있는 보은산에 올라 멀리 200리나 떨어진 흑산도를 바라보며 쓴 시가 있다. 이 때 약전 형은 흑산도의 우이도에 있었고, 강진읍의 뒷산 보은산의 다른 이름이 우이산 이어서 흑산도와 강진의 먼 거리를 두고 형님 생각에 잠겼던 것이다.

보은산에 올라 우이도를 바라보며

나해와 탐진이 이백리 거리인데	羅海耽津二百里
높고 험한 두 우이산을 하늘이 만들었나.	天設籠從兩牛耳
3년 동안 머물면서 풍토를 익히고도	三年滯跡習風土
현산이 여기 또 있는 것 미처 몰랐네.	不省玆山又在此
사람 눈으로는 오히려 멀리 보기 힘들어	人眼之力苦不長
100보 밖의 얼굴도 이미 흐릿하네.	百步眉目已微芒
하물며 막걸리 같은 안개 질으니	況復雲霾濃似酒
눈앞의 섬들도 오히려 자세히 보기 어렵다오.	眼前島嶼猶難詳
한껏 멀리 바라본들 무슨 소용 있을건가.	瓊雷騁望嗟何益
괴로운 마음 쓰린 뱃속을 남들은 모를테지	苦心酸腸人不識
꿈속에나 서로 보고 안개 속을 바라보다	夢中相看霧中望
뚫어지게 바라보다 눈물 마르자 천지도 깜깜하다오.	目穿淚枯天地黑

또한 신지도에 귀양살이하는 형님을 그리며 이런 시를 남겼다.

가을에 형님(若銓)을 그리워하며

I.

백발이 어느덧 찾아왔네.	白髮於馬至
하늘이여 어찌하란 말인고	蒼天奈此何
형님 계신 신지도엔 좋은 풍속 많다지만	二洲多善俗
외로운 섬에 홀로 슬픈 노래 부르시겠지.	孤島獨悲歌
그곳에 가고자 하나 배 한 척 없네.	欲渡無舟楫
어느 때에 귀양살이 풀리려나	何時解網羅
나보다 나은 저물 오리와 기러기여	優哉彼鳧雁
푸른바다 헤엄치며 희롱하는구나.	游戲足滄波

II.

외딴 섬은 새알처럼 작은데	絶島如丸小
하늘은 큰 사람을 실었구나.	天然載大人
역시 생은 죽음보다 낫다고 했는데	亦云生勝死
하필 꿈은 이 어찌 진실이 못되뇨.	何必夢非眞
푸른 해초 묶어서 끼니를 때고	翠組充常食
감시하는 대장과 이웃 삼았다 하네.	紅衣作近隣
초가을에 형님이 손수 쓴 편지받고	新秋得手字
이 중춘에야 답장을 띄우노라.	書發是中春

III.

멀고 먼 신지섬은	眇眇薪支苦
분명히 인간 세상에 있도다.	分明在世間
평평히 궁복포(완도)에 연했고	平連弓福海
비스듬히 고금도에 맞닿아 있네.	斜對鄧龍山

달이 져도 형님의 소식은 없고	落月無消息
뜬구름만이 형님 계신 곳 갔다 돌아왔네.	浮雲自往還
어느날 귀양살이 풀려나 조상의 묘소에서	他年九京下
형제가 만나 기쁨을 나눌 수 있을까?	兄弟各歡顏

다산초당 동쪽 산등성이에 올라 다산은 흑산도의 북쪽 하늘을
바라보면서 눈물짓곤 했다.

"우리 형님은 덕기가 헤아릴 수 없이 크고, 깊은 학식과 밝은
식견이 있었다. 도저히 나로서는 따를 수 없는 훌륭한 분이었다.
부지런한 점은 나와 달라 저술한 책은 많지가 않다. 그러나 요즘
세상에서 이런 분은 다시 없을 것이다. 이 말은 우리 형님이라고

해서 하는 말이 아니다. 감옥에서 고문하고 취조하던 간수들이 죄인을 떠나보내며, 눈물을 흘리고 서러워했던 것은 우리 형님이 아니고는 없을 것이다. 유배지를 흑산도에서 우이도로 옮길 때, 온 섬 사람들이 길을 막으며 더 머물러 주기를 바랐던 분도 우리 형님뿐일 것이다."고 회상했다.

다산에게 약전 형님은 가족으로서 뿐만 아니라 스승이자 학문적 지기로서의 더 큰 의미를 갖고 있다. 이러한 의미는 흑산도에 보내진 다산의 편지 속에 잘 나타나 있다.

밥 파는 노파에게 배운 진리

어느 하루 저녁에 집주인 노파가 곁에서 한담을 나누면서 갑자기 묻기를 "선생은 책을 읽은 사람인데 이런 뜻을 아시는지요? 아버지와 어머니의 은혜는 똑같고 더구나 어머니가 오히려 더 애쓰시는데도, 성인들이 교훈을 세우기를 아버지를 중히 여기고 어머니는 가벼이 하도록 했습니다. 또한 성씨도 아버지를 따르게 하였으며 복(服)을 입을 경우에도 어머니는 아버지보다 한 등급 낮게 하였습니다. 아버지의 혈통으로 집안을 이루게 해놓고는 어머니 집안은 도외시해 버리도록 하였으니 이거 너무도 편파적이 아닌가요?"라 했습니다.

내가 답하길 "아버지께서 나를 낳으셨다고 했기 때문에 옛날 책에는 아버지가 자기를 처음 태어나게 하신 분으로 하였소. 그 어머니의 은혜도 무척 깊기는 하지만 하늘의 으뜸인 탄생되게 하는 근본의 은혜가 더 중요한 탓일 겁니다." 라고 했더니 노파가 말하길 "선생의 말은 옳지 않습니다. 내가 생각해 보니 그렇지 않습니다. 풀이나 나무를 예로 들어서 말하겠소. 아버지는 나무나 풀의 종자이고 어머니는 나무나 풀로 보면 토양입니다. 종자가 땅에 떨어지는 것은 그 베푸는 것이 지극히 미미한 것이지만, 부드러운 흙의 자양분으로 길러내는 흙의 은공은 대단히 큽니다. 그러나 밤의 종자가 밤나무로 되고 벼의 종자가 벼가 됩니다. 그런데 그 몸 전체를 이루는 것은 모두가 땅 기운이지만, 결국은 나무나 풀의 종류는 본래의 씨를 따라서 나뉘게 되는 것이니 옛날 성인들이 교훈을 세워 예를 제정한 것이 그러한 이유인 것으로 생각됩니다."라 하였습니다.

나는 이러한 말을 듣고 흠칫 크게 깨달아 공경하는 마음이 일어나게 되었습니다. 천지간에 지극히 정밀하고 지극히 오묘한 진리를 이러한 밤 파는 노파로부터 나올 줄이야 누가 알기나 했겠습니까? 기특하고 기특한 일이기도 합니다.

「자산어보」에 대하여

책을 저술하는 한 가지 일은 절대로 소홀히 해서는 안 되니 반드시 십분 유의하심이 어떻겠습니까? 「해족도설(海族圖說)」은 무척 기이한 책으로 이것은 또 하찮게 여길 일이 아닙니다. 도형(圖形)은 어떻게 하시렵니까? 글로 쓰는 것이 그림을 그려 색칠하는 것보다 나을 것입니다. 학문의 종지(宗旨)에 대해 먼저 그 대강(大綱)을 정한 뒤 책을 저술해야 유용(有用)하게 될 것입니다.

대체로 이 도리는 효제(孝弟)로 근본을 삼고 예악(禮樂)으로 꾸미고 감형(鑑衡)·재부(財賦)·군려(軍旅)·형옥(刑獄)을 포함하고 농포(農圃)·의약(醫藥)·역상(曆象)·산수(算數)·공작(工作)의 기술을 씨줄로 삼아야 완전해질 것입니다. 무릇 저술할 때에는 항상 이 항목을 살펴야 하는데 여기에서 벗어나는 것이라면 저작할 필요도 없습니다. 「해족도설」은 이런 항목으로 살펴볼 때 몇몇 연구가의 수요가 될 것이니 그 활용이 매우 절실합니다.

「성경지도(盛京地圖)」는 천하의 진귀한 책

성경지도는 세 번이나 원고를 고친 뒤에야 다른 여러 글들과 거의 서로 맞게 되었습니다. 그런데 참으로 천하의 진귀한 책인 동시에 우리나라에 더 없는 보물입니다. 문인이나 학사가 이 지도를 보지 않고서는 동북 지방의 형세를 논할 수 없을 것이며, 장수(將帥)나 군주(軍主)가 이 지도를 보지 않고서는 양계(兩界)의 방어를 논할 수 없을 것입니다.

이제 그것을 보건대, 이세적(李世勣)이 고구려를 공격했을 때에 의주(義州)를 경유하지 않고 곧장 흥경(興京)에서 남쪽 창성(昌城)으로 나왔습니다. 그런데 그 사이의 산천과 도리가 손바닥을 보듯 명료합니다. 강홍립(姜弘立)이 북벌(北伐)할 때에도 창성에서 흥경으로 향하려 했습니다. 그런데 그 연한 고깃덩이를 호랑이에게 던져 주던 형세로 환하게 눈에 들어오니, 이것이 어찌 소홀히 여길 물건이겠습니까? 백두산(白頭山)을 형성한 산줄기는 대개 몽고(蒙古) 땅에서 시작되어 서북쪽으로부터 머리를 들이 밀었습니다. 그런데 동남쪽에서 대지(大池)에 이르기까지의 수천리가 대간룡(大幹龍)이 됩니다.

대간룡 이서(以西)의 물은 모두 요수(遼水)로 모이는데, 요하(遼河)의 동쪽과 큰 줄기의 서쪽에 위치하는 지역이 곧 성경(盛京)과

흥경(興京)이 있는 곳입니다. 즉 옛날 고구려의 강역(疆域)이었던 곳이며, 요하의 남쪽과 창해(滄海)의 북쪽 사이의 지역이 바로 요동(遼東)의 여러 군현(郡縣)이 있는 곳입니다. 대간룡 이동의 물은 모두 혼동강(混同江)으로 모여 북으로 흑룡강(黑龍江)에 들어갑니다. 무릇 대간룡 이동의 지역을 삼대(三代)에는 숙신(肅愼)이라 불렀고 한대(漢代)에는 읍루(挹婁)라 불렀으며, 당대(唐代)에는 말갈(靺鞨)이라 불렀고 송대(宋代)에는 여진(女眞)이라고 불렀습니다. 그런데 오늘날의 청(淸)나라도 여기에서 일어났으니, 지금의 오라(烏喇)와 영고탑(寧古塔)이 바로 그 지역입니다. 다만 영고탑에서 동쪽으로 바다에 이르는 3천 여리의 땅은 토지가 광활합니다.

무릇 지도를 제작하는 방법은 언제나 지지(地志)의 축척법(縮尺法)을 준수해야 합니다. 그러니 지구가 둥글다는 올바른 이치를 모르면 아무리 짧은 거리라도 분명치 못하게 되어 결국은 어떻게 할 수 없는 폐단이 있게 됩니다. 경위선(經緯線)을 곤여도(坤輿圖)처럼 만든다면 매우 좋습니다. 하지만 그렇게 하지 못할 경우에는 천리를 그릴 때마다 그 사각형의 공간을 확정하고는 먼저 지지(地志)를 검토하여 4개의 직선이 서로 교차하는 지점의 축척을 바르게 해야 합니다. 만약 종횡으로 5천리의 지도를 제작하는 경우라면 남북으로 5층(層) 동서로 5가(架)의 선을 그리고 먼저 그 층과 가가 경계를 이루는 선에 네 직선이 교차하는 지점의 축척을 바르게 합니다. 그 사방 천리되는 한 구역 안에 군(郡)·현(縣)·산천(山川)을 나누어 배치함에 있어 융통성이 있게 되어 어떻게 할 수 없어 허둥대는 폐단이 없게 될 것입니다. 그렇게 하지 않으면 비록 지지를 그대로 따랐다 하더라도 끝내 지도를 완성할 수 없을 것입니다. 지구가 둥글다는 이치를 알지 못하는 사람은 어떻게 할 수 없는 경우를 당할 때마다 반드시 지지는 믿을 수 없다고 탓하게 됩니다. 즉 이는 역시 첫머리부터 이 주의할 점을 범했기 때문입니다. 지구가 둥글다는 올바른 이치를 깨달은 후에야 비로소 지도를 제작 할 수 있는 것입니다.

외증조부 공재 윤두서에 대하여

공재께서 손수 베꼈던 일본지도 1부를 보면 그 나라는 동서로 5천리이고 남북으로는 통산 1천리에 지나지 않습니다. 지도의 너비는 거의 1장(丈)에 이르는데 군현의 제도와 역참의 도리, 부속도서들, 해안과 육지가 서로 떨어진 원근, 해로를 곧장 따라가는 첩경 등이 모두 정밀하고 상세하였습니다. 이는 반드시 임진년 정유년의 왜란때에 왜인들의 패전한 진터 사이에서 얻었을 것일 텐데, 비록 만금을 주고 사고자 한들 얻을 수 있겠습니까? 삼가 1통을 옮겨 베껴 놓았는데 일본의 형세가 손바닥 보듯 환합니다.

대체로 공재께서는 성현의 재질을 타고 나시고 호걸의 뜻을 지니셨기에 저작하신 것에 이러한 종류가 많습니다. 애석하게도 시대를 잘못 만났고 수명까지 짧아 끝내 포의(布衣)로 세상을 마치셨습니다. 내외 자손 중에서 그 분의 피를 한 점이라도 얻은 자라면 반드시 뛰어난 기상을 지니고 있을 것입니다. 그런데 역시 불행한 시대를 만나 번창하지 못하고 있으니 어찌 운명이 아니겠습니까. 그분이 남긴 원고와 글씨 중에는 후세에 알려질 만한 것들이 많을 텐데 안방 다락에 깊이 숨겨진 채 쥐가 갉아먹고 좀이 슬어도 구제해 낼 사람이 없으니 또한 슬픈 일이 아니겠습니까?

성호의 저작을 책으로 만들어야 하는데…

성옹(星翁)의 저작은 거의 1백 권에 가깝습니다. 스스로 생각해 보면 우리들이 천지의 웅대함과 일월의 광명함을 알 수 있게 된 것은 모두 성호 선생님의 힘이었습니다. 그분의 저작을 산정(刪定)하여 책으로 만들 책임이 제 몸에 있는데도 이 몸은 이미 돌아갈 기약이 없고 후량(侯良)은 서로 연락하려고도 하지 않으니 앞으로 어떻게 해야겠습니까?

지금의 생각으로는 「사설(僿說)」을 임의로 산정하여 발췌하도록 한다면, 아마 무성(武成)과 서로 같게 될 것인데 한 줄에 20자짜리 10행으로 7, 8책을 넘지 않는 선에서 끝마쳐질 것 같습니다. 「질서(疾書)」 또한 반드시 그런 정도일 것입니다. 지난번 「주역」을 주석할 때에 「주역질서(周易疾書)」 가져다 보았더니 역시 채록(採錄)하지 않을 수 없는 것들이 많았는데, 만약 가려 뽑아 기록한다면 3, 4장 정도는 얻을 수 있을 것입니다. 다른 경서(經書)에 대해서도 반드시 이보다 열 배의 분량은 나올 것입니다. 다만 예식(禮式)에 대한 부분은 지나치게 간소하게 한 결함이 있을 뿐만 아니라 지금의 풍속에도 위배되고 고례(古禮)에도 근거할 수 없는 것들이 수두룩합니다. 이 책이 만약 널리 유포되어 식자(識者)의 눈에 들어간다면 대단히 미안할 텐데 이를 장차 어쩌면 좋겠습니까?

몇 년 전에 중상(仲裳)에게 편지를 보내어 그 가정(家庭)의 저작들을 수습할 방도에 대해 언급하였으나 답서를 받지 못했습니다. 또 창명(滄溟)에게 편지를 했었지만 답서를 받지 못했습니다. 그들의 용렬함이 이런 정도이니 다시 무엇을 바라겠습니까. 중상은 갑자기 죽었고 창명은 아직 정계(停啓)되지 못했으니, 그들이 어떻게 가마솥 그을음 주제에 세발솥 그을음을 탓할 수 있겠습니까? 대체로 가련한 인간들입니다.

「아방강역고」에 대하여

「아방강역고」 10권이야말로 10년 동안 모아 비축했던 것을 하루 아침에 쏟아 놓은 것입니다. 삼한(三韓)을 중국의 역사책에서는 모두 변진(弁辰)이라 하였고, 변한(弁韓)이라고는 하지 않았습니다. 우리나라 선비들은 평안도를 변한이라고도 하고, 경기를 그곳에 해당시키기도 하였으며, 전라도가 거기에 해당된다고도 하였습니다. 근래 처음으로 조사해 보았더니 변진이란 가야(伽倻)였습니다. 김해(金海) 수로왕(首露王)은 변진의 총왕(總王)이었으며, 포상팔국(浦上八國) 및 함창(咸昌)·고령(高靈)·성주(星州) 등은 변진의 12국(國)이었습니다. 변진의 자취가 이처럼 분명한데도 우리나라 선비들은 지금까지 어둡기만 합니다. 우연히 버려진 종이를 검사했더니, 오직 한구암(韓久菴)이 "변진은 아마 수로왕이 일어났던 곳일 것이다."라고 하였습니다.

현도는 셋이 있습니다. 한 무제 때는 지금의 홍경(興京)지역으로 현도를 옮겼다가 그 뒤 지금의 요동(遼東)지역으로 옮겼습니다. 이들 사적(事蹟)이 모두 등나무나 칡덩굴처럼 이리저리 얽혔으니, 이보다 앞선 우리나라의 역사란 것이 어떠했는지 알 만합니다. 의당 김부식의 「삼국사기(三國史記)」를 가져다가 개작(改作)하여 태사공(太史公)이 「사기(史記)」를 지어서 했던 것처럼 이름 있는 산에 감추어 두어야 하는 것인데, 내가 살날이 오래 남지 않았으니 이점이 슬퍼할 일입니다.

만약 십수 년 전에만 이러한 식견이 있었더라도, 한 차례 우리 선대왕(先大王 : 正祖)께 아뢰어 대대적으로 서국(書局)을 열고 사(史)와 지(志)를 편찬함으로써 천고의 비루함을 깨끗이 씻어내고 천세의 모범이 될 책으로 길이 남기는 일을 어찌 하지 않았겠습니까. 정지흡(丁志翕)의 시에 "꽃 피자 바람 불고, 달 뜨자 구름 끼네."라 하였습니다. 천하의 일이 서로 어긋나 들어맞지 않는 것이 모두 이런식이니 어찌하면 좋습니까?

이 10권의 책은 역시 우리나라에서는 결코 업신여길 수 없는 것인데, 그 시비를 분별할 수 있는 사람조차도 전혀 찾을 수가 없으니 끝내는 이대로 티끌로 돌아가고 말게 생겼습니다. 분명히 이럴 줄 알면서도 오히려 다시 고달프게 애를 쓰며 그만두지 못하고 있으니 또한 미혹된 것이 아니겠습니까.

점차 하던 일을 거둬들여 정리하고 이제는 마음공부에 힘쓰고 싶은데, 풍병(風病)은 이미 뿌리가 깊어졌습니다. 입가에는 항상 침이 흐르고 왼쪽 다리는 늘 마비 증세를 느끼며, 머리 위에는 언제나 한강 상류의 얼음 위에서 잉어 낚는 늙은이의 솜털 모자를 쓰고 있습니다. 근래에는 또 혀가 굳어져 말이 어긋나 스스로 살 수 있는 날이 길지 않을 것을 알면서도 한결같이 바깥일에만 마음이 치달리니, 이는 주자(朱子)께서도 만년(晩年)에 뉘우쳤던 바였습니다. 어찌 두려운 일이 아니겠습니까. 다만 고요히 앉아 마음을 맑게 하고자 하면 세간의 잡념이 천 갈래 만 갈래로 어지럽게 일어나 무엇 하나 제대로 파악할 수가 없으니, 마음공부로는 저술(著述)보다 나은 게 없다는 것을 느낍니다. 이 때문에 저술을 그만두지 못하는 것입니다.

「소학주천」과 「아학편」에 대하여

「소학주천」은 어린아이들을 위하여 지었습니다. 사람들의 말을 들으니 선생께서도 이러한 문자(文字)를 편집하신 것이 있다 하던데, 한 집안에서 따로 두 개의 문호(門戶)를 세울 필요는 없습니다. 이쪽 것으로 사용하는 것이 어떨지 모르겠습니다. 그 문례(文例)가 비록 쓸데없이 긴듯하나 어린아이들에게 외우도록 하려면 이와 같이 하지 않을 수 없습니다. 또 그 방법은 10단위로 한도를 삼았기 때문에 혹 구차스럽게 채운 것도 있고 혹 억울하게 빼놓은 것도 있습니다.

그러나 일반 세상에서 통행되는 문자란 이렇게 하지 않으면 행해지지 않습니다. 선생께서 지으신 「몽학의휘(蒙學義彙)」가 왜 정엄(精嚴)하지 않겠습니까만, 제가 편집한 「아학편(兒學編)」 2권은 2천자로 한정하여 상권(上券)에는 형태가 있는 물건의 글자를, 하권에는 물정(物情)과 사정(事情)에 관계되는 글자를 수록하였습니다. 또한 여덟 글자마다 「천자문(千字文)」의 예(例)와 같이 1개의 운(韻)을 달았습니다만 어떨런지 모르겠습니다.

2천 글자를 다 읽고 나면 곧바로 국풍(國風)을 가르쳐 주어도 저절로 통할 수 있을 것입니다. 재주가 없는 자는 비록 먼저 1만 글자를 읽더라도 역시 유익함이 없습니다.

예서(禮書)에 대한 형님의 논박을 기다리며

예서에 대한 연구는 지난 가을 이후 많은 질병에 시달리느라 초고(草稿)를 끝마친 것이 극히 적습니다. 초본(草本) 5편(編)을 부칩니다만 모두가 절단되고 뒤섞여 문리(文理)가 통하지도 않을 것입니다.

　그 중에는 또 처음의 견해를 바꾸어 정본(正本)으로 삼고서도 초본에는 고치지 않은 것이 있는데 우선 심심풀이로 보아주십시오. 중간의 초본은 이미 집으로 보내어 아이에게 탈고하게 하였으니, 돌아와야만 질문할 날이 있게 될 것입니다. 이것이 비록 초본이긴 하지만 그 중에 잘못된 해석이 있으면 조목조목 논박해서 가르쳐 주시고 의당 절차탁마(切磋琢磨)하여 정밀한 데로 나아가게 해주십시오. 그러다가 더러 갑(甲)이다 을(乙)이다 서로 우기며 분쟁이 오감으로써 어린 시절 집안에서 다투던 버릇을 잇는 것도 절로 하나의 즐거움이 될 것입니다.

　또 보내드린 「제찬고(祭饌考)」도 제 나름대로 앞사람들이 언급하지 못했던 것을 드러냈다고 생각합니다. 까마득한 수천 년 동안 분분하게 수백 가지로 변하였는데 태뢰(太牢)와 소뢰(少牢), 특생(特牲)과 특돈(特豚) 등은 이름만 남아 있고 그 기구(器具)는 완전히 잃어버렸습니다. 지금 제가 고찰해 낸 것은 모두 증거가 있는데 육경(六經)의 범주를 벗어나지 않았고, 또 참작해서 바르게 고친것도 대단히 세상을 놀라게 하는 데에는 이르지 않을 것입니다. 잘 살펴 주십시오.

　제전(祭奠)에만 다섯 가지 등급의 제찬을 사용해야 합니다. 뿐만 아니라, 무릇 칙사(勅使)에게 대접할 음식이나 공적인 연회의 음식도 모두 옛것을 고찰하여 바로잡아야 하겠습니다. 또 감사(監司)가 순력(巡歷)할 때의 음식과 같은 것도 올 봄에 시험 삼아 물어보았는데 이곳의 현(縣: 강진현)에서 바치는 음식을 고례(古禮)와 비교해 보니 그 상등(上等)의 태뢰(太牢: 태뢰에는 세 등급이 있으니 상등 은

12정(鼎), 중등은 9정, 하등은 7정이다.)와 견주어서 세 곱도 넘었습니다. 상등의 태뢰는 오직 천자가 종묘(宗廟)에 제사를 지낼 때나 천자의 초하룻날 음식, 그리고 제후가 왕인(王人)을 대접하는 음식에서나 사용할 뿐입니다.

그런데 지금 감사(監司)가 하루에 세 번 받는 음식이 천자가 초하루에 먹는 음식 수보다 세 갑절이나 더 많으니 분수를 범하고 법을 업신여기며 조물주가 만든 생물을 함부로 죽이는 것으로 이렇게 심한 것이 없습니다. 하(夏)나라의 속담에 "무리 지어 다니면서 양식을 먹어치워, 주린 사람이 먹지 못하고 힘든 사람이 쉬지 못한다. 그리하여 서로 흘겨보고 비방하며 백성들이 간사하게 되는데도 왕명을 어기고 백성을 학대하며, 음식을 물흐르듯 낭비하면서 유련황망(流連荒亡)함으로써 제후(諸侯)에게 근심을 끼친다." 라고 하였으니, 지금의 감사를 두고 하는 말입니다.

세상이 아무리 더럽고 풍속이 사치스럽다 하더라도 구장(九章)의 옷을 그래도 감히 입지 못하는 것은 곤의(袞衣)라는 이름이 있기 때문이며, 구류(九旒)의 관(冠)을 그래도 감히 쓰지 못하는 것은 거기에 면류관(冕旒冠)이라는 이름이 있기 때문입니다. 이름이 존재하면 사람들이 그래도 두려워 하지만 이름이 없어지면 분수에 넘친 짓을 하고 업신여기며 질서가 무너져서 어찌할 수 없게 됩니다.

아, 누가 이러한 일을 건의하여 아뢸 수 있겠습니까. 무릇 사명을 받아 다니는 사람들에게 잔치를 베풀 때에 모두 옛 제도를 사용하여 태뢰니 소뢰니 특생이니 특돈이라고 이름을 규정하고 나서, 태뢰를 사용하지 못할 사람이 태뢰를 사용하는 경우에는 구장(九章)과 구류(九旒)를 입고 쓰는 죄를 범한 것과 같이 합니다. 그렇다면 수령(守令)이나 아전들이 아무리 아부하여 상관(上官)을 섬기고 싶어도 결코 감히 가볍게 사형(死刑)의 죄를 범하진 못할 것입니다. 그리하여 일반 민가(民家)의 혼인과 수연(壽筵) 및 시호(諡號)를 받을 때 벌이는 잔치에 이르기까지 각각 등급을 정하여 모두 그 이름을 구별한다면, 나라의 큰 폐단이 제거될 것입니다. 아, 어쩌면 좋겠습니까?

도인법(導引法)에 대하여

도인법이 유익하다는 것은 알고 있습니다. 그러나 유배 생활 12년 동안 새벽에 일찍 일어나서 밤이 깊어야 잠자리에 들면서 육경(六經)의 공부에 전념하느라 도인법을 시행할 겨를이 없었습니다.

이제 육경에 대한 연구는 다행히 마쳤으니 마땅히 방 한 칸을 깨끗하게 청소해놓고 아침부터 부지런히 노력하고 저녁까지 조심스런 생활여가에 도인법을 시행해야겠습니다. 그 방에는 한 권의 책도 놓아두지 않는다면 더욱 도인법에 몰두하기 좋겠습니다만 오래된 버릇을 버리기 어려워 결국 책과 붓을 붙잡게 되고 말 것입니다.

심혈을 기울인 끝에 깨달은 음악 서적

「악서(樂書)」 열두 권을 그 사이에 읽어보셨으리라 생각됩니다. 율려(律呂)의 차례 중 제7권에 논술한 협종(夾鍾)은 반드시 요순시대의 근본 방법으로 만에 하나의 잘못도 없으리라 믿습니다.

5천 년 전 율려(음악)에 관한 학문의 그 근본정신을 오늘에 되살려 내었으니 이 일은 제가 마음으로 이해할 수 있었던 게 아닙니다. 수년 이래로 밤낮으로 사색하고 산가지(算)를 붙잡고 늘어놓고서 오랫동안 심혈을 기울이다 보니 하룻날 아침에 문득 마음에 깨달음의 빛이 나타났습니다.

삼기(三紀)와 육평(六平), 차삼(差三), 구오(具五)의 방법들이 섬광처럼 내 눈앞에 열지어 서기 시작했습니다. 이때 붓을 들고 쓴게 바로 제7권입니다. 이게 어찌 사람의 능력으로 얻어낸 것이라 하겠습니까? 다만 완전히 끝마치지 못했는데 홍경래의 난이 일어나서 대강 끝을 마칠 수밖에 없군요. 선생(형님)께서 잘 정리하여 잘된 것은 그 첫머리에 비평을 적어 인정하는 뜻을 보여 주었으면 싶고, 의심나는 것이 있으면 별도로 뽑아 기록해서 다시 더 깎아내거나 다듬도록 해주시는 것이 어떨지요.

다산초당은 「주역」 연구에 적합한 신선세계

주역에 관한 조그만 연구서는 둘째 학유(學遊)에게 공부감으로 준 것입니다. 그런데 학유가 벌써부터 즐겨하지 않기에 책상 위에 그냥 놓아둔 것을 때때로 자세히 읽어보고서 껄껄 웃노라니 귀양살이 괴로움을 잊을 만합니다. 몇 해 전의 초고를 열람해 보니 갈지 않은 옥이요, 제련하지 않은 광석이요, 아직 찧지 않은 겨 붙은 벼요. 뼛속이 드러나지 않은 껍질이요, 아직 굽지 않은 도자기며 설익은 목수와 같았습니다.

「시경(詩經)」에 '절차탁마(切磋琢磨)'라 했는데 바로 이를 두고 하는 말일 겁니다. 며칠 전에도 또 하나의 효(爻)를 고쳤습니다. 만약에 내가 앞으로 10년의 시간을 더 갖고 주역 공부를 해도 또 고쳐야 할 곳이 있을 것입니다. 주역 가운데서도 감(坎)·이(離)·대과(大過)·중부(中孚)·소과(小過) 등의 괘는 성인의 마음 쓰신 바가 기기묘묘한 곳들입니다.

또한 "부유함으로써 그 이웃을 좌우하는 것은 밀접한 관계가 있기 때문이다." 라든지 "달이 거의 보름에 가까웠다." 라는 것 등은 땅 밑까지 꿰뚫고 들어가야 비로소 물을 얻어 낼 수 있는 것과 같이 반드시 그러한 종류 전체를 합해 함께 비교해 보면서 살핀 후에야 그 오묘함을 알아낼 수 있는 것들입니다. 그러나 주역을 공부하고자 할 때는 반드시 먼저 조용한 장소를 구해야 합니다. 닭 우는 소리, 개 짖는 소리, 아기 보채는 소리, 아낙네 탄식하는 소리 등을 가장 꺼립니다. 어떻게 해야 그러한 곳을 피할 수 있을까요?

금년에 다섯 가지의 대사면(大赦免)에는 모든 탐관오리(貪官汚吏)와 살인 강도범까지 석방되지 않은 사람이 없다는데 이름이 임금님께 아뢰어져 있는 사람은 거론조차 할 수 없는 모양입니다. 이것은 엄하게 단속하려는 것이 아니라 자기네들이 남의 아픔을 까마득히 잊은 것입니다. 고관대작의 집안과 굶주려 추위에 떠는 사람들 사이에는 본래가 잊어먹게 마련이니 한탄할 것 있겠습니까?

이제 풀려나 집에 돌아간다 해도 바람벽만 남은 집에 곡식이라곤 설전에 다 떨어졌고 늙은 아내의 얼고 굶주린 모습이나 아이들의 처량한 모습뿐일 테지요. 두 분 형수께서는 "왔으면 왔으면 했는데 와도 그 모양이구나."라고 할 것입니다. 태산이 등을 누르고 큰 파도가 앞을 가리고 있으니, 만약 풀려난다면 주역에 관한 공부가 까마득해질 것이고 음악에 대한 공부도 봄철의 개꿈에 지나지 않을 것이니 무슨 즐거움이 있겠습니까?

하느님께서 이곳 다산(茶山)을 내가 죽어서 묻힐 땅으로 작정해 주셨으며, 보암산(寶巖山) 몇 떼기 밭을 나의 식읍지(食邑地)로 주셨고, 한 해가 다 가도록 아이들의 울음소리와 아낙네의 탄식소리가 들리지 않을 것이니, 복(福)이 이처럼 후하고 지위도 이처럼 높은데도 세 가지 깨끗한 신선세계를 버리고 네 겹으로 둘러싸인 아비규환의 세계에 다 몸을 던지려 하니 천하에 이처럼 어리석은 사내가 있을 수 있겠습니까?

이 이야기는 억지로 지어낸 말씀이 아니라 마음속의 계획입니다. 그러나 한편으로는 돌아가고픈 심정도 있었으니 사람의 본성이 원래 약하기 때문일 것입니다. 분명 간음이 그르다는 것을 알면서도 더러는 남의 아내나 첩을 도적질하려 하고, 분명 생계가 파탄날 것을 알면서도 더러는 마작을 하는 수가 있듯이 내게 돌아가고픈 마음도 이런 심정이지 어찌 본심이겠습니까.

「주역」은 주나라 예법으로 진리의 단서

「주역(周易)」으로 말하더라도 요즘 사람은 하늘을 섬기지 않는데 어찌 감히 점을 칠 수 있겠습니까. 한선자(韓宣子)가 노(魯)나라에 사신으로 가서 역상(易象)을 보고서, "주나라의 예(禮)가 노나라에 있구나."라고 하였습니다. 「역전(易箋)」을 자세히 보면, 서주(西周)의 예법(禮法) 가운데 환히 알 수 있는 것들이 부지기수인데, 지금 점치는 것이라 하여 그 예법마저 고찰하려 하지 않는대서야 되겠습니까. 공자는 점치는 것 외에 별도로 단전(彖傳)과 대상전(大象傳)을 지었으니, 「주역」이 어찌 점치는 책일 뿐이겠습니까?

옛날에는 봉건제도를 썼으나 지금은 쓰지 않고, 옛날에는 정전(井田) 제도를 썼으나 지금은 쓰지 않으며, 옛날에는 육형(肉刑)제도를 썼으나 지금은 쓰지 않고, 옛날에는 순수(巡守)를 하였으나 지금은 순수를 하지 않으며, 옛날에는 제사 때 시동(尸童)을 세웠으나 지금은 시동을 세우지 않습니다. 지금 세상에 점치는 일은 몇 가지 일보다 더 어려운 게 있기 때문입니다. 그래서 저는 갑자년(1804) 부터 「주역」공부에 전심하여 지금까지 10년이 되었지만 하루도 시초(蓍草)를 세 어괘(卦)를 만들어서 어떤 일을 점쳐본 적이 없습니다. 제가 만약 뜻을 얻는다면 조정(朝廷)에 아뢰어 점치는 일을 금하게 하기에 겨를이 없을 것입니다. 이는 오늘날의 복서는 옛날의 복서가 아니어서 하는 말은 아닙니다. 비록 문왕(文王)이나 주공(周公)이 지금 세상에 태어난다 하더라도 결코 점으로써 의심나는 일을 해결하려 하지 않을 것이니 이러한 사리(事理)는 후세의 군자들도 반드시 알 것입니다.

선생(형님)께서는 어찌하여 이러한 뜻을 천명(闡明)하여 따로 책 하나를 짓지 아니하고 「주역」의 원리가 지나치게 밝혀졌다고 근심까지 하시는 것입니까? 무릇 하늘을 섬기지 않는 사람은 감히 점을 치지 않는데 저는 지금 하늘을 섬긴다 하더라도 점을 치지 않겠습니다. 제가 이런 뜻에 매우 엄격하지 않은 것은 아닙니다만, 「주역」은 주나라 사람들의 예법(禮法)이 들어 있는 것이어서 유자(儒者)라면 그 깊이 있는 말과 오묘한 뜻을 발휘하여 밝히지 않을 수가 없기 때문입니다.

그러나 옛날 성인(聖人)은 모든 깊이 있는 말과 오묘한 뜻에 대해 그 단서(端緒)만 살짝 드러내 사람들로 하여금 스스로 생각하고 스스로 깨닫게 하였습니다. 만약 하나도 숨겨진 것 없이 훤히 드러나 볼 수 있다면 재미없을 것입니다. 지금 이 「역전(易箋)」은 너무 자세하게 밝혀 놓았으니, 이 점에 대해서는 깊이 후회하는 바 입니다.

외로운 유배생활 중에 유일한 학문적 동지였던 형님을 잃은 다산은 이렇게 통곡한다.

"유배간 섬에 모든 주민들이 모여 통곡하며 치상을 하였다 하니, 죄인이 되어 형님도 치상 못한 나의 마음은 찢어질 것 같구나…… 혈혈 천지간에 오직 우리 형님이 나의 지기였는데, 이제 떠나시고 말았구나……"

다산은 곧 형님 손암 정약전의 묘지문을 지었다.

그리고 '약전 형님을 회상하며' 라는 편지를 써서 다시 볼 수 없는 형님에 대한 그리움을 대신하였다.

둘째 형님을 그리워하며

어지신 둘째 형님은 유월 초엿샛날 세상을 떠나셨다.

슬프도다! 어지신 이께서 이처럼 세상을 곤궁하게 떠나시다니. 원통한 그분의 죽음 앞에 나무나 돌멩이도 눈물 흘릴 일인데 무슨 말을 더 하랴! 외롭기 짝이 없는 이 세상에서 다만 손암(巽菴) 선생만이 나의 지기(知己)였는데 이제는 그 분마저 잃고 말았구나.

지금부터는 학문 연구에서 비록 얻어진 이가 있다 하더라도 누구에게 상의를 해보겠느냐. 사람이 자기를 알아주는 지기가 없다면 이미 죽은 목숨보다 못한 것이다. 내 지어미가 나를 제대로 알아주랴, 자식이 이 아비를 제대로 알아주랴, 형제나 집안 사람들이 나를 알아주랴. 나를 알아주는 분이 죽었으니 또한 슬프지 않겠는가? 경서에 관한 240책의 내 저서를 새로 장정하여 책상 위에 보관해 놓았는데, 이제 나는 불사르지 않을 수 없겠구나.

율정(전남 나주읍 북쪽에 있는 주막거리)에서 헤어진 것이 이렇게 영원한 이별이 되고 말았구나. 더욱더 슬프디 슬픈 일은 그 같은 큰 그릇, 큰 덕망, 심오한 학문과 정밀한 지식을 두루 갖춘 어른을 너희들이 알아 모시지 않았고 너무 이상만 높은 분, 낡은 사상가로만 여겨 한 가닥 흠모의 뜻을 보이지 않는 것이다. 아들이나 조카들이 이 모양인데 남들이야 말해 무엇하랴. 이것이 가장 슬픈 일이다.

요즈음 세상에 그 고을 사또가 서울로 영전했다가 다시 그 고을에 올 때는 그 고을 백성들이 길을 막으며 거부한다는 소리는 들었어도 귀양살이하는 사람이 다른 섬으로 옮겨 가려고 하는데, 본디 있던 곳의 섬사람들이 길을 막으며 더 있어 달라고 했다는 말은 우리 형님 말고는 들은 적이 없다.

집안에 형님 같은 큰 덕망을 갖춘 분이 계셨으나 자식이나 조카들이 알아주질 않았으니 참으로 원통한 일이로다. 돌아가신 선왕 (正祖大王)께서 신하들의 인품을 일일이 파악하시고 우리 형제에 대해 말씀하시기를 "아무개는 형이 아우보다 낫다." 라고 하셨다. 슬프도다. 우리 임금님만은 형님의 인품과 능력을 알아 주셨는데……

**1816년 6월 17일 다산초당에서

제6장
절망 속에서 꽃핀
실사구시 정신

실학의 집대성지 다산초당
윤씨 가문의 헌신적 도움
백성들의 고통에 눈물 흘리며
다산에서 맺은 다신계(茶信契)

실학의 집대성지 다산초당

「다산초당도(茶山草堂圖)」
　다산 정약용(茶山 丁若鏞, 1762~1836)이 강진에서 유배 생활을 하며 11년의 세
월을 보낸 다산초당을 묘사한 그림으로, 다산의 불가佛家 제자인 초의(草衣,
1786-1866)가 그린 것으로 전해진다. 다산초당은 1808년부터 다산과 제자들이
모여 학문적, 인간적 신의를 쌓아 훗날 다신계(茶信契)를 조직할 수 있었던 공간적
배경이었다.

무진년(47세:1808년) 봄에는 다산(茶山)으로 이사를 했다. 그곳에다 대(臺)를 쌓고 못(池)을 파서 줄을 맞춰 꽃과 나무를 심고 물을 끌어다 비류폭포를 만들었다. 동암(東庵)과 서암(西菴) 두 초막을 짓고 천여 권의 장서(藏書)를 두고 저술을 하면서 스스로 재미를 느끼고 살았다. 다산(茶山)은 만덕사(萬德寺)의 서쪽에 있었는데 처사(處士) 윤단(尹慱)의 산정(山亭:茶山草堂)이었다. 바위로 된 절벽에 '정석(定石)' 두 글자를 새겨서 표시를 해 놓았다.(자찬묘지명)

학문할 수 있는 좋은 분위기를 만난 다산은 다산초당으로 이사하자, 오랜만에 안정된 생활과 함께 보다 깊이 학문 연구에 몰두할 수 있을 것 같은 예감이 들어 기분이 좋았다.

"내가 강진 바닷가로 이미 귀양 왔으니 유년시절부터 학문에 뜻을 둔 지도 20년이 되었다. 그러나 나는 세상일에 깊이 빠져 다시금 선왕의 도(道)를 모르고 지냈다. 이제 틈을 얻었으니 이를 경하롭게 생각하여 육경사서(六經四書)를 꺼내 들고 깊이 연구하였다." 라고 했다. 이렇듯 다산은 이 시기를 경학구색(經學究索)의 기회 로 삼았던 것이다.

그리하여 18명의 제자와 더불어 강학으로 자오(自娛)하며, 저술 활동을 통해 목민심서, 경세유표 등 모든 저작의 대부분을 다산초당 에서 저술하게 되는 계기를 마련한 것이다. 그는 차나무가 많이 자라고 있는 차동산 기슭에 있는 초당에 머 물러 있다고 해서 자신의 호를 '다산'이라 불렀다. 그리고 다산은 우선 초당에서 무너진 축대를 쌓고 초당의 구석구석을 고쳤다. 또한 수변에 나무도 심고 꽃도 가꾸었다.

초당의 동쪽 뜰아래 크고 작은 널찍한 돌을 운반해 석조를 놓고,

못을 파서 연지(蓮池)를 만들어 그 속에 잉어를 키웠다. 연지 한 가운데 괴석으로 석가산을 쌓았다. 연못 주위에는 여러 가지 꽃나무를 심었으며 초당 옆 바위에서 샘솟는 샘물인 약천(藥泉)을 보수했다.

다산은 책을 읽다가 무료하면 귤동마을에 내려가 적적함을 달래기도 했다. 앞에서도 밝혔듯이 다산의 어머니는 해남 윤씨로 공재 윤두서가 다산의 외증조가 된다. 다산은 글마다 우리 고산 선생, 우리 공재선 생으로 호칭하며, 외가 자랑을 많이 했다. 그러므로 다산은 그 외가 친척들인 해남 윤씨 일가들이 많이 살고 있는 귤동마을에 내려오면 고향을 찾은 느낌이었다. 또한 외가에는 읽고 싶은 책들이 많았다. 다산은 초당에 있는 책들과 외가에서 빌려 온 책과 두 아들이 고향에서 가지고 온 책속에 묻혀 살았다 해도 과언이 아니었다.

그리고 다산은 다산초당에서 자신의 학문에 열중한 것만이 아니고, 귤동마을의 젊은이들과 강진읍에서 다산의 덕망을 알고 찾아 온 18명의 제자들을 가르치는 일도 그의 몫이었다. 다산은 평소의 생활 중에도 제자들에게 당부의 말로 기록하기를 좋아 하였는데, 막내 제자인 윤종진에게 공부하는 자세에 대한 당 부와 함께 그 총명함을 치하하여 다음과 같은 글을 내렸다.(예(禮)는 종진의 별명이다.)

讀書最忌閙爭
虛憍浮躁敗德
之機也安靜鎭密
記含乃富恭謹重
厚資質乃美戒
之哉小子
　　　　贈禮

독서에서 가장 꺼리는 것은 큰소리를 치는 것이니, 헛되이 교만이나 부리고 공연히 떠들기만 하는 것은 패덕의 기틀이 된다. 안정하고 치밀하면 기억해 담아 놓은 것이 풍부해지고 공근(恭謹)하고 중후(重厚)하면 자질이 이내 아름다워지니 경계하여라.
소자여, 예(禮)에게 주다.

讀書忌聲虛浮躁敗德之機也. 安靜鎭密記含乃富, 恭謹重厚資質
乃美, 戒之哉小子贈禮,

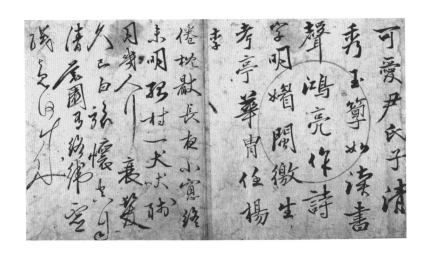

사랑스런 윤씨의 아들
청수함이 고운 죽순같구나.
글읽는 소리 크고도 낭랑하고
시짓는 글자 밝고도 아름다워라.
민땅끝에서 주자(朱子)가 태어나듯
귀족의 아들도 양이와 똑같구나.
지루한 베갯머리 긴긴밤이 싫은데
봉창문 끝끝내 밝으려 않는구나.
외로운 마을에 개 한 마리 짖어대니
희미한 달빛아래 그 누가 지나는가.
성긴 머리털 희어진 지 오래인데
나그네 회포만 속절없이 쓸쓸하구나.
묵어진 동산에 울어대는 베짱이
공연히 베짱 베짱 무슨 베를 짰는가.

可愛尹氏子
清秀玉如筆
讀書聲鴻亮
作詩字明媚
閩徼生考亭
華胄任楊李
倦枕厭長夜
小窓終未明
孤村一犬吠
殘月幾人行
衰髮久已白
旅懷貴自清
荒園有絡緯
虛張眞何來

순암호기(淳菴號記)

다산이 제자 윤종진에게 직접 써준 글로 보물 제1683-1호 「다산
사경첩(茶山四景帖)」에 합철(合綴)되어 있다. 다산은 윤종진에게
'맑고 수수한 사람'이 되라는 의미로 '순암(淳菴)'이라는 호를
지어주었다.

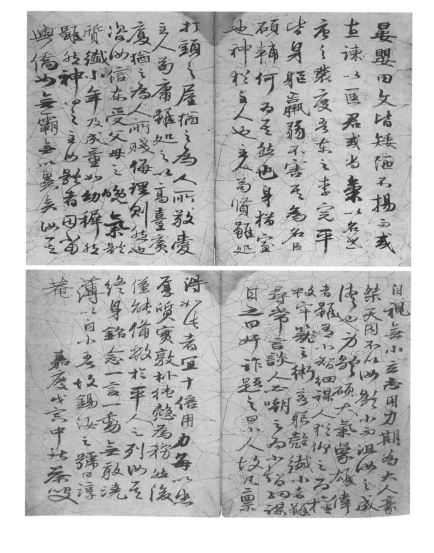

몸(身)은 실(室)과 같고 신(神)은 주인(主人)과 같다. 주인이 진실로 덕행과 재능이 있으면 비록 머리를 다치는 낮은 집에 살아도 오히려 존경과 사랑을 받고, 주인이 진실로 재주가 없고 의지가 약하면 비록 누대를 높이 세우고 마루가 널찍한 곳에 살지라도 오히려 남들에게 경멸과 업신여김을 당하니 이치가 그러 한 것이다.

신동(信東)아! 부모의 늙은 기운을 받고 태어나서 신체적인 바탕이 가늘고 작으며, 나이가 15세 이상 되었어도, 미숙하고 어리다. 그러나 비록 그러할지라도 혼과 마음이 너의 몸의 주인이 되도록 하라. 그렇게 하면 당연히 옛 거인인 장적교여(長狄橋如) 문서나 거무패(巨無霸)와 다를 바 없게 될 것이다. 씩씩하고 자신 있는 기백이 없으면 보통사람들과 다름이 없게 된다. 너는 너 자신을 업신여기지 말라. 뜻을 세우고 마음과 힘을 쓰되 덕행이 고상한 사람이나, 재량, 역량, 위망 등이 출중한 사람이 되기를 기약하여라. 하늘은 진실로 너의 몸체가 작다 하여서 네가 이루고자 하는 덕을 막아서 못하게 할 수 없다. 대체로 재주가 없고 의지가 약한 사람은 마음이나 힘을 10배나 노력해야 한다. 항상 충실하고 순후하며, 꾸밈이 없고 진실하며, 정이 도탑고 꾸밈이 없으며, 지극히 성실하도록 힘써라. 그렇게 하여야 겨우 보통사람의 대열에 끼게 되었다 할 수 있다. 너는 죽을 때까지 마음에 새기고 한마디의 말, 한 번의 행동에 함부로 사회기풍이 경박하더라도 스스로를 업신여기지 말라. 나는 이로서 네게 호를 내리고자 하니 순암(淳菴)이니라.

　　1818년 다수(茶叟)

　晏嬰田文 皆矮陋不揚而或直諫以匡君或尚氣以名世 唐之裴 度吾
東之李完平 皆身軀羸弱 不害其爲名臣碩輔 何爲其然也 身猶室也
神猶主人也 主人苟賢 雖處打頭之屋 猶之爲人所敬 愛 主人苟庸 雖
處之以高臺廣廈猶之爲人所 賤 理則然也 咨汝信受父母之晚氣體質
纖小 年及成童如 幼釋然 雖然神心之主汝體者
　因當與僑如無霸 無以異矣 汝其自視無小立志用力期爲大人豪 桀 天
固不以汝體小而沮汝之成德也 身體碩大 氣象雄偉者雖有小智細謀人猶
仰之 而權數牢籠之 術 若軀殼纖小者 雖常言談 人必嘲之 爲少智細
謀目之曰奸詐題之曰小人 故凡稟得如此 者 宜十倍用力 每以忠厚質實
　敦朴純慤爲務 然後僅能備數於平人之列 汝其終身銘念一言一
　動 無敢燒薄以自小 吾 故錫汝之號曰 淳菴 嘉慶戊寅中秋 茶叟

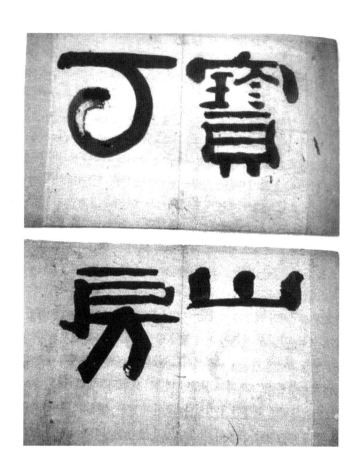

추사 김정희가 다산의 제자 윤종진(尹鍾軫)의 서재 보정산방(寶丁山房)의 이름을 직접 써준 글씨, 정학연은 친구인 추사 김정희를 불러다가 다산의 유저를 보게 했는데 "아버님의 백세 대업은 참으로 위대합니다."라며 매우 감탄했다.

　다산은 초당으로 옮겨오기 전에 이미 다산팔경사(茶山八景詞)를 지을 정도로 다산에 대해 많은 애정과 관심을 가지고 있었다. 꽃이 아름답고 산복숭아, 버드나무가 좋으며, 꿩소리와 물고기의 헤엄이 곱기만 하다.

담장 위에 매달린 복숭아(1)

담은 널찍이 산허리에 들렀고
봄빛은 아담하게 그림 그린 듯하네.
시냇가에 봄비가 금방 지나갔을 때
산 복숭아 불그레 꽃 피네.

響牆疏谿界山腰
春色依然畵筆描
愛殺一谿新雨後
小桃紅出數枝嬌

바람에 날리는 버들가지(2)

초당에 드리운 발이 물빛에 흔들리며
다락머리 실버들을 비추어주네.
바위에 눈 날려서 이상하게 여겼더니
봄바람에 버들 솜 날려 맑은 못 희롱하네.

山家簾子水紋漪
照見樓頭楊柳枝
不是巖阿有飛雪
春風吹絮弄淸池

봄날 꿩 우는 소리(3)

칡넝쿨 우거진 곳햇빛도 고운데
차 달이는 풍로 연기 가늘게 피어난다.
어디서 꿩꿩꿩 두세 마리 꿩 우는 소리
창밑에 잠시 든 잠 곧잘 깨우네.

山葛萋萋日色姸
小爐纖斷煮茶煙
何來角角三聲雉
徑破雲數刻眠

등나무 그늘에서 고기 밥 주네(4)

누런 매실 보슬비에 숲 초리에 환하고
알알이 천점 모습 물 속에 비치네.
저녁밥 일부러 두 세덩이 남겼다가
등나무 기대 앉아 물고기 먹이주네.

黃梅微雨著林梢
千點回紋水面交
晩食故餘三兩塊
自憑藤檻飯魚苗

단풍잎이 비단처럼 수놓는다(5)

높고 낮은 바위 위에 엷은 구름 걸리고　　　　巖苗參差帶薄雲
길쭉 둥근 이끼 낀 돌무늬도 좋을시고　　　　經秋石髮長圓紋
게다가 말쑥하게 단풍잎 붉게 물드니　　　　仍添颯沓臙脂葉
푸른빛 붉은 빛을 분간해선 무엇하리.　　　　濃翠輕紅不細分

연못에 국화꽃이 비추다(6)

바람자니 연못은 닦아 놓은 거울이요.　　　　風靜芳池鏡樣磨
좋은 꽃 기이한 돌 물 속에 가득　　　　　　名花奇石水中多
돌머리 바위 틈에 국화꽃 뽐내서　　　　　　貪看石罅竝頭菊
물속의 고기들이 물결 지을까 걱정이다.　　　剛怕魚跳作小波

화단의 푸른 대(7)

첫눈이 살짝 덮은 산등성이 돌운치 맑고　　　淺雪陰岡石氣淸
떨어지는 낙엽 소리 그 또한 새로운데　　　　穿柯墜葉有新聲
화단의 어린 대 의연히 푸르러서　　　　　　猶殘一塢蒼篁竹
서재의 섣달 그믐은 보내기 아쉽다.　　　　　留作書樓歲暮情

대숲 같은 소나무(8)

시냇물 모여들어 맑은 산봉 안았는데　　　　小谿迴合抱晴巒
푸르고 붉은 소나무는 대숲과 같다.　　　　　翠鬣紅鱗矗萬竿
숲에서 거문고와 생황소리 들끓을 때　　　　正到絲簧聲沸處
산바람 불어와 온 집안이 서늘하네.　　　　天風吹作滿堂寒

다산은 다산초당에 머물면서 주변 분위기와 풍경에 많은 애정을 가지고 있었다. 「다산화사(花山花史)」 20 수가 전해지고 있는데, 이는 그가 심고 가꾼 꽃들이 피어나자 흥취를 이기지 못해 꽃노래를 읊은 것이다.

다산(1)

다산초당은 아늑한 귤원 서쪽
천 그루 솔밭에 한 줄기 시내 있네.
골짜기 물 찾아 올라 샘솟는데 가게 되면
석간수 맑은 곳에 그윽한 집 있다네.

茶山窈窕橘園西
千樹松中一道溪
正到溪流初發處
石間瀟洒有幽棲

초당(2)

조그마한 못하나 초당의 얼굴인데
그 가운데 세 봉우리 석가산이 솟았구나.
온갖 꽃 사시장철 섬돌을 둘러 피니
물 가운데 얼룩덜룩 자고 무늬가 수 놓았네.

小池眞作草堂顏
中起三峯石假山
差次百花常繞砌
水心交綴鷓鴣斑

스님(3)

대숲 부엌에 음식 마련하는 스님
가여울 손 그의 모발 날마다 더부룩해
지금은 불가의 계율 모두 다 내버리고
생선찜도 맡아서 제 손으로 만든다네.

竹裏行廚伏一僧
憐渠鬚髮日鬅鬙
如今盡破頭陀律
管取鮮魚首自蒸

설중매(4)

이동산 좋으니 함께 살자 기약하여
설중매 첫 가지가 피거들랑 만나자고 했거늘.
오징어 먹물 희듯 그 맹세 흐려져서
지금엔 꽃지고 열매만 주렁주렁

林園宿昔住佳期
期在寒梅第一枝
慚愧盟詞成鯛墨
如今花落子離離

복숭아(5)

샘결 복숭아 곱게 피어 두세 가지
산 깊어 외인이야 엿볼 수 있을쏜가
모여서 산봉우리 봄바람 안 막으니
들나비, 벌들이 용케 알고 찾아드네.

井上緋桃三兩枝
山深不許外人窺
攢峯未礙春風路
野蝶村蜂聖得知

동백(6)

차잎 퍼져 푸른 숲을 이뤘으니
갑옷같은 꽃봉오리 산다(茶)는 깊어졌네.
봄바람에 꽃 보려고 그대로 두었더니
제멋대로 피고 져서 뜨락에 그늘지네.

山茶接葉翠成林
犀甲稜中鶴頂深
只爲春風花滿眼
任他開落小庭陰

모란(7)

바닷바람 세차서 모래가 날려오니
창앞에 대늘타리 일자로 늦았다네.
늙어서 산사람에 몸조리한다 생각마소.
다만 여기 모란꽃을 보호하기 위함일세.

海天風力遠飛沙
故插牌前一字笆
不是山人養衰疾
祇應遮護牧丹花

작약(8)

붉은 작약 새싹들이 성난 듯 솟으니
죽순보다 뾰족하고 붉기는 경옥 같네.
주인영감 새싹들을 지키고 가꾸고자
손자들조차 밭 곁으로 다가올까 경계하네.

紅藥新芽太怒生
尖於竹筍赤如瓊
山翁自守安萌戒
不放兒孫傍塢行

수국(9)

누각 앞에 한 가지에 나뭇잎은 퍼졌으나
가지 끝에 꽃봉오리 하나도 안 폈는데
전년에 억울히도 원정에게 찍혔다만
꽃피게 된 걸 보니 이것이 수국이네.

一樹當樓葉亂抽
都無蓓蕾著枝頭
前年枉被園丁斷
待到花開是繡毬

석류(10)

석류의 꽃잎 크기 술잔만 할 터인데
그 종자 처음에는 일본서 들여왔네.
추위 싫어 삼월까지 안 핀다고 웃지 말라
모든 꽃 시든 뒤에 의례될 것이니.

海榴花瓣大如杯
種子初從日本來
莫笑枯寒到三月
群芳衰歇始應開

치자(11)

치자는 세상에서 유별난 꽃이라고
소릉(少陵: 두보)의 글귀가 거짓이 아니로다.
저녁때 보슬비에 긴 삽을 들고 나와
한 나무를 갈아 심어 여러 그루 만들었네.

梔子人間誠絶殊
少陵詩句未應誣
晚來微雨携長鑱
一樹分栽得數株

백일홍(12)

백일홍은 화보에서 자미화라 하는데
한 가지가 성하면 다른 가지 쇠한다네.
꽃이 하도 귀해서 꽃에 넣었을 뿐
세상에 희귀한 좋은 꽃은 아니로다.

膚癢於經是紫薇
一枝榮暢一枝衰
直緣承乏編園籍
不是孤芳絶世稀

월계화(13)

월계를 옮겨심어 겨우 한개 화분인데
어린가지 가냘퍼서 뿌리 뻗지 못하였네.
바람맞고 눈과 싸워 그 언제까지인가
고난에 부대끼는 나그네 서로 보며 애끊누나.

月季移栽僅一盆
穉枝纖弱未舒根
含風鬪雪知何日
相看欲斷魂

해바라기(14)

해바라기 잎새마다 바람에 살랑살랑
한 길 높이 자라거든 붉은 꽃 보게 되리
갸륵한 그의 맘 태양만을 향해 있어
외로운 그 줄기 버들 밑에 들지 않네.

戎葵葉葉拂輕風
時至須看一丈紅
自是芳心知向日
孤根不入柳陰中

국화(15)

국화꽃 필 때만이 좋은 것 아니라네.
예로부터 잎과 줄기 얼마나 가엾었나.
주인은 이 꽃과 울밑 연분이 적었던지
몇 포기 잡초 옆에 쓸쓸히도 서 있구나.

非是花開始菊娟
由來莖葉絶堪憐
主人只少東籬分
數本蕭條雜草邊

지치(16)

지치가 조금씩 흰 꽃을 피울 때면
담 머리의 호장이 줄기 뻗기 시작하네.
산골집 약재배야 그리 많아 무엇하나
산중에는 차나무가 만 그루나 된다네.

芷蕿些些放白花
墻頭虎掌始舒芽
山家種藥無多品
爲有山中萬樹茶

포도(17)

마루 아래 포도덩쿨 줄기가 굵었는데.
지난 해 눈 바람에 묵은 덩쿨 말랐더니
아침에 문득 보니 용수같은 싹이 돋아
가을이 되면 어김없이 포도알이 달리겠네.

廡下葡萄骨格麤
去年氷雪老藤枯
朝來忽有龍鬚展
秋至應懸馬乳酥

미나리(18)

집 아래 버려진 밭 새로이 파헤치고
층층이 잔돌 쌓고 샘물을 채웠노라.
미나리 가꾸는 법 올해 들어 배웠으니
저자의 푸성귀는 안사도 되겠구나.

舍下新開稅外田
層層細石閣飛泉
今年始學蒔芹法
不費城中買菜錢

귤림(19)

산정에 장만한 책 다른 것은 전혀 없고
화정책과 수경만을 곁에 두고 보고있네.
귤원에 비가 개니 이 더욱 상쾌하여
석간수 손에 받아 다병을 부신다네.

都無書籍貯山亭
唯是花經與水經
頗愛橘林新雨後
巖泉手取洗茶瓶

산정(20)

하늘은 벌을 주어 이 산수에 살게 하여	天遣先生享此園
봄잠 자고 술에 취해 사립문 닫았노라.	春眠春醉不開門
뜰안은 모두 다 푸른 이끼 덮었고	山庭一簇莓苔色
때때로 노루가 다녀간 흔적 뿐이네.	唯有時時鹿過痕

　　다산은 제자들과 함께 4가지 경치를 가꾸었으며, 이를 다산사경(茶山四景)이라 하였다. 다조, 약천, 정석, 연지석가산을 일컬은 것인데, 일경(一景)마다 시문을 붙이고 시문 속에는 위치나 형상도 세세히 기록해 두었다.

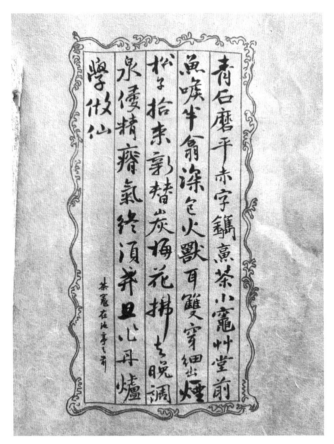

다조

다조(茶竈): 차 달이는 부뚜막

푸른 돌 평평히 갈고 닦아 붉은 글자 새겼으니
青石磨平赤字鑴
차 달이는 조그만 부뚜막이 초당 앞에 있구나
烹茶小竈草堂前
반쯤 다문 물고기 목구멍 같은 아궁이에 불길이 깊이 들어가고
魚喉半翕深包火
짐승의 두 귀 같은 굴뚝에서는 가는 연기 피어나네.
獸耳雙穿細出煙
솔방을 주어서 새로이 숯으로 삼아
松子拾來新替炭
매화꽃잎 걸어내고 샘물 떠다 더 붓네.
梅花拂去晚調泉
차 많이 마셔 정기에 침해됨을 끝내 경계하여 농담이니
侵精瘠氣終須弄
앞으로는 단로를 만들어 신선되는 길 배워야겠네.
且作丹爐學做仙

(다조는 못가에 있는 정자 앞에 있다. : 茶竈在池亭之前)

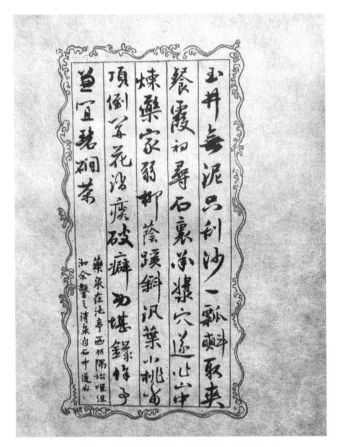

약천

약천(藥泉) : 약물이 나오는 샘

옹달샘에 진흙이 없어 모래만 깔렸으니

玉井無泥只刮沙

한바가지 떠 마시면 찬하보다 상쾌하다오.

一瓢蚪取爽餐霞

처음에는 돌틈의 승장혈(물구멍)을 찾았는데

初尋石裏承漿穴

마침내 산중에서 닳는 집이 되었네.

遂作山中煉藥家

길을 덮은 버들잎은 비스듬히 물에 떠있고

弱柳蔭蹊斜汎葉

이마에 닿는 작은 복숭아 거꾸로 꽃을 달고 폈네.

小桃當頂倒開花

담을 삭이고 묵은 병 낫게 하는 약효는 기록할 만하고

消痰破癖身堪錄

틈내어 벽간다를 끓이기에 좋다오.

作事兼宜碧磵茶

* 약천은 못가에 있는 정자의 서북쪽 모퉁이에 있다. 처음에는 물이
  촉촉이 젖어 있었던 것을 내가 직접 파니 맑은 물이 돌 틈에서
  솟아 나왔다.(藥泉在池亭西北, 隅始唯沮蕠, 余鑿之, 淸泉自石中出.)

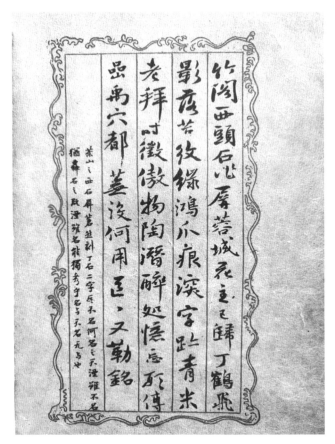

정석

정석(丁石) : 바위에 새겨 놓은 다산 친필

즉각 서편 바위는 병풍져 있고

竹閣西頭石作屛

부용성 꽃 주인은 벌써 정씨(丁氏)에게 돌아왔네.

蓉城花主已歸丁

학이 날아와 그림자 지듯 이끼 무늬 푸르고

鶴飛影落苔紋綠

기러기 발톱 흔적처럼 글자는 이끼 속에 또렷하다.

鴻爪痕深字跡靑

미로처럼 바위를 경배하니 외물을 천시한 증거요.

米老拜時徵傲物

도장처럼 바위에 취했으니 제 몸 잊은 것을 알리라.

陶潛醉處憶忘形

부암과 우혈도 흔적조차 없어졌는데

傅巖禹穴都蕪沒

무엇하러 구구하게 또 명을 새기리오.

何用區區又勒銘

* 다산의 서쪽에 돌병풍이 창연하여 정석(丁石) 두 글자를 새겼다. 그렇게 이름하지 않았으면 무엇이라 불렀을까? 비록, 하늘이 가리어 이름을 알 수 없었으나 오히려 크게 이름이 날 곳이다. 이미 가리어져 이름 알기 어려워도 능히 홀로 빼어날 수 있다 하겠다. 이름이 주어지되 제대로 된 이름이 아니면 이름 없는 것과 같다.
* 茶山之西石屛蒼然刻丁石二字, 其不名何名之天湮雖不名, 猶轟名之旣湮難名能獨秀手, 名與不名无與也.

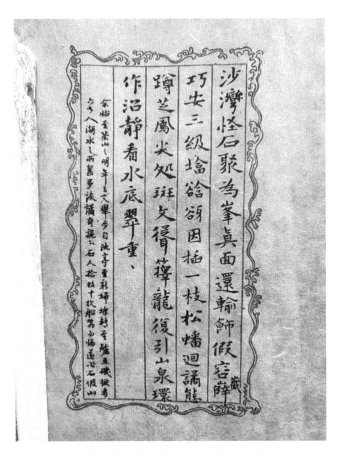

연지석가산

연지석가산(蓮池石假山):연못 가운데 돌을 쌓아 만든 산

바닷가의 괴석 모아 산을 만드니

沙灣怪石聚爲峯

진짜 산보다 만든 산이 더 멋있구나.

眞面還輸飾假容

가파른 돌 교묘하게 삼층탑을 앉히니

截嶭巧安三級塔

오목한 곳 모양 따라 소나무 하나 심었네.

合訝因插一枝松

뒤얽힌 묘한 모양은 봉황의 춤 같고

蟠廻譎態蹲芝鳳

뾰족한 곳 얼룩 무늬 죽순이 치솟은 듯

尖處斑文聳籜龍

오줌줄기 산샘물을 끌어다 빙 둘러 만든 연못

復引山泉環作沼

물밑 고요히 바라보니 푸른산 빛이 겹겹일세.

靜看水底翠重重

* 내가 다산에 와서 처음으로 살게 된 다음 해에 다산초당의 주인 윤단의 아들 문거(文擧) 윤규로(尹奎魯)와 함께 연못가 정자에서 출발하여 신부득(新婦𧯅)까지 갔다가 되돌아와서 농어 낚시터에도 갔었는데, 데리고 다니던 사람이 6–7명이었다. 조수가 닿는 바닷가에는 넓고 신기하게 생긴 돌들이 많았다. 그래서 사람의 모습을 닮은 돌 수십 개를 배에 싣고 돌아와서 석가산을 만들었다.
(余始至茶山之明年, 與文擧, 步自池亭, 至新婦𧯅, 轉至魚磯從者六七人, 潮水之所齧, 多恢譎奇詭之石, 人拾數十枚, 船載而歸, 遂作石假山.)

이러한 다산의 4가지 경치 외에도 다산의 12승(勝)을 노래한 「다암시첩」의 제5수도 바로 이 다조를 읊은 것이다. 다산이 산골에서 솟는 옹달샘물을 끌어다 만든 비류폭포가 있다. 다산은 이 폭포의 물을 연못으로 떨어지도록 하고서 이 풍경을 노래하였다.

산골에 찬 물소리
대(竹)밭을 흔드는데
봄볕은 뜰아래
한떨기 매화 가지에
스며드네.
아름다운 풍악소리
그 중에 있건만
아쉽다, 이 정(情)을
누구에게 말할 곳 없어
몇 번이나 앉았다
다시 일어나
이 뜰을 거니는고.

물줄기를 끌어와 홈통을 만들어
윤동환이 재현한 비류폭포

이처럼 다산이 다산초당으로 옮긴 뒤 주변을 아름답게 가꾸고 정비하는 일 외에도 동쪽과 서쪽에 두 암자를 지었다. 그리고 그곳에 서적 천여권을 쌓아 두고 스스로 즐기며 글을 지었다. 지금 그 흔적이 남아있지 않지만, 복원된 동암은 다산이 거처했던 곳으로 '송풍루'라 이름하기도 하였다. 모두 16편으로 된 송풍루잡시(松風樓雜詩)는 연구하는 일에 몰두하면서도 주변 환경의 변화를 잘 그리고 있다.

1.

산속에 사노라니 만사가 그저 한가로워
새로 얽은 띠 집이 두 칸은 된다네.
방은 겨우 병든 몸 누울만하고
들창은 푸른 산을 대하도록 뚫었다오
사계절 솔바람 소리 피리소리와 거문고 소리인듯
푸르른 바위들이 병풍이요 장막이지
2천권 서적이 쌓여 있기에
문에 들면 언제나 기쁜 얼굴 마주 본다오

山居無事不蕭閒
新縛茅庵只二間
製室僅堪容病骨
鑿窓聊可對青山
四時笙瑟松風響
一面屛帷石翠班
爲有縹緗二千卷
入門相見每歡顔

2.

산속에 사노라니 매사가 청빈해져
외물에 얽매임 끊어 이몸 하나뿐이라네.
타향은 내 땅이 아니라는 말 믿기지 않고
평지를 거닐면서 신선처럼 군다네.
약절구는 자주 찧어 이끼끼는 번거로움 없는데
차 달이는 일 드물어 화로에 먼지 끼었지.
법회를 아내 삼으니 참으로 즐거울 수 있다는데
부처님 말씀 다 허망하니 이 말은 진실이어라.

山居無事不清貧
物累消除只一身
未信他鄉非我土
好從平地作仙人
頻舂藥白煩無蘚
稀煮茶鑪靜有塵
法喜爲妻洵可樂
佛言皆妄此言眞

3.

산속에 사노라니 세상 물정에 어둡고 민첩하지 못해도
이내 한 몸 건강 살피기엔 여유있다네.
시냇가에 까치 울어야 일어나 자리 거두고
들까마귀 돌아간 뒤라야 책을 걷어치우네.
굽은 둑새로 늘려 대나무 옮길 계획이고
혼자서 제전(梯田) 일궈 채소 심기 힘쓰네.

山居無事不迂疎
康濟微軀也有餘
澗鵲噪時初斂簟
野鴉歸後始收書
新添曲塢謀移竹
自作梯田務種蔬

이 언덕에 주인 따로 있다고 말을 말라.　　休道斯丘別有主
비바람 덮어 가리면 그것이 내 집이리오.　　庇吾風雨是吾廬

4.

산에 사노라니 절조 굳게 지키지 못하지만　　山居無事不堅貞
귀양살이 하느라 처사라는 이름 도리어 온전하지　　流落猶全處士名
노루가 버젓이 길에 누워 노는 것보고　　見說游麞當路人
장끼도 섬돌에 올라오는 대로 버려두네.　　任他雊雉上階鳴
망건은 1년이면 세번쯤 쓸까 말까　　網巾一歲纏三著
짚신은 3년 가야 한 번 갈아서 신는다오.　　菲屨三年始一更
금마문(金馬門)이나 석거각(石渠閣)과도　　金馬石渠眞不換
참으로 바꾸지 않겠고
평생토록 노고만 하는게 어찌 경상(卿相)이요.　　盡生勞苦豈其卿

5.

산에 사노라니 정밀하지 못하니　　山居無事不精微
복희씨께 주역 건괘(乾卦) 발휘(發揮)의 뜻 묻고 싶네.　　欲向庖羲問發揮
생사의 요체 알아냄은 다른 길이 없으니　　要識死生無異路
영예와 욕됨이 본래 같은 기틀임을 아는 것일세　　方知榮辱本同機
창밖의 구름과 달빛 사이에 있으니　　一窓雲月閒田地
온 주변의 풍파에도 시비는 작아지네.　　市域風波小是非
사물의 타고난 본성을 즐기는 바가 다르니　　物性由來殊所樂
연못에서 뛰고 또한 하늘을 나는 재능을 본받네. 任敎淵躍飛又天飛

6.

산에 사노라니 그저 배회하며 소요하며　　山居無事不徜佯
발길이 골짜기와 연못에 다다르면 풍류와 운치 왕성하다. 步屧臨池逸興長

유자 껍질 때로 달여 병든 허파 씻어내고　時煮橘皮疏病肺
새로 빚은 솔잎 술로 마른 창자 축여주지　新醅松葉潤枯腸
영무자의 어리석음 미치기 어려움 자세히 알겠고　深知甯武愚難及
양주(楊朱)의 길도 괜찮음을 점차로 알겠더군.　漸識楊朱道不妨
소년시절 익혔던 습성 거두어 모아　收取少年閒習氣
여생일랑 참된 빛을 깊이깊이 간직하리.　且將餘日葆眞光

7.

산에 사노라니 떠들썩하지 않아　山居無事不婆娑
병들고 고생스러워도 태연히 시내 언덕 지킨다오.　邁軸夷然守澗阿
소옹(邵雍)해설 뜯어보며 혼자서 빙긋 웃고　邵易細評成獨笑
도잠(陶潛)의 시 낭송하니 노랫소리 높아지네.　陶詩朗讀當高歌
밤 깊으면 뜰에 비친 달빛 속에 천천히 발옮기고　夜深徐步中庭月
바람일면 큰 바다에 이는 물결 멀리 바라보네.　風起遙觀大海波
3백 권 저서는 부끄럽기 그지없는데　慚愧著書三百卷
많아야만 군자일까 많지 않아도 군자인 걸.　多乎君子不應多

8.

산에 사노라니 모든것이 속세를 떠나지 못해　山居無事不高超
절간의 규칙을 낱낱이 본뜬다오.　僧院規模細細描
솔이 차가워지자 사내가 불 지피고　土銼冷煙男子爨
추운 날 낫자루 들고 옛 사람은 나무했네.　木鉤寒日古人樵
새는 주머니 고량진 미로 채울것이 무엇이며　漏囊不用膏粱塞
곡식 포대 쓸만해도 찌꺼기만 차있네.　糟袋須合滓穢消
굶어죽은 시체가 금년에도 많은 구렁 메웠는데　餓莩今年塡萬壑
어떤 말로 조정에 보고하는지 모르겠구나.　不知何語報淸朝

9.

산에 사노라니 자연변화에 맡기지 않았으니
한번 듣고 아는 하늘 뒤엎지는 못하네.
가파른 골짝 따라 돌을 싸서 늑대 만들고
낭떠러지에 홈통 이어 물을 끌어 온다오.
소나무 사이 지름길로 손님들도 오가고
대밭의 서재에 꽃이 피고 진다네.
자연이 시키는 대로 살면 모든 일이 괜찮으니
세상에 무슨 일이 마음에 침범할 수 있으리요.

山居無事不安排
一聽之天勿打乖
疊石爲臺因斷墊
連筒引水自懸厓
客來客去松間徑
花落花開竹裏齋
任使自然都自好
世間何物可嬰懷

10.

산에 사노라니 여유롭게 지내지 못하는데
자나깨나 노래와 말 자유는 얻었다네.
벌써 10년 동안 그랬으나 참으로 쉽지 않고
비록 날을 잠잔들 누가 날 탓하리요.
고요 속에 사물 살피면 그림 아닌 것 없고
높은 곳에 집 지으면 이 또한 늑대라네.
세계래야 작기가 야자열매 같은데
누가 나를 이끌어다가 이 사이에 내던졌을까.

山居無事不優游
寐寤歌言得自由
已十年間誠未易
雖千日睡孰吾尤
靜中觀物無非畫
高處爲廬是亦樓
世界只如椰子小
問誰牽我此間投

11.

산에 사노라니 즐겁고 기쁘지는 않으나
경술이고 문장이고 아울러 거짓을 바로잡네.
사마장경(司馬長卿)이 참으로 쥐무리임은 이미 알았으나
전해 듣기에는 왕필이도 돼지 같은 놈이 되었다네.
실상 없이 겉치레만 꾸미면 큰 선비가 아니고
두건 찢으며 문벌 다투는 자 모두 썩은 선비라오.

山居無事不歡娛
經術文章併是迂
已識馬卿眞鼠輩
傳聞王弼作猪奴
雕花縷葉非豪士
裂幅爭門儘腐儒

가장 좋은 말은 유창(劉蒼)이 한 말이니　　　　只有劉蒼言最好
남은 인생 이밖에 무엇을 다시 바치리요.　　殘生此外更何須

12.

산에 사노라니 영웅호걸도 아닌지라　　　　山居無事不豪雄
굽이진 못과 모난 늪대 동쪽 서쪽 만들었네.　曲沼方臺西復東
심지어 대나무 1만 그루도 바다 장기 막아내고　種竹萬竿遮海瘴
남아있는 소나무 1천 그루로 자연의 바람 소리 듣는다네.　留松千樹聽天風
정신은 우 · 하 · 은 · 주(虞夏殷周)시대에 노닐고　神游虞夏殷周上
도道는 "주역 '의 건 · 공 · 비 · 태(乾坤否泰) 속에 있네　道在乾坤否泰中
귀족 집의 꼬마놈들 조잘대지 말지어다　紈袴小兒休哆口
덩그렇게 누운 영감 아득한 잠에 빠졌노라.　老夫高枕睡濛濛

13.

산에 사노라니 마음이 너그럽지 못하지만　　山居無事不寬恢
별 세상의 자연이 그림같이 열렸네.　　　　別界林泉似畫開
밝은 달은 스스로 이지러졌다 다시 차며　　明月自虧還自滿
흰구름은 때때로 갔다가는 또 온다오.　　　白雲時去又時來
차가운 시냇물소리 대숲 속에 들리고　　　寒聲澗到千苞竹
뜰앞 매화 한 그루엔 봄기운 남아있다.　　春意庭存一樹梅
이 속의 지극한 즐거움 말할 곳이 없어　　至樂在中無處說
맑은 밤이면 여러 번 일어나서 바장인 다오.　屢回清夜起徘徊

14

산에 사노라니 마음이 즐겁지는 않지만　　山居無事不怡情
편안하고 한가롭고 마음도 맑아진다.　　　自在安閒自在清
추위 더위 비바람에 나들이를 전혀 않고　　寒暑雨風都不出

새, 물고기, 동물, 식물과 함께 산다오.　飛潛動植與俱生
한 몸의 이로움과 해로움도 곰곰이 헤아려 보고　一身利害商量熟
천고의 역사도 정밀하게 살펴봤다오.　千古升沈閱驗精
근래에 세상을 관장하는 이들에게 시험 삼아 물건대　試問向來持世者
지금의 나와 누가 더 영화를 누린다고 하리오.　我今和汝執尊榮

15.

산에 사노라니 의기소침해지지 않아선지　山居無事不消沈
한해 저무는 산등성이 북쪽엔 눈이 깊이 쌓였네.　歲暮陰岡雪正深
문장이야 예쁘게도 화씨의 보옥처럼　文字可憐和氏璞
경륜은 벌써 고소(古昭)의 거문고로다.　經綸已作古昭琴
삼정승의 뜻쯤이야 전혀 흠모하지 않고　都無羨慕三公志
요임금과 순임금만을 오히려 따른다오.　猶有追攀二帝心
숨어 살 생각 더욱 굳어 울적한 마음없고　避世益堅无悶操
당대에 알아주는 사람 적은 것은 근심하지 않는다네.　不愁當代少知音

16.

산속에 살며 일없으나 따뜻이 지내지 못하나　山居無事不溫存
다만 솔바람 바스락거리는 소리 따뜻함 있지.　唯有松風籟籟暄
골짜기 하나 독차지하여 애오라지 속세에서 떠났고　一壑獨專聊絕俗
동암 서암 서로 대래 저절로 마을 이뤘네.　兩菴相對自成村
약초 씻는 아이따라 맑은시내 다다르고　隨兒洗藥臨淸磵
꽃 심는 종 살피러 다른 정원에도 이른다오.　看僕栽花到別園
고향으로 돌아가도 기쁘지만 머물러도 또한 즐거워　歸固欣然留亦樂
내가 살고 다니는 곳이 이 하늘 이 땅인 걸　我生行處此乾坤

이 밖에도 다산은 다산초당에서 마음 달래는 일을 세세히 시로서 남기고 있다.

상심락사첩(賞心樂事帖): 다산초당에서 마음 달래는 일

소나무 솔밭 흰 너럭바위는 평상이 되어	松壇白石牀
내가 거문고 타는 곳.	是我彈琴處
산중 나그네 거문고 걸고 돌아오면	山客掛琴歸
바람이 와서 거문고는 스스로 속삭인다.	風來絃自語

연꽃

연잎은 흙탕물 속에서 나와	荷葉泥中出
푸른 잎이 꼭 구부린 주먹 같구나	浮青曲似拳
다른 꽃들 다투어 터지기를 기다렸다가	待他花競綻
마주 보고 생긋이 웃어보이리	相對笑嫣然

물고기

연못 고기와 나는 서로 잊었으니	魚我兩相忘
누구에게 호상락(濠上樂)을 묻겠는가	問誰濠上觀
고기는 잠기어도 그 모습 또렷하고	其潛亦孔炤
작은 섬을 난간처럼 둘러놓았네.	小島環如欄

사슴

도 닦는 사람은 가슴을 깨끗이 씻고자 하는데	道人欲洗襟
한 줄기 샘은 신령스런 물줄기로구나.	一脉神泉液
사슴이 가끔와서	山鹿有時來
물을 마시고 진흙 발자국 찍고 갔네.	飮餘泥印跡

작약

우거진 녹음은 곳곳에 가득하고　　　　　　　冉冉綠滿地
고요히 꽃 소식 바람 바람에 불어오네.　　　　寥寥花信風
잠시 활짝 핀 작약꽃을 보니　　　　　　　　　須看勺藥怒
뜰위에 비친 꽃빛 붉기도 하구나.　　　　　　一墀照天紅

등나무

담쟁이 넝쿨길은 푸르러 가없는데　　　　　　蘿逕靑無際
지팡이 휘두르며 홀로 산에 오른다.　　　　　携笻獨上臺
지난봄 넝쿨을 다스리지 않아 무성하니　　　　經春母使蔓
혹시라도 사람이 올까봐 두려워하네.　　　　或恐有人來

돛단배

조수가 밀려드니 바다와 하늘이 탁 트이고　　乘潮海天濶
외로운 돛단배는 언제 돌아올는지 모르네.　　孤颿不知還
또 향기로운 수풀 밑에는　　　　　　　　　　且看芳林下
뱁새 둥지 틀고 온종일 한가롭다.　　　　　栖鷦盡日閑

매화나무

늙은매화 등걸을 베어냄은　　　　　　　　　斫却老梅樹
푸른새순을 보자 함이었는데　　　　　　　　要見嫩梢靑
가장 가지를 남겨 둔 것은　　　　　　　　　留下權椏處
기껏 술병 걸어 둘 마음이겠지　　　　　　　唯應挂酒瓶

돌절구

돌절구는 둥글어 물동이 같아　　　　　　　石臼團如盎
여덟아홉 말은 능히 넣겠네.　　　　　　　能容八九鍾

복령죽이나 새롭게 먹어보려고　　　　　新謀茯笭粥
한가히 노승에게 방아 찧게 하였지.　　　閑遣老僧舂

대나무
섬돌 옆 꽃결에 대나무를 심었더니　　　種竹鄰花砌
재빨리 꽃밭을 파고 들어버렸기에　　　侵花已走鞭
때마침 내린 단비에 힘입어　　　　　　會蒙新雨力
담장가에 옮겨 심어 울타리 겸하였네.　　移植響牆邊

*호상락(濠上樂): 장자와 혜시(惠施)가 징검다리 위[濠梁之上]에서 물고기의 즐거움에 대해서 토론을 벌인 이야기에서 유래된 물가의 즐거움을 뜻하는 말이다. '장자(莊子) 추수(秋水)'에 나온다.

품석정(石亭書)

장남호(張南湖)에서의 상심낙사(賞心樂事 보고 즐기는 마음과 즐거운 일)는 한미한 선비가 능히 할 수 있었던 일은 아니다. 그러나 간략하게나마 흉내 내어 그 정취를 구하고, 호사스러움을 탐하지만 않는다면 애당초 불가능한 일도 아닐 것이다.

이른 봄 매화가 꽃망울을 터뜨릴 때, 유운각(蕤芸閣)에서 매화 향을 맡는 모임은 첫 번째 아름다운 향연이다.

두 번째는 취성재(聚星齋)에서 홍도나무 꽃을 바라보는 일이며,

세 번째는 영풍요(迎風坳)의 모란 감상이다.

네 번째로는 만향단(蔓香壇)의 수국을 보는 일이며,

다섯 번째는 치자원(扈子園)의 작약 감상

다산초당 주변의 열두 곳 경관을
품석정 주인인 다산 정약용이 쓰다.

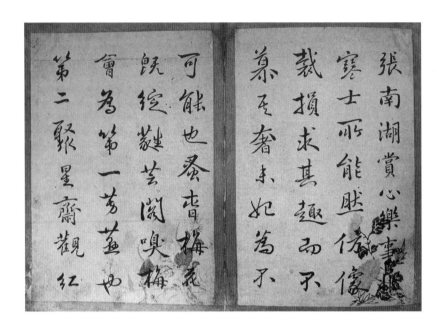

張南湖賞心樂事
寒士不能照倣像
裁損求其趣而不
慕乎奢�’如爲不
可能也榃杏梅花
旣絕難芚閣嘆梅
會爲第一芳氲也
第二聚星齋觀紅

여섯 번째는 고사곡(枯査谷)에서 새로 돋아난 죽순을 보는 것이다.
일곱 번째로는 율포(栗浦) 앞 강어귀의 고기잡이를 보는 일이며,
여덟 번째는 월고지(越姑池) 달밤에 배를 띄우는 것이고,
아홉 번째는 백련사(白蓮寺)의 단풍구경,
열 번째는 석문(石門)의 맑은샘에 나아가는 일이다.
열한 번째로는 합장암(合掌菴)에서 눈을 감상하는 것이고
열두 번째는 수정사(水精寺)의 얼어붙은 대나무를 보는 것이다.

매번 반드시 고기 몇 점에 술을 간소하게 마련하고, 몇 몇 거문고
피리를 갖추며, 단금(短琴)과 퉁소를 자리하게 한다.
손님과 벗 중에 시율(詩律)에 능숙한 사람들은 운자(韻字)를 나누
며 함께 시를 읊는다.

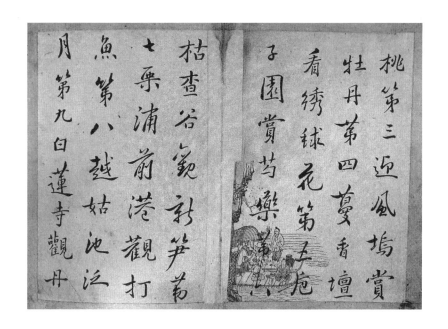

만약에 수박하며 시 읊는 것을 좋아하지 않는 사람은 오로지
맑게 담소하며 해학을 즐기면서 끝까지 함께 자리하는 것도 나
쁘지 않을 것이다.

배라도 띄우게 되면 노래하는 아이 몇 명을 두어서 술을 따르게
하고 회를 썰게 하여도 괜찮다. 이와 같이 하면 인생을 소요(逍遙)
하는 즐거움을 얻게 된다.

스스로 마음을 가다듬어 정신을 수양하면서, 풍류를 즐기며 운치
있는 삶을 누리게 되는 것이다.

품석정(品石亭) 주인이 다산(茶山)에서 쓰다.

張南湖賞心樂事 非寒士所能然仿像裁損
求其趣而不慕其奢 未始爲不可能也
蚤春梅花旣綻 蕤芸閣嗅梅會 爲第一芳燕也

第二 聚星齋 觀紅桃

第三 迎風塢 賞牡丹

第四 蔓香壇 看繡毬花

第五 厄子園 賞芍藥

第六 枯查谷 觀新笋

第七 桑浦前港 觀打魚

第八 越姑池 泛月

第九 白蓮寺 觀丹楓

第十 石門 臨淸泉

第十一 合掌菴 賞雪

第十二 水精寺 觀凍竹

每次 必略具 殽蔌酒 止數行絲竹 止短琴洞簫

賓朋有善爲詩律者 分韻共賦

若淳朴 不喜呻吟者 唯淸譚雅謔 以終席亦無傷也

至於泛舟 則有歌兒數人 使之行酒 斫膾亦可也

如是消搖爲歡 自可頤神養性 不失爲風流韻事也

　品石亭主人書于茶山

윤씨 가문의 헌신적 도움

1808년 순조 8년 봄, 정약용은 강진현 남쪽 만덕사(萬德寺) 서쪽에 자리 잡고 있던 윤단(尹慱: 필자의 6대 조부)의 산정(山亭)이 있는 다산(茶山)으로 거처를 옮겼다. 현재 강진군 도암면 귤동 뒷산이다. 귤동은 가을이면 노랗게 유자가 익어가던 아름다운 마을이었다. 이 마을의 귤림처사(橘林處士) 윤단이 속된 뜻을 두지 않고 한가롭게 천여권 장서를 갖추고 책을 읽으며 지낸 산 속의 정자가 '다산학'의 산실이 된 셈이다.

마흔 일곱 살이던 1808년 3월 16일부터 다산서옥(茶山書屋)에서 지었다는 시가 있는 것으로 보아, 그때부터 다산초당을 서옥(書屋)으로 여기며 본격적인 학문연구에 침잠했던 것으로 보인다. 당시 다산 정약용의 심경을 드러내고 있는 시 한 작품을 보면 다음과 같다.

사는 곳 정처없이 안개와 노을 따라다니는 몸　幽棲不定逐煙霞
더구나 다산이야 골짜기마다 차(茶) 나무로구나.　況乃茶山滿谷茶

하늘 멀리 바닷가 섬에는 때때로 돛이 뜨고	天遠汀洲時有帆
봄이 깊은 담장 안에는 여기저기 꽃이로구나.	春深院落自多花
싱싱한 새우무침 병난 사람 입에 맞고	鮮鮮蝦菜堪調病
못과 늪대는 초라해도 이만하면 살만하지	草草池臺好作家
흡족한 마음에도 근심은 있지만 내 분수에 넘치니	適意更愁微分濫
여기서 노닐며 서울 사람에게 자랑하지는 않으리라.	玆游莫向北人誇

'3월 16일 윤규로의 다산서옥에서 노닐며'라는 시 제목으로 보아 다산초당에서 지내면서 처음으로 지은 시로 보인다.

이렇듯 다산은 여유로운 주변 환경에 불안한 심경이 안정되고 자연스럽게 윤씨 일가와 친분이 두터워졌다. 그러면서 이 산정을 연구실로 삼아 저술 작업과 후진 양성을 계속했다. 전해지는 대로 이곳이야말로 다산학(茶山學)의 산실(産室)인 동시에 우리나라 근대 학문의 근원지임이 틀림없다.

이는 전적으로 다산의 외가인 귤동 마을의 해남 윤씨 일가의 극진한 보살핌과 배려에 의한 것이었다. 귤림처사였던 윤단의 아들이 '귤원(橘園)'이라는 호를 지녔던 윤규로(尹奎魯:1769~1837)였다. 이들 부자(父子)가 뜻을 모아 후손들에게 가르침을 베풀고자 정약용을 다산초당으로 모신 것이다.

정약용은 미련없이 읍내를 떠나 아름다운 경치와 생활의 안정이 보장되는 윤씨들의 산정(山亭)이었던 '다산초당'으로 거처를 옮겼다. 그런 후, 만여 그루의 차나무가 자생하고 있는 다산초당의 만덕산 산자락, 일명 '차동산'이라 부르는 지명에 연유하여 자신의 호를 '다산(茶山)'이라 이름하였다.

　다산은 구강포(강진만)의 아름다운 풍광을 벗 삼아 이곳에 대(臺)를 쌓고 연못을 파서, 꽃과 나무를 열 지어 심고 물을 끌어다가 비류폭포를 만들고 동쪽과 서쪽 암자를 수리하여 천여 권의 서책을 쌓아 놓고 저술활동에 매진하였다. 동시에 제자 양성에도 힘을 기울였다.

　절해고도 흑산도에 사고무친으로 유배되어 파도소리만 듣다가 쓸쓸하게 생을 마감한 다산의 형님 손암 정약전과는 사뭇 대조적이다.

　다산이 강학으로 자오하였던 18명의 제자 중 6명(윤종기, 종벽, 종삼, 종진 4형제와 종심, 종두 형제)이 윤단의 손자들이다. 이들은 다산이 유배가 풀린 뒤에도 제자의 도리를 다하며 스승의 학문을 계승하기 위해 노력을 게을리 하지 않았다. 매년 청명, 한식일이면 모여서 차를 만들어 구강포 나루에서 인편으로 다산에게 차를 보내는 정성을 잊지 않았다. 종진의 경우 다산의 생가, 남양주까지 직접 안부 인사를 갈 정도였다. 이 때 다산이 서로의 정을 잊지 못하고 다산초당에서의 생활을 그리워하는 문답서를 써 주었는데, 현재까지 귤동 해남윤씨 문중에 전해지고 있다.

　다산을 돕는 일에는 이웃 항촌(項村) 마을 윤씨 일가의 도움이 컸다. 나중에 다산의 사위가 된 윤창모의 할아버지 윤광택과 아버지인 윤서 유가 그들이다. 다산의 아버지가 처가(해남읍 연동마을)에 가는 중에 친구인 윤광택의 집에 들렀을 때, 소를 잡아 대접했다는 윤광택은 그 시대에 강진 일대에서 알아주는 부호였다. 그는 의협심이 강하고 기개가 큰 사람이었다. 다산은 윤광택의 인품을 그의 묘지명에 이렇게 적고 있다.

'벼슬하지 못하고 포의로 마쳤지만 사람됨이 침착하고 의지가 강했으며, 지용(智勇)이 비범했다. 千(천)이나 萬(만)의 재산을 모아 위급한 사람들에게 시하기를 즐겨했고, 빈객을 좋아하고 의기를 숭상했다. 나의 아버지(정재원)께서 화순현감으로 재직하실 때 백련동(白蓮洞: 다산의 외가마을)으로 놀러가면서 강진으로 경유하여 항촌의 농막으로 윤광택 공을 방문했다. 그런데, 즐겁게 이야기하면서 하룻밤을 새우고 시를 지어주고 이별했으니, 건륭 무술년(1778년)에 있었던 일이다.'

** 「산윤공묘지명(翁山尹公墓誌銘)」

다산보다는 두 살 아래인 윤광택의 아들 서유와는 선친들간의 인연으로 막역한 친구가 되어 일찍부터 다산 형제들과 교유가 있었다. 서유는 소년 시절 다산의 외가인 윤지충의 집에서 과거공부를 한 적이 있다. 또한 젊은 시절 서울로 유학하여 이가환과도 왕래하였으며, 다산 형제들과 어울려 과거공부를 하기도 했다. 이런 연유로 신유사옥 당시 윤서유도 강진의 감옥에 갇히는 수난을 당했다. 그러나 천주교에 관여한 사실이 없어 조사 후에 풀려났다.

감옥에 갇혔던 악몽이 채 가시기도 전에 다산은 장기현에 유배되었다가 강진으로 옮겨 왔다. 하지만 윤광택과 윤서유 부자는 유배 온 다산에게 술과 고기를 보내 위로하는 등 도움을 아끼지 않았다. 윤광택의 집에 있는 '조석루(朝夕樓)'에 관해 지은 글에 이들의 교유(交遊) 얼마나 두터웠는가가 잘 나타나 있다.

'내가 다산에 우거한 지 4년이 되는데, 언제나 꽃이 피면 산보를 나간다. 산의 오른쪽으로 고개를 하나 넘고 시내를 건너가

석문(石門)에서 바람을 쐬며, 용혈(龍穴)에서 쉬고, 청라곡(靑蘿谷)에서 물을 마시고, 농산(農山)에 있는 농막에서 잠을 잔 뒤에, 말을 타고 다산으로 돌아오는 것이 늘상 하던 일이다. 개보(皆甫, 尹書有)와 그의 사촌 동생 군보(群甫, 尹時有)가 술과 물고기를 가지고 와서 어떤 때에는 석문에서 기다렸고, 어떤 때는 용혈에서 기다리거나, 어떤 때는 청라곡에서 기다렸다. 이미 취하도록 마시고 배불리 먹은 뒤에는 그들과 함께 농산에 있는 농막에서 낮잠을 자는 것도 늘상 하던 일이다.

**「조석루기(朝夕樓記)」에서

이런 인연으로 다산은 1812년 외동딸을 윤서유의 아들인 윤창모 (昌模)와 혼인케 함으로써 두 집안은 사돈이 되었다. 윤서유는 다산의 권유에 따라 다산의 고향마을 가까이로 이사하여 서로 가깝게 지냈다. 다산의 주선에 힘입어 1816년 윤서유(53세)는 과거에 응시하여 문과에 급제까지 하였으며, 사간원 정언의 벼슬까지 오른다. 윤창모의 경우 다신계 계원 명단에는 들어있지 않지만, 다산초당에 글을 배운 제자들 중의 한사람이다. 장인인 다산의 가르침을 열심히 받아 진사과에 합격하는 영예를 얻었으며, 그의 아들 윤정기(다산의 외손자)는 어린시절부터 다산에게 글을 배워 당대의 뛰어난 학자가 되었다.

당시 남인 계통의 해남 윤씨 자제들을 중심으로 이루어진 18명의 우수한 제자들은 다산의 학문적 욕구를 자극하고 저술활동을 돕기에 충분했다. 다산학의 기반을 마련하였던 다산초당에서의 10년 유배 생활 뒤에는 겨우 그 이름만 알려지고 있는 해남 윤씨 일가와 18명 제자들을 빼놓고는 거론할 수 없다.

백성들의 고통에 눈물 흘리며

다산은 학문하기에 좋은 다산초당에서 참으로 많은 책을 지었다. 그를 가까이에서 본 제자들의 기록에 의하면, 다산은 너무도 오랫동안 한 곳에 앉아서 글을 썼기 때문에 엉덩이가 곪아서 앉을 수가 없었다고 했다. 그러자 다산은 벽에 선반을 만들어 놓고 서서 저술을 계속했고, 그러다가 오른쪽 팔꿈치에 옹이가 박혀서 오랫동안 고생을 하였다. 그는 한자가 생긴 이래 실로 세계적으로 가장 방대하고 훌륭한 저술을 남긴 위대한 학자였다. 또한 학문하는 틈틈이 시와 산문을 썼다. 그것은 학자로서 열심히 공부하였지만 문인으로서도 노력을 아끼지 않았음을 나타낸 것이다.

그가 남긴 작품으로는 시가 2,400여수, 산문이 15권이나 있다. 다산은 '글은 곧 사람이다'라는 생각으로 글을 썼다.

"문장을 쓰기 위해서는 먼저 교양과 학식을 닦은 후, 즉 내실을 쌓은 뒤에 쓸 수 있는 것이다. 그 내실은 마음으로 중화의 덕을 닦고 몸으로 충실한 행동을 하는데 두어야 한다. 또한 문학은 밖으로 구하는 것이 아니라, 안으로부터 우러나오는 것이어야 한다."라고 역설했다.

　다산의 작품 세계는 그 당시의 여러 선비들이 즐겨 노래했던 자연이나 사랑을 노래하지 않았고, 현실을 정직하게 바라보는 시각으로 어렵게 살아가는 농촌생활, 또는 백성들의 아픔을 노래한 것이 많았다.

　대표적 시가로 「탐진촌요」를 들 수 있는데, 이는 자주의식에서 발현된 작품으로 다산의 조선시론을 실천하는 대표적 시가의 하나이다. 당시의 사회상과 강진 탐진촌의 풍물을 보고 읊은 이 시는 당시 서울까지 유전되어 회자된 작품이기도 하다. 시제(詩題)에는 20수라고 되어 있으나 15수만 실려 있다. 「탐진촌요」와 「탐진어가」, 「탐진농가」는 「탐진악부」이다.

탐진촌요(耽津村謠)

다락은 얼룩지고 영마루에 돌만 총총 쌓였으니	樓犁嶺上石漸漸
나그네 걸음 멈추고 오래 서서 눈물 젖네.	長得行人淚洒沾
달아 남쪽일랑 비추지 마오 월출산이 보이누나	莫向月南瞻月出
봉우리마다 모두 도봉산처럼 뾰족하구나.	峰峰都似道峰尖

(월출산은 강진에 있고 도봉산은 양주에 있다: 月出山在康津 道峰在楊州)

동백나무잎들은 찬 기운에도 무성하고	山茶接葉冷童童
눈 속에서 학이마인 냥 붉게 꽃피었네.	雪裏花開鶴頂紅
갑인년(1794) 소금 비가 한 번 내린 후로부터	一自甲寅鹽雨後
주란 황유 모두 다 말라버렸네.	朱欒黃檸盡枯叢

해안에 참대나무백척(百尺)인냥 키 크구나	海岸賞蔭百尺高
이젠 낚시 배의 삿대감에도 맞지 않네.	如今不中釣船篙

원정은 날마다 죽순을 길러
세도 있는 집에다 죽력고를 만들어 바치네.

園丁日日培新笋
留作朱門竹瀝膏

성벽은 허물어져 쓸쓸한 언덕
황혼이 깃든 옛 성터에 들려오는 농악소리
해마다 나무 베어 섬마다 벌거숭이
청조루(聽潮樓) 중건할이 아무도 없구나.

崩城敗壁枕寒丘
鐃吹黃昏古礎頭
諸島年年空斫木
無人重建聽潮樓

물논엔 바람일고 보리밭엔 물결친다.
마당에서 보리타작할 때면 모내기철 일러라.
배추는 눈속에 새잎 돋아 파랗고
섣달에 깐 병아리 어린 털이 노오랗네.

水田風起麥波長
麥上場時稻揷秧
菘菜雪天新葉綠
鷄雛蠟月嫩毛黃

석제원(石梯院) 북쪽 길은 갈림길도 많을시고
옛부터 이 길에서 이별의 눈물 흘렸네.
문앞에 수양버들 쓸쓸도 해라.
비바람 찬서리에 다꺾이고 남은 가지 몇 가지뇨.

石梯院北路多岐
終古娘娘此別離
恨殺門前楊柳樹
炎霜摧折少餘枝

눈처럼 하얀 무명 베 한필두필 짜냈더니
고을원님몫이라고 아전들이 앗아가며
누전(漏田) 세금 또 내라고 성화같이 독촉하며
삼월 중순때 맞추어 세금 실은 배가 떠난다네.

棉布新治雪樣鮮
黃頭來博吏房錢
漏田督稅如星火
三月中旬道發船

완주산 황칠(黃漆)은 유리처럼 빛나는데
이 나무 진귀하다 천하에 소문났네.
지난해 임금께서 황칠 공남(公納)을 감해준 뒤
말랐던 이 나무에 새 가지 뻗어나네.

莞洲黃漆瑩琉璃
天下皆聞此樹奇
聖旨前年蠲貢額
春風髡椿又生枝

섬 오랑캐 총각 놈의 더벅머리 헝크러져 구름 같은데　　烏蠻總角髮如雲
삼창필법 아닌 글자 이상하게 써내네.　　　　　　　　　寫出三倉法外文
자바섬에서 너 왔느냐 여송(呂宋)에서 너 왔느냐　　　不是瓜圭應呂宋
장미꽃 옥합속엔 기이한 향기나네.　　　　　　　　　薔薇玉盒瀡奇芬

백련사 다락 앞에 흐르는 물 한결 같고　　　　　　　蓮寺樓前水一規
봄 조수 눈빛같아 절중방에 비쳤구나.　　　　　　　春潮如雪上門楣
이름난 절 모두 두륜사(頭輪寺)에 예속되고　　　　名藍總隸頭輪寺
서산대사 위한 말씀 어제비가 남아 있네.　　　　　爲有西山御製碑

마을 아동 글씨 공부 잘못써 지리멸렬　　　　　　　村童書法苦支離
점(點) 획(劃) 과(戈) 파(波) 모두가 제각각　　　　　點畫戈波箇箇歆
신지도는 예부터 서예의 고장　　　　　　　　　　筆苑舊開薪智島
명필이광사(李匡師)는 모든 이의 스승일세.　　　　掾房皆租李匡師

가시덤불 풀섶 속을 그 어느 해 길이 생겨　　　　荊棘何年一路開
누른 잔디 참대밭이 꽃처럼 아름답구나.　　　　　黃茅苦竹似珠雷
형방의 아전들이 급히 부르며 전하니　　　　　　刑房小吏傳呼急
틀림없이 서울서 귀양 손님 오는 게로구나.　　　知是京城謫客來

삼월송지(松地) 장에 마(馬)시장 열렸어라.　　　　三月松池馬市開
한필 오백 냥이면 천재 말을 골라잡네.　　　　　一駒五百揀天才
백총라자(白聰蘿子) 오총모는 그 어디서 나왔던고　白駿蘿子烏駿帽
모두가 한라산 기슭 목장에서 나온 것이라네.　　都自拏山牧裏來

옛날부터 벼슬길에 오르면 전복을 좋아하고　　　自古漸臺嗜鮪魚
산다(山茶)로 기름기 씻는단 말 빈말이 아니로다.　山茶濯膩語非虛

성중의 아전들이 방 안을 막 뒤지고   城中小吏房櫳內
왕에서 내리신 학사서(學書)를 아무렇게나 꽂아두네   偏插奎瀛學士書

도독부(都督府) 영(營)을 연지 이백년이 지나도록   都督開營二百年
섬 오랑캐 왜놈의 배는 다시 오지 못했어리.   皇夷不復繫倭船
진린(陳璘)의 사당앞엔 봄풀만이 우거져도   陳璘廟裏生春草
때때로 어촌 아낙네 돈 던지며 복을 비네.   漁女時投乞子錢

「탐진농가」는 탐진 농촌의 실생활을 실사한 악부시다. 토속어
인 반상, 돈모, 밥모를 차자(借字)하여 시어로 썼고, 또한 관리의
횡포를 증오하는 농민들의 심리를 묘사했다. 그리고 농사일에 대
한 방법이 고향인 경기도 소내와 다른데, 서로 좋은 점을 배우지
않는 것을 애석히 여겼다.

탐진농가(耽津農歌)

섣달 날씨 따스하여 순한 바람 눈개였네.   臘日風薰雪正晴
울밑 밭엔 이랴쯔쯔 텃밭 가는 소리   籬邊札札曳犁聲
주인 영감 지팡이 저으며 게으르다 머슴 꾸짖네.   主翁擲杖喚傭懶
올해는 두 번 갈이 이제야 한단 말이냐   今歲纔翻第二畊

벼벤 논에 물을 빼고 갈아 뒤져 보리 심어야지   稻田洩水須種麥
보리 익어 베어내면 곧바로 모내기 하세.   刈麥卽時還插秧
하루라도 태만하여 땅 기운을 쉬게 할 것인가   不肯一日休地力
사시사철 곡식자라 푸르고 누래지네.   四時嬗變色靑黃

한강 사이 논밭에선 두 발 남짓 큰가랜데   洌水之間丈二鍬

힘센 농부 힘을 모아 허리도 아프건만　　健夫齊力苦酸腰
남쪽 농부들은 짧은 삽이 쓰기 좋아　　南童隻手持短錨
밭이랑도 쉽게 치고 물대기도 수월하네.　容易治畦引灌遙

벼논에 김맬 적엔 호미 연장 쓰지 않고　鑢鎛從來不用鋤
두손으로 김을 매어 잡초 뿌리 뽑아내네.　手搴稂莠亦須除
김매는 농부 다리 거머리가 뜯어 뻘건 피 흐르네.　那將赤脚蜞鍼血
이 피로 그림 그려 임금님께 바쳐볼까　添繪銀臺遞奏書

모내기철모품팔이 아낙네들 좋아하여　秋雇家家婦女狂
보리 베는 반상일도 도을 생각 전혀 없네.　不會刈麥助盤床
이서방네 삯품 약속 장서방네 먼저 가며　輕違李約趨張召
모내기철 돈모심기 밥모보다 더 좋다네.　自是錢秧勝飯秧

권세있는 양반네 만냥 돈을 아낄소냐　豪家不惜萬緡錢
밀물 썰물 틈 보아서 제방공사 하여 보세.　疊石防潮趁月弦
옛적에 조개 잡던 갯벌에서 벼농사를 지어내니　舊拾蜂蠃今穫稻
어젯날 갯벌이 오늘날엔 좋은 옥답이구나.　由來瀉鹵是腴田

게으른 버릇으로 어찌 옥토를 가꿀 소냐　懶習眞從沃壤然
상놈은 늦잠자서 해가 높이 솟았구나.　上農猶復日高眠
느릅나무 술집에서 일꾼에게 때 늦다 꾸짖으니　檢陰醉罵移時歇
천천히 소 한 마리 끌고 한전 갈러 가네.　徐取一牛耕旱田

저수지에 물 가득해도 고기 아니 기르리라.　陂澤漫漫不養魚
아이들도 삼가 연뿌리도심지 말게 하리라.　兒童愼莫種芙蕖
연씨 열면 바치라는 관가 성화 어찌 하리　豈惟蓮子輸官裏

| 고기놀면 낚시하러 관리들 올까 두렵구나 | 兼怕官人暇日漁 |

대나무나 쇳가락으로 홀태를 만들어서	竹管鐵箸夾成丫
벼이삭을 손으로 훑어내니 손톱 모두 닳는구나.	一穗須經一手爬
북녘사람 벼타작은 볏단 묶어 한다 하니	北方打稻皆全稷
농사짓고 살아가기 너희보다 나으리라.	豪快眞堪向汝誇

간 곳마다 모래땅 목화심기 좋은 땅	處處沙田吉貝宜
옥천고을 봄 무명은 세상에서 제일 좋다네.	玉川春織最稱奇
녹독연장 어이 얻어 가볍게 굴어서	那將碌碡輕輕展
종자 고루 세워두고 바둑판처럼 가꿔보라.	落子調勻似置棋

「탐진어가는 탐진 어촌민들의 생활상과 수영(水營)의 횡포를 고발한 시다. 활선, 높새바람, 마파람, 세물, 네물, 까치놀, 지국총, 인정 등의 토속어를 시어로 쓴 악부시이다.

탐진어가(耽津漁歌)

출렁이는 봄 바다에 뱀장어 잡으려고	桂浪春水足鰻鱺
푸른 물결 헤치며 활선이 떠나간다.	撑取弓船漾碧漪
높새바람 높게 불제 항구를 떠나서	高鳥風高齊出港
마파람 불거든 가득 싣고 돌아온다네.	馬兒風緊足歸時

세 물이 자자네 물이 들제	三汛纏廻四汛來
까치노을 희뜩희뜩 구어대에 출렁인다.	鵲淒波沒舊漁臺
어부들은 복어잡이만 좋아하고	漁家只道江豚好
농어는 잡아야 안주감으로 모두 뺏기네.	盡放鱸魚博酒杯

관불바다에 비추어 아침 노을처럼 붉고
여기저기 어구들이 모래벌에 놓여 있네.
사람 그림자를 파도 속에 비추지 마라
신적호 큰 상어가 잡아당길까 두렵구나.

추자도 장사배 고달도에 닿았는데
제주도 산대 모자를 가득 싣고 닿았다네.
비록 돈 많고 물건 많아 장사 잘 된다하나
사나운 파도소리 마음 편할 날이 없네.

계집애들 재잘거리며 물가에 모여드네.
바다의 계집애들 오늘 헤엄 시합 있다네.
저 중에서 어느 누가 오리처럼 헤엄 잘 하나
남포마을 신랑감이 혼수감을 보낸다네.

높은 분 갓신 끌고 나루터로 돌아가며
선첩일랑 금년부터 선혜청서 받으라네.
고기잡이 어부생활 살기 좋다 말 마오.
하찮은 어구마저 빼지 않고 적어가네.

둥둥둥 북소리 울리며 조선이 먼저 떠날 제
지국총 지국총 노래소리만 들리네.
수신을 모신 제단 앞에 모두 절하면서
칠산품아 순하게 불라고 맘속으로 기도하네.

어촌에서 먹는 생선 낙지국 뿐이네.
붉은 새우와 큰 조개는 몇 번이나 먹었는고.

松燈照水似朝霞
鱗次筒兒植淺沙
莫遣波心人影墮
怕他句引赤胡鯊

楸洲船到獺洲淹
滿載耽羅竹帽簷
縱道錢多能善賈
鯨波無處得安恬

兒女脘脘簇水頭
阿孃今日試新泅
就中那箇花鳥沒
南浦新郎納綵紬

瓜皮革履滿回汀
船帖今年受惠廳
莫道魚蠻生理好
桑公不赦小答答

綜船初發鼓鼕鼕
歌曲唯聞指掬蔥
齊到水神祠下伏
默祈吹順七山風

漁家都喫絡蹄羹
不數紅蝦與綠蟶

채소는 크지 않아 앙징스런 연봉 오리 같고　　澹菜燴如蓮子小
동쪽으로 돛을 향하여라 울릉도로 가자꾸나.　治帆東向鬱陵行

육방관 아전들 기세 높아 동헌대청 늘러보고　橡閣嵯峨壓政軒
주패를 내돌리며 날마다 어촌 찾네.　　　　朱牌日日到漁村
많이도 내린 관첩 진짜가짜 어찌 알까　　　休將帖子分眞贗
관자는 예로부터 무섭기가 호랑이문　　　　官裏由來虎守門

궁복포 앞바다엔 나무 가득 실은 배　　　　弓福浦前柴滿船
황장목 한 그루면 천냥 돈이 나간다오.　　　黃腸一樹直千錢
수영청 방자놈 뇌물 두둑이 받아 먹고　　　水營房子人情厚
남쪽 연못가 수양버들 그늘 아래 술 취해 누워있네.　醉臥南塘垂柳邊

* 황장목은 임금의 관(棺)을 만드는데 쓰는 소나무를 칭한다.

　다산의 시 중 '남근을 잘라버린 슬픔' 역시 백성들의 고통에 눈물 흘리는 유배지의 슬픈 노래로서 대표적인 것이라 할 수 있다.
　다산이 계해년(1803) 가을 강진에 있을 때 지은 것이다. 갈밭마을에 사는 백성이 아이를 낳은 지 사흘 만에 군포에 올라갔고 군포를 내지 못하자 아전이 군포 대신 소를 빼앗아 가자, 산모의 남편이 칼을 뽑아 자신의 남근을 잘라버리면서 "나는 이 물건 때문에 이런 곤액을 받는구나."라 하였다.
　그 아내가 피가 뚝뚝 떨어지는 남근을 가지고 관청에 가서 울면서 그 억울함을 호소하였더니 문지기가 막아버렸다.
　흉년이 휩쓸어 백성들은 굶어 죽어가고 있는데, 수령들은 진휼은 고사하고 갖가지 방법으로 굶주린 백성들을 쥐어짰다. 그 중에서도 군포는 백성들의 뼈를 깎는 병폐가 되고 있었음을 나타냈다.

　다산은 군포 때문에 생식기를 잘라 버린 가난한 농부의 마음을 '애절양(哀絶陽)'이라 하여 시로 지었다.

애절양(哀絶陽) : 양기를 자른 서러움

갈밭마을 젊은 여인 울음도 서러워라	蘆田少婦哭聲長
관아의 문으로 달려가며 하늘을 향해 울부짖네.	哭向縣門號穹蒼
전쟁 나간 지아비 못 돌아올 수는 있어도	夫征不復尙可有
예로부터 제남근 잘랐단 말 들어본적 없다네.	自古未聞男絶陽
시아버지 벌써 죽었고 갓난아이는	舅喪已縞兒未澡
배냇물조차 안 말랐는데	
삼대(三代)의 이름 모두 군적에 올라있네.	三代名簽在軍保
몇 마디 하소연하려 가니 호랑이 문지기 버리고 섰고	薄言往想虎守閣
이정(里正)은 호통쳐가며 외양간 소를 끌고 갔네.	里正砲喉牛去皁
칼을 갈아 방안으로 뛰어들자 자리엔 피가 흥건	磨刀入房血滿席
자식 낳아 곤경에 처한 일을 스스로 한탄하네.	自恨生兒遭窘厄
도대체 무슨 죄로 *잠실음형(蠶室淫刑) 당하는가	蠶室淫刑豈有辜
*민(閩)땅 자식 거세도 역시 슬픈 일인데	閩囝去勢良亦慽
자식 낳고 사는 이치 하늘이 정했고	生生之理天所予
건도(乾道)로 아들 되고 곤도(坤道)로 딸 되는 법	乾道成男坤道女
거세한 말과 돼지도 서럽다 할 만한데	騙馬豬豕猶云悲
하물며 대를 이어갈 생민들이야 오죽하리	況乃生民思繼序
부잣집 한해 내내 풍류나 즐기며	豪家終歲奏管弦
낟알 한 톨비단 한치 바치는 일 없구나.	粒米寸帛無所捐
다 같은 어린 백성 차별은 웬일인가.	均吾赤子何厚薄
창가에 앉아서 *시구편(鳲鳩篇)만 거듭 읊네.	客窓重誦鳲鳩篇

*잠실음형(蠶室淫刑): 극형 가운데 하나이다. 옛날에 음행이 있는 자는 궁형
(宮刑)으로 거세(去勢)하고 상처가 바람 쏘이지 않고 잘 아물도록 하기 위하
여 밀폐된 방에 가두었다. 이 방이 잠실(蠶室)이다. "한서(漢書) 무제기(武帝
紀)"에 나온다.
*민(閩) 땅의 사람들은 자식을 건(囝), 아버지는 낭파(郎罷)라고 불렀는데, 당
나라 때 그곳 자식들을 환관으로 썼기 때문에 부호한 자들이 많아, 그곳 사람들
은 자식을 낳으면 바로 거세를 했다고 한다. "청상잡기(靑箱雜記)"에 나온다.
*시구편(鳲鳩篇): "시경 조풍(曹風)"의 편명으로, 재위자(在位者)중에 군자가
없음과 또 그 용심이 일정하지 못함을 풍자한 시다.

　　또한 다산은 뇌공의 벼락도끼를 얻어내어 탐관오리를 죽이고,
용광로에 쓸어 넣어야만 국가와 백성이 생존할 수 있다는 우국애민
의 정을 소나무를 죽인 송충이에 비유하여 시로써 기술하고 있다.
　　이 시에서 천관산은 국가를, 소나무는 백성을, 송충이는 탐관
오리를 상징한다.

송충이

그대는 보지 못했는가 천관산에	君不見天冠山中滿山松
가득한 소나무를	
천그루 만그루가 온 산봉우리를 덮었음을	千樹萬樹被衆峯
어찌 울창한 노송들만 있을 뿐인가	豈惟老大鬱蒼勁
어여쁜 어린 솔도 총총히 돋았는데	每憐稚小羅丰茸
하룻밤 사이 요사스런 송충이	一夜沴蟲塞天地
온 산에 가득 퍼져	
소나무 갉아 먹길 떡 먹듯이 했구나	衆喙食松如養饕
어릴 때도 살빛 검어 추악하고 밉더니	初生醜惡肌肉黑
자랄수록 금빛 털 붉은 반점 번성하여	漸出金毛赤斑滋頑兇

흉측하구나

처음에 바늘 같은 솔잎 갉아 진액을 말리더니   始㗌葉針竭津液

나중엔 살과 껍질을 씹어 먹어 깊은   轉齧膚革成瘡癘
상처 남겼구나

소나무들 갈수록 말라서 가지 하나   松日枯槁不敢一枝動
움직이지 못하더니

서 있는 채로 죽으니 어찌 그런 법이   直立而死何其恭
있을 수 있으리요

옴붙은 가지와 문둥병 걸린 가지 쓸쓸히   瘰柯癩幹凄相向
서로 향하고 있으나

시원한 바람소리 무성한 그늘을   爽籟茂樾嗟何從
아! 어디서 찾을까

소나무 이 세상에 생겨날 때 깊은 뜻   天之生松深心在
있었기에

일년 사철 곱게 키워 한 겨울도 몰랐었지   四時護育無大冬
은총을 두텁게 받아 뭇 나무보다 뛰어났기에   寵光隆渥出衆木

복사꽃 오얏꽃의 화려함과 비길까   況與桃李爭華穠

대궐이 기울고 무너진다면   太室明堂若傾圮

들보 되고 기둥 되어 조정에 들어왔고   與作脩梁蠹棟來朝宗

섬 오랑캐 달려들 때엔   漆齒流求若隳突

날쌔고 큰 전함되어 앞장서서 적의 예기   與作艨艟巨艦摧前鋒
꺾어 놓았지

송충이 네놈 사욕으로 이토록 말라버려   汝今私慾恣殄瘁
분노가 치밀어 말이 막히네.   我欲言之氣上衝

어찌하면 뇌공(雷公)의 벼락도끼얻어 내어   安得雷公霹靂斧
네놈들의 무리들을 모조리 잡아다가
타오르는 시뻘건 큰 화로에   盡將汝族秉畀炎火洪鑪鎔
처넣어 없애버릴꼬.

　　또한 스님들은 소나무를 가꾸기 위해 땔나무도 아까워서 찬밥을
먹었고, 밤 순찰도 열심히 돌면서 정성스럽게 소나무를 가꾸었다.
　　그러나 관가에서는 왜구를 막는 배를 만든다며 몽땅 베어갔다.
그리고는 느닷없이 백련사에 들이닥쳐서는 남벌을 하였다고 다
그치며 중들을 매질했다는 것이다.
　　이를 본 아암은 장차의 화근을 없애기 위해 어린 소나무를 뽑아
버리고 산문을 닫아 버리겠다고 다산에게 하소연하였다.
　　이 이야기를 들은 다산은 「승발송행(僧拔松行)」이라는 시를 썼다.
어린 소나무가 자라면 또 이런 꼴을 보게 되니, 관가의 성화를 미리
피하기 위해 스님이 일삼아 어린 소나무를 뽑고 산문을 닫겠다는
내용이다.

솔 뽑는 중

백련사(白蓮寺) 서쪽 산에   白蓮寺西石廩峰
백련사를 지키던 중 하나가 애솔을 뽑는구나.   有僧彳丁行拔松

어린 솔 돋아나서 겨우 두 세치인데   穉松出地纔數寸
여린 줄기 연한 잎 무성히 자라는데   嫩榦柔葉何丰茸

어린 아이 기르듯 잘 돌봐야   嬰孩直須深愛護

자라서 큰 재목이 될 터인데 　　　　　　老大況復成虬龍

어이하여 눈에 띄는 대로 모조리 뽑아버려 　　胡爲觸目皆拔去
싹도 씨도 남기지 않고 없애려는가. 　　　　絶其萌櫱湛其宗

부지런한 농부가 호미질 보습질하여 　　　有如田翁荷鋤携長欃
밭고랑 돋아나는 모진 잡초매듯이 　　　　力除稂莠勤爲農

향정(鄕亭)의 아전들이 길을 닦느라 　　　又如鄕亭小吏治官
道
가시덤불 베어 내어 길을 내듯이 　　　　斬伐茨棘通人蹤

손숙오(孫叔敖)가 어릴 적에 음덕(陰德) 닦느라 又如蓀敖兒時樹陰德
길가의 독사를 잡아 죽이듯이 　　　　　道逢毒蛇殲殘凶

붉은 머리 산발한 괴이한 산 귀신이 　　又如鬖髿怪鬼披赤髮
구천그루 나무를 잡아채듯 모조리 뽑는구나. 拔木九千聲訩訩

중을 불러 그 까닭을 물으니 　　　　　招僧至前問其意
목이 메어 말 못하고 눈물만 맺히네 　　僧咽不語淚如霡

이산에 솔 기르기 얼마나 애썼던가 　　此山養松昔勤苦
스님 상좌할 것없이 성심껏 가꿨는데 　　闍梨苾萬遵約恭

땔나무도 아까워서 찬밥으로 끼니 하고 　惜薪有時餐冷飯
새벽종 울 때까지 밤순찰도 하였으니 　巡山直至鳴晨鍾

고을 성안 나무꾼도 감히 접근 못하는데　　　邑中之樵不敢近
마을 사람도끼질 얼씬이나 하였던가　　　　　況乃村斧淬其鋒

수영(水營) 소교(小校) 달려와서 사또 분부내렸노라.　水營小校聞將令
땅벌 같은 기세로 문 안에 들이닥쳐　　　　　入門下馬氣如蜂

지난해 폭풍우에 절로 꺾인 소나무를　　　　枉捉前年風折木
중보고 꺾었다고 매질을 하였다네.　　　　　謂僧犯法撞其胸

하늘보고 호소해도 치미는 화 안 삭지만　　僧呼蒼天怒不息
절간 돈 만냥 주고 겨우 미봉하였다네.　　　行錢一萬纏彌縫

올 들어 솔 베어선 항구로 내가면서　　　　今年斫松出港口
커다란 배 만들어 왜놈 방비한다더니　　　　爲言備倭造艨艟

조각배 한 척도 만들지 않고　　　　　　　一葉之舟且不製
벌거숭이 산만 남아 옛 모습 볼 수 없네.　　只赭我山無舊容

이 소나무 어리지만 그냥 두면 크게 되니　此松雖穉留則大
화근을 뽑아야지 부지런히 뽑아야지　　　　拔出禍根那得慵

이로부터 솔 뽑기를 솔 심듯이 하였도다.　自今課拔如果種
잡목이나 남겨 두어 겨울채비나 하리라.　　猶殘雜木聊禦冬

오늘 아침 관첩(官帖) 내려 비지(榧子)따서 바치라니　官帖朝來索榧子
비자나무마저 뽑고 산문(山門)을 닫으리라.　　且拔此木山門封

황칠나무에서 채취한 진액은 당시 목재나 종이 등에 사용하는 최고급 칠감으로서 귀한 공납물품이었다. 백성들은 황칠나무의 진액을 받느라 고통이 많았다. 백성들은 이러한 공납의 고통을 견디다 못해 몰래 화근인 황칠나무를 베어버린다면서 관리들의 횡포를 고발하였다.

황칠나무

그대는 아니 보았는가.	君不見
궁복산에 가득한 황칠나무를	弓福山中滿山黃
금빛 액 말고 고와 반짝반짝 빛이 나네.	金泥瀅潔生蘔光
껍질 벗겨진 액을 받아 황칠로 사용하니	割皮取汁如取漆
아름드리 나무에서 겨우 한 종지가 되는구나.	拱把橙殘繞濫觴

상자에 칠하니 윤기나 검붉은 빛 없어지네.	匱箱潤色奪紫碧
치자와 황금을 어찌 견줄 수 있으랴	梔子腐腸那得方
서예가의 경황지(硬黃紙)로 하여 더 좋으니	書家硬黃尤絶妙
납지(蠟紙), 양각(羊角) 모두 무색하여 숨어버리는구나.	蠟紙羊角皆退藏

황칠나무 명성이 천하에 자자해서	此樹名聲達天下
항상 모든 사람 서로 가지려 하는구나.	博物往往收遺芳
해마다 황칠을 바치기 위해	貢苞年年輪匠作
서사(胥史)들의 농간을 막아낼 수 없구나.	胥吏徵求奸莫防

황칠나무는 지방민을 괴롭히는 못된 나무라고 하면서	土人指樹爲惡木
밤마다 도끼로 몰래 베어버리는구나.	每夜村斧潛來戕
임금께서 지난 봄 황칠 공납 면해준 뒤	聖旨前春許蠲免

죽은 나무 다시 물기 오르니 참으로 기이하구나.　零陵復乳眞奇祥

바람불어 비가 오니 죽은 나무 싹이 나고　風吹雨潤長髡林
나뭇가지 무성하여 푸른 하늘에 어울리네.　權榿擢秀交青蒼

　다산이 귀양 온 지 3년이 되자 어느 정도 마음의 안정을 찾았
다. 그 덕분에 그는 남녘의 농촌 풍경을 평온한 마음으로 흥겹게
노래하고 있다.

늦봄의 농촌

비 그친 방죽이 조금은 서늘해지고　　　雨歇陂池勒小涼
늦은 봄바람 멈추니 해도 점점 길어진다.　棟花風定日初長
하룻밤 사이 보리 이삭 불쑥 자라서　　麥芒一夜都抽了
평원의 풀들은 푸른 빛이 줄어드네.　　減却平原草綠光
흙탕물 물결 무늬 푸른 신발 출렁이고　泥水漪紋漾碧靴
두레박은 한가롭게 우물가에 누웠구나.　楔榫閒臥井邊莎
서쪽마을 누런 송아지도 봄이 오니 굳세져서　西鄰黃犢春來健
써레를 새로 메우고 논바닥을 고른다.　　新服平畦入齒耙
꾸지뽕은 싹이 돋고 노상(魯桑)은 잎이 피고　荊桑芽吐魯桑舒
누에새끼 고물고물 껍질 벗고 나온다.　　蝦子纖纖出殼初
이제부터 아낙네들 밤낮 없이 길쌈하느라　從此女紅爭日夜
작은 아씨 일찍 일어나 머리도 벗지 못하네.　小姑朝起廢粧梳

다산은 가족과 친척을 그리워하며 편지 쓰듯 시로서 안부를 물었다. 이 시에는 친척들에 대한 정이 각별하고 진솔하게 배어 있다.

일곱가지 그리움

둘째아버님

아직도 생각나네 이교(坭橋) 주막에서	尙憶坭橋店
문에 다가서자 콧물과 눈물 뒤엉켰어요.	臨門涕泗橫
농사짓는 일 뒷날을 도모함이요.	田園他日計
묘소 찾음은 노년에도 생각키는 정이로다.	丘墓晚年情
보내주신 글자에서 시력은 짐작되고	眼力徵來字
옛날 모습으로 눈썹은 있겠지요.	眉毫憶舊莖
집이 너무나 낮고 작지만	茅齋絶低小
누을 만한 실이라 일부러 부른다지요	堪臥强爲名

막내아버님

새로 옮겨 사시는 가곡은	稼谷新移處
어천마을에 비교하여 무엇이 나은지요.	漁川較孰贏
나라를 떠나듯이 떠도시더니	長嘯一沾纓
나이들자 형님에게 의지하시네.	流離如去國
땅이 넓으면 농사지어 넉넉하나	衰晚欲依兄
산이 깊으면 세상 물정엔 어둡지요.	土廣饒農事
처량한 몇 줄의 서찰을 받고	山深遠物情
큰소리로 부르짖으며 눈물 흘려 갓끈 적셨어요.	凄涼數行札

큰형님

쓸쓸한 강마을 집에서   寥落江山屋
고독하게 근심하며 늙은 몸이 되셨구려.   縈孤獨老身
인간 세상에 아우가 있다지만   人間猶有弟
마을 속엔 오히려 아무도 없어   村裏更無親
제사 지내는 의식이야 생략되어도   祭祀儀文略
고향집의 기색은 새롭겠지요.   池臺氣色新
다만 바라건대 오래도록 사시어   但敎年壽永
이생에 형제 인연 다시 한번 맺읍시다. 重結此生因

둘째형님

아아! 경세재민의 재주지니고   嗟哉經濟手
늙도록 고기잡이 신세라니요.   投老作漁郎
뗏목이 나타야지 탄식하던 공자님 잘못 배우고   枉學乘桴叟
길이 쇠치던 사양자를 사모했지요.   長懷擊磬襄
가는 곳마다 고래가 나타나고   鯨鯢隨地見
도깨비들 사람 쫓느라 바쁘다지요.   魍魅逐人忙
아직도 생각나는 건 정조 임금께서 살아 계실 때 尚憶先王日
재상감이 틀림없다고 인정하던 일이리오.   丁寧許廟堂

아우 약황

아버님께서 두셨던 여벌 아들   先人有餘子
늙도록 늘 너를 사랑했었지   垂暮每憐渠
충주 가는 길을 벌써 알고서   已識忠州路
늙은 어머니 모시고 살겠다 했었는데   能將老母居
옛날에 보기로는 그림 그리 길 몹시 좋아했으나   舊看多畫癖

지금엔 의서를 읽으라 권하고 싶구나.　　　今勸讀醫書
의지할 곳 없는 두 누이 동생은　　　零丁有二妹
죽었느냐 살아 있느냐 근황이 어떻더냐.　存沒近何如

두 아들

두 아들 조정에 있을만한 인재들인데　　　二子金閨器
꺾이고 파괴되어 집만 지키네.　　　摧殘守敝廬
일생동안 눈에선 두 줄기 눈물흐르고　百年雙淚眼
석달 만에 보내는 서신 한 통　　　三月一封書
부지런히 힘써 보리 거두고　　　勤力謀收麥
쓸쓸하더라도 채소심는법 배우거라.　凄涼學種蔬
복희 문왕의 오랜 성학을　　　羲文舊心法
너희 아니면 누가 나의 학문을 이어가겠나.　微爾孰宗余

조카들

몸은 진퇴양난의 형편에 놓인 운명이지만　身值屯邅運
가문에는 준수한 남자가 태어나　　　家生俊邁郎
독서하는 소리 늘 또랑또랑하고　讀書常了了
시부(詩賦)도 벌써 무성히 짓는구나.　作賦已蒼蒼
뜻은 늘 크고 굳세게 지니고　　　志每依渠壯
몸뚱이는 마땅히 나처럼은 크려무나　軀應似我長
애들 추키는 버릇이 있어서가 아니라　譽兒非有癖
늙을수록 잊기가 더 어렵구나.　垂老奈難忘

1804년 겨울, 큰 아들 학연(學淵)이 찾아왔다. 그러나 먹을 것이
없어 한탄하였다. 부자는 손을 잡고 정처 없이 발길을 옮긴 곳이

보은산방이었다. 그는 이곳에 머물면서 모든 것을 인내하면서 아들에게 「주역」과 「예기」를 가르쳤다. 밥을 빌어야 했던 아픔도 기록되어 있다. 아들의 질문에 답하고, 질문한 것을 모아 '승암문답(僧菴問答)' 52조목을 작성하였다.

다산은 보은 산방에서 학연과 함께 지내면서 이렇게 시를 지었다.

객이 와 내 문을 두드리기에	客來叩我戶
자세히 보니 바로 내 자식이구나.	熟視乃吾兒
수염이 더부룩이 자랐는데	須髥鬱蒼古
생긴 모습을 보니 그래도 알아볼 만하네.	眉目差可知
너 너댓 살 시절을 생각하면	憶汝四五載
꿈에서도 늘 아름다웠었다.	夢見每丰姿
장부(壯夫)가 갑자기 앞에서 절을 하니	壯夫猝前拜
어색하고 정(情)도 가지 않아	窘塞情不怡
형편은 감히 묻지도 못하고	未敢問有沒
우물우물 시간만 끌었구나.	囁嚅爲稍遲
*포견(袍繭)은 황토 범벅이 되었는데	黃泥滿袍繭
허리뼈라도 다치지나 않았는지	骨骼得无虧
종을 불러 말 모양을 보았더니	呼奴視馬貌
당나귀에 갈기가 났네.	大抵驢矇而鬐
내가 성내 꾸짖을까봐서	恐吾有咄罵
좋은 말로 탈만하다고 하는구나.	好言云可騎
말은 안 해도 속이 얼마나 비참한지	默然中慘惻
언짢은데다 맥이 확 풀렸네.	頓今心氣衰
억지로 웃으며 말을 또 꺼내	黽勉作言笑
농사에 대해 조금씩 물어보았더니	漸及園圃思
밤나무는 해마다 증가하고	茅栗歲有增

옻나무도 날이 갈수록 번성하며 　　　　漆林日已滋

배추 겨자도 몇 이랑 심었는데 　　　　菘芥種幾畦

마늘은 어떨지 몰라 　　　　葫蒜宜不宜

금년에야 마늘을 심었더니 　　　　今年蒔葫蒜

마늘 크기가 배만큼 커서 　　　　葫蒜大如梨

산골 저자에 마늘을 내다 팔고 　　　　山市粥葫蒜

그것으로 여기 오는 노자를 마련했다네. 　　　　以玆充行資

처절하고 처절하여 　　　　悽切復悽切

그만두고 다른 말을 꺼내기로 했네. 　　　　且置起他辭

지난 시절 낭패 당하던 초기에 　　　　憶昨狼狽初

책들은 남은게 없이 다 없어지고 　　　　典籍蕩無遺

왕의 친필도 더러 잃어버렸는데 　　　　宸翰或見逸

그 나머지야 찾아 뭘 할 것인가. 　　　　自餘何足追

세상에 빛나는 그 십삼경(十三經)은 　　　　赫赫十三經

집안사람들이 희귀한 보물이라고 했고 　　　　宗族嗔稀奇

죄 없는 대경도(代耕圖)와 　　　　無罪代耕圖

잘못없는 항성의(恒星儀)까지도 　　　　不辜恒星儀

밤중에 모두 불타 없어져 　　　　中宵有焚滅

이웃 사이에 의심만 더 했지 　　　　柢益隣里疑

찬연한 한서선(漢書選)은 　　　　煌煌漢書選

그 위기를 요행히 면했지만 　　　　倖免何其危

뼛속이 시리도록 아파 통곡하였네. 　　　　痛哭骨髓酸

임금의 뜻 여기에 있었는가. 　　　　至意良在玆

막바지 바다까지 떠내려와서 　　　　漂流抵窮海

아무리 생각해도 돌아갈 기약 영영 없네. 　　　　記憶永無期

날씨는 춥고 바람은 거세니 　　　　天寒多勁風

대나무 소리마저 참으로 슬프구나. 　　　　苦竹聲正悲

유배객에게 한 입 더 보태졌으니 　　　　旅瑣添口吻

지혜만으론 굶주림을 달랠 길 없어　　　　　智慧不救飢
손을 맞잡고 산으로 올라왔으나　　　　　　　攜手上山岡
나와 너 갈 곳이 어디란 말이냐.　　　　　　吾與汝何之
복잡한 마음으로 언덕을 내려보니　　　　　錯綜見丘阿
드넓게 뻗쳐 *천지(天池)에 닿았네.　　　　　浩蕩臨天池
기구하게 절을 찾아들어　　　　　　　　　　奇嶇到僧院
구걸하는 이 모양, 비굴하기 짝이 없어라.　丐乞顏色卑
다행히도 반 칸짜리 방을 빌어　　　　　　　幸借房半間
*삼시(三時) 종소리 함께 듣는구나.　　　　　共聽鐘三時
응달쪽엔 싸라기눈깔려 있고　　　　　　　　淺雪糝陰阪
낮은 가지엔 단풍든 잎도 붙었네.　　　　　紅葉栖低枝
날리는 샘물 장대를 타고 떨어져　　　　　　飛泉裊竹竿
세수든 빨래든 마음대로 할 수 있네.　　　　盥濯隨意為
동백은 일찍 꽃을 피워　　　　　　　　　　山茶放早花
나에게 시 소재를 제공하는데　　　　　　　復足充吾詩
잡서들은 다 그저 그렇지만　　　　　　　　雜書皆汗漫
주역만은 손을 놓지 않는단다.　　　　　　　周易唯相隨
인생은 약한 풀과 같은 것　　　　　　　　　人生如弱草
하물며 너무 늙고 피곤하기만 한데　　　　況乃劇衰疲
하루아침에 풀의 이슬처럼 말라버리면　　　草露一朝晞
그 뜻을 누가 있어 알아줄 것인가.　　　　此意知者誰
내 지금 너에게 읽어주나니　　　　　　　　吾今授汝讀
돌아가면 네 아우의 스승이 되어라　　　　歸爲汝弟師

*포견(袍繭): 제복(祭服)의 일종. 《宋史 輿服志》
*천지(天池): "장자(莊子) 소요유(逍遙遊)"에 대붕(大鵬)이 삼천리
　에 달하는 물길을 격동시키고, 회오리바람을 타고 구만리 위로
　날아오르며 향해 가는 '남명(南冥)'을 말한다.
*삼시(三時): 봄, 여름, 가을 세 계절을 말한다.

1804년 여름, 다산은 강진에서 귀양살이하면서 조선사회의 부패상을 고발한 시를 썼다. 그 시에는 백성들의 고혈을 착취하는 탐관오리의 실상과 극에 달한 삼정의 문란을 적나라하게 고발했으며, 환곡제도의 폐해를 형상화했다. 힘없고 가난한 백성들의 고통을 다산은 술로나마 달래보려 했다. 하지만 너무 사무쳐 취하지 않음을 탄식했다.

여름날 술을 대하고

1.

군왕에게 영토(土田)가 있는 것은	后王有土田
비유컨대 부잣집 영감과 같네.	譬如富家翁

영감님에겐 백경(百頃)의 농토가 있었는데	翁有田百頃
열 아들이 각각 따로 살아	十男各異宮
아들마다 십경(十頃)씩 주어	應須家十頃
못 살던지 잘 살던지 같게 해야 할 것인데	飢飽使之同
간악한 아들이 전체의 8,9를 차지하여	黠男吞八九
못난 아들의 쌀독은 항상 비어 있네.	痴男庫常空
간악한 아들은 빛나는 비단옷 입고	黠男粲錦服
못난 아들은 고생하여 파리하네	癡男苦尪瘵
영감님 아들네 집 한번 돌아보니	翁眼苟一眄
가엾고 불쌍하여 괴로움 가슴에 메이나	惻怛酸其衷
마음대로 고르게 하지 못하여	任之不整理
동서로 왔다갔다 서성거리네.	宛轉流西東
부모로부터 골육은 똑같이 받았건만	骨肉均所受

사랑을 베푸는 것이 어찌 공평하지 못한가?	慈惠何不公
대강(大綱)은 이미 무너져 버리고	大綱旣隳圮
만사는 막히어 통하지 않네.	萬事室不通
한밤중에 책상치고 일어나	中夜拍案起
밤하늘 쳐다보며 탄식하누나.	歎息瞻高穹

2.

많고 많은 백성들은	芸芸首黔者
모두가 다 같은 나라의 백성	均爲邦之民
진실로 마땅히 세금은	苟宜有徵斂
부자들에게 거두는 것이 옳은데도	曶矣是富人
어찌하여 뼈와 살을 벗기는 학정을 하여	胡爲剝割政
품팔이 거지들에게 거두나	偏於傭丐倫
군보(軍保)란 무슨 이름이기에	軍保是何名
이법을 이다지도 모질게 만들었는가	作法殊不仁
일년 내내 고생하여 농사를 지어도	終年力作苦
자기몸 하나 가릴 옷 없도다.	曾莫庇其身
태어나자마자 황구첨	黃口出胚胎
죽어 진토 되어도 백골징포	白骨成灰塵
이와 같은 징세가 있으니	猶然身有徭
곳곳마다 가을 하늘 우러러 통곡소리 뿐	處處號秋旻
원통하고 참혹해라 스스로 남근을 자르는데 이르렀으니	冤酷至絶陽
이런 일 참으로 슬프고 쓰라린 일이로다.	此事良悲辛
호포는 오래부터 의논하길	戶布久有議
다소 고르게 하려고 한다더니	立意差停匀
왕년에 평양감영에서	往歲平壤司
시험해 본지 겨우 수순(數旬) 동안만 세금을 면해주었네.	薄試纔數旬

모든 백성 산에 올라가 통곡하니	萬人登山哭
어찌하면 임금의 은혜를 얻을 수 있을까	何得布絲綸
먼곳까지 이르게 하려면 가까운 곳부터 해야하고	格遠必自通
먼곳까지 다스리려면 친한 곳부터 해야 한다.	制疏必自親
어찌하여 말 굴레 안장은 갖출 수 있는가	如何羈馽具
먼저 야생마를 길들여야 한다.	先就野馬馴
나쁜 놈들 처단하려는 이 끓어오르는 울분	探湯乃由沸
계획하는 바대로 어떻게 해야 억울함 펼 수 있을까	計謀那得伸
서도 백성들 오랫동안 억눌려지내	西民久掩抑
십세(世)동안 벼슬길 막혀버렸네.	十世閼簪紳
겉모양은 비록 공손하지만	外貌雖愿恭
가슴속엔 언제나 맺혀진 원한 서려있네.	腹中常輪囷
임진년 왜놈들 쳐들어올 때	漆齒昔食國
의병이 곳곳에서 일어나 물리쳤지만	義兵起酸酸
서도 백성들 팔짱끼고 방관한 것은	西民獨袖手
그만한 까닭 있음을 헤아려야 한다.	得反諒有因
가슴속에 끓는 울분 어루만지며	拊念腸內沸
술을 통하여 진정을 찾으려 한다.	痛飲求反真

3.

농사짓는 사람 반드시 식량을 비축해야 하느니	耕者必蓄食
삼년이면 일년 식량 비축하고	三年蓄一年
구년이면 삼년식량 비축되었으나	九年蓄三年
검속을 발하니 서로 하늘을 쳐다 보는구나.	檢發以相天
사창(社倉) 제도의 기원은	社倉一濫觴
모든 목숨 죽어가는 것을 불쌍히 여긴 것	萬命哀顚連
곡식을 빌리는것은 서로가 원해야 하는 것인데도	債貸須兩願

강제로 빌려주는 것 옳지 않도다.　　　　强之斯不便

모두가 고개를 흔들 뿐　　　　率土皆掉頭

하나도 빌리려고 군침 흘리는 사람 없도다.　　　　一夫無流涎

봄에 좀먹은 쌀 한 말받고　　　　春蠹受一斗

가을에 좋은 쌀 두 말 바쳐야하네.　　　　秋業二斗全

게다가 좀 먹은 쌀값을 돈으로 갚으라하니　　　　況以錢代蠹

좋은 쌀 팔아서 갚을 수밖에 없구나.　　　　豈非賣糶錢

이익이 남는 것은 간교한 관리들 살 찌워서　　　　贏餘肥奸猾

한번 벼슬길 천석꾼 부자되는구나.　　　　一宦千頃田

모진 회초리 가난한 백성들에게 돌아가니　　　　楚毒歸圭華

채찍 아래 살점이 떨어지는구나.　　　　割剝紛箠鞭

큰 가마솥 작은솥 모두 다 가져가고　　　　鉹鍋旣盡出

자식은 팔려가고 송아지마저 끌려갔구나.　　　　孥粥犢亦牽

군량미를 저축한다고 말하지 마라　　　　休言備軍儲

그 말은 한낱 거짓말이다.　　　　此語徒論證

창고는 갈수록 축이 나서　　　　封庫逼歲除

봄이 오기 전 기울어지는구나.　　　　傾囷在春前

창고에 쌓은지 겨우 두어달 만에　　　　庤稑僅數月

해마다 항상 텅 비는구나　　　　通歲常枵然

전쟁은 본래 불시에 일어나는 것　　　　軍興本無時

어찌하여 교묘하게 실수없다고 하는가.　　　　何必巧無愆

농사지을 양식 준다고 말하지 말라.　　　　休言給農饟

부지런히 힘쓰고 인자한 듯하구나.　　　　慈念太勤宣

자녀들이에 분자해 살면　　　　兒女旣析産

부모도 그들 마음대로 하게 허락하거늘　　　　父母許自專

사치하고 인색하는 것 각각 성품대로 하는데　　　　靡嗇各任性

죽 먹는가 밥 먹는가 어찌 살필 수 있겠는가.　　　　何得察粥饘

원천대 부부가 의논해서 결정하려 하는데   願從夫婦議
관자의 거지동정 원치 않네.   不願父母憐
상평법은 본래 아름다운 제도   常平法本美
까닭없이 버림을 받게 되다니……   無故遭棄捐
그만두자 술이나 마시자꾸나   已矣且飲酒
아무리 마셔도 샘물과 같아 취하지 않는구나.   百壺將如泉

　　유배지에서 근심 걱정스런 일들을 읊은 시다. 이 시는 장마다
다산의 깊은 뜻이 담겨져 있으며, 아울러 세태를 풍자하고 있다.

근심 걱정스런 일들

어릴 적엔 성인되길 생각했고   弱齡思學聖
중년엔 현인되길 바랐노라.   中歲漸希賢
늙어가면서 어리석은 자신을 달게 여기   老去甘愚下
수심에 잠겨 잠못이루네.   憂來不得眠
복희씨 때 태어나지 못해서   不生宓犧時
복희씨께 물을 수 없구나.   無由問宓犧
공자 때 태어나지 못해서   不生仲尼世
공자께 물을 수 없네.   無由問仲尼
한덩어리 야광주   一顆夜光珠

우연히 되놈 장사 배에 실렸더니   偶載賈胡舶
바다 가운데서 풍랑 만나 침몰해서   中洋遇風沈
만고에 빛 발할 수 없노라.   萬古光不白

입술은 타고 입안은 말라   唇焦口旣乾
혀는 갈라지고 목은 또한 쉬었노라.   舌敝喉亦嗄

내 형세 풀어줄 사람 없는데	無人解余意
하늘은 성급하게도 밤이 되려하는구나!	駸駸天欲夜
취한 채로 산에 올라 북향하여 통곡하니	醉登北山哭
통곡소리 하늘에 울려퍼지네.	哭聲干蒼穹
옆에 있는 사람 내 뜻 알지 못하고	傍人不解意
내가 신세 궁한 것을 슬퍼한다고 말하는구나.	謂我悲身窮
술 취해서 모든 사람 꾸짖던 사람	酗酊千夫裏
단정한 한 선비였다네.	端然一士莊
모든 사람 그를 가리키며	千夫萬手指
이 놈은 미친놈이라 하네.	謂此一夫狂
늙는 것 어찌할 수 없노라!	無可奈何老
죽는 것 어찌할 수 없노라!	無可奈何死
한번 죽으면 다시는 살아나지 못하는 것	一死不復生
인간들 하늘 위를 쳐다보누나.	人間天上視
많고 많이 눈앞에 일어나는 일들	紛綸眼前事
하나도 의당함을 잃지 않은 것이 없네.	無一不失當
이를 바로잡을 수가 없어	無緣得整頓
사념 어루만지며 홀로 상심하누나.	撫念徒自傷
정신을 육체의 노역으로 삼았다는 말	以心為形役
도연명이 스스로한 말이로다.	淵明亦自言
백번 싸워 백번 패하니	百戰每百敗
스스로 보아도 이다지도 어리석은고?	自視何庸昏
태양은 빨리 질주하여	太陽疾飛霆

탄환도 따를 수가 없고	銃丸不能追
붙잡아 머무르게 할 수 없어	無緣得攀駐
이를 생각하니 가슴 속 슬퍼지노라!	念此腸内悲

호랑이는 순한 양 잡아먹어	虎狼食羊羖
붉은피 입가에 낭자하네.	朱血膏吻唇
호랑이 위엄이 미세웠는데	虎狼威旣立
여우와 토끼들 그어짐 칭송한다네.	狐兔贊其仁

싱싱한 작은 복숭아나무는	榮榮小桃樹
봄 되어 가지마다 꽃 만발하는데	方春花滿枝
세모에 가지 꺾이고 나니	歲暮有摧折
쓸쓸하기도해라 옛 모습 아니로다.	蕭蕭非故姿

이는 다산이 유배지에서 쓴 시로, 고향에 두고 온 아내를 꿈속에서라도 보고 싶다는 내용을 담고 있다.

아내 생각

하룻밤 사이 모든 꽃잎은 흩날리니	一夜飛花千片
집 주위 비둘기, 새끼 제비 울고 있네.	繞屋鳴鳩乳燕
돌아갈 수 없는 외로운 나그네	孤客未言歸
침방의 꽃다운 때 얼마였던가.	幾時翠閨芳宴
그리워하지 말자.	休戀
서글픈 꿈속에 본 그 얼굴을 그리워하지 말자꾸나.	休戀惆恨夢中顏面

다산은 가족과 친지에 대한 그리움으로 사무치면서도 공명의

덧 없음을 노래했다. 또한 그는 권력다툼의 틈바구니에 비껴 있음을 위안하는 시를 짓기도 했다.

보은산방에서

공명(名)이란 본래 그림의 떡과 같은 것	功名本畫餠
재상에겐 죽이려고 독을 섞은 술 많이 노리고 있다.	宰相多鴆酒
백년 세월은 한 순간	百年眞一瞬
재능은 적은데 임무가 막중하면 물러나는 것	短綆休繫缶
나는 창가에 부는 바람 졸고자 하니	但得睡風窗
창문을 봉하는 것 원치 않노라.	不願封戶牖
천지간에 소요하였는데	消搖天地間
유배되니 사람들로부터 허물을 살 일이 없구나.	洒落無怨咎

옛날 공자가 태산을 지날 때 어떤 여자가 울고 있었다. 여자에게 우는 그 까닭을 물으니 시아버지, 남편, 아들이 모두 호랑이에게 물려 죽었다는 것이다. 공자는 왜 다른 곳으로 이사를 가지 않느냐고 물으니 여자는 다른 곳에는 가혹한 정치가 있기 때문이라고 했다. 이 말을 듣고 공자는 "가혹한 정치는 호랑이보다 더 무섭다."고 탄식했다는 고사가 있다.

백성을 안전하게 지켜준다고 호랑이를 잡겠다고 나온 포졸이며 소교(小校)들은 호랑이를 잡으면서 백성까지 잡는다. 호랑이는 한 두 사람만을 해치지만 관리들은 수천 명을 해친다는 탄식이다.

다산은 호랑이 피해에 시달리는 백성들의 고통을 덜어주기 위한 다는 명목으로 사냥 나온 관군들을 대접하느라 백성들이 겪는 폐해와 고달픔을 호랑이 사냥이라는 시로 표현하고 있다.

호랑이 사냥

오월 깊은 산 어두운 수풀 속에 　　五月山深暗艸莽
호랑이 새끼 쳐서 젖 먹여 기르더니 　於菟縠子須渾乳

여우 토끼 다 잡아먹자 사람까지 해치려고 已空狐兎行搏人
산속 동굴 벗어나 마을에 덮쳐오니 　離棄窟穴橫村塢

나무꾼 끊어지고 김매기도 하지 못해 　樵蘇路絕蘸茇停
산골사람 대낮에도 방문 굳게 잠궈두네. 山氓白日深閉戶

홀어미는 슬피 울며 칼들고 찌를기세 　嫠婦悲啼思剚刃
장정들은 분에 차서 활메고 나서려 하네. 勇夫發憤謀張弩

사또님이 말 듣고 측은히 여겼던지 　　縣官聞之心惻然
소교에게 영을 내려 범사냥 독촉하네. 　敕發小校催獵虎

몰이꾼 나타나자 온 마을이 깜짝 놀라 　前驅鑱出一村驚
도둑놈들 몽둥이질 빗발치듯 어지럽네. 丁男走藏翁被虜

문에 당도한 졸개들은 무지개 같은 기세로 小校臨門氣如虹
호령하며 몽둥이질 빗발치듯 하기에 　嘍囉亂棓紛似雨

닭 삶고 돼지잡고 온 마을이 야단법석 　烹雞殺猪喧四鄰
떡치기 술 미련에 발등에 불이 난다. 　舂糧設席走百堵

다투어 술을 찾아 코비뚤어지게 마시고는 討爭傾象鼻彎
군졸 모아 어지러이 계루고(鼓) 둥둥치니 聚軍雜摳雞妻鼓

이정(里正) 머리 깨어지고 전정(田正)은 발구르고   里正縛頭田正踢
주먹이 날아들고 발길로 걷어차서 붉은 피 토한다네.   拳飛踢落朱血吐

호랑이 가죽 들어오면 사또는 입 벌리고   斑皮入縣官啟齒
돈 한푼 안 들이고 장사 잘 했단다네.   不費一錢真善賈

당초에 어떤 자가 호랑이 나타났다 알렸느냐   原初虎害誰入告
입 빠른것이 잘못이라 뭇사람의 원성듣네.   巧舌喋喋受衆怒

호랑이 피해일랑 한 두 사람 받는 것   猛虎傷人止一二
어이하여 천백 사람이 고통받는단 말인고.   豈必千百罹此苦
홍농(弘農) 고을 호랑이가 강 건너 갔던 일과   弘農渡河那得聞
태산(泰山) 여자 울음소리 그대 듣지 못했더니   泰山哭子君未覩

선왕(先王)들 사냥할 땐 때를 가려 하였었고   先王蒐獮各有時
여름날 모내기엔 습무(習武)도 아니했네.   夏月安苗非習武
가증스런 관리들은 밤중에도 문두드리니   生憎悍吏夜打門
차라리 남은 호랑이로 오는 관리 막으리라.   願留餘虎以禦侮

   다음은 다산의 대표적인 우화시이다. 쥐를 잡아야 할 고양이가
쥐는 잡지 않고, 쥐와 야합하여 도둑질하는 것을 개탄하는 내용
이다. 이 시에서 남산골 늙은이는 일반 백성에, 쥐는 도둑에, 고
양이는 고관대작들과 아전들의 부정부패에 각각 비유되어 있다.
   「목민심서」에 의하면 도둑이 아전과 짜지 않으면 '도둑업'을 시
작할 수 없고, 아전들에게 일정한 몫을 상납하지 않으면 당장 체
포되었다고 한다. 도둑 잡는 토포군관(討捕軍官)이 모두 도둑의

우두머리라고 말할 정도로 도둑과 아전이 한통속이 되어 백성을 괴롭혔던 당시의 상황을 생생하게 그렸다.

도둑 고양이

남산골 한 늙은이 고양이를 길렀더니	南山村翁養狸奴
해묵고 꾀들어 요망하기 여우로세	歲久妖兇學老狐
밤마다 초당에서 고기 뒤져 훔쳐먹고	夜夜草堂盜宿肉
작은 단지 큰 단지 술항아리까지 뒤엎네.	翻瓦覆瓿連觴壺
어둠을 타고 교활한 짓 제멋대로 다하다가	乘時陰黑逞狡獪
문 열고 소리치면 형체 없이 사라지네.	推戶大喝形影無
등불고 비춰보면 더러운 자국 널려 있고	呼燈照見穢跡偏
이빨자국 나있는 찌꺼기만 낭자하네.	汁滓狼藉齒入膚
늙은 주인 잠못 이뤄 근력은 줄어들고	老夫失睡筋力短
이리저리 궁리하나 계책없이 긴 한숨만쉬네.	百慮皎皎徒長吁
생각할수록 고양이 죄 극악하기 짝이 없네.	念此狸奴罪惡極
긴 칼 빼어들고 천벌을 내리고 파라	直欲奮劍行天誅
하늘이 너를 만든 것은 본래 어디다 쓰려 했느냐	皇天生汝本何用
너로 하여금 쥐 잡아서 백성 피해 없에라 했지.	合汝捕鼠除民痛
들쥐는 구멍파서 곡식을 비축하고	田鼠穴田蓄稉稌

집쥐는 이것저것 안 훔치는 물건 없어　　　　家鼠百物靡不偷

백성들 쥐 등쌀에 나날이 초췌하고　　　　民被鼠割日憔悴
기름기 말라 피말라 피골이 상접했네.　　　膏焦血涸皮骨枯

이 때문에 너를 보내 쥐잡는 대장으로 삼아　是以遣汝爲鼠帥
마음대로 찢어 죽일 권력 네게 주었고　　　賜汝權力恣磔刳

황금같이 반짝이는 두눈을 주어　　　　　賜汝一雙熒煌黃金眼
칠흑같은 밤중에 올빼미처럼 벼룩도　　　漆夜撮蚤如梟雛
잡을 만큼 두 눈 밝혔지
너에게 보라매처럼 쇠 발톱 주었고　　　賜汝鐵爪如秋隼
톱날 같은 범의 이빨 또한 주지 않았더냐.　賜汝鋸齒如於菟

나르는 듯 치고 받는 날샌 용맹 네게 주어　賜汝飛騰搏擊驍勇氣
쥐들은 너를 보면 벌벌 떨며 엎드려서　鼠一見之凌兢俯伏恭獻軀
공손하게 하지 않았더냐.

하루에 백마리 쥐 잡은들 누가 말리랴.　　日殺百鼠誰禁止
보는 사람마다 네 기상 뛰어나다고　　但得觀者嘖嘖稱汝毛骨殊
그래서 농사 끝난 제사 때 네 공로 보답하려　所以入蜡之祭崇報汝
누런 갓 쓰고 큰 술잔 바치잖느냐.　　　黃冠酌酒用大瓟

너 이제 한 마리 쥐도 안 잡고　　　　汝今一鼠不曾捕
도리어 네놈이 도둑놈 되었구나.　　　顧乃自犯爲穿窬
쥐는 본래 좀도둑 피해 적지만　　　　鼠本小盜其害小

너는 기세 드높고 맘씨까지 거칠어　　　　　　汝今力雄勢高心計麤
쥐가 못하는 짓 제멋대로 행하니　　　　　　　鼠所不能汝唯意
처마에 올라가고 담을 부수니　　　　　　　　攀檐撤蓋頹墻塗

그러니 쥐떼들이 이제 뭐가 무섭겠니　　　　　自今群鼠無忌憚
구멍 밖에서 껄껄대고 수염을 흔들면서　　　　出穴大笑掀其鬚
훔친 물건 뇌물로 주고　　　　　　　　　　聚其盜物重賂汝
태연히 너와 함께 할 것 아닌가　　　　　　泰然與汝行相俱

네 모습 또한 가끔 일을 벌이기 좋아해　　　　好事往往亦貌汝
무수한 쥐떼들이 모여 들어 하인처럼 떠받드네.　群鼠擁護如騶徒
북치고 나팔 불며 떼를 지어서　　　　　　吹螺擊鼓為法部
깃발을 휘날리며 앞장서가네.　　　　　　樹纛立旗為先驅

너는 큰 가마 타고 거만부리며　　　　　　汝乘大轎色天矯
쥐들이 떠받들지만 즐기고 있구나.　　　　但喜群鼠爭奔趨

내 이제 동궁에 화살 메워 네놈 쏴 죽이고　　我今彤弓大箭手
차라리 사냥개 불러 횡행하는 쥐 잡으리　　射汝若鼠橫行寧嗾盧

　　다산은 관리의 탐학을 승냥이와 이리에 비유하고 있다.
　　남녘에 용마을과 봉마을 두 마을이 있었다. 용마을에는 갑(甲)이
살고 있었고, 봉마을에는 을(乙)이 살고 있었다. 우연히 장난 하다가
서로 싸웠는데 을이 병들어 죽었다. 두 마을의 주민들이 관의 검
속(檢束)을 두려워하여 갑에게 자살하라고 하였더니, 갑이 흔연히
마을 사람들을 편안케 하고자 자살을 하였다.

두어 달이 지난 후에 아전이 이를 알고 두 마을의 죄를 성토하여 돈 3만 냥을 걷어갔다. 한 치의 베, 쌀 한 톨 남아 있을 리 없었다. 그 혹독함은 흉년보다 더 심했다. 관리가 돌아간 날 두 마을 주민들은 유랑민이 되었다.

한 여인이 이를 고을 원님에게 호소하였더니, 원님이 말하기를 "네가 가서 찾으라." 하더란다.

승냥이와 이리 같은 관리여

승냥이여 이리여	豺兮狼兮
이미 우리 송아지 잡아갔으니	旣取我犢
우리 양일랑 잡아가지 말아라.	毋噬我羊
장롱엔 저고리마저 없고	笥旣無襦
시렁에는 치마도 없노라.	桁旣無裳
장독엔 소금 한 톨 남지 않고	甕無餘醢
뒤주엔 쌀 한 톨 없노라.	瓶無餘糧
무쇠솥 가마솥 이미 빼앗아갔고	錡釜旣奪
숟가락 젓가락마저 빼앗아갔노라.	匕筯旣攘
도적도 아니고 원수도 아닌데	匪盜匪寇
어찌하여 이렇게도 못 살게 구느냐.	何為不臧
살인자는 이미 자살했는데	殺人者死
또 누구를 죽이려 하는고?	又誰戕兮
이리여 승냥이여	狼兮豺兮

우리 삽살개를 잡아 갔으니   旣取我尨
닭일랑 묶지 마라.   母縛我雞

사랑하는 자식마저 팔아버렸고   子旣粥矣
이젠 누가 나의 아내 사가요.   誰買吾妻

너희들은 나의 살가죽 벗겨가고   爾剝我膚
몽둥이로내 뼈마저 바수려하구나.   而槌我骸
우리의 논밭을 보아라   視我田疇
얼마나 크나큰 슬픔이더냐.   亦孔之哀

강아지풀도 자라지 못하는데   稂莠不生
다북쑥인들 자랄 수 있겠는가.   其有蒿萊

살인자는 이미 죽어갔는데   殺人者死
또 다시 누구를 헤치려 하는가.   又誰災兮

승냥이 호랑이여   豺兮虎兮
말한들 무엇하리   不可以語

날짐승이여 길짐승이여   禽兮獸兮
꾸짖은들 무엇하리.   不可以詬

사또 부모 모시고 있다지만   亦有父母
의지할 길 전혀없네.   不可以恃

달려가 하소연해도   薄言往愬

귀담아 들은 체도 하지 않네.   褎如充耳

우리들의 논밭을 보아라.   視我田疇
얼마나 참담한 모습인가.   亦孔之慘

백성들 이리저리 유랑하다가   流兮轉兮
시궁창 구렁텅이에 쓰러져 죽건만   塡于坑坎

부모여 사또여   父兮母兮
고기먹고 쌀밥먹고   粱肉是啖

사랑방에 기생두어   房有妓女
얼굴이 연꽃같이 곱구나.   顏如菡萏

1810년 6월에 두보의 시 '석호리(石壕史)'를 차운하여 지은 시다. 용산 관리들의 횡포를 고발하는 내용을 담고 있다. '용산의 아전', '파지의 아전', '해남의 아전'은 다산의 삼리시(三吏詩)로서 연민의 정과 함께 그의 비판 정신을 읽을 수 있다.

용산촌의 아전
아전들이 용산촌에 들이닥쳐서   吏打龍山村
소를 찾아내어 관리에게 넘겨주는데   搜牛付官人
소몰고 멀리 사라지는 걸   驅牛遠遠去
집집마다 사립문에 기대어 바라보는구나.   家家倚門看

수령의 노여움만 힘써 막으려하니   勉塞官長怒

누가 가난한 백성들의 고달픔 알아줄 것인가.	誰知細民苦
유월에 쌀 찾아 바치라 하니	六月索稻米
모질고 고달프기 자리에 비할 손가.	毒痛甚征戌

백성을 구제하란 왕의 명령은 끝내 오지 않고	德音竟不至
모든 목숨 서로 베개하여 죽어가네.	萬命相枕死
궁핍하게 살자니 슬픈 일이고	窮生儘可哀
죽은 사람이 차라리 편안하도다.	死者寧哿矣

아낙네는 있으나 남편이 없으니	婦寡無良人
늙은 홀아비는 손자마저 없네.	翁老無兒孫
울며 끌려가는 소 바라보니 눈물이 솟아	泫然望牛泣
떨어지는 눈물 치마폭을 적시누나.	淚落沾衣裙

용산촌은 피폐하여 궁핍 일색인데	村色劇疲羸
관리는 앉아만 있고 어찌하여 돌아가지 않는고.	吏坐胡不歸
쌀뒤주 바닥난 지 이미 오래인데	瓶甖久已罄
무슨 수로 저녁밥 짓는단 말인가.	何能有夕炊

앉아서 생활수단인 소를 빼앗겼으니	坐令生理絶

온 마을 사람들 모두가 목이 메네	四隣同嗚咽
끌고간 소로 포떠서 고관 집에 바치니	脯牛歸朱門
관리들 출세 길이 이로서 결정되네.	才請以甄別

또한 다산은 지배자들이 가마 타는 즐거움만 알뿐 가마 메는 사람의 고통은 모르던 당시 사회제도의 모순을 비판하였다. 그러

면서 지배자의 횡포와 민중들의 고통을 형상화한 가마꾼의 탄식
이란 시를 남겼다. 이는 유배에서 풀려 고향으로 돌아와 73세에
쓴 시로 다산의 애민(愛民)정신이 조금도 변함없음을 잘 나타내고
있다.

가마꾼의 탄식

사람들 아는 것은 가마 타는 즐거움뿐	人知坐輿樂
가마 메는 사람들의 괴로움은 모르고 있네.	不識肩輿苦
가마 메고 험한 산길 오를 때에는	肩輿山峻阪
빠르기가 산 타는 노루와 같고	捷若蹄山麚
가마 메고 비탈길 내려올 때에는	肩輿下懸嵼
우리로 돌아가는 양떼처럼 재빠르네.	沛如歸笠羖
가마 메고 깊은 골짝 건너갈 때에는	肩輿超谽舒
다람쥐가 날뛰며 춤추듯 하네.	松鼠行且舞
바위 옆을 지날 때엔 어깨 낮추고	側石微低肩
좁은 길 지날 때엔 종종 걸음 걸어가네.	窄徑敏交股
검푸른 물 절벽에서 내려다 볼땐	絕壁頫黝潭
놀라서 혼나가 아찔하기만 하네.	駭魄散不聚
평지를 밟듯이 날쌔게 달려	快走同履坦
귀에서 바람소리 윙윙난다네.	耳竅生風雨
이 산에 유람하는 그 까닭은	所以游此山
이 즐거움 맨 먼저 생각했기 때문인데	此樂必先數
이런 저런 구실로 관첩을 얻어만 와도	紆回得官帖
역졸들은 법대로 모셔야 하는데	役屬遵遺矩
하물며 말 타고 행차하는 분부 듣고	矧爾乘傳赴
누가 감히 사또님께 못하겠다 거절하리요.	翰林疇敢侮

고을 아전은 채찍들고 감독을 맡고	領吏操鞭扑
주지스님 가마 손질하고 멜 사람 편성해 놓고	首僧整編部
높은 분 영접에 기한을 어길쏘냐	迎候不差限
엄숙한 행렬이 끝없이 이어지네.	蕭恭行接武
가마꾼 숨소리 폭포소리에 뒤섞이고	喘息雜湍瀑
누더기 옷엔 땀 흘려 소금에 절였네.	汗漿徹檻褸
외진 모퉁 지날 땐 옆에놈 뒤처지고	度虧旁者落
험한 곳 오를 때엔 앞에놈 허리숙여야 하네.	陟險前者傴
가마밧줄에 늘리어 두 어깨에 자국나고	壓繩肩有瘢
돌에 채여 부르튼 발 미처 낫지 못하네.	觸石趼未瘉
자기는 병들면서 남을 편케 해주니	自痔以寧人
하는 일 당나귀와 다를 바 하나 없네.	職與驢馬伍
너나 나나 본래는 똑같은 동포이고	爾我本同胞
한 하늘 부모삼아 다같이 생겼는데	洪勻受乾父
너희들 어리석어 이런 천대 감수하니	汝愚甘此卑
내 어찌 부끄럽고 안타깝지 않을쏘냐.	吾寧不愧憮
나의 덕이 너에게 미친 것 없었는데	吾無德及汝
내 어찌 너의 은혜 혼자 받을 수 있으리요.	爾惠胡獨取
형장고관이 아우백성을 사랑치 않으니	兄長不憐弟
자애로운 어버이 노하지 않겠는가.	慈衷無乃怒
가마메는 중들은 그래도 나은 편이요	僧輩猶哿矣
영하호(嶺下戶) 백성들은 가련하구나.	哀彼嶺下戶
큰 깃대 앞세우고 쌍마 수레 타고 오니	巨幨雙馬轎
촌마을 사람들 모조리 동원하네.	服驂傾村塢
닭처럼 개처럼 내몰고 부리면서	被驅如犬鷄
소리치고 꾸중하기 범보다 심하네	聲吼甚豺虎
가마타는것 예로부터 법도가 있는 것인데	乘人古有戒

지금은 이 도덕이 흙같이 버려졌네.	此道棄如土
밭 갈다가 징발되면 호미 던지고	耘者棄其鋤
밥먹다가 징발되면 먹던 음식 뱉어내고 가마멘다.	飯者哺而吐
죄 없는 백성들 이런 곤욕 받아야 하니	無辜遭嗔喝
일만번 죽어도 머리는 조아려야	萬死唯首俯
병들고 지쳐서 험한 고비 넘기면	顚辛死踰艱
그때야 비로소 포로 신세 면해지건만	噫吁始贖擄
사또는 일산(日傘) 쓰고 홀연히 가버릴뿐	浩然揚傘去
한마디 위로의 말 남기지 않네.	片言無慰撫
기진하여 논밭으로 돌아오며는	力盡返其畝
지친 몸 신음소리 실낱같은 목숨이네.	呻吟命如縷
이 가마 메는 그림 그려	欲作肩輿圖
돌아가서 임금님께 바치고 싶네.	歸而獻明主

이러한 백성사랑 정신은 다산의 자주 정신에 바탕한 것이다. 이는 그외 자주적인 문학의식을 강조하면서 조선인은 마땅히 조선시를 써야 한다고 선언한 이유이기도 하다.

조선인은 조선시를 써야 한다

늙은 사람 한 가지 즐거운 일은	老人一快事
붓 가는대로 미친 듯 시를 쓰는 것	縱筆寫狂詞
어려운 운자(韻字)에 신경 안 쓰고	競病不必拘
고치고 다듬느라 더디지도 않네.	推敲不必遲
흥이 나면 당장에 뜻을 싣고	興到卽運意
뜻이 이루어지면 바로 시를 쓰네.	意到卽寫之
나는 본래 조선 사람이기에	我是朝鮮人

조선시(朝鮮詩)를 즐겨 쓰리.　　　　　　甘作朝鮮詩
그대들은 마땅히 그대들 법을 따르면 되지　卿當用卿法
이러쿵 저러쿵 말 많은 자 누구인가.　　　迂哉議者誰
까다롭고 번거로운 그대들의 격(格)과 율(律)을　區區格與律
먼 곳의 우리가 어이 안단 말인가.　　　　遠人何得知
염치없고 뻔뻔스런 이반룡(李攀龍)이는　　凌凌李攀龍
우리를 동쪽 오랑캐라 비웃었네.　　　　　嘲我爲東夷
원굉(袁宏)도 백설루를 쳤어도　　　　　　袁尤槌雪樓
중국 땅엔 두 말하는 사람 없었네.　　　　海內無異辭
조선 사람 등에는 중국을 떠메어 업고 있는데　背有挾彈子
마른 매미 엿볼 겨를 있을까 보냐.　　　　奚暇枯蟬窺
산석(山石)같은 시편을 사모하려도　　　　我慕山石句
여자라며 비웃음 살까 두렵고　　　　　　恐受女郎嗤
구슬픈 말로써 꾸미고 치장하여　　　　　焉能飾悽黯
애간장 끊는 시를 어찌 쓰리요.　　　　　辛苦斷腸爲
배와 귤은 그 맛이 각각 다른 것처럼　　　梨橘各殊味
오직 입맛에 맞는 것을 즐겨할 뿐이네.　　嗜好唯其宜

다산에서 맺은 다신계(茶信契)

다산은 강진과의 인연을 잊지 못해 18명의 제자들과 함께 다신계를 조직하였다. 다신계는 그 동안 공부하며 호형호제하고 지냈던 제자들이 신의와 도리를 잊지 않고 서로 만날 것을 다짐하며 조직한 우리나라 최초의 다회(茶會)이다.

이 모임의 규약 내용은 다신계절목(茶信契節目)이라 하여, 현재까지 귤동 윤씨가에 소장되어 있다. 약조(約條) 즉 계칙은 전문 8조로 되어 있으며, 이는 다산의 지시를 성문화한 것이다.

다신계 절목

정약용은 1818년 해배가 결정되자 제자들을 모아 놓고 계회를 맺어 매년 두 차례 모임을 갖고 우의를 이어가기를 당부하였다. 그 증표로 만든 것이 다신계절이다. 다신계의 계원은 초당에서 글을 가르쳤던 18명의 제자로 그 이름을 낱낱이 열거하였는데 끝부분에 6명을 더 적어 가장 어려웠을 때의 은혜를 잊지 않음을 시사했다.

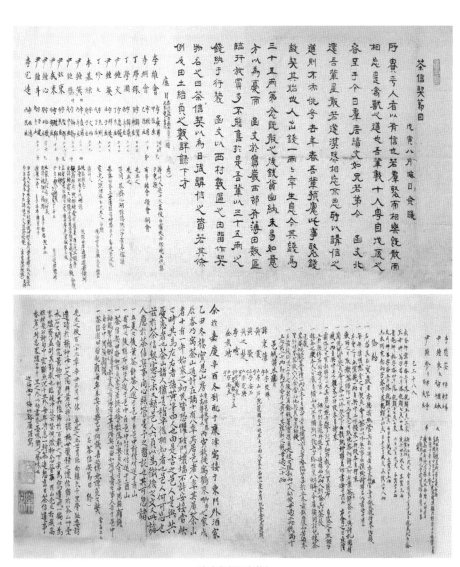

다신계절목 필사본

　사람이 귀하다는 것은 신의가 있기 때문이다. 만일 우리가 모
여 살면서 서로 즐거워하다가 흩어진 다음에 서로 잊어버린다면

그것은 짐승이나 다를 바 없다.

우리들 수십 명이 무진년(1808) 봄부터 오늘에 이르기까지 모여 지내면서 글공부를 하여 형제나 다름이 없었으나, 스승은 이제 고향으로 돌아가고 우리들은 뿔뿔이 흩어지게 되었다.

만약 막연하게 흩어져 신의와 도리를 배운 까닭을 생각지 않는다면 경박한 짓이 아니겠는가?

지난 봄에 우리들은 이 일을 미리 짐작하고 돈을 모아 계(契)를 만들었는데, 처음에는 한 사람마다 돈 1냥씩을 출자하여 2년 동안 이식(利息)을 치렀더니 35냥이 되었다. 이미 흩어진 후에 돈의 출납이 쉽지 않을 것을 염려하여, 선생께서 보암 서촌에 있는 박전(薄田) 몇 구를 떠날 무렵에 팔려고 해도 대부분 팔리지 않았다.

이에 우리들은 35냥을 선생의 행장 속에 넣어 드리고, 선생의 서촌 전답 몇 구를 그대로 계 자산으로 하고 다신계라 불러 후일 강신(講信)의 자산으로 삼았으니, 그의 조례와 토지 결부권을 아래에 자세히 적는다.

* 보암에 있는 논은 이덕운이 관리하고, 백도에 있는 논은 이문백이 관리하여 매년 추수 되는 곡식은 봄에 돈으로 만든다.
* 매년 청명 한식일에 계원들은 다산에 모여 계사를 치르고, 출제된 운(韻)에 따라 연명 으로 지은 시를 편지를 만들어 유산(다산의 아들)에게 보내라. 이렇듯 모이는 날에 생선 값 1냥은 계전(契錢)에서 지불하고 양식할 쌀 1되는 각자 가져온다.
* 곡우에 엽차를 따서 섞어 1근을 만들고, 입하에 늦차를 따서 떡차 2근을 만든다. 이 엽차 1근과 떡차 2근을 시와 편지와 함께 부친다.
* 국화꽃 필 때 계원들은 다산에 모여 계사를 치르고 운자를 놓아 시를 짓되, 연명으로 서장을 만들어 유산에게 보내라. 이렇듯 모이는 날에 생선값 1냥은 계전(契錢)에서 지불하고 양식할 쌀 1되는 각자 가져온다.

* 상강날 햇무명 한 필을 사되, 그 굵기와 가늘기는 살펴 그 해의 곡식이 많으면 가는 피륙을 사고, 곡식이 적으면 굵은 피륙을 사라. 백로에 딴 비자(榧子) 5되와 무명을 함께 유산에게 보낸다. 비자는 윤종문과 윤종영 두 사람이 해마다 올릴 것이며, 이 두 사람에게는 차와 부역을 면제시켜 준다.
* 차따기의 부역은 사람마다 수효를 갈라서 스스로 갖추되, 스스로 갖추지 못하는 사람은 돈 5푼을 신동에게 주어 귤동마을 어린이들을 고용하여 차 따기의 수효를 채우게 한다.
* 동암(東菴) 지붕을 잇는 이엉값 한 냥은 입동날 곗돈에서 지불하게 하라. 귤동의 계원 여섯 사람으로 하여금 이엉 엮기를 감독하여 반드시 동지(冬至) 전에 새로 덮는다. 만일 동지가 지나면 이듬해 봄의 차 부역은 6인이 전담하게 하며, 다른 계원은 이를 거들지 않는다.
* 이상의 여러 부역 비용을 지불한 후에도 만약 남는 돈이 있거든 착실한 계원으로 하여금 이자를 증식하도록 하되, 한 사람에 2냥을 넘지 못하게 하며, 15냥이 차거나 혹 20냥이 되면 곧 논을 사서 곗돈에 붙이고 그 돈의 이자 증식은 20냥을 넘지 못 하게 한다.

다산은 여러 사람이 다신계의 일에 호응하여 같은 마음으로 일을 돌보도록 하고 다시 남은 부탁을 덧붙인다.

* 입하날 뒤에 잎차와 떡차를 읍내에 들여보내면, 읍내에서는 인편을 찾아 유산에게 부친다.
* 상강날 뒤에 무명과 비자를 읍내에 들여보내면, 읍내에서는 인편을 찾아 유산에게 부친다.
* 다신계 전답에 만일 부속(負束)의 착오가 있어 수습하기 어려우면, 계원이 읍내에 들어가서 알리고 읍내에서 주선하여 보살핀다.
* 수룡과 철경도 방외의 연고자이다. 그들의 전등계 전답에 만일 걱정되는 일이 있으면 읍내에 들어가서 알리고 읍내에서 주선하여 보살핀다.
* 다신계 전답의 세곡에 대해서 매년 겨울에 계원들이 읍내 사람들과 함께 상의 선처하여 묵혀서 거칠어지는 폐단이 없도록 하라.

이 문안은 1818년 8월 그믐날 의논한 내용과 18제자들의 이름, 계칙, 읍성 제자 명단과 강진으로 귀양한 뒤의 약사를 적고

있다. 따라서 필자는 한 사람이 아닌 듯하다. 전반은 제자 중의
누군가가 썼고, 후반은 다산 자신이 써서 합찬한 것으로 보인다.

계원으로서 18제자들의 이름은 여유당전서의 서간문 중에도
많이 나타나는데, 기록 순서는 나이로써 하지 않고 각기 형제끼
리 쌍으로 적어놓았다.

이유회(李維會), 이강회(李綱會), 정학가(丁學稼), 정학포(丁學圃),
윤종문(尹鍾文), 윤종영(尹鍾英), 정수칠(丁修七), 이기록(李基祿),
윤종기(尹鍾箕), 윤종벽(尹鍾壁), 윤자동(尹茲東), 윤아동(尹我東),
윤종심(尹鍾心), 윤종두(尹鍾斗), 이택규(李宅逵), 이덕운(李德芸),
윤종삼(尹鍾參), 윤종진(尹鍾軫)

읍성제생좌목으로부터 시작되는 후반부는 다산의 친필로써 다
산이 강진에 처음 왔을 때에는 주민들이 두려워하여 문을 찢고
담을 허물며 편안하게 접촉하는 것을 허락하지 않았었다. 그 이후
환란이 가라앉고 동문 밖 주막에 살 때, 다산을 도와주었던 여섯

사람을 잊을 수 없어 다신계절목의 뒤에 이 사실을 기록하였다. 이들도 함께 다신계의 일에 참여할 것을 당부한다고 적고 있다.

손병조(孫秉藻), 황상(黃裳), 황취(黃聚), 황지초(黃之楚), 이청(李晴), 김재정(金載靖)

별항으로 말미에 기록된 수룡(袖龍)과 철경(掣鯨) 두 승려는 다산과 교분을 맺고 있던 혜장선사의 애제자다. 이들은 비록 불가의 연고자들로 계원으로까지는 삼지 않더라도 준회원쯤으로 여기라는 뜻이 지면에 흐르고 있다.

서로 장소가 다른 세 갈래의 제자들을 하나로 결속하도록 어버이처럼 세심하게 당부한 이 내용에서 다산의 생활과 인물을 살필 수 있다.

다산은 유배가 풀려 고향으로 돌아간 후에도 다산초당을 잊지 못했다. 1823년 4월 다신계 계원이었던 윤종삼과 윤종진이 다산을 방문했을 때, 안부를 물었던 내용을 기록하기를 유난히 좋아했던 다산 은 세세히 기록으로 남기고 있다.

비록 다산이 연로하여 다산에 갈 수 없더라도 거처하며 지냈던 다산초당을 유지, 보존하여 달라는 간절한 부탁이 담겨 있다.

다산제생문답

다신의 제자들이 열상(洌上)의 나를 찾아와서

서사(敍事)를 마친 다음, 내가 그들에게 묻기를

"금년에 동암(東庵)의 집은 이었느냐?"

"이었습니다."

"홍도(紅桃)는 다른 나무들과 함께 말라죽지 않았느냐?"

"번성합니다."

"우물가에 쌓아 놓은 수석은 무너지지 않았느냐"

"무너지지 않았습니다."

"연못 속의 두 마리 잉어는 얼마나 자랐느냐?"

"두 자(尺) 정도 자랐습니다."

"동쪽 백련사로 가는 길에 심은 동백은 모두 무성하게 자랐느냐?"

"그렇습니다."

"너희가 올 때 이른 차는 따서 말렸느냐?"

"미처 말리지 못했습니다."

"다신계의 전곡(돈과 곡식)은 축이 나지 않았느냐?"

"그렇습니다."

"옛사람의 말에, 죽은 사람이 다시 살아나도 마음에 부끄러움이 없도록 해야 한다 했다. 내가 다시 다산에 갈 수 없음은 죽은 사람이 다시 살아나지 못하는 것과 마찬가지다. 그러나 혹 다시 간다 할지라도 반드시 부끄러운 빛이 없도록 해야 옳을 것이다."

* 도광(道光) 3년 계미(癸未:1823)년 2월 여름에 열상노인이 글을 써서 기숙(윤종삼) 과 금계(윤종진) 두 사람에게 준다.

다신계절목에서 말하는 차를 생산하는 곳은 귤동 마을이다. 1808 년 봄 귤동마을의 다산초당으로 옮겨 오면서 다산의 차생활이 새 롭게 시작되었다. 해남 윤씨 19세손 윤취서(尹就緒 : 1688~1723) 필자의 8대조부가 귤동마을에서 차나무를 심기 시작했다. 윤취서 는 차와 닮은 성품으로 자연을 거스르지 않았다. 동생 윤유서(尹 裕緒 : 1690 ~1732)와 함께 만덕산의 양지쪽에 살면서 차나무 단 지를 조성하였다. 또한 이곳에 정자를 짓고 다산초당이라 이름하 고 후손들이 대를 이어 살아가게 했다.

다산은 이곳으로 옮겨 온 뒤 만덕산 자락에 차나무가 자생하는 모습을 다음과 같이 그려냈다.

귤원 서쪽에 곱고 아름다운 다산
천그루 소나무 숲 사이 흐르는 시내 하나
시냇물이 처음으로 비롯하는 곳에
깨끗한 바위 사이에 그윽한 살곳이 있네
지초는 자잘하게 하얀 꽃을 피워내고
담장머리 천남성은 이제 막 싹이 트고
산가에서 여러 종류 약초를 심지 않은 것은
산 속에는 만그루의 차나무가 있기 때문

1810년 동짓날에 보낸 다산의 편지에서는 차를 수 백근 쌓아두는 차 부자가 되어 있다고 쓰고 있다. 다산초당에서 좋은 차 수백근을 만드는 것이 가능했던 것은 제자들의 노동력과 다산초당 주변에서 많은 찻잎을 조달할 수 있는 다원이 있었기 때문이다.

다산의 차 생활은 병이 들어 아픈 곳을 치료해 주는 약으로 꼭 들어맞아서 마음에 흡족했고 그 효과를 즐겼다.

차(茶) 일곱 사발의 효과

나는 몸통의 양쪽의 배꼽과 갈비뼈가 있는 가슴 쪽으로 쥐어짜는 아픔에 견딜 수가 없는 고통을 겪을 때마다 차를 달여서 벌컥 벌컥 마셨다. 차에 대한 노래 가운데 일곱 사발에 대한 효험을 터득하였다. 나는 병을 고치려고 여러 해 동안을 되풀이해서 마시다 보니 그 습관이 온 몸에 베어서 한잔도 안 마시고는 못 견디는 인이 박히는 버릇이 생겼다.

불규칙한 식사 때문에 밥을 먹고 나면은 체증이 생겼다. 가슴과 갈비대 근처의 배 속에 덩어리가 뭉쳐지고 막혀서 몹시 아프고 답답하던 증세인 옹울(雍鬱)이 풀려나게 하여 주고 배꼽 양쪽의 뱃속에 멍어리가 생겨나는 병인 징결(癥結) 등은 차를 마셔서 풀려 없어지게 되었다.

침침해진 눈과 마비된 손발의 치료를 위하여 약으로도 마셨다. 다산초당마을 귤동에 살던 막내제자 윤종진은 해년마다 차를 만들어 보냈었다.

제7장
차문화의 중흥조 다산

신선같은 다도(茶道) 생활
혜장선사와의 만남
초의선사와의 만남

신선같은 다도(茶道) 생활

　정약용은 다산사경첩(茶山四景帖), 다암시첩(茶盒詩帖), 다신계
절목(茶信契節目)등을 썼으며, 걸명소(乞茗疏) 등 47편의 다시(茶
詩)를 남겼다. 또한 상토지(桑土誌)에는 차나무 재배법까지 상세히
적어 놓았다. 이 중 동다기는 초의선사가 쓴 동다송에서 한 구절
을 인용했을 뿐인데 지금은 전해 지지 않아 매우 안타깝다. 다암
시첩과 여유당전서에 담긴 시문 속에서 정약용의 차 세계를 엿볼
수 있다. 특히 18년 강진유배 생활 속에 남긴 「다신계절목」은 당
시의 차 제조법의 일단을 엿보게 하는 귀중한 자료가 되고 있다.
또한 다신 계사(契事)를 위해 남겨 둔 보암 서촌의 밭은 그가 손수
가꾸던 다원이었다.
　강진에 유배되기 전 19세 때부터 40세까지 벼슬 시기에도 차
를 즐겨 마신 다인이었음을 확인할 수 있는 차에 관한 16편의 시
가 있다. 철저하게 기록하기를 좋아했던 다산은 당시의 차 마시
는 풍습을 전해주어 다인으로서의 면모를 보여주고 있다.
　정약용은 20세에 차를 좋은 샘물에 끓여 맛을 시험할 정도였고

(이때 초의는 태어나지도 않았으며, 혜장은 10살이었다), 차가 나쁜 버릇을 다스린다고 여겼다. 그는 혼자서 차를 즐길 줄 알았고, 다탕의 빛깔과 향기를 자세히 감상하며 즐기는 다인이었다. 22살에는 친구들과 술을 마신 후 차를 마셔 술을 깨고 정신의 나태를 바로잡았으며, 무더운 여름에도 차를 즐겨 찾을 정도로 생활화되어 있었다.

따라서 그는 청년기와 중년기에 걸쳐 20년 이상 이미 다도생활을 하였으며, 당시 왕실과 귀족 및 승려와 선비계층의 다문화를 체득한 다도의 대가로 우리 차문화의 중흥조이다.

다산을 우리 차문화의 중흥조로 보는 이유는 첫째 다산은 강진 유배 전부터 차를 즐겨 마신 다인이고, 둘째 다산의 차에 대한 이론이나 지식은 혜장이나 초의를 만나기 전부터 확립되어 있었으며, 셋째 다산은 차의 이론가로 그치지 않고 종다(種茶), 전다(煎茶), 제다(製茶), 음다(飲茶)에서 실제 경험을 바탕으로 소용이 되는 실천가이자 교육자이고, 넷째 해배된 후에도 다생활을 계속했으며, 다섯째 자신의 다도관이 확립되어 있었다는 것을 중시하고 있기 때문이다.

다산은 1805년 44살 때 백련사의 아암 혜장선사(兒庵 惠藏禪師)를 만난다. 외로운 유배생활에서 아암은 주역을 논하고 차생활을 즐기는 지기로 정분이 두터웠다. 그러다가 그가 44살인 겨울에 혜장스님에게 차를 청하는 걸명소(乞茗疏)를 보낸 것만 보아도 다산이 얼마나 차를 즐겨 마셨는가를 알 수 있다.

나그네가 요즈음 차를 탐하였고　　　　　　旅人近作茶饕

아울러 약으로도 삼았다오.	兼充藥餌
책속 오묘한 법을 읽어	書中妙解
육우다 3편을 통달하였고	全通陸羽之三篇
병들 중에도 씩씩하게 마셔	病裏雄呑
마침내 *노동(盧仝)의 일곱째 찻잔을 비웠소.	遂竭盧仝之七椀
비록 정기를 쇠약하게 한다지만	雖侵精瘠氣
기모경의 말을 잊지 않아	不忘綦母煚之言
막혀있던 응어리가 시원하게 사라졌으니	而消壅破癥
마침내 *이찬황(李贊皇)의 차 마시는 습관이 생겼다오.	終有李贊皇之癖
아침에 꽃처럼 다려내는 차는	泊乎朝華始起
흰 구름 맑은 하늘에 떠 있는 듯하고	浮雲晶晶乎晴天
낮잠에서 깨어나 달이는 차는	午睡初醒
밝은 달이 푸른 시냇물에 잔잔히 부서지는 듯하오.	明月離離乎碧磵
다연에 차를 갈면 잔 구슬 눈처럼 휘날리고	細珠飛雪
산골화로엔 *자순(紫筍) 향기가 피어나지요.	山爐飄紫筍之香
불피우고 새샘물길어	活火新泉
뜰에 앉아 *백토루(白菟樓) 차 맛을 음미하면	野席薦白菟之味
어여쁜 자기 그릇과 홍옥다완을	花瓷紅玉
화려함은 비록 *노공(潞公)에 미치지는 못해도	繁華雖遜於潞公
돌솥에 푸른 연기는	石鼎青煙
담백함과 소박함이 한비자(韓非子)에 가깝다오.	澹素庶近於韓子
해안어안은	蟹眼魚眼
옛 사람 취미에 부질없이 깊이도 빠졌구려.	昔人之玩好
야만 심궁의 용단차(龍團茶) 봉단차(鳳團茶)	徒深龍團鳳團
궁에서나 보는 진귀한 차는 바닥이 났고	內府之頒已罄
이 때문에 병이 다 났으니	玆有采薪之疾
애오라지 차를 구하는 마음을 전하는 것이라오.	聊伸乞茗之情

들자하니	竊聞
고해 세상의 진량(津梁)으로	苦海津梁
가장 중한 단나(檀那) 보시(布施)는	最重檀那之施
명산의 고액(高液)	名山膏液
차 한 덩이 슬쩍 보내주시는 일이라오.	潛輸州瑞之魁
목마르게 바라는 마음 잊지 마시고	宜念渴希
아끼지 마시고 베풀어 주소서	毋慳波惠

*노동(盧仝)의 일곱째 찻잔을~~: 당나라 시인 노동(盧仝)의 "다가(茶歌)"에 "다섯째 잔은 기골을 맑게 해 주고, 여섯째 잔은 선령을 통하게 해 주고, 일곱째 잔은 다 마시기도 전에 두 겨드랑이에 날개가 돋아 맑은 바람이 솔솔이는 걸 깨닫겠네.

[五椀肌骨淸 六碗通仙靈七碗喫不得 也唯覺兩腋習習淸風生]" 라는 말이 나온다.

*이찬황(李贊皇): 당(唐)나라 때 찬황백(贊皇伯)에 봉해진 명상(名相) 이덕유(李德裕, 787~850)를 가리킨다. 일찍이 하남(河南) 낙양현 남쪽에 평천장(平泉庄)을 세웠는데, 둘레가 40리이고 기이한 초목과 돌이 많아 그 경치가 선경(仙境)과도 같았다고 한다.

*자순(紫筍): 붉은 죽순의 뜻이나 여기서는 차의 별칭이다. 옛날 차의 이명(異名)으로, '석화 자순(石花紫笋)' 혹은 '영아 진순(靈芽眞笋)'이라는 표현을 써 왔다.

*백토루(白菟樓): 서진(265~316) 무제(武帝, 265~289) 때 장맹양(張孟陽)이 촉(蜀)의 도읍인 성도(成都)에 있는 '백토루(白菟樓)'라는 누각에 올라 등성도백토루시(登成都白菟樓詩)'를 지었다. 이 시에서 향기로운 차는 육정(六情), 즉 인간의 여섯 가지 성정인 '희·노·애·락·애·오(喜·怒·哀·樂·愛·惡)'를 움직이는 으뜸의 음료라고 하였다.

*노공(潞公): 송(宋)나라 때 명재상 문언박(文彦博)으로 인종(仁宗) 때부터 네 조정에 벼슬하여 출장입상(出將入相) 50여 년 동안 이름이 사이(四夷)에 떨쳤다.

*게 눈, 고기 눈: 소식(蘇軾)의 시원전다(試院煎茶) 시에, "게의 눈을 이미 지나서 고기 눈이 나오니, 설설 소리가 솔바람 소리와 흡사하구나. [蟹眼已過魚眼生 則颼欲作松風鳴]" 라고 하였는데, 물이 막 끓기 시작할 때를 게의 눈(蟹眼), 크게 끓을 때의 기포(氣泡)를 고기 눈(魚眼)으로 비유하였다.

*진량(津梁): 나루와 다리로 수행의 수단을 비유한 것이다.

*단나(檀那): 시주(施主)라는 뜻으로 단월(檀越)이라고도 한다.

이 글에서 보는 바와 같이 다산은 이미 당의 시인 노동의 다가 (茶歌)를 익히 알고 있었고, 당의 재상을 지낸 한림학사 이찬황의 차마시는 버릇에도 익숙해 있었다. 육우다 3편을 심독했으며, 제 실어용(帝室御用)의 차였던 용단봉병을 거론하는 등 역사와 상식 에 훤한 상태였다.

이에 다산은 우리의 차나무를 재배하고 잘 관리하여 중국의 말 과 바꾸어 나라 살림에 보탬이 되도록 다마(茶馬) 무역을 주장했 고, 중국의 차세(茶稅) 전매제도를 역사적으로 고찰한 「각다고」를 남겼다. 그는 차를 말리는 배로와 차맷돌을 사용하였고, 주로 다 조(차 화덕)에 차를 끓였다.

다산이 차를 많이 마셨기 때문일까? 차의 효험 때문일까? 다산 은 아들에게 보낸 편지에 이렇게 적고 있다.

'내가 벼슬을 할 때 지은 시는 처량하고 기운이 막혀 있었으며, 장기에 유배되었을 때는 더욱 어둡고 비통했다. 그런데 강진에 온 이후의 작품은 탁 트이고 막힘이 없는 뜻을 담은 것이 많아 졌고 기상을 가지게 되었다. 그 뒤로는 근심이 거의 없어졌다.'

여기서 중요한 것은 강진에 온 이후로 근심이 없어졌다는 내용 이다. 이는 크게 통하였다는 뜻이다. 다산의 시에서도 차를 마시면 적병(積病)이 없어지고 근심이 사라져 편안하다는 글들이 있다. 이는 그가 중요시하는 다도의 실용적 가치인 것이다.

다산은 걸명소에서 막힌 데를 삭이고 헌데를 다 낫게 한다고 했다. 다산이 이를 당나라의 재상인 이덕유의 다벽에 비유한 것으로 보아, 막힌 데를 삭힌다 함은 신체적 병을 낫게 한다는 것보다 정신적 편안함을 지닐 수 있게 함을 의미한다. 그는 평소의 지론으로 '세상 사람의 속된 병은 삶과 함께 생겨나니.' 라고 하였다. 이는 마음의 병이 신체의 병이 됨을 의미하고 있다.

다산은 우리나라 차의 우수성을 확신하고 있었다. 다산은 「동다기」에서 "어떤 이는 우리나라 차의 효능이 중국 월지방(절강성)에서 나는 차에 못 미친다고 의심쩍어 한다. 내가 보기에는 색, 향, 기품, 맛에서 조금도 차이가 없다. 다서(茶書)에 의하면 육안차는 맛이 좋고, 특히 몽산차는 약효가 뛰어나다고 했다. 그런데 우리 차의 맛과 약효가 모두 훌륭하다. 만약 당나라의 이찬황이나 육우가 살아 있다면 그들은 나의 말을 반드시 옳다고 할 것이다."라고 말 하였다. 탁옹의 주장은 초의가 「동다송」에서 그대로 인용하였다.

다산은 이렇게 차를 즐기며 우리나라 차에 대해서 대단한 긍지를 가졌다. 다산은 차를 묽게 끓여 마셨다. 자하 신위가 쓴 글을 보면 "다산은 차를 묽게 끓여 먹는 다법을 전하였고, 차의 맛을 잘 내기로 유명한 자하도 담명(淡茗)을 끓인다."고 한 것으로 보아 당시 선비의 음다 풍속도 다산의 영향을 적지 않게 받았음을 알 수 있다.

또한 다산은 손수 차나무를 재배하고 찻잎을 따서 만드는 법과 차를 끓이는 전다법에 숙련되어 있었다. 그리고 차의 분류는 보통 엽차(葉茶)와 병차(餅茶: 떡차), 세차(細茶), 조차(粗茶), 곡우눈차(嫩茶)와 만차(晚茶) 등이 있는데, 다산의 제다법(製茶法)과 전다법(煎茶法)대로 만든 차를 '다산의 명다(名茶)', '만불차(萬佛茶)', '황다인 정다(丁茶)' 등이라고 불렀다.

초의보다 두 살 적은 이규경(李圭景)은 쓰기를 "만불차는 다산이 귀양살이를 하면서 찻잎을 쪄서 말려 작은 떡덩이로 만드는 법을 가르친 것이다. 그런데 이 차는 강진현의 만불사(萬佛寺)의 차이기 때문에 붙인 이름이다.”라고 했다.

그리고 고종 때의 문신인 운양 김윤식(金允植)이 쓴 글에 의하면 “강진의 다산에는 명차가 나는데 정약용이 만들기 시작한 것으로 차의 품질이 좋다.”고 했고, 강진의 「금릉월산차(金陵月山茶)」도 다산의 제다법대로 만든 차라고 했다.

또 순조 때의 조재삼은 그의 문집에서 “강진·해남에는 예부터 황다(黃茶)가 있는데, 세상에서는 아는 사람이 없다. 오직 정약용만 알 뿐이므로 정다(丁茶)라 이름한다.” 즉 그는 혜장 등으로부터 차를 얻어 마셨음에도 불구하고 제다법을 잘 알고 있었음을 의미한다.

다산의 이러한 면모는 현실과 실천을 중시하는 그의 실학정신을 잘 나타내고 있다. 그는 유배생활을 하므로 의식주를 모두 스스로 해결해야 하는 처지였으나, 대학자였으므로 많은 제자들과 동네 사람들의 도움이 매우 컸으리라 짐작할 수 있다.

그렇더라도 그의 생활이 곤궁했음은 추운 겨울에 손수 불을 지핀다든지 채마밭에 거름을 주는 일 등에서 알 수 있다.

특히 다산은 차와 관련된 일은 손수하였다. 우선 그는 차나무 기르는 법을 개척했고, 다무책(茶務策)을 짓기도 하였다.

실제로 정약용이 살던 다산에는 만 그루의 차나무가 있었다고 했는데, 관리는 다산이 했을 것으로 짐작된다. 그리고 차를 끓일 물을 손수 길어왔고 차를 끓이기 위해 솔방울로 숯을 만든다든지 차맷돌을 손수 돌려 갈았다.

다산이 사용한 다구(茶具)는 여러 가지 화덕 외에 다정(茶鼎: 차솥)과 차냄비(茶鐺), 다병(茶甁), 다연(맷돌), 다종(茶鐘), 다구(茶臼), 다관(茶罐) 등이 있었다.

제다와 전다에 임하는 위와 같은 사실들을 통해 다산이 인간살이에서 차와 다사(茶事)를 얼마나 중시했는지를 알 수 있다.

다산은 해배 후에 고향에 돌아갈 때 다산초당에서 가르쳤던 제자들과 다신계(茶信契)를 만들었고, 고향에 돌아가서도 제자들과의 정을 다졌고, 차가 나지 않는 북쪽 지방에서 해마다 안정적으로 차를 공급 받을 수 있는 방법을 마련하였다.

이처럼 다산은 해배 후 차가 나지 않는 고향에 살면서도 그의 다생활은 강진에 있을 때와 다름없이 여전하였다. 그는 본가에서 머리가 희어진 아들의 생일을 맞아 "깊은 방에 홀로 누워 맑은 차만 찾노라."고 하였고, 물고기를 잡는 배에서도 차를 끓였다고 하였다.

다산은 귀양에서 풀려난 지 5년이 지난 1823년 4월 15일 아들 학연과 몇몇 선비들과 함께 청평사와 소양강을 유람하고자 큼직한 배를 구해 11일간 여행하였다. 그런데 준비한 여장에는 침구, 부엌살림 등과 함께 다관이 들어 있었을 정도로 차를 즐겨 마셨음을 알 수 있다.

그리고 한강 정자인 연대정에서 읊은 시에는 '진한 차 한 주발에 술 석 잔을 마시며, 묵객이며 시호(詩豪)들 잘도 오고 가네.'라고도 하였다. 다산은 노년에 그의 생애가 죽음에 임박한 사슴처럼 다급 해진다고 느끼면서도 다종(茶鐘)을 곁에 두고 지냈다고 한다.

다산은 진정한 다인으로 우리나라 차의 중흥조이자 쇠퇴해가는 차문화를 일으켜 세우려는, 혜장과 초의로 이어지는 차문화의 맥을 잇는 중시조라 하겠다.

혜장선사와의 만남

    다산은 주막에 머물면서 참으로 오랜만에 산책길에 나섰다. 강진에 머문 지 4년만의 나들이였다. 그 무렵엔 관리들의 감시도 많이 누그러졌고, 강진 부근의 가벼운 나들이는 묵인되었다.

    다산은 강진읍에서 삼십 여리 떨어진 도암면 만덕산 기슭에 있는 백련사를 찾아 길을 잡고 있었다. 백련사는 8대사 8국사를 배출한 이름난 절로서 그 주변 경치는 실로 아름다웠다.

    다산은 백련사를 오르는 길목에서 젊은 스님 한 분을 만났다.

    "백련사에 계시는 스님이십니까?"

    다산이 먼저 말을 건넸다. 스님은 말없이 다산을 바라보기만 했다.

    "이 몸은 귀양살이하는……."

    다산이 그 자신을 소개하려 하자 스님은 말을 막았다.

    "알고 있소이다. 타향 객지생활에 고생이 많으실 줄 압니다."
의외로 젊은 스님이었다.

    "고생은 무슨, 죄인 주제에 이만하면 복이지요."

    다산은 그 스님과 무슨 말이든지 더 하고 싶었다. 젊은 스님이었지만 범상치 않은 그 무엇이 스님의 얼굴에 드러나 보였다.

스님과 다산은 천천히 산길을 걸어 백련사에 당도한 후에도 많은 이야기를 나누었다.

불교에 대한 것에서부터 주역에 관한 이야기로 어느 새 해가 지는 것도 잊을 만큼 두 사람은 깊이 빠져 있었다.

다산은 가슴이 다 후련했다. 귀양길에 올라 강진에 머무는 동안 실로 오랜만에 대화의 상대를 만난 때문이었다.

"날이 저물었습니다."

스님이 떠날 줄 모르고 앉아 있는 다산에게 말했다.

"허허어. 이런 내 정신 좀 봐. 젊으신 스님에게 홀딱 반해 해가 지는 줄도 모르고 있었다니……."

다산은 모처럼 너털웃음을 웃으며 자리를 털고 일어섰다.

"스님의 법명이라도……."

다산은 아직 스님이 자기 자신에 대해서는 아무 소개를 하지 않았으므로 떠나는 자리에서 그렇게 물었다.

"어르신의 말씀을 듣고 싶을 땐 찾아뵙기로 하지요."

그러나 젊은 스님은 다산에게 합장을 하여 보이고, 그냥 백련사 대웅전으로 몸을 숨겼다.

다산은 홀로 백련사를 내려오면서 스님에 대해 곰곰 생각해 보았다. 아직 젊은 스님이지만 범상하지 않은 선의 경지를 그 스님의 모습에서 느낄 수 있었다.

다산은 사의재에 돌아와서도 낮에 만난 스님 생각에 잠이 오지 않았다.

서로의 학문을 나눌 수 있는 말상대를 만났다는 기쁨에 잠이

오지 않은 것이었다. 그는 뒤척거리다가 자정을 넘겼다. 온 천지가
칠흑의 어둠으로 덮이었고 조용했다.

그 때 창 밖에서 인기척이 났다.

다산은 벌떡 일어나 문을 열었다. 뜻밖에도 낮에 만난 그 스님이
어둠 속에서 있었다.

다산은 스님을 끌어안으며 반겼다. 젊은 스님은 다산 앞에 합장
하여 고개를 숙였다.

"낮에는 너무나 뵙고 싶던 귀하신 어른을 뜻밖에 만나 뵙고 당황
했었습니다. 그러나 다시금 높은 말씀 듣고 싶어 밤길 더듬어 이
렇게 찾아왔습니다. 무례를 용서하십시오."

젊은 스님은 그렇게 말하고 자신을 밝혔다. 당시의 상황을 다
산은 다음과 같이 기록하고 있다.

'신유년 겨울에 내가 강진에 귀양가 있었다. 5년이 지난 봄
아암은 백련사에 와 있었는데 나를 매우 보고 싶어 했다. 하
루는 촌로를 따라 신분을 숨기고 그를 찾아보았다. 한 나절
을 이야기 하였지만 알아보지 못하였다. 작별하고 북암에 이
르렀는데 해질 무렵 아암이 헐레벌떡 뒤쫓아 와서 머리를 숙
이고 합장(合掌)하며 말하기를 "공께서 어찌하여 사람을 속이
셨습니까? 공이 바로 정대부(丁大夫) 선생이 아니십니까? 빈
도(貧道)는 밤낮으로 공을 사모하였습니다." 하였다. 함께 가
그의 방에서 잤다.'

이를 미루어보면 혜장이 다산을 얼마나 흠모하고 있었는지 알
수 있다. 이로 인하여 두 사람의 교유가 이루어진 것임을 알 수

있다. 그는 백련사의 주지인 혜장스님이었다. 혜장스님은 원래 해남의 대둔사에 있었으나, 을축년(1805년) 봄에 강진의 백련사에 옮겨와 있었다.

혜장은 여러 스승을 따라 학문을 배웠다. 하지만 설법을 들을 때는 머리를 숙이고 듣기는 하였으나 문밖으로 나오면 "예끼순!"이라고 입속말을 했다. 이는 가르침이 만족하지 못해 비웃는 것이라고 다산은 그의 비문에서 설명하고 있다.

혜장은 나이 30세에 두륜회의 주맹이 되었다. 이는 해남 대둔사가 있는 두륜산을 따서 붙인 이름인데, 경쟁한 학승들이 모이는 일종의 학술대회였다. 이 모임은 100여 명이 넘는 학승들의 모임으로, 이로써 혜장의 학문의 깊이를 짐작할 수 있었다.

다산은 44세, 혜장스님은 34세로 혜장이 10년 아래였다. 혜장은 연담선사로부터 다산의 이야기를 수없이 들었노라고 말했다. 혜장은 승려였음에도 불구하고 주역을 깊이 공부하였다. 주역을 공부한 이래 자신만큼 주역에 능통한 사람을 만나지 못하였다. 그래서 혜장은 자신의 학문에 대하여 대단한 긍지와 자부심을 가지고 있었다.

그러나 밤이 늦도록 다산과 주역에 대하여 논하던 혜장은 처량하게 탄식하듯 이렇게 말하였다.

"산승(山僧)이 20년 동안 주역을 배웠지만 모두가 헛된 거품이었습니다. 우물 안 개구리요, 술 단지 안의 초파리 격이니 스스로 지혜롭다고 할 수 없는 일이군요."

이날 이후 두 사람은 의기가 상통하였다. 이때부터 혜장스님은 다산으로부터 역학을 더욱 깊이있게 공부하게 되었고, 그 해 겨울 다산은 혜장스님의 도움으로 강진읍 북산 우두봉 기슭에 있는 고성암으로 옮겼다. 그리고 그가 거처하는 방을 '보은산방(寶恩山房)'이라 이름하였다.

혜장은 산방을 자주 넘어오고 다산도 백련사를 자주 찾아간다. 다산이 남긴 시에 그 정경이 잘 나타나 있다.

춘일유백련사(春日遊白蓮寺)

조각 구름 흘러가며 흐린 하늘 개이고	片片晴雲拭瘴天
냉이 밭에 흰 나비 펄럭이며 날 때	薺田蝴蝶白翩翩
우연케도 집 뒷산 나무꾼 길 따라	偶從屋後樵蘇路
숲을 헤쳐 나가보니 보리밭 언덕이네.	遂過原頭橫麥田
궁벽한 산촌 봄날 아는 노인 왔다면서	窮海逢春知老至
벗없던 거친 동네 각승(覺僧)은 어질었다.	荒村無友覺儕賢
더구나 도연명(陶淵明) 찾은 듯 보아 주어서	且尋陶令流觀意
나에게 산경표(山經表) 한두 권을 설명해주네.	與說山經一二篇

다산은 보은산방에서 학문을 연구하는 틈틈이 다도(茶道)를 즐겼다. 혜장도 그곳에 자주 와서 서로 차(茶)와 시(詩)를 나누었다.

다산은 혜장선사를 위하여 13수(首)나 되는 시를 남겼으며, 차를 요청하는 시를 짓기도 했다.

혜장선사에게 차를 빌다

전해 듣건대 석봉 위에	傳聞石廩底
좋은 차나무들이 있다고 들었소.	由來産佳茗

지금은 보리 거둘 시기이니	時當曬麥天
한잎 두잎 새싹이 자란다오.	旗展亦槍挺
오래도록 방안에 갇혀 지내니	窮居習長齋
냄새에 젖어 뜻조차 식었소.	羶臊志已冷
더군다나 어린 돼지와 영계죽은	花猪與粥雞
먹고 싶은 마음조차 사치스럽소.	豪侈邈難立
힘줄이 당기고 배가 아프니	舐因痃癖苦
때때로 술을 마셔 깨지 않기 때문이라오.	時中酒未醒
바라오니 스님의 숲에 있는 차를	庶藉己公林
육우의 솥에 좀 채워 주시구려.	少充陸羽鼎
베풀어 주시면 내 병 물리치려니	檀施苟去疾
쌓아놓고 먹을 욕심은 없소.	奚殊津筏拯
차잎을 볶고 버무리기를 예대로 하면	焙曬須如法
색깔 곱게 우러날 것이외다.	浸漬色方瀅

위의 시는 다산이 혜장스님에게 얼마간의 차를 간절히 청하는 글이다.
다산은 결벽증 때문에 차를 마셨다.

그러나 보은산방에 온 이후, 차를 더욱 가까이 한 후로는 육류
보다 채식을 주로 하면서 차에 심취했다. 혜장스님의 배려로 머물게
된 고성암 보은산방은 조용히 앉아 책 읽고 글쓰기에 알맞은 곳
이었다.

당시 혜장스님은 자생하는 어린 찻잎을 따다가 중국의 육우가
마셨다는 차 맛보다 나은 차를 만들었다.

다산은 고성암의 꼭대기 우이봉에 오르기를 즐겨했다. 그 정상에 올라서면 멀리 바다가 한눈에 보였다. 수평선 너머 까마득한 저쪽에 흑산도가 있어, 귀양간 형님 정약전이 고생하고 있는 모습을 상상하며 눈시울을 붉히기도 했다. 먼 바다를 바라보며 형님을 그리기도 하고 먼 산을 바라보며 고향을 그리기도 하였다. 그런 중에 그는 곧 잘 시를 지어 읊었는데 그 내용은 다음과 같다.

우두봉 아래 작은 선방	牛頭峯下小禪房
담장 넘은 대나무만 쓸쓸하다.	竹樹蕭然出短墻
작은 바닷바람과 조수는 골짜기에 닿고	稗海風潮連斷壑
읍내 밥 짓는 연기는 산봉우리를 감쌌다.	縣城煙火隔重岡
둥그런 뚜껑엔 스님의 죽을 담고	團團菜槏隨僧粥
나그네 봇짐은 볼품없는 책 상자 뿐.	草草經函解客裝
청산이면 어딘들 못 갈까마는	何處靑山末可住
옛 한림 벼슬을 꿈에서나 그려본다.	翰林春夢已微茫

다산은 동문 밖 주막집 뒷방에서의 비루한 생활을 접고 혜장선사의 도움으로 고성사에 머무르게 되었다. 그때 고성암에서 시를 지었다.

지금 나는 산사에 머무르는 신세	余時滯山寺
집안 식구 이별하고 돌아갈 기약 없네.	似別家未還
떠돌이 신세를 부평초에 비할 건가	漂流劇萍梗
홀로 쓸쓸히 멀리 서있네.	廻立身世單
한가한 몸 때로는 기쁘다 해도	喜悅良獨眞

자신을 돌아보니 참으로 미련하네.	自視誠愚頑
한평생 내 걱정은 백성들이라.	平生黎庶憂
아무리 곤궁해도 백성 걱정 가시지 않네.	困窮猶未刪

상감도 바빠서 제때 식사 못하거늘	至尊尙旰食
이 몸 보리밥도 어찌 달게 먹을까.	疏糲敢自安
해마다 풍년들어 백성들 배부르면	年豐民得樂
이 몸은 죄인이어도 얼굴 펴고 살아가리.	負罪亦怡顏

　다산은 고성암에 적거하기 전 유일스님과 함께 고성암을 둘러본 적이 있었다. 그 때 지었던 시가 지금도 벽에 걸려 있다.

약초 싹은 비를 맞아 깨끗하고	藥苗經雨淨
느릅나무 꼬투리는 봄을 맞아 짙었네.	楡莢受春深

나그네 밥상 제철 음식에 놀라고	旅食驚時物
절간 찾아 외로운 마음 달래보네.	禪樓散客心

한 분의 시가 붙어 있어	一公詩句在
난간 기대고 이렇게 읊조리네.	凭檻有遙吟

　다산은 유배지의 적적함을 보은산방에서 혜장스님과 함께 차를 마시며 불경을 이야기하기도 했고, 학문을 연구하다가 그 피로를 차로 풀면서 보내기도 했다.
　어느 날 마을 사람들이 새로 만든 차 한 봉지를 가져왔다. 다산은 즉석에서 시 한 수를 읊었다.

아곡(鴉谷)의 새 차가 처음으로 복스럽게 피었는데.	鴉谷新茶始展旗
마을 사람들의 호의로 한포를 얻었네.	一包纏得里人胎
길어온 샘물이 어찌나 맑은지	椒泉水品清何似
한가로이 은병에 좀 넣어 맛을 시험했네.	閒就銀瓶小試之

혜장은 40세의 짧은 나이로 세상을 떠났다. 혜장이 죽은 다음 해 두 제자가 혜장의 행장을 가지고 와 탑명을 써 달라고 부탁했다. 그 때 다산은 흔쾌히 수락하고 탑명을 지었다.

빛나던 우담발화(優曇鉢華)	燁燁優鉢
아침에 피었다가 저녁에 시들고	朝華夕蔫
훨훨 나는 금시조(金翅鳥)	翩翩金翅
잠깐 앉았다 날아갔네.	載止載騫
슬프다. 이 아름답고 깨끗한 이여.	哀玆都潔
저서는 있어도 전할 일 없어라.	有書無傳
그대와 함께 가서	與爾偕征
손으로 현관(玄關)을 열었네.	手啓玄鍵
조용한 밤에 낚시를 거두니	靜夜收釣
밝은 달이 배에 가득하였는데.	明月滿船
지난봄 입을 다무니	殘春緘口
숲이 적막하다.	山林寂然
그 이름 수동(壽童)이었으나	是名壽童
하늘은 그 명에 인색하였네.	天嗇其年
*묵가의 이름에 선비의 행실	墨名儒行
군자가 어여삐 여긴 바로세.	君子攸憐

*묵자의 이름에 선비의 행실: 한유의 "송부도문창서(送浮屠文暢序)"에 나오는 말이다.

다산은 혜장을 만난 것을 흑산도에 있는 형 손암에게까지 알릴 정도로 둘 사이는 각별하였던 것이다. 다음은 형님께 아암을 소개하는 글이다.

혜장선사에 대하여

대둔사(大芚寺)에 어떤 승려가 있었는데 나이 40에 죽었습니다. 이름은 혜장(惠藏), 호는 연파(蓮波), 별호(別號)는 아암(兒菴), 자(字)는 무진(無盡)이라 하는데, 본래 해남(海南)의 한미한 사람이었습니다. 27세에 병불(秉拂)이 되자 제자가 1백 수십 명에 이르렀으며, 30세에는 대둔사의 대회를 주재했습니다. 을축년(1805) 가을에 만덕사(萬德寺)에 머물렀는데 그때 저와 만났습니다. 서로 만나던 저녁에 곧 「주역」을 논했는데, 그는 하도(河圖)·낙서(洛書)의 학문에 대해 횡설수설(橫說竪說) 하면서 자기의 말처럼 외었습니다. 또 주부자(朱夫子)의 「역학계몽(易學啓蒙)」을 익숙히 보고서 대중없이 여러 조목을 뽑아내어 세차게 흐르는 강물처럼 거침없이 말하였습니다. 그러므로 바라보기에 겁날 정도였습니다.

내가 묻기를 "건(乾)의 초구(初九)는 왜 구(九)라 하는가요?" 라고 했더니, 그가 "구(九)란 양수(陽數)의 극(極)입니다." 라고 하였습니다. 내가 "곤(坤)의 초륙(初六)은 왜 곤의 초십(初十)이라고 하지 않는가요?" 라고 했더니, 그는 말이 떨어지자 곧 깨닫고 몸을 일으켜 땅에 엎드리며 가르침을 청했습니다. 그는 배웠던 것을 모두 버리고 깊이 구가(九家)의 학(學)을 연구하였습니다.

그는 또 불법(佛法)을 독실히 믿으면서도 주역의 원리를 들을 때부터는 몸을 그르쳤음을 스스로 후회하여 실의(失意)한 듯 즐거워하지 않았습니다. 그러다가 6, 7년 만에 술병(酒病)으로 배가 불러 죽었습니다. 지난 해 내게 보내준 시입니다.

백수공부로 누가 득력했나	柏樹工夫誰得力
연화 세계는 이름만 들었네.	蓮花世界但聞名
외로운 읊조림 매양 근심 속에서 나오고	孤吟每自愁中發
맑은 눈물 으레 취한 뒤에 흐르네.	淸淚多因醉後零

그가 죽을 무렵에 여러 번 혼잣말로 무단(無端)히, 무단히(방언으로 '부질없이'라는 뜻)라고 했답니다.

제가 지은 '만시(輓詩)'에

이름은 중, 행동은 선비라 세상이 모두 놀랐거니	墨名儒行世俱驚
슬프다. 화엄의 옛 맹주(盟主)여.	怊悵華嚴舊主盟
「논어」책 자주 읽었고	一部魯論頻盥手
구가의 「주역」 상세히 연구했네.	九家周易細硏精
찢긴 가사 처량히 바람에 날려가고	凄涼破衲風吹去
남은 재 비에 씻겨 흩어져 버리네.	零落殘灰雨洒平
장막 아래 몇몇 사미승	帳下沙彌三四五
선생이라 부르며 통곡하네.	臨去聲猶復喚先生

하였고(근래「논어」, 「맹자」를 독실히 좋아하였으므로 중들이 미워하여 김선생이라고 불렀음), 또 다음과 같이 쓰고 있습니다.

푸른산 붉은 나무 싸늘한 가을
희미한 낙조 곁에 까마귀 몇 마리
가련타 떡갈나무 숲 오골(傲骨)을 녹였는데.

종이돈 몇 닢으로 저승길 편히 가겠는가
관어각(觀魚閣) 위에 책이 천원이요.
(다산을 가리킴)
말 기르는 상방(廂房)에는 술이 백 병이네.
지기(知己)는 일생에 오직 두 늙은이
다시는 우화도(藕花圖) 그릴 사람 없겠네.

青山紅樹颯秋枯
殘照傍邊有數烏
柞炭可憐銷傲骨
[有傲病]
楮錢那得買冥塗
觀魚閣上書千卷
[謂茶山]
養馬廂中酒百壺
知己一生惟二老
無人重作藕花圖

초의선사와의 만남

　한동안 아파서 발길을 끊고 있던 혜장선사가 백련암 등성이를 넘어 다산을 찾아왔다. 그의 얼굴은 수척해 보였다.

　그 동안 술을 너무 많이 마셨던 것이다. 자기가 믿던 불도의 세계에서 다산으로 인하여 주역의 깊은 세계를 알고서, 아암은 가치관에 일대 혼란을 느꼈다. 그는 그 혼란을 술로 풀고자 했다.

　그리하여 이즈음 들어서는 배에 물이 차고 얼굴은 흙빛이 되어 있었으며, 말끝마다 '부질없이'라는 말을 달고 살았다.

　정녕 그랬을 것이다. 자기가 평생을 믿었던 불도의 세계에서 주역의 세계를 알고 보니, 세상일이 부질없게 느껴졌을 것이다.

　"소승은 이제 껍질을 벗으려나 봅니다."

　"그게 무슨 말인가? 아직 한창 나이에."

　아암은 마지막 떠나는 사람처럼 쓸쓸하게 말했다.

　"선생님, 초의가 선생님을 뵙고 싶다 하기에 데리고 왔습니다."

　혜장선사의 뒤에는 16~7세 가량 된 동승(童僧)이 서 있었다. 영민해 보이는 얼굴에 준수한 모습이었다.

"해남 대둔사의 중이옵니다."

유난히 까다롭고 제자 고르기에 엄격한 혜장이 소개하는 사람이었다.

이때 초의는 다산에게 장시 한 수를 보내고 가르침을 바랬으며, 그것이 초의집(草衣集) 상권의 첫 장 세 번째 시에 적혀 있다.

초의는 이 시에서 "이제까지 현인군자를 두루 찾아보았지만 모두 비린내 풍기는 어물전에 불과했다."고 술회하고, "하늘이 나를 맹자 어머니 곁에 있게 한다."고 다산을 만난 반가움을 표시하였다. 그러면서 "덕업이 나라 안에 으뜸가고 문장이 빛나는 선생의 가르침을 받고 있다."라 했다.

"선생님, 제가 없더라도 초의를 사랑해 주십시오."

혜장은 초의의 장래까지 부탁하였다.

"논어를 거듭 읽었으나 납득이 가지 않는 대목이 있어서……."

논어를 묻기 위해서 왔다는 것이다.

"그래 초의는 논어를 몇 번이나 읽었다는 말인가?"

"다섯 번 읽었습니다."

"나는 지금도 논어를 곁에 두고 읽는데도 막히는 부분이 있네. 그런데……. 겨우 다섯 번 읽어 그 뜻이 다 통한단 말인가?"

"부끄럽습니다."

하늘같은 큰스님 혜장도 정대부라 부르며 깍듯하게 모시는 다산이었다.

초의는 다산에게 범접할 수 없는 위엄을 느끼고 있었다.

"그래 논어를 읽었으면 그 주된 줄기가 무엇인지는 알겠구면."

"예, 인(仁)이옵니다."

초의가 공손하게 대답했다.

"그렇다면 논어 속에 인자가 몇 번이나 나오던고?"

"일백 여덟 자이옵니다."

"허허, 그래."

다산은 흡족한 미소를 지었다.

"초의가 아암보다 낫네."

당대의 학승 아암보다 그릇이 더 크다는 뜻이었다.

"고맙습니다. 예쁘게 봐 주시니."

아암도 기쁜 표정으로 사랑스러워했다.

"모두가 부질없는 일입니다."

아암은 곧 시무룩한 표정을 지으면서 쓸쓸하게 말했다.

도대체 아암은 무엇이 부질없다는 말인가?

아암이 말하는 것은 만유일심 무진연기(萬有一心 無盡緣起) 밖에 또 하나의 정명(正命)의 세계가 있다는 사실을 모르고 있는가.

아암은 처음부터 인생을 고뇌하며 아픔으로 생각해 왔다. 그는 "스스로 자신을 그르친 것을 후회하며 홀홀히 즐기는 기색이 없었다."는 다산의 말처럼, 역리를 안 후에 스스로 자신의 인생철학이 바뀌고 있음을 느낀 것은 아닐런지.

"아암은 나 때문에 죽었어."

후일 아암이 죽고난 후에 다산은 몇 번이고 이 말을 되풀이했다. 아암의 죽음은 그만큼 다산에게 큰 슬픔을 안겨주었다. 다산은 40세로 먼저 세상을 떠난 아암의 제문을 지어 아암의 제자인 자홍에게 올리게 하였다.

아암을 잃은 다산은 초의에게 정을 쏟았다. 다산은 초의에게 유서 (儒書)를 읽게 했고 강학으로 유학을 가르쳤다.

초의는 시에 대해서 물었다. 다산은 친절하고 상세하게 대답하였다. "시는 뜻을 말하는 것이다. 본디 뜻이 저속하면 억지로 달통한 말을 하여도 사정에 절실하지 못하게 된다. 시를 배움에 그 뜻을 헤아리지 않는 것은 썩은 땅에서 맑은 샘물을 길으려는 것 같고, 냄새나는 가죽나무에서 특이한 향기를 구하는 것과 같아 평생 노력해도 얻지 못 할 것이다. 그렇다면 어떻게 해야 하는가. 천인(天人)과 성명(性命)의 이치를 알고, 인심과 도심의 나뉨을 살펴서 찌꺼기를 걸러 맑고 참됨이 발현 되게 하면 된다." 그런가 하면 다산이 초의에게 보낸 편지를 보면 스승의 정(情)이 내재된 엄한 가르침을 볼 수 있다.

'인간세사는 심히 분명한데 너는 매양 동작이 느리고 무거우니 사서(史書)속에 있어도 근적(根績)이 매우 적으니라. 지금 너에게 「논어(論語)」를 내려주니 지금부터 시작하여 마치 왕공(王公)의 엄한 조칙을 받드는 것처럼 하여라. 시각을 다투어 뒤에는 장수(將帥)가 있고 앞에는 깃발이 펄럭이듯 황급하게 내달아라. 마치 호랑이와 교룡이 핍박하듯 일순 일순 감히 쉬거나 느리지 않도록 하여라. 단지 의리를 깊이 추구할 때에는 반드시 마음을 모 아서 정밀하게 연구하면 마침내 그 참된 의미를 얻을 수 있을 것이다.'

두 사람의 돈독한 교분은 초의선사의 시를 보면 확실히 알 수 있다.

비에 갇혀 다산초당에 가지 못함

내 항상 자하동을 그리워하니　　　　我思紫霞洞
꽃나무들 지금 한창 우거졌겠다.　　花木正紛繽
장맛비가 괴롭게 길을 막아서　　　　淫雨苦相防
봇짐 묶고 20일을 지나 보냈네.　　束裝喩二旬
어른의 분부가 특별하여도　　　　　深孤長者命
진정을 호소할 방법 없었지.　　　　無由訴情眞
달과 별이 한밤중에 훤히 보이고　　星月露中宵
구름장은 맑은 새벽 흩어지누나.　　屯雲散清晨
기쁜 마음 길 떠날 작정을 하니　　欣然起長策
물색은 참으로 신선도 해라.　　　　物色正鮮新
옷자락을 걷고서 시내를 건너　　　褰褫涉幽澗
고개숙여 깊은 대숲 뚫고 나섰네.　俛首穿深筠
발걸음 만폭교에 이르렀는데　　　行至萬瀑橋
날씨가 문득 다시 찌푸리누나.　　天容忽更顰
골바람 숲 흔들며 일어나더니　　谷風動林起
빗 기운 산속을 온통 적신다.　　流氣被嶙峋
물방울 수면 위로 튀어올라서　　飛沫跳水面
가는 무늬 비늘처럼 일어나누나.　細紋起鱗鱗
가다 말고 혼자 다시 뒤돌아서니　中行成獨復
구슬픈 맘 말로는 다할 수 없네.　惆悵難其陳
60리길 오히려 이와 같다면　　由旬尚如此
무엇으로 세상 끝을 가본단 말자.　何以窮八垠
슬프다 일곱자의 몸뚱이로는　　哀哉七尺身
가벼이 날아올라 갈 수가 없네.　輕擧諒無因

초의는 총명하고 온유하고 침착하였다.

아암은 한 때 다산에게서 역리를 배워 우주의 근원을 파악하였다.

이에 그는 혼돈을 일으켜서, 인생을 부질없는 것으로 여겼다. 하지만 초의는 그렇지 않았다.

초의는 그대로 받아들여 자기 것으로 만들었다. 자신의 역리를 통하여 정명을 밝히는가 하면, 불법을 기초로 해서 인생을 파악하려고 하였다.

결코 어느 한쪽 에도 쏠리지 않고 냉철하게 받아들였기 때문에 혼란을 느끼지 않았다. 초의는 시를 알고 있었기 때문에 우주의 이치를 자기 나름대로 해석하고 있었다.

아암이 세상을 뜬 이듬 해인 임신년(1812년) 다산은 제자 윤동(본명 종심)과 초의를 데리고 백운동으로 나들이 갔다. 울적한 기분을 달래기 위해서였다.

다산은 몸도 약해지고 마음도 우울해져서 세상만사가 귀찮기만 하였다. 그러던 차에 오랜만에 두 제자와 함께 산으로 나들이를 가게 되었다. 그 때문에 심신이 조금은 느긋하게 풀려 있었다.

"감천(紺泉)과 함께 오니 어떤가?"

다산이 초의에게 물었다. 감천은 윤동의 호였다.

"네, 좋습니다."

초의는 대답했다.

"너는 어떠냐?"

다시 이번에는 윤동에게 물었다.

"초의 스님과 함께라면 어디든지 좋습니다."

윤동은 실로 즐거운 얼굴이었다.

다산이 초의와 더불어 각별히 사랑하는 윤동은 귤동의 윤단 처사의 둘째 아들 규하의 장남이다. 다산의 18제자 중의 한 사람으로 초의보다 8세나 손 아래였다.

다산이 모처럼의 나들이에 그들 두 사람을 데리고 나선 것은, 초의와 윤동이 더 가까이 사귀게 되기를 원해서였다. 윤동은 사실 유학보다는 불법에 더욱 마음을 쏟고 있었기 때문에 삭발만 안 했을 뿐이지 마음은 불가에 있었다. 셋은 백운동에서 하룻밤을 보냈다. 이후부터 초의와 윤동은 자주 어울렸으며, 윤동이 글씨를 쓰고 초의는 그림을 그렸다.

다산은 유배가 풀린 후 고향에 돌아와 자신을 방문한 초의선사에게 이런 시를 지었다.

축 늘어진 남루한 옷에	氈氈草衣
풀어 헤쳐진 민둥머리라네.	髮髮禿髮
그대는 장삼을 벗어버리면	剝爾禪皮
유생(儒生)의 본 모습 나타나네.	露爾儒骨
옛 거울 이미 마멸되었으나	古鏡旣磨
무디지 않다네.	新斧非出
밝음을 보고 깊이 깨달았으니	見明星悟
제자 된지 두달 만에 깨닫던 그대……	是第二月

제8장
어둠속에서 새벽은 오고

농민이 잘 살아야 행복한 나라

오직 백성을 위하여

귀양이 풀리고

고향 여유당에서

농민이 잘 살아야 행복한 나라

농업국가였던 조선시대에 국가적으로 가장 큰 현안은 농업문
제였다. 농업을 발전시키지 않고는 가난을 면할 길이 없었기 때
문이다. 이에 다산은 농업이란 '하늘(天時)'과 '땅(地利)'과 '사람
(人和)'의 삼재(三才)가 어울려 농업의 도(道)를 일궈감에 있어, 세
가지 불리한 점이 있다고 지적했다.

첫째, 농민이 지위가 상대적으로 낮다.

둘째, 농업의 이익이 상업의 이익보다 박하다.

셋째, 노동력에서 공업보다 더 힘들다.

이는 당시의 농업 중흥책으로 높은 평가를 받았던 대안인 동시에
오늘날의 농촌과 농민을 살리기 위해서도 곰곰이 헤아려 보아야 할
문제인 셈이다. 다산은 어떻게 해야 선비의 지위만큼 농민의 지위
를 끌어 올릴 수 있을까, 장사만큼 이익을 낼 수 있을까, 공업보다
더 쉽게 농사를 지을 수 있을까를 세밀하게 분석하여 삼농정책을
주창했다.

첫째는, '편농(便農)'이다.

한 사람이 할 일을 두 사람이 하면 훨씬 더 수월하다. 그러면서 다산은 놀고먹는 유식지인(遊食之人)이 없어져야 함을 강조했다. 남녀노소, 양반이나 상민을 막론하고 놀고먹는 사람이 없도록 유식계급을 없애자고 했다. 또한 씨를 뿌리거나 심을 때 언제나 가로 세로로 줄을 맞추어서 일하기에 편하도록 하고, 농기구를 개발해 힘을 적게 들여야 한다고 했다. 씨앗을 뿌릴 때, 반드시 불량한 씨앗을 골라내고 양질의 씨앗만 뿌리기를 권장했다. 그래야 힘이 적게 들고 소득이 늘어나기 때문이다.

　다산은 「기예론(技藝論)」에서도 강력히 주장했듯이, 농업이 발전하기 위해서는 수동식에서 기계와 도구를 사용하는 기계식 농업으로 바꿔야 한다고 주장한다. 그러나 그러기 위해서는 농기구 개발이 필요했다. 다산은 여러 방면으로 농업의 기계화에 대한 간절한 소망을 열거했다. 이는 매우 선진적인 주장이었다.

　농사를 편하게 지으려면 우선 수리사업(水利事業)에 정성을 보여야 한다. 수원(水源)이 풍부한 곳에 저수지를 만들고 관개수로를 개설해 물을 쉽게 끌어다 쓸 수 있어야만 농사짓기가 편해진다는 것이 다산의 분석이다. 간척지를 막고 제방을 막아 수리시설을 확대하는 것도 아울러 강조했다.

　둘째는, '후농(厚農)'이다.

　농사를 지어 소득이 많아야 농사가 후해진다는 뜻이다. 제도를 개선해 착취와 농간을 막으면 농업이 후해진다는 것이 그의 주장이다. 농사에서 이익이 많도록 하려면 종축(種畜), 즉 축산업을 진흥시켜 야 한다는 것이다. 가축을 제대로 번식시키고, 소, 말, 돼지, 닭, 양 등의 가축을 많이 기르고, 산에 밤, 감, 대추, 배 등의 과수를 심으면 소득이 늘어난다. 특히 시골은 되(升)나 말(斗)의 도량형이 정확하지 못해 아전들이나 상인들의 농간이 심하다. 그러므로 다산은 되나 말의 크기를 일정하게 하는 제도를 갖추는 것도 농업을 후하게 하는 방법이라고 설명했다.

셋째는, '상농(上農)'이다.

농민들의 지위를 상승시켜야 농업이 발전한다는 것이다. 농민은 무조건 천하고, 농민의 지위가 천민과 같은 정도라면 누가 농사를 짓고 농업을 경영하겠느냐는 질문을 던진다. 따라서 농민의 지위가 향상되어야 한다는 논리다. 또한 누구나 과거에 응시하느라 농사를 짓지 않으며 선비라는 이름을 팔면서 농부를 천시한다. 그렇기 때문에 농민의 지위가 낮아진다고 했다. 각 고을마다 일정 정도의 과거 응시자를 정해 그 이상의 사람들이 과거를 보러 가는 피해를 막아야 한다고 주장했다.

이처럼 다산은 농민이 잘 살아야 행복한 나라가 될 수 있다는 확고한 신념을 지니고 있었다. 그러기에 농민들의 삶에 유독 많은 관심을 가지고 있었음을 다양한 자료를 통해 확인할 수 있다. 그 가운데서도 다산과 18년 동안 인연을 맺게 되는 '강진'에 대한 관심과 애정은 남달랐다. 그러한 사실은 다산 정약용이 남긴 글 가운데 많이 소개되지 않았으나 '강진에 대하여(耽津對)'라는 글에서 명료하게 드러난다.

북쪽 사람이 나를 위해 슬퍼하고 걱정하여 말하기를, "탐진(耽津; 康津)은 탐라(耽羅; 濟州)로 가는 나루이며, 장기(瘴氣)로 인한 풍토병이 발생하는 고장으로서 죄인을 귀양보내는 곳이다. 그대가 어떻게 그곳에서 살아갈 수 있겠는가?"라고 하였다.

나는 이렇게 대답하였다.

"아아, 어찌하여 그런 말을 하는가! 강진의 원통함이 한결같이 여기에 이르렀단 말인가. 내가 5년 동안 강진에 살면서 무더위는 북방보다 약하고 특히 겨울 추위가 그리 극심하지 않은 것을 깨달았다. 가만히 생각건대, 귤(橘)이 회수(淮水)를 넘으면 탱자가 되듯이, 현재 강진에서는 귤과 유자가 생산되는데, 영암 월출산(月出山) 북쪽만 가도 곧 변하여 탱자가 된다. 그러므로 이 강진 땅은 거의 중국의 회남과 더불어 그 남북의 위도가 같다. 일찍이 중국사람 중에 회남 땅을 일러 남방의 장기로 인한 풍토병이 발생하는 곳이라고 하는 자를 보았는가? 강진은 북쪽으로 서울과의 거리가 800여 리로서 북극(北極)이 땅위로 올라온 것이 3도가 조금 넘는다. 그러므로 겨울 해는 서울에 비해 조금 길어서 두어 자 되는 서까래 길이에도 창문의 해는 그 중간에 있고, 여름 해는 서울에 비해 조금 짧아서 점심밥을 늦게 먹으면 저녁밥이 맛이 없다. 대개 여름을 깎아 겨울에 베푸는 것은 북쪽 사람들의 지극한 소원이요 몹시 좋아하는 것이다. 그런데 강진(康津)이 이와 같으니 이 어찌 좋은 고장이 아닌가!

한 겨울에도 땅이 얼지 않아 밭가는 농부가 밭에 있고, 배추와 겨자 싹이 모두 시퍼렇게 자라며 노란 병아리가 노닌다. 사람들이 이와 같은 것을 보면서도 굳이 장기(瘴氣)가 서린 곳이라고 일컫는 것은, 여름 해는 짧으면서도 오히려 서늘한 기운이 많다는 것을 알지 못하기 때문이다. 장인인 홍공(洪公

: 洪和輔)이 일찍이 함경도 절도사로 경성(鏡城)을 다녀와서 하시는 말이 '4월까지도 들판에 눈이 남아 있다'고 하시기에 나는 '그렇다면 오곡이 어떻게 여물 수 있느냐'고 물었다. 이에 홍콩의 대답이 '한여름에는 호되게 뜨거워서 금석(金石)도 녹일 지경이며, 좀더 북쪽으로 가면 양의 어깻죽지가 익으면 해가 뜬다'고 하니, 이치가 그럴 듯하다. 내가 또 이 사실을 가지고 생각해 볼 때, 지역의 서늘함과 따가운 것은 속일 수 없다고 본다. 곧 피부의 촉감으로 징험할 수 있고 수리로 계산해서 알 수 있다. 그러나 옛날에 어떤 사람이 더운 변방이라고 지적하자 모든 사람이 따라서 그렇게 지적하였다. 또 오래도록 사람들이 따라서 그렇게 지적하여 끝내 그것이 허무맹랑한 것임을 밝히는 자가 없었다. 더구나 사람의 현명하고 어리석음과 그 공로와 죄과가 서로 동떨어져 근거할 만한 형체가 없음에 있어서랴!"

북쪽 사람이 나를 위해 슬퍼하고 걱정하여 말하기를, "전라도의 풍속이 영리하고 각박한데 강진이 더욱 극심하다. 그대가 어찌 견디겠는가?"라고 하였다.

나는 이렇게 대답했다.

"아아, 어찌 말을 그리 잘못하는가! 강진 백성들은 벼 베기가 끝나면 농토가 없는 가난한 사람들이 곧바로 그 이웃 사람의 농토를 경작하기를 마치 자기 농토처럼 하여 보리를 심는다. 내말이 '장한 일이다. 보리가 익으면 반으로 나누느냐?'고 물으니 아니라고 대답한다. 그렇다면 '부세를 낼 때, 그 반을 부담하느냐?'고 물으니 그것도 아니라고 대답한다. 보리가 익으면 경작자가 다 먹는다. 전주(田主)와도 나누지도 않고 또한 부세를 돕지도 않는다. '그러면 벼를 심을 때에 노동력으로 보답하느냐?'고 물으니 그 역시 '아니다'라고 대답한다. '지력(地力)이 쇠약해지지 않는가?'하고 물으니, 왜 그렇지 않겠느냐고 한다. '보리를 미처 베어 내지 못하고 비가 내려 모내기를 해야 할 경우 서로 방해가 없느냐?'고 하니, '어찌 그렇지 않겠느냐?'고 대답한다.

아아! 참으로 인후(仁厚)한 풍속이다. 이들은 무회씨(無懷氏)의 백성인가! 갈천씨(葛天氏)의 백성인가! 관아에서 체문을 발부하여 세전을 받아들일 때에는 매호 12전을 물려도 들어주고 매호 25전을 물려도 들어준다. 그리고 오늘 징수하고 내일 또 징수하여도 들어주고 그저 내라는 대로 들어 주며, 그 쓰는 용도를 묻지 않는다. 또 종에게 사사로이 주어버린 것은 그것으로 채소밭을 살만한 재물을 실어내가도 묻지 않으며, 그 돈으로 기생을 끼고 뱃놀이를 하는 비용에 충당해 없애버려도 묻지 않는다. 이래도 오히려 영리하고 각박하다 하겠는가!

살피기를 공평한 눈으로 하고 평가하기를 공정한 말로 한다면, 그 누가 인(仁)이 되고, 그 누가 적(賊)이 된다고 하겠는가!"

다산은 강진에 유배 살면서 이처럼 자신이 직접 체험한 사실에 근거하여 강진 백성들의 인후(仁厚)한 풍속을 확인하고 있었음을 알 수 있다. 그런 가운데서도 다산의 가장 큰 관심은 농민들의 삶이었다.

이러한 점은 강진으로 이배되기 전인 장기에서의 삶을 통해서도 구체적으로 드러냈음을 확인할 수 있다.

누런 느릅나무 가지런히 새잎 돋아	黃楡齊吐葉
녹음이 짙은 속에 빙 둘러 앉아있네.	環坐綠陰濃
꽃이야 작고 가냘프나 벌은 꽃술 다투고	花瘦蜂爭蕊
숲이 따스하여 사슴도 뿔을 기른다.	林暄鹿養茸
임금님 은혜로 목숨은 남았다하니	主恩餘性命
시골 늙은이들 내 몰골 애석하게 여기네.	村老惜形容
백성 편히 다스릴 정책을 알고 싶다면	欲識治安策
농부에게 묻는 것이 첫 번째라네.	端宜問野農

　한때는 한림학사, 홍문관학사, 암행어사, 동부승지, 참의 등 높은 벼슬아치의 신분에서 죄인의 신분으로 추락한 다산은 농부들이 노동하는 현장을 돌아보며 노동의 신성함과 참다움을 깨닫기도 하였고, 저들의 삶에 농축되어 있는 삶의 지혜를 통해 세상을 구제할 수 있는 참된 진리가 있다고 믿었다.

　느릅나무 숲을 거닐면서 찾아낸 평범한 진리는 "백성을 편히 다스릴 정책을 알고 싶으면 농부에게 묻는 것이 첫 번째 진리"임을 읊어서 농부들의 지혜에 나라를 건질 방책이 있노라고 확신에 찬 목소리로 주장했다.

　이러한 관점은 비단 다산만의 주장이 아니었다. 공자도 분명 그러했고, 요임금과 순임금과 같은 성군들도 민정을 살피기 위해서는 꼴 베는 사람들에게 물어야 했다고 한다.

　꼴 베는 농부들, 그들에게 진리가 있다는 것을 다산은 이미 알아차린 것이었다. 그렇기 때문에 농민들이 행복하게 살아야 하는 것은 행복한 나라가 되기 위해 필요한 전제 조건이 되었던 셈이다. 때문에 그들의 행복한 삶이야말로 다산이 가졌던 최대의 관심사였고, 그들이 행복하지 못할 때 다산은 슬퍼하지 않을 수 없었다.

어떤 아이 둘이서 걸어가는데	有兒雙行
동생은 쌍상투하고 누이는 묶은 머리했네.	一角一羈
동생은 말을 배울 나이고	角者學語
누나는 다박머리 드리웠네.	羈者髻垂
어미를 잃고 우는	失母而號
저 두 갈래 길에서	于彼叉岐
붙잡고서 연유를 물으니	執而問故
흐느껴 울며 말을 못하네.	嗚咽言遲
울면서 말하길 아빠는 오래 전 떠났고	曰父旣流
엄마는 짝 잃은 신세였어요.	母如羈雌
쌀독은 벌써 비어서	瓶之旣罄
사흘이나 굶었어요.	三日不炊
엄마는 저를 안고 흐느껴 울며	母與我泣
눈물 콧물 두 뺨에 얼룩졌어요.	涕泗交頤
동생은 울면서 젖을 찾았지만	兒啼索乳
젖은 말라서 붙어버렸어요.	乳則枯萎
엄마는 제 손을 잡고	母携我手
이 젖 먹이를 업고서	及此乳兒
저 산골에 가서는	適彼山村
구걸하여 먹였어요.	丐而飼之
어시장에 이르러서는	携至水市
꼐게 엿도 먹여줬어요.	啖我以飴
이길까지 데리고 와서는	携至道越
동생을 사슴 새끼 품듯 안고 잤어요.	抱兒如麛
동생은 세상 모른 채 잠이 들었고	兒旣睡熟

저녁시 죽은 사람처럼 잠들었어요.	我亦如尸
문득 깨고 나서 보았더니	旣覺而視
엄마는 여기 없었어요.	母不在斯
말하다가 울다가	且言且哭
눈물 콧물 줄줄 흐르네	涕泗漣洏
날 저물어 어두워지면	日暮天黑
새들도 집을 찾는데	栖鳥群蜚
외로운 두 오누이	二兒伶俜
찾아갈 집이 없구나.	無門可闚
슬프다 이 나라 백성들	哀此下民
하늘의 떳떳함마저 잃었구나.	喪其天彝
지아비와 지어미가 사랑하지 못하고	伉儷不愛
엄마도 제 자식 돌보지 않네.	慈母不慈
옛날 내가 마패 갖고 암행어사 되었을 때	昔我持斧
당시가 갑인년(甲寅年)이었는데	歲在甲寅
임금님 분부하셨지 고아들을 보살펴서	王眷遺孤
고생 없게 하라고……	母俾殿屎
모든 벼슬하는 관리들아	凡在司牧
이 말씀 감히 어기지 말지어다.	母敢有違

다산 정약용이 쓴 '유아(有兒)'라는 작품이다. 다산은 제목 옆에 다음과 같이 글을 남겼다.

'유아는 흉년을 걱정한 시(詩)이다. 지아비는 아내를 버리고, 어미는 자식을 버렸다. 어떤 일곱 살 먹은 여자 아이가 자기 남동생을 데리고 길거리를 방황하면서 엄마를 잃어버렸다고 엉엉 울고 있었다.(有兒

閔荒也 夫棄其妻母棄其子 有七歲女子 携其弟 彷徨街路 哭其失母焉)'

가난 때문에 가장은 가출을 하고, 삶의 고단함에 지친 어미는 아이들을 버려두고 떠날 수밖에 없는 가족 해체의 현실 앞에 다산은 한없는 슬픔을 토로하고 있다. 날아다닌 새들도 날이 저물면 자신들의 둥지로 돌아가건만 사람의 자식이 되어서 날이 저무는데도 갈곳 몰라 길에서 울며 방황하고 있는 어린 아이들을 보며 다산의 마음은 어떠했을까?

다산의 삶에서 강진 유배기는 그야말로 세상의 소외되고 헐벗은 농민들의 궁핍한 삶에 눈을 뜨게 된 시기인 동시에 개인적으로는 자신의 학문을 완성시킨 시간이기도 했다. 이처럼 다산은 늘 농민들의 삶에 많은 관심을 가지고 있었으며, 그들이 진정으로 행복한 삶을 살 수 있을 때 비로소 행복한 나라가 될 수 있음을 온몸으로 역설하고 있었다.

오직 백성을 위하여

어느 해 가을, 다산은 뜻밖의 편지 한 통을 받았다. 그것은 전에 가까이 지냈던 김이재가 보낸 것으로, 다산에게 귀양살이에서 풀려날 것 같다는 내용의 편지였다.

다산은 곧 답장을 썼다.

'이 몸이 살아서 돌아간다면 내 개인의 기쁨일 것입니다. 그러나 지금 이곳 모든 백성들은 굶주림에 시달리고 있으며, 벼슬아치들의 횡포는 이루 다 말할 수 없을 지경입니다. 게다가 심한 가뭄으로 논마다 쩍쩍 벌어져 호미질조차 하지 못한 채 잡초만 우거져 있습니다. 그러니 농민들은 하늘만 쳐다보고 있는 지경입니다. 어찌 그 뿐입니까? 평소 부자라고 하던 사람들도 죽으로 연명하고 있습니다. 그래서 거리에는 유랑민이 많습니다. 그런데도 벼슬아치들은 백성을 돕기는커녕 오히려 더 못 살게 구니 통탄하지 않을 수 없습니다. 조정은 백성의 심장이며 백성은 나라의 팔다리와 같은 것이어서, 한결 같이 맥박이 뛰고 피가 돌아 한 순간일망정 쉬는 틈이 있어서는 안 될 것입니다. 그런데 오늘날 수많은 백성들이 공포에 떨고 있고 많은 지역들이 소동 에 뒤흔들리고 있어도, 조정에서 아무런 구호대책도 세우지 않고 자기들의 권력과 이익 다툼에만 정신을 팔고 있으니, 이러다간 백성들이 난을 일으키지 않을까 두렵습니다.

이 몸은 언제 죽더라도 한이 없습니다.

설령 귀양살이하다 이곳 강진에서 죽더라도 결코 한이 없습니다. 다만 나라를 사랑하고 걱정하는 일편단심만은 변함없습니다.'

이와 같은 편지를 받은 김이재는 크게 감동했다.

그런데 다산이 걱정한 것처럼 전국에서 백성들의 반란이 일어났다. 황해도 안악에서는 '이달우'란 자가 반란을 일으키다가 초기에 진압되었고, 장연에서는 장의강이 반란을 일으켰다. 또 곡산에서는 박대성이 관아를 습격하고, 억울하게 잡힌 사람들을 구해냈다. 그리고 평안도에서는 홍경래가 반란을 일으켰다.

그래도 조정에서는 당파싸움만 일삼고 벼슬아치들의 횡포는 시들 줄 몰랐다. 이 무렵 다산은 다산초당에 묻혀 저술에 온 힘을 기울였다. '헐벗고 굶주린 백성들을 구하려면 무엇보다도 나라의 정치가 바로서야 한다.'

다산이 많은 책을 쓰고 있는 가장 큰 주제가 바로 그것이었다.

그는 그릇된 제도를 바로 고쳐서 백성들이 잘 살도록 해야 한다고 믿고 계속 책을 쓴 것이었다. 다시 말해서 그 스스로가 나서서 정치를 바로 잡을 힘이 없음을 안타까워했다. 그리고 모든 이들에게 교훈이 되고 백성을 살리는 길을 책으로써 많은 사람들이 읽게 하고, 특히 정치를 하는 자들이 읽어주기를 바랐다.

귀양이 풀리고

　다산은 자기의 해배에는 신경 쓰지 않고 태산과 같이 버티고 앉아 학문 연구에만 몰두하였다. 육경사서(六經四書)에 대한 자신의 해석을 담아 저술하였고, 일표이서(日表二書)의 완성에 매달려 있었다.

　육경사서로 몸을 닦고, 일표이서로 국가를 다스리는 비전을 제시하고자 했다.

　〈경세유표〉와 〈목민심서〉를 완성시킬 무렵 뜻밖에 옛 친구인 김이재가 찾아왔다. 김이재는 당시 세도를 날리던 김조순(金祖淳)의 친척으로, 예전에 다산을 귀양살이에서 풀어 주어야 한다고 주장했던 김이교의 동생이었다. 김이재 역시 반대파의 모함으로 함경도 명천으로 귀양 갔다가 풀려난 지 얼마 안되는 몸이었다.

　김이재는 시파였지만 동년배로 한림에서 같이 있어 막역한 사이로, 학문을 토론하며 열정을 바치던 젊은 날의 이야기로 밤을 새웠다.

　날이 밝아오자 김이재가 떠나기 위해 일어서니, 다산은 10리나 떨어진 곳까지 동행하며, 서울로 올라가는 친구에게 무언가 부탁의 말이라도 있을 법한데 다산은 말없이 김이재의 손을 잡고 작별을 아쉬워하고 있었다.

"혹 부탁의 말이라도……."

김이재가 먼저 입을 열었다. 그러나 다산은 고개를 가로 저으며, 마침 김이재가 쥐고 있던 부채에 칠언율시 한 수를 적어 주었다.

떠나는 친구가 아쉽고, 그의 해배를 축하하는 시를 지어 자신의 신세를 한탄했으니 그 시가 다름 아닌 「송별」이다. 흔히 부채에 적어준 시라 하여 '선자시(扇子詩)'로 더 많이 알려져 있다.

역마을 가을비 내리는데 이별하기 어렵구나.	驛亭秋雨送人遲
머나먼 곳에 유배된 나 불쌍히 여겨 줄이 뉘 있으리	絶域相憐更有誰
반자의 신선된 이 어찌 부러워 하리오마는	班子登僊那可羨
이릉(李陵)의 신세처럼 한양에 돌아온단 기약은 없네.	李陵歸漢遂無期
유사(酉舍)에서 글짓던 일을 잊을 수 없지만	莫忘西舍揮毫日
경신년에 님(정조) 가신 슬픔 어찌 말하리오.	忍說庚年墮劍悲
대나무 몇 그루에 어느 날밤 달빛 비치면	苦竹數叢他夜月
고향 향해 고개 돌려 눈물만 줄줄 흘리우네.	故園回首淚垂垂

김이재는 다산이 부채에 쓴 시를 받아들고 눈시울을 붉혔다. 고향을 그리워하는 다산의 마음이 구구 절절히 배어 있었다.

서울로 돌아온 김이재는 김조순을 찾아갔다. 이때가 가을인데도 김이교가 부채를 부치니 김조순이 이상하게 여기고 부채를 봤다.

부채에 쓰인 시를 본 김조순은 "이것이 미용(다산의 字)의 시가 아닌가." 하고 남쪽 하늘을 바라보며 숙연한 빛을 띠었다.

김조순은 곧 순조 임금에게 부채를 바치며 다산을 귀양에서 풀어 주어야 한다고 간곡히 아뢰었다. 순조 임금은 다산의 시를 읽었다. 그리고 귀양에서 풀어 줄 뜻을 비췄다. 그러나 반대파들이 다시 강하게 들고 일어났다.

"아니 되옵니다. 서학쟁이를 조정에 끌어들일 수 없습니다." 이번에는 우의정 남공철(南公轍)이 반대파들을 꾸짖었다.

"다산처럼 뛰어난 인재를 배척하니까 하늘이 노하여 가뭄이 계속되고 흉년이 드는 것이오!"

이태순(李泰淳)이 다산을 죄인의 명단에서 지워버리자고 상소의 글을 올렸으나, 허락하는 글을 내려 보내지 않았다. 그러니 이러한 일이 나라가 생긴 이래로 한번도 없었던 일이라며 남공철이 사실을 알고 의금부의 여러 신하들을 다시 꾸짖었다. 이에 판의금이던 김희순이 그때서야 풀어주라는 글을 내려 보내 다산은 고향으로 돌아오게 되는데, 이때가 1818년 8월 15일이었다. 다산이 강진에 온 지 18년 만에 귀양살이가 풀렸다. 그때의 1818년 8월, 다산의 나이 57세였다. 다산은 짐을 챙기기 전에 먼저 서울을 향하여 큰 절을 올렸다. 실로 감개무량한 순간이었다.

그러나 한편으로는 그에게 학문을 이루게 한 곳이 강진이요, 다산학의 산실인 다산초당을 떠난다는 것이 못내 아쉬웠다. 다산은 강진의 모든 것들과 이별을 아쉬워하면서 그해 가을 그리던 고향 마현으로 돌아가기 위해 길을 나섰다. 그를 전송하는 제자들과 특히 귤림처사 윤단, 그리고 강진의 촌민들은 눈시울을 붉히며 아쉬움 속에서 그를 떠나보내야만 했다. 그러나 비록 다산이 떠나갔지만, 다산초당에는 해마다 봄·가을로 제자들이 다신계 모임을 갖고 시회를 열었다. 또한 차를 만들며 초당의 지붕을 이으면서 다산의 얼을 되새기곤 했다.

고향 여유당에서

　　1818년 8월 15일, 유배가 풀린 다산은 꿈에 그리던 고향 마현으로 돌아왔다. 그러나 고향에 돌아온 다산을 기다리는 것은 가난이었다. 그 풍부한 학식과 경륜으로도 자신의 가난을 해결할 수 없음이 안타까울 뿐이었다.

　　다산은 이런 가난을 시로 읊었다.

강촌의 밤은 어둑어둑 저물어가니	黯黯江村暮
개 짖는 소리 성긴 울타리를 끼고 흘러라.	疏籬帶犬聲
물은 차가운데 별빛 고요치 못하고	水寒星不靜
산은 멀지만 눈빛은 오히려 밝구나.	山遠雪猶明
먹고 사는 대책은 전혀 없고	謀食無長策
작은 등잔이 있어 책을 가까이 한다오.	親書有短檠
깊은 근심 끝없이 떠나지 않으니	幽憂耿未已
어떻게 하여 일평생을 마칠거나.	何以了平生

다산은 고향에 돌아왔으나 자신을 추스를 대책이 없음을 아쉬
워하였다. 그러면서도 그는 쇠약해진 몸을 이끌고 죽을 때까지
붓을 놓지 않았다.

다산은 회갑인 61세에 '자찬묘지명'을 지었다. 스스로 살아온
생을 회고하고 자신의 일생을 정리해 두고자 함이었다.

다산은 묘지명을 짓고 뒤에 이렇게 덧붙였다.

네가 너의 선행을 기록했음이   爾紀爾善
여러 장에 이르지만   至於累牘
네 감추어진 사실을 기록하자면   紀爾隱慝
이루다 적을 수 없으리라.   將無罊竹

네가 말하기를   爾曰予知
"나는 사서(四書) 육경(六經)을 안다."라고 했으나 書四經六
그 행실을 생각해보면   考厥攸行
어찌 부끄럽지 않으랴.   能不愧恧

너는 명예를 구하지만   爾則延譽
찬양할만한 것이 없구나   而罔贊揚
몸소 행하여 증명시켜 주어야만   盍以身證
나타내고 빛내리니.   以顯以章

네 분운(紛紜: 시끄럽고 떠들썩함)함을 거두고 斂爾紛紜
너의 창광(猖狂: 미친 것같이 사납게 날뜀)을 그쳐 戢爾猖狂
힘써 밝게 하늘을 섬긴다면   俛焉昭事
마침내 경사가 있으리라   乃終有慶

다산은 평생 동안 여유당집(與猶堂集) 250권과 다산총서(茶山叢書) 246권 등 총 509권의 책을 썼다.

다산은 저술에 골몰하다가 머리를 식히고 싶으면 낚싯대를 메고 소내를 찾았다. 아버지 정재원이 당파싸움의 와중에서 벼슬을 떠나 고향 마현의 소내강에 낚시를 드리우고 있던 때처럼 한가로움을 즐기기도 했다.

'언제나 들에 곡식이 풍성하고 백성들이 평화로운 세상을 만날거나'

다산은 백발을 휘날리며 생각에 자주 잠겼다. 그런 나날 중에 그가 결혼한 지 60주년이 되는 날, 다산은 제자들과 가족이 지켜보는 가운데 조용히 숨을 거두었다.

다산은 운명하기 3일 전에 회혼일을 맞아 미리 회혼시를 써두었는데, 이는 최후의 유작시가 되었다.

육십년 세월 잠깐 사이 흘러갔네.	六十風輪轉眼翻
복숭아꽃 곱게 피던 봄철 신혼같구나.	穠桃春色似新婚
생이별이나 사별은 모두 늙음을 재촉하는 것	生離死別催人老
슬픈 세월 짧았고 기쁜 세월 긴 것은	戚短歡長感主恩
임금의 은혜로다.	
결혼하던 이날 밤 사랑 얘기 다시 좋고	此夜蘭詞聲更好
지난 유배시절 아내의 치마폭에	舊時霞帔墨猶痕
눈물자국 번졌노라.	
헤어졌다 다시 만난 것은 우리들의 참 모습	剖而復合真吾象
바가지 두쪽이나 자손에게 남겨주세.	留取雙瓢付子孫

1836년 2월 22일 아침, 고향집 여유당에서 75세의 나이로 일생을 마친 것이었다. 그가 운명할 무렵 큰바람이 몰아쳤고, 햇빛이 가려질 만큼 누런 흙가루가 흩날리니, 이는 곧 위대한 대학자의 죽음을 슬퍼하는 듯하였다.

그가 걸었던 여유당이라는 당호의 '여유'는 노자의 도덕경에 나오 는 말인데, 여(與)는 겨울에 살얼음 위를 걷듯 조심함이요, 유(猶)는 사방에서 나를 엿보듯 두려워함이라는 뜻으로 매사에 조심하라는 뜻이었다.

나중에 당호를 자신의 호로 삼을 만큼 '여유(與猶)'라는 말뜻을 좋아했던 다산은 '여유당기(與猶堂記)'에 이렇게 적고 있다.

'자신이 하지 않고자 하나 부득이 하여 스스로 하게 하는 것은 그 일을 그만 둘 수 없는 것이요, 자기는 하고자 하고 남에게는 알지 못하게 하면서 도자기로 하여금 하지 못하게 하는 것은 그만 둘 수 있는 일이다. 그만 둘 수 없는 일도 항상 이를 하게 된다. 하지만 이미 자기가 하고자 하지 않는 까닭으로 때로는 이를 그만 두게 되고, 일의 하고자 하는 것은 상시 이를 하게 되지만 이미 남에게 알지 못하게 하는 까닭으로 때로는 이를 그만 두 게 되니, 진실로 이와 같이 한다면 천하가 모두 일이 없을 것이다.

내 병은 내가 스스로 이를 알고 있다. 그런데, 용감하면서도 꾀가 없고 착한 일을 좋아 하되 가릴 줄을 알지 못하고 뜻대로 바로 행하여 의심도 아니하고 두려워하지도 않으며, 일을 그만 둘 수가 있는데도 다만 마음에 기쁘게 움직임이 있으면 이를 그만 두지 않으며, 하고자 하는 점이 없더라도 다만 마음에 막혀서 불쾌한 점이 있으면 반드시 이를 그만 두지 않았다. 그런 까닭으로 내가 어릴 때는 일찍이 세속 밖의 일에 분주히 일하면서 의심하지 않았으며, 이미 장성해서는 과거에 빠져서 다른 일은 돌아보지 않았으며, 이미 입지하고 나서는 지나간 뉘우침을 깊이 변명하면서 두려워하지 않았으니, 이런 까닭으로 착한 일을 좋아하여 싫어함이 없었는데도 비방을 받은 것이 홀로 많았었다. 아아, 이것도 또한 운명이다. 그러나 타고난 성질이 있으니 내가 또한 어찌 감히 운명을 말할 수 있겠는가. 노자의 말에 "겨울에 냇물을 건너는 것처럼 신중하면서(與) 사방의 이웃을 두려워하는 것과 같이 한다(猶)"고 했다. 그런데 아아 이 두 말은 내병에 약을 주는 것이 아니겠는가.

대저 겨울에 냇물을 건너는 사람은 추위의 독이 뼈에 사무치니 심히 부득이한 일이 아니면 하지 않으며, 사방의 이웃을 두려워하는 사람은 염탐하여 살핌이 몸에 닥쳐지니 심히 부득이한 일이 아니면 하지 않는 법이다.

서신을 다른 사람에게 보내어 경서와 범절의 다른 것을 논하고자 했다. 그러나 조금 후에 이를 생각해 보면 비록 하지 않더라도 해로울 것이 없었다. 비록 하지 않더라도 해로울 것이 없는 것은 부득이 할 일이 아니니 부득이 할 일이 아닌 것은 또한 그만 두어야겠다.

소(疏)를 써 봉해서 남을 평론하여 조신들의 시비를 말하고자 했으나 조금후에 이를 생각해 보니 이것은 남에게 알지 못하게 하려는 일이니 마음속에 두려움이 크게 있는 일이고, 마음속에 크게 두려움이 있는 일은 또한 이를 그만 두어야겠다.

진귀한 옛날 그릇을 모으고자 했으나 또한 그만 두어야겠으며, 관직에 있어 공금을 합쳐서 그 남는 것을 도적질하고자 했으나 또한 그만 두어야겠다. 무릇 마음에서 일어나고 뜻에서 맹동한 것은 심히 부득이한 일이 아니면 또한 그만 두어야겠으며, 비록 심히 부득이한 일이라도 남에게 알지 못하게 하고자 하는 것은 또한 그만 두어야겠으니 진실로 이와 같이 한다면 천하에 그 어떠한 일이 있겠는가.

내가 이 뜻을 찾아낸 지가 또한 6, 7년이나 되었다. 그런데 그 당(堂)에다 편액을 걸고자 했으나 조금 후에 이를 생각해 보고는 또한 그만 두었었다. 후에 초천(苕川)에 돌아와서 비로소 글자를 써서 문미(門楣)에 붙이고 아 울러 그 명칭한 까닭을 기록하여 아이들에게 보인다.'

다산은 일생을 영광과 고난 속에서 백성을 사랑하고 학문을 연구하는데 전념했다. 위당 정인보 선생은 훗날 다산을 가리켜 "다산 1인의 연구가 곧 조선 역사의 연구이며, 조선 근세사상의 연구이다." 라고 말했다. 또한 일본의 학자들도 다산을 일컬어 '조선의 대학자' 라고 칭송했다. 그러나 정작 우리나라에서는 당파싸움의 회오리 속에 그의 학문은 알려지지 않았다. 결국 그가 세상을 떠난 지 47년이 지난 1883년 고종 임금 대에 와서야 그는 빛을 찾게 되었다. 고종 임금은 다산의 책을 〈여유당전서〉라고 이름 붙여 한데 모았다.

1910년 순종 임금은 다산에게 '규장각 제학'이라는 벼슬을 추증하고 '문도(文度)'라는 시호를 내렸다.

그 이듬해인 1911년 〈목민심서〉 3권과 〈경세유표〉가 일본어로 번역되었다.

이렇듯 세월이 흐르면 흐를수록 다산의 학문적 업적은 빛나고 있다.

제9장
다산이 남긴
민족의 찬란한 유산

다산의 학문세계
목민심서
경세유표 · 흠흠심서

다산의 학문세계

　다산의 저서는 방대하고 다양하다. 한자가 생긴 이래 세계적으로 방대한 500여 권에 이르는 저술을 남긴 대철학자요, 사상가이며, 과학자, 예술인이기도 하다. 또한 그는 2천 5백여 수의 유시를 남긴 세계적 대문호의 한 사람이다.

　선생의 위대함은 이러한 저술 업적과 학문의 다면 다양성에만 있지 않고, 선생의 저술이 애민애족 정신에 바탕하고 있다는 점을 주지할 때 더욱 위대한 것이다.

　다산은 그가 살던 세상을 온통 썩고 부패한 시대라고 규정했다. 무엇 하나 병들지 않은 것이 없다고 탄식했다. 다산은 전 생애를 통해 이 병들고 썩은 세상을 치유하고자 온갖 방책을 강구하는 저술을 남겼다.

　현실에 활용하면서도 부패와 타락을 막을 수 있을 것으로 생각하는 개혁안을 마련했다. 이것이 바로 다산의 실학사상이라 할 수 있다. 선생을 조선실학의 집대성자라 부르는 것은 조선 실학의 성격이 경세치용, 이용후생, 실사구시 등의 개념으로 설명한 것에 연유한다.

경학연구에 생애를 바쳐 민중의 논리로 재해석한 다산의 실학 사상과 개혁사상이 오늘날까지도 현실을 타개하는 가장 훌륭한 진보 와 통하는 이유는 무엇일까?

여유당전서(與猶堂全書)는 정치·경제·사회·과학·의학·철학·천문· 지리·역사·종교·윤리·음악·서화 등 모든 분야에 걸쳐 탁월하기 때문이라고 한다.

또한 고통스러웠던 유배생활을 광범위한 저술활동을 통해 승화 (昇華)시켰던 높은 이상과 실학자로서의 합리적 사고와 생활신조, 그리고 선각자다운 사회정의 의식을 저서에 뚜렷이 나타내고 있기 때문이다.

그리고 부패로 얼룩진 어두운 봉건시대에 실낱같은 한 줄기 민중적 삶의 의지로 핍박받는 백성들의 편에 서기를 자처하였다. 또한 정치·경제·사회적 제도를 백성을 위한 제도로 혁명적 개선을 주장했던 점에서도 그 이유를 찾을 수 있다.

「논어고금주(論語古今註)」

「논어」에 대한 주석서로서 「여유당전서」 제2집 제7~16권에 수록되어 있다. 「논어고금주」는 다산의 경학관련 저술 가운데에서도 가장 심혈을 기울여 완성한 것이다.

다산의 실학을 이해하려면 그 뿌리가 되는 경학사상을 먼저 살펴야한다. 다산은 사서오경 등의 경전 주석을 통해 자신의 이론적 토대를 다졌다. 그는 역대 중국학자들의 연구 성과를 바탕으로 새롭게 논어를 해석하였다. 특히 당시 영구불변의 가치를 지닌 것으로 떠 받들어 오던 주자(朱子)의 해석을 170여 군데나 바로 잡아 자신만의 독특한 견해를 밝혔다.

예를 들어 논어의 맨 처음에 나오는 '학이시습지 불역열호(學而 時習之不亦說乎)'에서 주자는 '습(習)'을 '복습'으로 보았지만, 다 산은 '실습'으로 보았다. 그 이유는 학(學)이란 따르는 것이고, 습 (習)이란 행하는 것이다. 그러므로 '학이시습(學而時習)'이란 결국 지(知)와 행(行)이 같이 향상되는 것을 의미하기 때문이다. 예컨대 부모에게 문안드리는 예를 배웠으면 제 때에 몸소 문안드리는 것이 습(習)이라는 것이다.

이 책은 유배생활을 하던 강진의 다산초당에서 1813년에 완성 되었다. 이에 앞서 수 년 간에 걸쳐 자료를 수집하였는데 제자인 이강회(李綱會), 윤동 등의 도움이 있었다. 공자 이후에 나온 모든 주석서를 망라한 것으로 경학 연구에 없어서는 안 될 자료이다.

공자는 말하기를 "유(由)야, 너에게 안다는 것을 가르쳐 주랴. 아는 것을 안다고 하고 모르는 것을 모른다고 하는 것, 이것이 바로 아는 것이다."고 하였다. 당나라 유학자 공영달(孔穎達)의 주에 "유(由)는 중유(仲由)이니 자(字)가 자로(子路)이다."라고 하였다. 송나라 학자 형병(邢昺)의 주에 "자로는 성품이 강하여 모르는 것도 아는 척하기 를 좋아하였으므로 이 말로써 억제시킨 것이다."라 하였다.

「공자가어(孔子家語)」 삼서편(三恕篇)에 이르기를 "겉으로 모든 것을 아는 체하며 유능한 체하는 것은 소인이다. 그러므로 군자는 아는 것을 안다고 하는 것이 언어의 요체이며, 할 수 없는 것을 할 수 없다고 말하는 것이 행실에서의 지극함이다. 언어의 요체를 지니면 지혜로우며 행실이 지극하면 어진 것이다. 그러하니, 어질고 또한 지혜롭다면 무엇이 부족하겠는가?"라 하였다.

내용에는 한나라 때의 훈고학적 주해인 고주와 송나라 때의 성리학적 주해인 신주를 모두 소화하여 자신의 새로운 견해를 밝혀놓고 있다. 그런데 저자는 고금주 외에도 175장의 새로운 지견을 말하고 있다. 이것은 「논어」521장 가운데 거의 3분의 1을 차지하는 엄청난 분량으로 이것을 함께 묶어 원의총괄(原義總括)이라 하여 이 책의 첫머리에 싣고 있다.

그 내용의 특징을 살펴보면 다음과 같다.

첫째, 인(仁)은 인륜적 실존으로 간주하고 나아가 인류의 성덕(成德)으로 보아 실천윤리의 성과로 파악하였다. 이는 주희(朱熹)의 심 성론적 인설(仁說)과 크게 대조를 이룬다.

둘째, 주희의 충서(忠恕)·이덕설(二德說)을 반대하고 중심행서(中心行恕)의 일덕설(一德說)을 주장하였다. 또한 서를 인의 실천 방법으로 보아 실천윤리로서의 인서론적(仁恕論的)인 측면을 밝히고 있다.

셋째, 주희의 심덕설(心德說)을 반대하고 행동의 성과에 의하여 나타나는 결과론적 덕론(德論)을 제시하였다. 결국 다산은 인·서·덕 삼자로써 실천 윤리적인 유교의 본질을 천명하였다.

부록으로 「논어대책(論語對策)」과 「춘추성언수(春秋聖言蒐)」의 두 편이 수록되어 있다. 전자는 1791년(정조 15)의 저술로서 정조의 내각월과(內閣月課) 때 바친 것이고, 후자는 「춘추」와 「국어(國語)」등 「논어」이외의 다른 책에서 신빙할만한 공자의 말들을 채록한 것이다. 이 두 편의 저술도 저자의 「논어」연구를 위한 중요한 문헌 이라 할 수 있다.

「마과회통(麻科會通)」

　조선 후기에 간행된 마진(麻疹)에 관한 의서로 총 6권 3책으로 구성되어 있는 필사본이다. 이는 1798년(정조 22년)에 편술되었다. 이 책은 우리나라 마진학의 최고봉이라는 평을 들었으며, 마진치료에 대한 수준이 상당히 발전되어 있었다는 것은 자랑할 만하다.

　내용은 원증편(原證篇)·인증편(因證篇)·변사편(辨似篇)·자이편(資理篇)·아속편(我俗篇)·오견편(吾見篇)·합제편(合劑篇) 등이다.

　이 책은 1802년(순조 2)에 남학교수 홍석주(洪奭周)가 개편하였으나 정약용의 원본을 크게 벗어나지 못하였다. 이 책은 장서각에 있다.

　다산은 슬하에 6남 3녀를 두었는데, 살아남은 자식은 2남 1녀에 지나지 않았다. 6남매나 되는 자식들의 생명을 앗아간 주범 중의 하나가 홍역과 천연두였다. 이들 질병은 다산의 집안 뿐만 아니라 당시 국가적으로도 가장 무서운 질병 중의 하나였다. 다산이 이러한 홍역과 천연두의 예방 기술을 연구하는 것은 어쩌면 당연할 일이었을지도 모른다.

　그는 당시 유행하였던 홍역과 천연두를 연구한 의학서인 「마과회통」을 1797년 다산이 황해도 곡산도호부사로 부임한 이후 그곳 주민들의 질병 치료에 도움을 주기 위하여 저술하였다.

　중국과 우리나라의 의학서와 전래 민간요법을 집대성하고 자신의 경험에서 나온 의견을 덧붙인 이 책은 홍역의 증상과 치료법과 함께 유사한 증세에 대해 상세히 설명하고 있다. 책 말미에는 '의령 (醫零)'이라는 논문을 붙여 홍역이 유행하는 원인을 규명하고 있다.

다산은 이밖에도 「촌병혹치(村病或治)」라는 의약서를 저술하였으며 종두법(種痘法)을 처음으로 실시하는 등 우리나라 의학 발전에 크게 기여하였다. 「여유당전서 20권」

「아방강역고(我邦疆域考)」

1811년 다산이 유배지인 전라도 강진에서 우리나라의 강역을 문헌을 중심으로 살피고 그 내용에 대해 고증한 역사지리서이다. 고본으로 10권이 전해오다가 1903년(광무 7)에 장지연이 증보하여 「대한강역고」로 책명을 바꾸어 황성신문사에서 활자본 9권으로 간행하였다. 그 뒤 1936년에 신조선사에서 활자본으로 간행된 154권 76책의 「여유당전서」 제6집 지리집에 「대동수경」과 같이 「강역고」를 포함시켰다. 「여유당전서」에 포함된 「강역고」는 원래의 10권을 4권으로 만들었다.

규장각도서에 있는 이 책은 한백겸의 「동국지리지」, 이중환의 「택리지」와 같이 실학자가 저술한 우리나라의 역사지리서이다. 다른 책과 달리 이 책은 사료를 비판하고 합리적인 사고를 바탕으로 서술한 점에서 중요한 의미를 갖는다.

"한 나라의 영토를 상고하는 것은 세상의 가르침과 관계가 없는 것처럼 보일지 모른다. 그러나 「아방강역고」는 단순한 지리지가 아니며, 우리나라의 쓰여지지 않은 역사이다." 구한말의 우국지사였던 장지연(張志淵)은 「아방강역고」를 이렇게 말했다. 그는 또 다산이 수천 년 동안 의심스럽고 불분명하게 전해 내려오던 우리나라 지리와 영토 문제를 크게 바로 잡았다며 이 책이 빠진 역사를 채운지서의 종합판이라고 평했다.

단군 조선이래 우리나라 역대 국가들의 영토와 지리를 고증한 역사지리서로서 고조선, 부여, 옥저, 예맥, 마한, 변한, 진한, 발해 등 고대 국가들의 밝혀지지 않은 영토 문제를 우리나라와 중국, 일본 등 수많은 문헌을 바탕으로 정리해 놓았다. 이와 함께 졸본, 환도, 위례, 한성 등 고대의 도읍지의 위치도 자세하게 다루고 있다. 단순한 문헌 고증에 그치지 않고 정약용 자신의 견해를 '용안(鏞按)'이란 이름을 붙여 해설까지 곁들였다. 발해를 우리나라로 인식하였으며 마한의 목지국(目支國)을 익산(益山)이라는 견해를 피력한 것은 지금도 탁견으로 받아들여지고 있다. 1903년 장지연은 이 책을 현대식으로 증보하여 「대한강역고」라는 이름으로 펴내기도 하였다.

「아언각비(雅言覺非)」

1819년(순조19)에 백성의 언어·문자생활을 바로잡기 위해 당시에 일반적으로 널리 쓰이고 있던 말과 글 가운데서 잘못 쓰이고 있는 것을 골라 문헌을 상고하여 그 참뜻과 어원을 밝히고, 아울러 용례를 들어 합리적으로 설명하였다. 이 책은 3권 1책의 필사본이다. 규장각도서와 국립중앙도서관 등에 있다.

1911년 고서간행회에서 「파한집」, 「보한집」 등과 합편하여 간행한 바 있고, 다음 해 최남선이 주간하는 조선광문회에서 후손 정규영이 소장한 원사본을 대본으로 간행하였다.

총 200여 항목에 달하는 우리말의 참뜻과 어원을 밝히고 용례를 들어 설명한 이 책은 자연(自然), 풍속(風俗), 인사(人事), 제도(制度),

관직(官職), 동식물(動植物), 의식주(衣食住) 등 국민들의 일상생활과 관련이 깊은 용어와 문자들을 광범위하게 수록하고 있다.

단순한 뜻풀이에서 벗어나 우리나라와 중국의 여러 문헌을 인용하여 어원(語源)과 자의(字意), 음운(音韻), 동의어(同義語), 방언(方言) 등에 대해서 상세히 고증하여 일찍부터 학계의 주목을 받아온 책이다. 국어학, 한문학, 사학, 민속학, 국문학 등 학문 연구에 값진 자료가 될 뿐만 아니라 오늘날 우리말을 정확히 구사하는 데에도 크게 도움이 된다.

다산은 이 책 서문에서 "풍습이 전해지는 동안에 언어가 참뜻을 잃어버렸는데도 그것에 익숙해진 나머지 살피지 않고 있다."고 개탄하였다. 또한 "말과 글의 잘잘못을 바로잡기 위해 아언각비 3권을 짓는다."고 적고 있다.

「주역사전(周易四箋)」

1808년(순조 8)에 간행된 주역사전은 주희의 「주역본의(周易本義)」에 근거하여, 주역사법(周易四法)을 추이(推移)·물상(物象)·호체(互體)·효변(爻變)으로 나누어 풀이하고 괘사(卦辭)와 효사(爻辭)에 주석을 붙인 책으로 24권 1책의 필사본이다. 규장각도서에 있다.

「주역」은 육경 중에서도 가장 심오한 사상을 담고 있는 고전이다. 따라서 그 속에 담긴 의미를 제대로 파악하기란 쉽지 않다. 다산은 유배지에서 주역을 본격적으로 읽고 연구하면서 자신만의 독특한 주역해독 방법을 터득했다. 그가 내놓은 해석의 열쇠는 추이, 물상, 호체, 효변이라는 4가지 원리로 주역을 파악하는 것이었다. 다산은 이를 통해 태극과 음양을 비롯한 주역의 주요 개념들을 정자(程子)·주자(朱子)와 다르게 해석하며 주역 해석의 새로운 이정표를 제시했다.

1804년에 8권을 완성했으나 1805년부터 1807년까지 매년 수정본을 냈으며 1808년에 24권으로 완성을 보았다. 여기에는 다산의 두 아들 학연(學淵), 학유(學遊)와 제자 이청이 참여하였으며, 다산의 형인 정약전(丁若銓)이 서문을 쓰기도 하였다. 이는 다산이 자신의 저술 500여 권 가운데 가장 아낀 책으로, 후세에 길이 전하라고 아들에게 당부하기도 하였다. "「주역사전」은 내가 하늘의 도움을 얻어 지어낸 책이다. 절대로 사람의 힘으로 알아내지 못하고 지혜로운 생각만으로도 알아낼 수 없는 것이다. 그러니 이 책에 마음을 푹 기울여 오묘한 뜻을 다 통달할 수 있는 사람은 자손이나 친구들 중에서도 천 년에 한번쯤 만날 정도로 어려울 것이다. 아끼고 중요하게 여기기를 여타의 책보다도 곱절을 더 생각해야 할 것이다."

책머리에 '제무진본(題戊辰本)'이라 하여 저작경위를 썼고, '사전소인(四箋所引)'이라 하여 주희의 사법용례(四法用例)를 소개 하였다.

〈여유당전서 40권 주역사전 권4 역론〉

저서목록‥

모시강의(毛詩講義)	12권
동강의보(同講義補)	3권
매씨상서평(梅氏尙書平)	9권
상서고훈(尙書古訓)	6권

상서지원록(尙書知遠錄)	7권
상례사전(喪禮四箋)	50권
사례가식(四禮家式)	9권
악서고존(樂書孤存)	12권
주역사전(周易四箋)	24권
역학서언(易學緒言)	12권
춘추고징(春秋考徵)	12권
논어고금주(論語古今注)	40권
맹자요의(孟子要義)	9권
중용자잠(中庸自箴)	3권
중용강의보(中庸講義補)	6권
희정당대학강록(熙政堂大學講錄)	1권
소학보전(小學補箋)	1권
대학공의(大學公議)	3권
심경밀험(心經密驗)	1권
	**경집(經集) 220권

시율(詩律)	19권
잡문전편(雜文前篇)	36권
잡문후편(雜文後篇)	24권
경세유표(經世遺表)	45권
목민심서(牧民心書)	48권
흠흠신서(欽欽新書)	30권
아방강역고(我邦疆域考)	12권
전례고(典禮考)	2권
대동수경(大東水經)	2권
소학주천(小學珠天)	3권
아언각비(雅言覺非)	12권
마과회통(麻科會通)	12권
의령(醫零)	1권
	**문집(文集) 237권

목민심서

다산 스스로 말하기를 "6경 4서로써 자기 몸을 닦게 하고, 〈경세유표〉와 〈목민심서〉, 〈흠흠신서〉, 이른바 1표2서(一表二書)로써 천하 국가를 다스릴 수 있게 하고자 하니, 이로써 본(本)과 말(末)이 구비되었다." 그러나 "이들의 가치를 알아주는 사람이 적고 꾸짖는 사람만 많다면, 천명(天命)이 허락해 주지 않는 것으로 생각하여 불속에 처넣어 불살라 태워버려도 좋다."고 절규하였다.

다산은 그의 「속유론(俗儒論)」에서 "참된 선비의 학문은 치국안민(治國安民)하고, 오랑캐를 물리치며, 재용(財用)을 넉넉히 하고, 문무의 능력 배양에 해당되지 않음이 없다. 어찌 문장이나 찾고 글이나 베끼고 넓은 선비의 옷을 입고서 절하는 것만을 익히는 것이 학문이겠는가?"라고 갈파한다. 여기에 다산의 학문 탁마(琢磨)의 지향(志向)이 여실히 드러난다. 역설적인 평가일지 모르지만, 강진에서의 유배생활이 다산으로 하여금 더욱 처절하게 실학(實學)사상에 토대하여 불후의 명저들을 남길 수 있게 한 계기가 되었을 것이라는 생각이 든다.

다산의 저술과 사상의 요체는 '개혁(改革)'이다. 그가 살던 18세기 후반과 19세기 전반은 조선 봉건사회의 해체기(解體期)로서 누적된 봉건적인 병폐가 잠복되어 있었다. 이러한 총체적 위기의 상황에서 나라를 구하고 바로 세우는 길은 개혁밖에 없다는 사실을 다산은 깊이 통찰한 것이다. 그 시작은 모름지기 관료와 정치 지도자들의 마음과 몸가짐의 쇄신에서 비롯되어야 한다고 믿고, 개혁사진이라 할 수 있는 〈경세유표〉의 완성을 뒤로 미루고 〈목민심서〉를 내놓은 것이라고 해석된다.

　　'우리나라를 새롭게 개혁하자.'는 다산의 신아지구방(新我之舊 邦) 사상은 500여권의 방대한 저서 가운데 그 3분의 1이 정책관련 개혁론(改革論)이라는 점에서 잘 나타나 있다. 조선 왕조는 임진 · 정유왜란(1592~8)과 병자호란(1636~7) 등 엄청난 규모의 국난을 겪으면서 왕조 재정과 민생파탄, 그리고 3정(三政)의 문란이 극도 에 달하였다. 시대적으로는 봉건왕조체제의 무능과 당쟁의 병폐가 끝이 없었고, 나라의 운이 특정 정파의 정략과 실정으로 크게 기울고 있었다. 농정국가에서의 3정(三政)이란 토지정책(田政), 군대정책(軍政), 구호양곡관리(還穀) 제도를 말한다. 백성들로부터 받아들이는 제도를 토지 조세제도와 군대관련 징포(徵布)제도 및 정부양곡을 봄에 빌려 주었다가 가을에 받아들이는 환곡제도를 시행함에 각종 병폐가 극심하여 그 원성이 하늘을 찌르고 땅이 꺼지게 할 정도였다. 남부여대(男負女戴)의 이농 이촌 행렬이 줄을 잇고 남은 사람들은 묵은 밭(白地)에도 세금을 내는 백골징포(徵布)에 어린아이, 어른할 것 없이 똑같이 매긴 세금(黃口簽丁) 등 갖가지 세정(稅政)비리와 국정문란으로 산업생산은 위축될 대로 위축되고, 민생은 도탄에 빠져 있었다. 다산은 애절양(哀絶陽), 기민시(饑民詩) 등 사회시를 통하여 이 같은 불의(不義)를 고발하고 1표2서를 통해 그 개혁방안을 제시한 것이다.

마침내 다산은 조선조 초기 개혁가 삼봉 정도전(鄭道傳)과 마찬가지로 '군주와 목민관 등 통치자가 백성(民)을 제대로 사랑하고 위하지 않으면 백성들이 존경하고 따르지 않을 것이고, 그러면 통치자로서의 자격을 상실하는 것이 하늘의 뜻이다.'라는 민본(民本) 사상을 주장하기에 이른다. 무위무능하고 부패한 군주(君主)나 목민관을 백성들이 바꿀 수 있다는 역성혁명적(易姓革命的) 사상을 피력하기도 하였다. 「목민심서」에서도 '민(民)과 목(牧)은 근본적으로 평등하며, 관리가 그 자리를 제대로 관리하려면 봉공(奉公)과 애민(愛民)을 잘해야 한다. 국가의 기본이 백성(民)이며, 국가는 백성들에게 어진 정치(仁政)를 펴야 한다.'는 민본주권론(民本主權論)을 펴고 있다. 이러한 정신이 일관되게 다산의 개혁사상과 개혁정책의 기조(基調)를 이루고 있다.

「목민심서(牧民心書)」 : 목민관이 변해야 백성이 행복하다

이 책은 다산이 해배되던 해인 1818년(순조 18)에 완성된 것이다. 이는 저자가 학문적으로 가장 원숙해가던 때에 이루어진 저술로 민생과 관련된 그의 많은 저서 중 대표적인 작품이라 하겠다.

「목민심서」는 48권 16책으로 구성되어 있다. 부임(赴任), 율기(律己), 봉공(奉公), 애민(愛民), 이전(吏典), 호전(戶典), 예전(禮典), 병전(兵典), 형(刑典), 공전(工典), 진황(賑荒), 해관(解官)의 총 12

편이고, 각 편은 다시 6조로 나누어 72조로 나뉘어져 있다.

다산은 이 책에서 한 고을을 맡아 다스릴 목민관이 지녀야 할 정신자세와 치국안민을 실현하는 구체적인 방법론을 제시하고 있다.

'목민심서'란 백성을 다스릴 마음은 있으나 귀양살이하는 몸이니 몸소 실행할 수 없음을 안타까워하며, 마음으로만 그렇게 생각하는 글이라는 뜻이다.

백성을 다스린다는 것은 백성을 편하게 살도록 보살피는 일이다. 즉 기르는 것이다. 그런데 당시 수령(守令)들은 사리사욕에 급급하여 백성들은 피폐하고 곤궁하여 병들어 줄을 지어 구렁텅이에 쓰러져 죽었다. 하지만 수령된 자는 호의호식으로 살찌우고 있으니 슬픈 일이었다.

다산은 어려서부터 연천, 화순, 예천, 울산 등에서 아버지가 정사를 펴는 것을 보고 자랐다. 그리고 그 자신이 곡산도호부사로 재임했던 경험들을 바탕으로 목민관 자리가 얼마나 어렵고 중요한 자리인가를 잘 알고 있었던 것이다.

그리하여 목민심서의 첫머리에 '다른 벼슬은 다 구해도 목민관만은 구하지 말라.'고 하였다.

서문에는 이렇게 적고 있다.

'군자가 학문하는 목적은 자신의 수양을 위함이 반(半)이고, 백성을 다스리는 일을 배우는 것이 또한 반(半)이다. 오늘날 백성을 다스리는 자들은 오직 거두어들이는 데만 급급하고 백성을 부양할 바는 알지 못한다. 이 때문에 하민(下民)들은 여위고 곤궁하며 병까지 들어 진구렁 속에 줄을 이어 그득한

데도, 그들을 다스리는 자는 바야흐로 고운 옷과 맛있는 음식에 자기만 살찌고 있으니 어찌 슬프지 아니한가'

목민관, 즉 수령이 지켜야 할 지침(指針)을 밝히면서 관리들의 폭정을 비판한「목민심서」는 지방 수령이 백성을 다스리는 방법과 갖추어야 할 기본자세를 조목조목 적고 있다.

책의 체제는 수령이 지켜야 할 덕목을 먼저 제시하였다. 그런 뒤, 그것에 관련된 실례를 광범위한 문헌을 들어 예시하는 강목체(綱目體) 기술 방식을 취했다.

금정찰방, 곡산부사, 암행어사 등을 거치면서 백성들의 궁핍한 삶을 목격했던 다산의 생생한 체험이 녹아들어 있으며 조선 후기 지방 사회의 부패상과 민생 문제가 소상하게 쓰여 있다. 그러나 이는 관(官)의 입장에서가 아니라 어디까지나 민(民)의 편에서의 횡포와 부정부패를 고발하는 형식으로 기술되어 있어 다산의 애민(愛民)의식의 결정체라고 할 수 있다.

조선 후기 지방행정의 실태를 생생히 보여주는 거울과 같은 책으로, 다산이 죽은 뒤에도 수많은 필사본이 유통될 정도로 사람들에게 널리 읽혀져 왔다. 오늘날에도 많은 사람들이 찾고 있는 우리나라 고전 중의 고전이다.

총12편 72조에 이르는 목민심서의 개략적 내용이다.

부임 6조 : 발령을 받고 지켜야 할 6조항

[제1조] 임관발령과 부임
• 다른 벼슬은 구해도 좋지만 목민관 벼슬만은 스스로 구해서는

안 된다.

- 임관된 초기에 재물을 함부로 낭비해서는 안 된다.
- 저보(邸報)를 처음 내려 보낼 때 폐단이 된다고 생각되는 것은 생략하도록 해야 한다.

[제2조] 부임길의 검소한 행장

- 임지로 떠날 때 의복과 안장과 말은 쓰던 것을 그대로 쓰고, 새로 마련하지 말아야 한다.
- 사람을 많이 거느리고 가지 말아야 한다. 많은 사람을 거느리면 비용이 많이 들 뿐아니라 그들이 부정을 저지르기 쉽기 때문이다.

[제3조] 조정에 대한 부임인사

- 대신들에게 인사할 때 자신의 재능이 부족하다고 낮추어 말하며 겸손하게 행동해야 된다.
- 대궐을 나설 때는 백성을 잘 보살펴 임금의 은혜에 보답하겠다고 마음에 새겨 두어야 한다.

[제4조] 부임길에서

- 부임길 도중에도 수령은 오로지 장중하고, 온화하고, 간결하고 과묵하게 하여 마치 말 못하는 사람처럼 해야 할 것이다.
- 여행 중에 함부로 떠들며 요란스럽게 굴지 말아야 한다.
- 아전이 미신에 의해 꺼리는 것이 있어 먼 길로 돌아가려 하면 이를 꾸짖어야 한다.
- 지나는 길에 관청에 들어가면 마땅히 선배 수령들을 좇아서 마을을 다스릴 방도를 의논해야지 해학으로 밤을 지새워서는 안 된다.

[제5조] 수령자리에 취임

• 관속(관청에서 일하는 사람들)의 인사를 받은 다음에는 조용히 앉아 백성을 다스릴 방법을 생각해야 한다.

[제6조] 부임초기의 업무수행

• 선비와 일반 백성들에게 그 고을의 어려움이 무엇인지 물어 의견을 듣는다.

• 고을 사정에 밝아지려면 고을 지도를 그려 벽에 걸어 두어야 한다.

율기 6조 : 바른 몸가짐에 관한 6조항

[제1조] 바른 몸가짐

• 옷차림은 항상 단정해야 하며, 백성을 대할 때는 의젓하고 정중해야 한다.

• 말을 많이 하여 체신 없이 보이지 말 것이며, 갑자기 성내는 일을 삼가야 한다.

• 아랫사람을 관대하게 다루어야 그들이 순종하게 된다.

• 술을 끊고, 여자를 탐하지 말아야 한다. 또한 노랫소리와 악기소리를 드높여 놀이에 빠져서는 안 된다. 다만 백성들의 마음을 즐겁게 해주려고 백성과 함께 즐기는 것은 훌륭한 일이다.

• 시나 읊고 바둑이나 즐기며 아전에게 정사를 맡기는 것은 매우 잘못된 일이다.

[제2조] 청렴한 마음가짐

• 수령이 청렴하지 못하면 백성들은 도둑이라 욕하고, 더럽다고 욕하게 된다.

- 뇌물을 주고받는 일은 한밤중에 몰래 하더라도 아침이면 드러나게 마련이다.

[제3조] 집안을 바르게 다스림

- 고을을 잘 다스리려면 먼저 자신의 집안부터 바르게 이끌어야 한다.
- 지나치게 사치한 의복과 음식은 물자를 낭비하는 일이므로, 그 끝에는 재앙이 따르게 마련이다.
- 집안에 뇌물이 들어오지 못하게 하는 것은 집을 바로 잡는 일이다.
- 어머니의 가르침이 엄하고 자식들이 이를 따르면 법도가 있는 집안 이라고 존경받게 된다.

[제4조] 피할 손님, 반길 손님

- 직원 이외의 사람을 많이 두는 것은 옳지 않다. 관청에서 직원 이외의 사람을 많이 두면, 그들을 먹이고 재우고 봉급을 주기 위해 나랏돈을 함부로 낭비하게 된다.
- 가난한 친구나 친척이 먼 곳에서 찾아오면 반겨 맞이하고, 후하게 대접하여 보내야 한다.

[제5조] 관청 비용의 절약

- 관청의 재물을 자기 개인의 재물처럼 아끼고 절약하며, 물건을 함부로 내다 버리지 말아야 한다.

[제6조] 은혜를 베풂

- 절약하여 마땅히 쓸 곳에도 쓰지 않으면 사람들이 멀어진다. 베풀기를 즐기는 것은 덕을 심는 근본이다.
- 친구와 친척은 힘이 되는대로 돌보아 주어야 한다. 그러나 관가의 재물을 빼내어 남을 돕는 것은 잘못이다.

- 난리가 나서 떠도는 사람을 구제하고 보호하는 것은 의로운 일이다.
- 권력 있고 돈 많은 사람을 후하게 섬겨서는 안 된다.

봉공 6조 : 공무를 집행하며 지켜야 할 6조항

[제1조] 임금의 은덕을 백성들에게 베풂
- 조정의 명령이 내려오면 이를 백성들에게 널리 알리고 따르도록 한다. 만일 명령이 도저히 받아들일 수 없는 무리한 것이라면, 마땅히 벼슬을 버리고 물러나는 것이 옳다.

[제2조] 국법의 준수
- 국법으로 금지하는 것을 함부로 범하는 일이 없도록 한다. 법을 지키며 불의를 물리치면 사사로운 욕심이 물러나고, 세상의 이치에 저절로 밝아진다.

[제3조] 예의로써 사람을 대함
- 예의를 바르게 하여 남을 대하고 공손하게 행동하면 부끄러운 일을 당하지 않게 된다. 예를 지키면 공손하지 않을 수 없고, 의를 지키면 결백하지 않을 수 없다.

[제4조] 공공문서의 작성 및 처리
- 보고문서는 수령이 직접 작성하고, 아전의 손에 맡기지 말아야 한다.
- 인명에 관한 문서는 지우고 고치는 것을 삼가고, 옥사(재판)에 관한 문서는 잘 봉하여 보내야 한다.

[제5조] 공공재물의 공평한 수납

- 세금은 백성으로부터 나오고, 이것을 거두어서 나라에 바치는 것은 수령이다. 세금을 거둘 때에는 아전의 농간을 살펴 백성의 억울함을 없애야 한다.
- 상사의 명령이 부당하거나 백성의 형편상 따르기 어려울 때에는 마땅히 그것이 불가능하다는 것을 주장하여 백성의 짐을 덜어주어야 한다.

[제6조] 특별한 임무를 부여받을 때

- 상사가 출장을 보낼 때 병을 핑계하여 따르지 않고 자신의 편안함만 좇는 것은 군자의 도리가 아니다.
- 둑을 쌓거나 성을 수리하는 감독관으로 임명되었을 때, 이를 빌미로 백성을 함부로 부려 원망을 사서는 안 된다.

애민 6조 : 백성을 사랑하고 돌보는 데 필요한 6조항

[제1조] 노인을 공경함

- 노인을 공경하지 않으면 백성들의 효도하는 마음이 사라지게 된다. 노인을 우대하는 혜택을 베풀면 백성들도 경로사상을 알게 된다.

[제2조] 어린이를 사랑함

- 어린이 사랑은 선대의 임금들이 이를 행하여 아름다운 법도로 삼았다.
- 흉년 든 해에 자식을 버리는 부모가 있는데, 그들을 타일러 자녀들을 보호해야 된다. 그리고 버려진 아이는 마땅히 거두어주고 길러주어, 수령이 부모 노릇을 성심껏 해야 한다.

[제3조] 외로운 사람을 도와줌

• 홀아비와 과부, 자식이 없는 늙은이와 고아 등은 적극적으로 도와서 외로움을 덜어 주어야 한다. 혼인할 나이가 지났는데도 혼인하지 못한 처녀와 총각은 관청에서 나서서 혼인 시켜주어야 한다.

[제4조] 초상집을 보살핌

• 가난한 사람이 상을 당하면 관청에서 돈을 내어 장사지내도록 한다. 흉년과 전염병으로 죽는 사람이 잇따를 경우, 관청에서는 이들을 장사 지내주고 그 유족들을 보살펴야 한다.

[제5조] 환자를 돌봄

• 불구자나 중환자가 제 힘으로 살아갈 수 없을 때에는 의지할 곳과 살아갈 방법을 마련해 주어야 한다.

• 추위와 굶주림으로 쓰러진 사람들에게는 의복과 음식을 주어 죽음을 면하도록 돌봐 주어야 한다.

[제6조] 재난에서 구함

• 불에 타거나 물에 빠진 백성을 구하는 일은 마치 자기 자신이 그 경우를 당한 것처럼 서둘러야 한다.

• 장래의 재난을 미리 막으려고 노력하는 것이 재난 뒤에 은혜를 베푸는 것보다 낫다.

이전 6조 : 부하 관속을 통솔하는 6조항

[제1조] 아전을 단속할 때

• 수령이 바르지 않으면 아전을 단속할 수 없다. 아전은 예로써 질서를 세우고 너그러움으로 대하며 법을 엄정히 다스려야 한다.

- 타일러도 깨닫지 못하고 가르쳐도 고치지 않으며, 세도를 믿고 행패를 부리거나 간사하게 속이는 자는 형벌로 엄히 다스려야 한다.
- 수령이 재물을 좋아하면 아전이 재물로써 유혹하게 된다. 한번 그 유혹에 빠지면 헤어날 수 없어, 결국은 탐관오리가 되고 만다.

[제2조] 부하를 통솔함
- 군교(장교)들은 성격이 거칠게 마련인데, 이들의 횡포를 막으려면 법을 엄격히 지켜야 한다.

[제3조] 인재의 등용
- 나라를 잘 다스리려면 사람을 잘 써야 한다. 아무리 작은 고을이라도 인재를 찾아 쓰는 것은 나라의 경우와 다를 바 없다.
- 아첨 잘하는 사람은 충성스럽지 못하고, 바른말 잘하는 사람은 배신하지 않는다.

[제4조] 어진 이를 천거함
- 학식이 많고 행실이 바르며 재주가 뛰어난 사람을 세상이 모르게 해서는 안 된다. 능력 있는 사람을 찾아내어 천거하는 것도 수령의 임무이다.

[제5조] 민정을 살핌
- 수령은 사방을 살피는 눈과 사방의 소리를 듣는 귀를 가져야 한다. 수시로 백성의 사는 형편을 살펴야 한다.
- 좌우에 가까이 있는 사람들의 말을 그대로 믿어서는 안 된다.

[제6조] 근무 성적을 살핌
- 벼슬아치의 근무 성적을 살펴, 잘한 일은 상주고 못한 일은

바로 잡아야 한다. 벼슬아치들은 공을 세우고도 상을 받지 못
하면 힘써 일하지 않는다.

호전 6조 : 토지와 세금의 관리에 관한 6조항

[제1조] 토지의 관리
• 토지의 개량과 측량, 토지세 등은 매우 공평하게 하여야 된
  다. 농민에게 빌려준 땅은 마땅히 정성껏 농사짓도록 하고,
  높은 세금을 물려서는 안 된다.

[제2조] 조세의 부과 · 징수
• 백성은 세금을 많이 내는데 나라의 수입이 적은 것은 중간에
  빼 먹는 자가 많기 때문이다. 이를 철저히 단속해야 한다.
• 흉년으로 고통 받는 백성의 형편을 살필 때에는 진심으로 백
  성을 가엾게 여기고 세금을 덜어 주어야 한다.

[제3조] 환곡의 관리
• 백성에게 곡식을 꾸어 주었다가 받아들이는 환곡 제도가 오
  히려 백성을 죽이는데, 이는 장부를 철저히 하지 않아 아전의
  농간이 크기 때문이다. 때로는 수령이 농간을 부려 부당한 이
  득을 챙기는데, 이렇게 되면 아전들의 협잡질이 더욱 많아져
  백성만 죽어난다.

[제4조] 호적의 정리
• 호적이 바로 되어야 정치의 틀이 잡힌다. 나이를 속인자, 직
  업과 지위를 속인 자, 식구 수를 늘리거나 줄인자, 혼인하고
  도 미혼이라 속인 자 등은 가려내어 엄히 다스려야 한다.

[제5조] 공정한 부역

- 백성에게 의무적으로 책임을 지우는 여러 가지 노동은 공평하게 처리해야 한다.
- 부역 대신 곡식을 거둘 경우 백성의 부담을 가볍게 하고, 이를 빌미로 아전들이 농간을 부리지 못하도록 단속해야 한다.
- 백성의 노동력을 필요로 하는 공사는 되도록 줄여야 하고, 백성에게 해가 되는 일은 하지 말아야 된다.

[제6조] 농사를 권함

- 현명한 목민관은 농사를 적극적으로 권상한다. 수령은 벼농사뿐만 아니라 원예와 목축, 길쌈과 누에치기 등도 적극적으로 권장해야 한다.
- 농기구와 베틀을 만들어 백성에게 나누어 주어 살림이 넉넉해지도록 하는 것도 수령이 할 일이다.

예전 6조 : 예절과 교육에 관한 조항

[제1조] 수령이 주관할 제례의식

- 조상을 받드는 제사에 올릴 제물은 가장 좋은 것을 골라 정성껏 다루어야 한다.
- 기우제(비 오기를 비는 제사)는 엄숙하게 지내야 한다. 놀이 삼아 아무렇게나 지내는 것은 하늘을 모독하는 짓이다.

[제2조] 손님을 맞이할 때

- 손님을 대접하는 음식이 너무 많으면 재물을 낭비함이요, 너무 초라하면 예가 아니다. 현명한 수령들은 상관을 맞이할 때

지나친 대접을 하지 않는다.

[제3조] 백성을 가르칠 때

• 목민관의 임무는 백성을 가르치는 것이다. 백성의 토지 관리와 세금을 공정하게 하는 것도 그들을 가르치기 위함이며, 법을 바르게 다루는 것도 그들을 가르치기 위함이다.

• 가르치지 않고 형벌하는 것은 백성을 속이는 짓이다.

[제4조] 교육을 일으킴

• 학교에서는 학문과 함께 음악과 예의도 가르쳐야 한다. 그런데 오늘날에는 오직 지식만 가르치니 안타깝다.

• 스승이 있어야 배움이 있을 수 있다. 오랫동안 덕을 쌓은 사람을 모셔다 스승을 삼아야 교육이 바로 선다.

[제5조] 신분의 차등을 없앰

• 지위나 계급이 문란해지면 백성의 마음이 흩어져 기강이 무너진다. 그러나 신분이 낮은 천민의 잘못은 징계하고 신분이 높은 양반의 잘못을 외면하면 질서가 바로 서지 않는다.

[제6조] 인재를 기르는 교육

• 과거를 위한 학문은 사람의 심성을 메마르게 만든다. 그러나 쓸모 있는 사람을 뽑아 쓰려면 어쩔 수 없이 과거 공부를 권장해야 한다.

• 아이들 중 총명하고 재주 있는 영재들은 따로 뽑아서 교육시키는 것이 좋다.

병전 6조 : 군사 업무에 관한 6조항

　[제1조] 엄정한 병무
　• 현역으로 군대에 가는 것을 면제해 주는 대신 받는 군포제도는
　　백성의 뼈를 깎는 악법이니 마땅히 없애야 한다.
　• 병사가 모자라 그 인원을 채울 때에는 부유한 집안의 장정부터
　　찾아내어 보충해야 한다.
　• 군포를 거둘 때는 수령이 직접 나가서 받아야 아전들의 농간을
　　막을 수 있다.
　[제2조] 군사 훈련
　• 군사훈련은 평화시에도 게을리 하지 말아야 한다. 더욱이 아
　　전과 관노의 훈련은 가장 필요한 일이다.
　[제3조] 무기 관리
　• 무기는 백 년을 쓰지 않더라도 매일 닦고 수리해야 된다. 무
　　기를 정비하는 일은 수령의 직무다.
　[제4조] 무예의 권장
　• 우리나라 풍속은 무예를 좋아하지 않고 오직 활쏘기만 익혔
　　는데, 요즘은 그것마저 익히지 않고 있다. 무예를 권장하는
　　일이 매우 시급하다.
　[제5조] 변란의 대응
　• 수령은 뜻밖의 변란에 대비할 방법을 미리 세워두어야 한다.
　　변란이 있으면 딩황하지 말고 침착하게 대처해야 한다.
　[제6조] 나라 지키는 정신
　• 외적이 쳐들어오면 수령은 마땅히 고을을 지켜야 한다. 그러나

지키기만 하고 무찌르지 않으면 이는 적을 임금에게 보내는 것과 같다.

형전 6조 : 법과 재판에 관한 6조항

[제1조] 백성의 소송을 다스릴 때
- 소송 사건을 처리할 때에는 반드시 사람의 마음을 밝혀 판단해야 하다.
- 달려와 호소하고 싶어 하는 백성으로 하여금 부모의 집에 들어오는 것처럼 편안하게 해 준다면 어진 목민관이다.

[제2조] 범죄를 판결할 때
- 중대한 범죄 사건을 다룰 때는 신중해야 한다. 한 사람의 목숨을 살리고 죽이는 일이기 때문이다.

[제3조] 형벌은 신중하게
- 백성을 다스리는데 형벌을 사용하는 것은 최하의 방법이다. 어진 수령은 반드시 형벌을 너그럽게 하였다.
- 한때의 분한 마음으로 형벌을 사용하는 것은 큰 죄를 짓는 것이다.

[제4조] 죄수를 불쌍히 여김
- 감옥은 이 세상의 지옥이므로, 감옥에 갇힌 죄수의 고통을 살펴야한다.
- 노약자와 부녀자를 가둘 경우에는 더욱 신중히 생각하고 조심해야한다.

[제5조] 난폭한 짓을 다스림
- 권세 있는 집안에서 하인들을 풀어 난폭하게 행동하는 것을 금해야 백성이 편안해진다. 또한 토호(지방의 세력가)의 위세

는 백성에게 호랑이나 늑대 같으니, 그들의 횡포를 마땅히 단속해야 한다.

- 도박을 일삼거나 무리를 지어 다니며 장터에서 소란하게 구는 자들은 엄벌로 다스려야 한다.

[제6조] 해로운 것을 막음

- 위에서 바르게 행동하지 않으면 중간에서 명령을 받들지 않고, 아래에서 법을 겁내지 않게 된다. 이래서는 아무리 도둑을 없애려고 해도 헛수고가 된다.
- 귀신이 요사스럽게 구는 것은 무당이 유도하기 때문이니 무당을 벌고 신당을 헐어버려야 한다.

공전 6조 : 산업을 발달시키는 데 필요한 6조항

[제1조] 조림

- 산림은 나라 살림에 필요한 자원이 나오는 곳이므로 소중하게 지켜야 한다. 따라서 함부로 나무를 베거나 광석을 캔다고 마구 파헤쳐서는 안 된다.

[제2조] 치수

- 강과 못은 농사의 근본이 되므로 소중하게 관리해야 된다. 냇물이 고을을 지나가면 도랑을 파서 물을 끌어들여 농사에 이롭게 써야 한다.
- 강과 하천의 유역에 홍수의 피해가 잦으면 백성의 근심도 커진다. 마땅히 둑을 쌓아 백성이 안심하고 살도록 해야 한다.

[제3조] 관청 건물의 수리

- 관청 건물이 낡으면 수리하거나 새로 지어야 한다. 수리가 끝

나면 꽃과 나무를 가꾸어 아름다운 환경을 만든다.

• 관청 건물 수리는 노력과 비용이 덜 들도록 하고, 재목을 모으고 기술자를 모집함에 백성에게 피해가 없도록 해야 된다.

[제4조] 성곽의 축조

• 성을 수리하고 국방을 튼튼히 하는 것은 백성을 보호하는 수령의 근본임무다.

[제5조] 도로의 개설 관리

• 도로를 잘 닦고 다리를 놓아 사람이 편안하게 다닐 수 있도록 하는 것도 수령의 임무다.

• 나루터에는 언제나 배가 준비되어 누구든 강을 건너게 해주어야 된다.

[제6조] 공업을 일으킴

• 농기구를 만들어 백성에게 농사를 권장하고, 베틀을 만들어 부녀자에게 길쌈을 권장해야 한다. 또한 병선(군사용 배)을 만들어 군비를 마련하는 것도 수령의 임무다.

진황 6조 : 재난 구제에 관한 6조항

[제1조] 흉년에 대비하여

• 재난 때 쓸 물자는 미리 준비해 두어야 한다.

• 흉년이 들면 급히 감영[도청]에 가서 빈민구제와 세금의 감면(깎아 주거나 면제해 줌)을 의논해야 한다.

[제2조] 가진 것을 나눔

• 흉년이 들면 부유한 사람들에게 권장하여 곡식이나 재물을 빈민구제에 내놓도록 하는 '권분령'을 내려야 한다. 부자들이

구호물자를 스스로 나누어 주도록 권하면 관가의 힘이 크게 덜어진다.

[제3조] 구호의 원칙

- 난민을 구호하는 데는 그 시기를 잘 맞추고, 구호의 원칙이 있어야 한다.
- 구호에는 백성을 불쌍히 여기는 마음이 있어야 한다. 다른 고을에서 들어오는 자는 받아들이고, 내 고을에서 떠나려는 자는 만류하여 보살펴야 한다.

[제4조] 구호 시설을 만듦

- 난민을 수용할 시설물을 만들고 음식과 이불 등을 준비해 둔다. 살 곳을 잃고 떠도는 이들을 구제하는 것은 목민관의 직분이다.
- 흉년이든 해에는 반드시 전염병이 퍼지게 마련이니, 그 구제하고 치료 하는 방법과 시체를 묻을 방법을 미리 마련해두어야 한다.

[제5조] 복구 작업을 할 때

- 홍수로 못쓰게 된 논은 우선 밭으로 만들어 보리 등을 심도록 권장한다.
- 무너진 건물은 수리하고 세금을 낮추어 주며, 백성을 부역에 동원하는 일을 삼가야 한다.

[제6조] 재난 피해의 점검

- 재난이 생기면 그 피해 상황을 처음부터 끝까지 점검하고, 구호를 잘했는지 반성해 본다.
- 재난이 지나간 뒤에는 백성을 어루만져 용기를 북돋아주어야 한다.

해관 6조 : 해임될 때 취할 6조항

[제1조] 물러날 때를 위하여
- 벼슬 버리기를 헌신짝 버리듯이 하여 슬퍼하거나 부끄러워하지 말라. 해임될 때를 준비하여 평소에 문서를 정리해 두는 것 또한 수령의 임무다.

[제2조] 떠날 때의 자세
- 벼슬을 그만두고 돌아갈 때의 장비가 낡은 수레에 야윈 말이 전부라면 청렴결백한 목민관이라고 할 수 있다.

[제3조] 수령의 떠남을 말림
- 백성들이 수령의 떠남을 슬퍼하여 길을 막고 머무르기를 원하는 일은 어진 목민관만이 받는 행운이다.

[제4조] 수령을 존경하는 마음
- 수령이 벌을 받게 되었을 때 백성들이 임금에게 그 용서를 비는 일은 그 수령이 어진 목민관이었음을 뜻한다.

[제5조] 수령의 죽음을 슬퍼함
- 수령이 죽었을 때 백성과 아전들이 상여를 붙잡고 통곡하며 슬퍼하는 일은 어진 목민관의 이름을 빛나게 한다.

[제6조] 사랑을 남기는 수령
- 수령이 죽은 뒤에 백성들이 그를 사모하여 사당을 세우고 제사를 지내면 그가 백성에게 사랑을 남겼음을 알 수 있다.
- 목민관이 가는 곳에 따르는 백성들이 많고, 다시 돌아올 때도 따르는 백성들이 많으면 그는 덕을 쌓은 것이다.

경세유표 · 흠흠신서

다산의 방대한 저서의 밑바닥을 흐르고 있는 일치된 정신은 이른바 〈경세제민(經世濟民)〉이다. 즉, 나라를 잘 다스리고 백성을 편안하게 하려는 데 관심이 집중되고 있는 것이다.

「경세유표(經世遺表)」 : 나라의 기틀을 다시 한번 굳건하게

1817년에 저술한 「경세유표는 다산이 지배체계를 전면적으로 개혁하여 이상적인 '왕정(王政)'을 실현하리라는 원대한 구상 아래 저술되었다. 따라서 「경세유표」는 중앙기구의 개편론이며, 국가 경제의 재정비를 기본과제로 삼고 있는 개혁사상서이다. 또한 법질서를 바로잡기 위한 국정개혁의 지침서이기도 하다.

오늘날도 방만한 국가기구의 구조개편이 문제로 대두되고 있지만, 당시에도 비대한 관료기구가 문제가 되어 제도의 개혁, 관제의 축소가 불가피함을 역설하고 있다.

다산은 서문에서 임진왜란으로 인한 사회적·경제적 폐해는 결국 백성들의 생활을 도탄에 빠지게 하였다고 보았다. 또한 실제 관료들은 백성을 밭으로 삼아 착취하는 현실을 보고, 이와 같은 착취와 수탈을 제어하기 위하여 제도의 개혁과 관제의 축소가 불가피함을 역설하고 있다

특히 다산은 '지방 관리들의 협잡 때문에 백성들이 헐벗고 굶주린다.'며, 행정기구의 축소개편론과 행정감독의 강화, 국가 재정의 정비, 호조기구 개혁, 토지와 조세의 관리 및 산업·기술·무역 정

책의 채용 등을 주된 골격으로 삼고 있다.

원제(原題)였던 「병례초본(邦禮草本)」의 앞머리에서 저술의 의도를 밝히고 있다.

'조선의 법은 고려 때의 구법(舊法)을 따른 것이 많았다. 그런데, 세종(世宗) 때에 와서 조금 줄이고 보탠 것이다. 그 후 임진왜란 때 온갖 법도가 무너지고 모든 일이 어수선하였다. 군영을 여러번 증설하여 나라의 경비가 탕진되고 전제(田制)가 문란해져서 세금을 거두는 것이 공평하지 못했다. 재물이 생산되는 근원은 힘써 막고 재물이 소비되는 구멍은 마음대로 뚫었다. 이리하여 오직 관서(官署)를 혁파하고 인원을 줄이는 것을 구급 방법으로 삼았다. 그러나 이익이 되는 것이 '되'나 '말' 만큼이라면 손해되는 것은 산더미 같았다. 관직이 정비되지 않아서 올바른 선비에게는 녹(祿)이 없고, 탐욕의 풍습이 크게 일어나서 백성이 시달림을 받았다. 가만히 생각해보니 모든 것이 어느 하나라도 병들지 않은 것이 없는 바, 지금이라도 고치지 않으면 반드시 나라가 망한 다음이라야 고칠 수 있을 것이다. 이러하니 어찌 충신과 지사가 팔짱끼고 방관할 수 있을 것인가!'

'경세(經世)'란 국가 제도의 골격을 세워 운영함으로써 나라를 새롭게 하겠다는 뜻이다. '유표(遺表)'는 신하가 죽으면서 임금에게 올리는 글이라는 의미이다. 즉 「경세유표」는 다산의 학문을 총결집한 국가개혁론이라고 할 수 있다. 전 48권으로, 중국의 국가제도를 기술한 「주례(周禮)」의 이념을 바탕으로 하면서도 당시 조선의 현실에 맞도록 쓰여진 것이 특징이다.

체제상으로는 먼저 개혁의 대강과 원리를 제시한 후 기존 제도의 모순, 실제의 사례, 개혁의 필요성 등을 논리적이고 실증적으로 상세히 설명하고 있다. 이 책에서 제기된 개혁안들은 관직 체제의 전면 개편, 신분과 지역의 차별을 배제한 인재 등용, 자원에 대한 국가관리제 실시, 토지제도의 개혁, 조세제도의 합리화, 지방행정조직의 재편 등으로 당시 해결해야 할 문제가 모두 포함되어 있다. 이와 함께 기술발달과 상공업 진흥을 통한 부국강병 등 실학자들의 주장도 폭넓게 담겨 있어 당시 실학자들의 정치·사회적 이념을 이해하는데도 크게 도움이 된다. '오래된 우리나라를 새롭게 개혁하고자(新我之舊邦)' 했던 다산의 염원을 반영한 우리나라 최초의 체계화된 국가 개혁론이란 점에서 많은 학자들의 연구 대상이 되고 있다.

유배지에서 저술될 당시의 이름은 「방례초본(邦禮艸本)」이었는데, 뒤에 다산 자신이 「경세유표」로 고쳤다. 「목민심서」, 「흠흠신서」보다 명저로 꼽힐 만큼 다산의 저술 가운데서도 큰 비중을 차지하고 있다. 「자찬묘지명」에서는 48권이며, 미완성이라 했다. 그러나 「여유당전서」와 국립도서관 필사본에는 44권 15책으로 나와 있다. 4권 1책 분량이 미완인 듯하다.

「흠흠신서(欽欽新書)」 : 아무리 죄인일지라도 인권이 있나

1819년(순조19)에 완성하여 1822년에 간행한 30권 10책의 법률서이다. 규장각에 단행본(필사본)으로 소장되어 있다.

다산은 당시 살인사건의 조사·심리·처형 과정이 매우 형식적이고 무성의하게 진행됨을 보고, 이는 사건을 다루는 관료사대부들 이 율문(律文)에 밝지 못하고 사실을 올바르게 판단하는 기술이 미약하기 때문이라고 여겼다. 그 결과 생명존중사상이 무디어지는 것을 개탄하였다. 사람의 목숨을 다루는 옥사(獄事)를 맡은 관리가 잘못하여, 살아야 할 사람이 죽고 죽어야 할 사람이 살게 되는 상황에서 백성들이 억울함을 당하지 않도록 하자 함이었다. 그는 이를 바로 잡고 계몽할 필요성을 느껴 이 책을 저술하였다.

다산은 곡산도호부사 시절 직접 백성을 다스리며, 형법이 얼마나 중요한가를 뼈저리게 느꼈다. 또한 정조의 특별명령으로 황해도 일대의 죄인을 다스린 경험이 있었다. 그렇기 때문에 단순한 법률서라기보다는 재판을 하는데 필요한 목적을 저술한 재판장의 체험서이기도 하고 법질서를 전제로 한 지방정치 개선의 지침서이기도 하다.

오직 하늘만이 사람을 살리기도 하고 죽이기도 하니 사람의 생명은 하늘에 매여 있는 것이다. 그런데 목민관이 그 중간에서 선량한 사람은 편안히 살게 해주고 죄지은 사람은 잡아다 벌을 주거나 죽이는 것이다. 이는 하늘의 권한을 드러내 보이는 것일 뿐이다. 사람이 하늘의 권한을 대신 쥐고서 삼가고 흐릿하게 한다. 그러므로 살려야 되는 사람을 죽게 하기도 하고, 죽여야 할 사람을 살게하기도 한다. 그러면서도 태연히 편안하게 지낸다. 더구나 부정한 방법으로 재물을 얻고 부인(婦人)들을 호리기도 하면서 백성들의 비참하게 울부짖는 소리를 듣고도 그것을 구휼할 줄 모르니, 이는 매우 큰 죄악이 된다.

'「흠흠신서」는 어떤 내용인가. 사람의 목숨을 다루는 옥사(獄事)에서 다 스리는 사람이 더러 알지 못하는 것이 있다. 그러기에 경사(經史)로써 근본을 삼고 비의(批議)로써 보강하고 공안(公案)으로써 증거가 되게 하였다. 이에 모든 것을 상정하여 옥사를 관리하는 사람들에게 주어 백성들의 억울함이 없기를 바라는 게 나의 뜻이었다.'

다산은 생전에 손수 쓴 자신의 묘지명(墓地銘)에서 이렇게 적고 있다. 관리들이 법률에 밝지 못하고 사실을 올바르게 판단할 능력이 부족하여 사건을 제대로 판결하지 못함을 보고 이 책을 저술하였다. 특히 다산은 당시 살인 사건에 대한 조사와 재판이 매우 형식적이고 무성의하게 진행되고 있는 점을 크게 개탄하였다. 이 책은 중국의 「대명률」과 조선의 「경국대전」에 나타난 형벌의 기본 원리와 이념을 요약, 논술하였으며 살인 등 중요한 사건의 판례를 뽑아 설명하였다. 특히 조서를 작성하는 수령에게 살인 사건은 모범을 제시하기 위해 살인 사건 문서의 틀과 문장 기법, 사실 인정 기술 등을 상세히 소개하였다. 그러면서도 판결에서는 신중함과 관용이 우선시되어야 한다는 점을 강조하고 있어 그의 애민의식을 엿볼 수 있다. 이 책은 우리나라 최초의 법률 연구서이며, 동시에 살인사건 재판 실무지침서라 할 수 있다.

「흠흠신서」의 전체적인 내용은 〈경사의〉에 당시 범죄인에게 적용하던 「대명률」과 「경국대전」 형벌규정의 기본원리와 지도이념이 되는 고전적 유교경전 가운데 중요부분을 요약, 논술하였다. 그리고 중국과 조선의 사서 중에서 참고 될 만한 선례를 뽑아 요약하였다. 또 여기에는 중국 79건, 조선 36건 등 도합 115건의 판례가 분류, 소개되어 있다.

〈비상전초〉에는 살인사건의 문서를 작성하는 수령과 관찰사에게 모범을 제시하기 위하여 중국 청나라의 비슷한 사건에 대한 표본을 선별하여 해설과 함께 비평하였다. 또 독자로 하여금 살인사건 문서의 이상적인 형식과 문장기법·사실인정기술, 관계 법례를 참고할 수 있도록 종합적으로 논술하였다.

〈의율차례〉에는 당시 살인사건의 유형과 그에 따르는 적용법규 및 형량이 세분되지 않아 죄의 경중이 무시되고 있었다. 그러므로 이를 시정하기 위하여 중국의 모범적인 판례를 체계적으로 분류, 제시하여 참고하도록 하였다.

〈상형주의〉는 정조가 심리하였던 살인사건 중 142건을 골라 살인의 원인·동기 등에 따라 22종으로 분류하였다. 각 판례마다 사건의 내용, 수령의 검안(檢案), 관찰사의 제사(題辭), 형조의 회계(回啓), 국왕의 판부(判付)를 요약하였으며, 필요에 따라 필자 자신의 의견과 비평을 덧붙였다. 따라서 이 책은 법의학·사실인정학(事實認定學)·법해석학을 포괄하는 일종의 종합재판학적 저술이라고 할 수 있다.

〈전발무사〉에 다산은 곡산부사·형조참의로 재직 중 다루었던 사건과 직접·간접으로 관여하였던 사건, 유배지에서 문견(聞見)한 16건에 대한 소개와 비평·해석 및 매장한 시체의 굴검법(掘檢法)을 다루고 있다. 이 책은 한국법제사상 최초의 율학연구서이며, 동시에 살인사건심리 실무지침서라 할 수 있다.

제10장
우리에게 되묻는
다산의 의미

정다산 유적보존회에서
다산기념사업회, 다산문화원이 설립되기까지
강진과 다산을 다시 찾아야 한다

정다산 유적보존회에서
다산기념사업회, 다산문화원이
설립되기까지

    다산초당은 1900년을 전후하여 붕괴되었고 주춧돌만 남아 황폐해지고 말았다. 특히 초당의 옛터에는 석벽의 정석(丁石) 두 글자만이 선생의 유지를 간직할 뿐, 아무도 찾는 이가 없었다.

    그 때만 해도 만덕산에 호랑이의 출몰이 빈번하였고, 다산과 다신계를 맺었던 18제자도 모두 작고한 후였으니 초당을 돌볼 사람이 없었던 것이다.

    그러나 귤동에는 해남 윤씨들이 자작일촌을 이루고 있었다. 이들은 다산의 외가쪽이고, 초당의 주인인 귤림처사 윤단(尹博)의 후손들이다. 그래서 귤동의 윤씨들은 선조들로부터 초당의 내력을 전해 들었고, 다산이야말로 일세의 문호일 뿐 아니라 실학을 집대성한 대학자임도 알고 있었다.

    우선 급한 대로 초당의 옛 모습을 복원이라도 해야 했다. 그런데 당시의 어려운 여건에 선뜻 복원사업을 할 수가 없어 늘 안타깝게 생각하고 있었다.

그 당시는 6·25전쟁이 막 끝난 시점으로, 피폐한 농촌의 어려움이 다산이 살던 시대를 방불케 했으니 옆을 돌아볼 겨를이 없었던 것이다.

그 어느 누구도 찾는 사람이 없고 다산을 연구하는 학자도 국내에는 겨우 몇 사람에 지나지 않던 시절이었다. 단지 미국인 문정관 핸더슨(G.G. Handerson) 일행만이 1년에 몇 차례씩 귤동에 지프차를 타고 찾아와 폐허가 된 초당을 오르며 다산학에 심취·연구하였고, 선생의 유품들을 수소문해 갔다. 또한 1939년 일본인 가입일웅씨가 다산초당 일대에 자생하고 있는 야생차(野生茶)를 조사·연구 하고자 방문하기도 했다.

이러한 현실을 그냥 보고만 있을 수 없어 그 시절 귤동의 윤씨들은 힘을 모으기 시작했다. 송령(松嶺), 윤재은(尹在殷) 선생이 중심이 되어 윤주봉(尹柱捧), 윤강하(尹康夏), 윤재청(尹在靑), 윤재찬(尹在瓚)씨 등이 힘을 합했다. 특히 강진읍 차종채(車鍾彩), 유재의(劉載 義), 귤동 윤재명(尹在明)씨의 특별성금이 기초가 되어, 1958년 10월 강진·광주·서울 지역 등에서 뜻 있는 분들이 힘을 합하여 '정다산유적보존회(회장 : 윤재은)'을 발족하였다.

윤재은씨 등은 당시 교통, 통신의 불편함을 무릅쓰고 광주, 서울 등 먼 길을 수차례 왕래하며 각고의 노력 끝에, 강진을 중심으로 경향 각지의 인사들과 윤씨·정씨 문중, 그리고 학계 인사 등 371명의 찬조로 십시일반(十匙一飯)약 300만환의 성금을 모았다.

이 성금으로 옛 규모에 맞추어 윤재은 회장이 직접 설계하여 직영 공사로 1957년 3월 7일 착공하여 2년 만인 1959년 5월 5일에 총공사비 2,670,574환을 들여 준공하였다.

▲ 다산초당 현판은 추사 김정희의 글씨를 집자(集字)하여 모각한 것이다.

▲ 보정산 방현판은 추사 김정희의 친필을 모각한 것이다.

▲ 다산동암 현판은 다산의 글씨를 집자하여 모각한 것이다.

▲ 관어제 현판은 다산이 연못의 한쌍 잉어를 바라보시던 곳에 윤동환이
1985년에 제작 부착한 것이다.

정다산 유적 보존회의 활동 및 사업내역 등은 윤재은 회장이 작성한 260쪽 분량의 '정다산유적보존회 사업추진보고서'에 상세하게 잘 기록되어 있다(필자 소장).

그 후 1970년대에 이르러 강진군이 중심이 되어 '다산유적복원위원회'를 구성하여 다산동암, 서암, 천일각, 유적비 등이 복원·건립되었다.

초당 동편 백련사로 가는 길목 동암재에 있는 천일각(天一閣)은 유배시절에는 없었던 건물로 강진만이 한눈에 바라다 보이는 전망 좋은 동암재였다. 다산은 이곳 동암재 언덕에 올라 나라일이 염려스러울 때 우국충정을 달랬다. 또한 돌아가신 정조임금을 그리워하고, 흑산도의 우이도에 유배된 약전 형과 고향의 가족이 그리울 때면 바다를 바라보며 마음을 달랬다. 다산 유배시절 당시의 다산의 심회를 되살리기 위해 1975년 강진군이 건립한 정자이다.

▲ 천일각 | 다산 유배 시절에는 없었으나 동암재에 서서 약전 형님과 가족들을 그리워하던 다산의 심회를 되살리기 위해 지어진 정자이다.

간척사업이 이루어지기 전에는 갈대와 어우러진 강진만의 경치가 더할 나위 없이 아름다웠으며, 달이 차오르는 밤에는 은빛 찬연한 밤바다의 정취가 시심(詩心)을 저절로 자아내게 하였다.

▲ 동암 | 다산이 초막을 짓고 거처하며, 저술하던 곳으로 일명 송풍암
이라고도 한다.

▲ 서암 | 다산 유배 당시 지어진 초막이며, 윤종기, 윤종벽, 윤종삼,
윤종진 등 제자들이 거처하던 곳이다.

오늘의 초당은 평생을 다산유적보존과 선생의 높은 뜻을 알리는데 헌신해 온 송령 윤재은 선생과 한학자인 낙천(樂泉) 윤재찬 선생의 뜻을 받들어, 다산초당 산하에서 태어나고 자랐으며 다산학을 연구·저술·강의하고 있는 필자 윤동환(尹棟煥)이 그 맥을 이어가고 있다.

윤동환(尹棟煥)은 현재 다산기념사업회, 다산문화원을 설립하고 관련 사업으로 다산명가, 다산찻집, 다신계다원을 운영하며 체험학습거리, 볼거리, 먹거리 등을 제공하고 있다. 정약용 선생이 즐겨 드신 녹차 한잔 마실 곳 없던 다산초당, 실로 부대시설 하나 없어 답사객들을 허탈하게 만들었던 다산초당 아래에 전통 건축양식으로 모습을 드러낸 이 시설들은 다른 유적지에서는 볼 수 없는 색다름을 제공하고 있다.

다산찻집을 겸하고 있는 다산문화원은 다산초당 바로 아래 자리하고 있다. 이 집에 걸려있는 다신계(茶信契) 현판은 필자 윤동환이 다산초당의 본래 주인인 윤단의 6대손이자 다산의 막내제자인 성균진사 윤종진의 4대손으로서 다산정신의 맥을 잇는 집이라는 의미이다.

다산문화원에서는 누구나 언제든지 다산과 관련된 강의를 들을 수 있다. 문화 답사객 및 다산기념사업 회원, 다산문화원 등을 중심으로 다산학 관련 세미나와 워크샵 등이 활발하게 이루어지고 있다.

특히 자녀와 함께 하는 가족단위 답사객들의 경우는 다산의 유적 및 유물에 대해 18분 강의라도 듣고 오를 수 있도록 하고 있다.

다산문화원은 다산 정약용 선생이 즐겨드신 다산 녹차와 황차를 음미하며,
다산학 강의와 차(茶) 문화 강의, 다도체험을 할 수 있는 곳이다.(윤동환, 국령애 부부)

   다산의 18년 유배생활을 상징하는 18분 강의는 스쳐 지나는 답사가 아니라 가슴으로 느끼는 답사가 될 수 있도록 도와드리고자 함이다.

   다산은 자신의 저술이 후대에 많이 읽히기를 바라면서 '동트기 전에 일어나라. 기록하기를 좋아하라'는 간곡한 당부의 말을 남겼다. 이러한 당부 말씀의 실천으로 다산문화원에는 차를 마시거나 강의를 듣고자 찾는 답사객들의 흔적이 기록으로 남아 있다. 이 방명록의 내용들을 들춰보는 것 또한 다른 재미가 되고 있다.

   필자는 이 방명록을 이 시대를 사는 사람들의 발자취로서 데이터베이스화하고 있다. 초등학교 시절, 혹은 청년시절에 기록했던 내용 들을 많은 시간이 흐른 후 다시 방문하여 자신의 기록을 찾아보는 기쁨을 맛볼 수 있도록 하고자 한 것이다.

한편 이 집 정원에는 또 다른 의미 있는 볼거리가 있다. 언뜻 보기에는 정원석 같지만 이 석물은 자세히 살펴보면 잘 생긴 남근석이다.

필자는 이 석물에 남다른 의미를 부여하고 있다. 다산의 대표적 시중의 하나인 애절양에서 잘려나간 남근이 마치 다산초당 주인을 찾아오듯 다산초당 산하 다산명가로 돌아온 것이라 본다.

이 남근석 옆에 다산 선생의 애절양 시비를 세울 계획으로 있다.

이 남근석이 세워진 뒤로 귤동마을에 이변이 생겼다. 아들만 낳기를 고집한 딸넷, 딸셋인 세 가정에 아들 낳는 경사가 벌어졌다.

필자 역시 만혼인 43세에 결혼하여 아내는 첫딸을 갖기 원했으나 다산선생의 돌보심인지, 남근석 덕분인지 아들만 둘을 낳게 되었다.

아주 우연하게도 아들을 낳고자 소망하였던 신혼부부 50여 쌍이 이 남근석 앞에서 기념촬영을 하고 소망을 빌었던 탓일까? 모두 아들을 낳았다는 소식이었다. 하도 기이하여 아들을 낳고자 기도하는 부부들에게 다산문화원의 방명록에 반드시 연락처를 기록하도록 하고 있다.

다산명가 정원에 있는 남근석

그리고 이 집의 또 하나 특이할만한 점은 다산 선생이 강진 유배시절 다산초당 일대에서 녹차를 따서 만들어 드셨던 제다법대로 윤동환, 국령애 부부가 정성을 다하여 재현한 다산초당 녹차이다.

차인들이 즐겨 찾는 이곳에서는

차 끓이는 법, 차 마시는 법 등 다도강의 및 다산학강의를 들을 수 있는 체험학습장이 있다.

정약용 선생이 즐겨 드신 다산 녹차   다산황차 (발효차)

특히 다산사경첩, 다산제생문답, 매조도, 산수도 등 다산의 작품이 전통 수공예 한지로 원본에 가깝도록 잘 영인되어 전시 판매되고 있으며, 기타 다산 관련 기념품 등 볼거리를 제공하고 있다.

다산의 학문은 다산학이라는 이름으로 체계화되고 있으며, 수많은 다산학 관련 연구논문들이 발표되었다. 다산의 학문세계에 관심을 갖는 많은 사람들은 다산학이 마치 끝없이 흐르는 바다와 같다고 한다.

이에 다산문화원은 다산의 일생을 연구하고 그의 학문세계를 탐구하는 사람들에게 새로운 자료의 보고(寶庫)가 될 수 있도록 준비하고 있다. 또한 필자가 평생 동안 심혈을 기울여 모아 둔 다산 관계 서적 및 관련 자료를 데이터베이스화하여 다산학에 관심 있는 후학들 이 연구할 수 있도록 다산학 관련 자료를 정리하고 취합하는 일에도 노력하고 있다.

다산명가 민박 및 체험 학습장

　필자의 6대 조부 윤단께서 1천여 권의 장서를 갖춘 단 산정을 다산에게 제공하고 다산의 저술활동을 뒷바라지하여 실학을 집대성하는 데 밑거름이 되었던 것과 같이, 오늘날 다산학 연구에 도움을 주는 일을 하고자 한다.

　또한 필자는 다산의 학문세계를 더욱 빛나게 하는 일에 정성을 다 바치고 있다.

　오직 한길 30년 세월을 해변산중 오지마을 다산을 찾는 수 많은 문화 답사객들에게 숙식 제공, 자료 제공을 하며 무료봉사해 왔다. 그러다가 수익사업으로 다산명가를 운영하며 다산선생을 위한 뜻 있는 숭모사업으로 발전시키고자 한다.

　다산명가는 100명을 수용할 수 있는 아늑한 목조공간으로 전통 한옥 황토방 민박집과 일반식사 및 녹차 별식과 차를 마시며 담소할 수 있는 다산찻집이 있다.

강진과 다산의 재조명

'역사는 과거와 현재의 끊임없는 대화'라고 지적했던 저명한 역사학자 E. H. 카아의 언급이 아니더라도, 변화와 개혁이 요구되는 시기에는 혼돈과 갈등을 해결하기 위해 과거에서 지혜를 찾고 해답을 구해야 할 것이다.

유네스코는 2012년 세계기념인물로 네 사람(정약용, 루소, 헤르만헤세, 드뷔시)을 선정하였는데, 그 중 다산 정약용이 한국인으로는 최초로 등재되었다. 1997년에는 다산이 설계하고 축조한 수원화성이 세계에서 가장 아름답고 견고한 성으로 인정받아 유네스코 문화유산에 등재되기도 했었다.

다산의 유네스코 세계기념인물 등재는 개인의 창의성으로 빚어진 결과물이 걸작으로 대표될 수 있어야 한다는 첫 번째 요건을 충족하여 선정된 것이다. 또한 수원화성이 세계문화유산에 등재된 것 역시 오랜 세월 동안 또는 세계의 일정한 문화권에서 건축이나 기술발전, 기념물 제작, 도시계획이나 조경 디자인 등에 있어 인간의 가치가 반영되어야 한다는 조건을 충족한 것이다.

즉, 다산은 유네스코 등재 기준의 핵심인 '탁월한 보편적 가치'에 부합되어 동양인 최초로 선정된 것이다. 수원화성 축조에 사용되었던 다산의 위대한 발명품 거중기와 유형거는 10년으로 예상되었던 공사기간을 2년 8개월로 단축하였다. 정조가 '거중기를 사용하여 돈 4만 냥을 절약하였구나!'라고 치하였던 것처럼 비용 측면에서도 혁신적 성과였다. 어디 이 뿐인가. 새로운 기계발명으로 건축기술과 과학적, 미적 관점에서 세계적 걸작이 탄생한 것이다. 수원화성은 다산의 건의로 강제노역이 아닌 임금을 정당하게 지급하는 역부의 모집으로 백성들 누구나 원하는 자는 참여하도록 하는 임금노동으로 축조되었다. 부역이 아닌 공사이므로 인근 주민들은 상권이 발달되고 수해예방과 저수지 축조로 황폐한 농지가 옥토로 바뀌었다. 이처럼 수원화성 축조는 대규모 농장이 조성되고 농산물의 풍요를 가져와 백성들의 삶의 질이 나아지고 새로운 도시가 조성되게 된 것이다.

화담 서경덕 선생은 길을 가다가 집을 잃고 어찌해야 할 바를 몰라 울고 있던 젊은 청년을 만났다. 그 연유를 물었더니, 이렇게 대답 하였다.

'저는 다섯 살에 눈이 멀어 지금까지 장님으로 살아왔습니다. 오늘 아침 집을 나와서 길을 걷고 있는데, 신기하게 만물이 분명하게 보이기 시작했습니다. 너무도 기뻐서 집에 돌아가서 이 사실을 알리려고 했는데, 골목길은 여기저기 많기노 하고, 대문도 모두 같아 보여서 제가 살던 집을 도무지 찾을 수가 없었습니다. 그래서 이렇게 울고 있었습니다.'

그 말을 들은 서경덕은 잠시 곰곰이 생각하더니 이내 "내가 너에게 집으로 찾아가는 방법을 가르쳐 주겠다. 도로 네 눈을 감아라. 그러면 네 집을 다시 찾을 수 있을 것이다." 그러자 그 사람은 다시 눈을 감고 지팡이를 더듬거리며 자기 집을 찾아 갈 수 있었다는 일화가 전한다.

오늘날 우리가 처해 있는 상황은 거대한 역사의 흐름 속에서 볼 때 어찌해야 할 바를 몰라 당황하고 있는 이야기 속의 젊은 청년 과도 같다. 수많은 골목길, 엇비슷한 대문들 앞에서 서성 댈 것이 아니라 눈을 감고 과거를 되짚어 보자.

나 자신이 주인이 되어 역사 속에서 해답을 찾아내야 한다. 다산 은 우리가 해결해야 할 수 많은 과제들을 이미 통찰하고 있기 때문 이다. 변화와 개혁의 소용돌이 속에서 어떻게 그것을 이론적으로 완성했으며 어떻게 실천하고자 하였는가 하는 정답이 역사 속에서 부름을 기다리고 있다. 시대를 초월하는 그의 통찰력에 다시금 머리 숙이지 않을 수 없다. 때문에 구한말 국학자 현채(玄采)는 다산을 가리켜 조선왕조 5백년 이래 제일의 경세가라고 찬양하였다.

또 다산이 지은 농·공·의약 및 형법에 관한 각종 저서는 근대 서양의 신문명 수준과 비교하여도 조금도 차이가 없고, 근대 서 양의 유명한 여러 학자라도 다산을 따르지 못할 것이라고 갈파했다. 그러면서 "후학이 그 뜻을 계승하지 못하여 나라의 형세가 이에 이르렀으니 금인(今人)이 죄인이다."라고 지적했다.

위당 정인보(鄭寅普) 선생은 '다산선생 한 사람에 대한 깊은 연구 는 곧 조선사의 연구요, 조선 근대사의 연구이며, 조선 심혼(心魂)의 명예(明楞) 내지, 전 조선의 성쇠존멸(盛衰存滅)에 대한 연구'라고 하였다. 또한 일본의 학자들도 다산을 일컬어 '조선의 대학자'라고 칭송했다.

다산은 가난에 찌들어 굶어 죽어 가는 이웃의 아픔을 견디다 못해 '농부로 하여금 전답을 얻게 하고, 농사를 짓지 않는 자는 얻지 못하게 하면 좋을 것이다(農者得田 不爲農者不得之)'라 했고, '백성은 땅을 밭으로 삼아 농사를 짓는데, 관리는 백성을 밭으로 삼아 착취하는구나(民以土爲田 吏以民爲田)'라 했다.

부정부패, 탐관오리의 와중에서 착취만 일삼는 관리들을 어떻게 해야 올바른 생각으로 돌아서게 할 수 있을까 해서 관리들의 지침서인 「목민심서」를 저술했고, 시를 통해서라도 백성을 일깨우고자 많은 시를 읊어 보기도 했다. 선생의 시는 한갓 음풍영월이 아닌 애국단성과 택국염원이 담긴 많은 시를 읊으면서, 나라를 근심하지 않는 시는 시가 아니라고까지 할 정도로, 백성들에게 혜택을 베풀려는 마음이 없는 자는 시를 지을 수 없다고 했다.

조선 양명학(陽明學)의 최후의 거성 이건방(李建芳)이 다산 정약용 선생을 일러 위대한 민권사상가로 한국의 '루소'요, "몽테스큐'라고 하는 것도 이러한 이유에서이다.

시대의 선구자요, 우리 민족의 큰 스승인 다산 정약용 선생의 삶을 직접 체험하며 그가 보냈던 18년의 유배생활, 그리고 그 속에서 찬란하게 꽃피운 실사구시의 실학사상이 그를 돋보이게 하였다.

우리는 이를 반성과 성찰의 전형으로 삼아 새로운 개혁의 지평을 열기 위해 다산정신을 생활화해야 한다. 이것이 오늘을 사는 우리에게 주어진 사명이자 의무인 것이다.

이러한 시대정신으로 오늘날 '다산(茶山)'과 '강진(康津)'이 재조명 되어야 한다.

다산 연보(茶山 年譜)

1762년 (영조 38년, 壬午) 1세

공(公)은 6월16일 사시(巳時), 경기도 광주군 초부면 마현리(京畿道 廣州郡 草阜面 馬峴里 : 現 남양주시 조안면 능내리) 고가(古家)에서 아버지 정재원(丁載遠:1730~792), 어머니 해남윤씨(海南尹氏: 1728~770)의 넷째 아들로 태어났다.

어렸을 때 자(字)는 귀농(歸農)이었다. 이 해 나라에 말 못할 변고(영조가 사도세자를 죽인 일)가 있어, 아버지 진주공(晉州公)이 시골로 내려가려고 결심을 하고 있을 때 태어났기 때문에 귀농이라고 이름지었다. 자(字)는 미용(美庸), 송보(頌甫), 호(號)는 삼미자(三眉子), 다산(茶山), 사암(俟菴), 자하도인(紫霞道人), 태수(苔叟), 문암일인(門巖逸人), 탁옹(澤翁), 철마산초(鐵馬山樵) 등이며, 당호(堂號)는 여유당(與猶堂), 사의재(四宜齋)이다. 천주교 세례명은 요한이다.

본관은 압해(押海 : 뒤에 압해도가 나주목이 되어 나주 정씨라 부르기도 한다.) 정씨로 8대가 옥당(玉堂)에 들어간 명문의 집안이다.

1763년(영조 39년, 癸未) 2세
완두창을 앓았다.

1765년(영조 41년, 乙酉) 4세
천자문(千字文)을 배우기 시작했다.

1767년(영조 43년, 丁亥) 6세
경기도 연천(漣川) 현감으로 부임한 아버지 진주공(晋州公)을 따라 다니며 백성을 다스리는 것을 살펴볼 수 있었다. 고을 수령으로서 청렴결백하고 공평한 정사를 본받아 후일 목민관의 덕목을 제시하는 기본으로 삼게 되었다.

1768년(영조 44년, 戊子) 7세
오언시를 짓기 시작했다. 「산」이라는 시에 "작은 산이 큰 산을 가리움은 멀고 가까움이 다르기 때문이다.(小山蔽大山遠近地不同)" 이라는 구절을 두고, 아버지가 기특하게 여겨 "분수(分數)에 밝으니 장래 틀림없이 역법(曆法)과 산수(算數)에 통달하겠구나." 라고 칭찬하였다.

어릴 때 유행한 천연두(天然痘)를 순조롭게 앓아 얼굴에 흔적이 없었다. 그런데, 오직 오른쪽 눈썹 위에 자그마한 흔적이 남아 눈썹이 세 개로 나뉘어져 스스로 호(號)를 '삼미자(三眉子)'라고 하였다. 10세 이전에 지은 저작(著作)을 묶어 『삼미자집(三尾子集)』이라 하였는데, 그 총명함에 많은 선비들이 감탄하였다.

1770년(영조 46년, 庚寅) 9세

11월 9일, 어머니 숙인(淑人) 윤씨(尹氏)가 43세로 운명하다. 윤씨의 본관은 해남(海南)이며, 고산(孤山) 윤선도(尹善道)의 후손이다. 시(詩)·서(書)·화(畫) 3절로 유명한 공재(恭齋) 윤두서(尹斗緒)의 손녀이다. 학문이 넓고 옛 글을 좋아한 박학자(博學者) 공재의 장서(藏書)는 모두 경세나 실용(實用)에 관계되는 책이었다. 다산의 외증조부(外曾祖父)되는 공재의 화상(畫像)이 남아있다. 그런데 다산의 얼굴 모습이나 수염 등이 아주 많은 부분에서 공재를 닮았다고 한다. 일찍이 공이 제자들에게 말하기를 "나의 정분(精分)은 외가에서 받은 것이 많다." 라고 했을 정도로 외가에 대한 자부심이 대단하였다.

1771년(영조 47년, 辛卯) 10세

경서(經書)와 사서(史書)를 아버지로부터 수학하였다. 이때 아버지는 관직을 그만두고 집에 있으면서 직접 가르쳤다. 타고난 자질이 매우 총명한데다가 부지런히 공부하여 독책(督責)을 기다리지 않았다. 경서를 본떠 글을 지었는데, 1년 동안 지은 글이 자기 키만큼이나 되었다.

1774년(영조 50년, 壬辰) 13세

두보(杜甫)의 시(詩)를 애독하고 수백 편의 한시를 지었다. 이때부터 시명(詩名)이 높아 아버지의 친구들에게 칭찬을 받았다.

1776년(영조 2년, 丙申) 15세

2월 22일 풍산 홍씨(豊山洪氏)에게 장가들었다. 그날이 바로 2

월 22일 이었다. 장인은 무과출신인 홍화보(洪和輔)로 승지 및 황해도 병마절도사 등의 벼슬을 역임하였다.

공의 관명(冠名)은 약용(若鏞) 자(字)는 미용(美庸) 또는 송보(頌甫) 호(號)는 사암(俟菴) 또는 다산(茶山)이다.

영조가 승하하고 왕세손이 즉위하여 정조임금이 되었다. 정조는 아버지 사도세자(장헌세자)를 죽게했던 벽파의 정후겸, 홍인한, 심상운 등을 처형하고, 사도세자의 무죄를 주장했던 시파 사람들을 중요한 자리에 임명했다. 이리하여 시파로 몰려 벼슬길에서 쫓겨났던 정약용의 아버지 정재원도 호조좌랑에 임명되어 한성으로 올라오게 되어 한성의 명례방에 살림집을 차렸다. 한성에서 정약용은 매형인 이승훈, 그의 외삼촌인 이가환, 이들의 친구이며 유명한 학자인 이벽 등과 서로 사귀었다. 그들은 성호 이익의 『성호사설』과 『곽우록』을 읽게 되었고, 실학사상에 눈을 뜨게 되었다.

1777년(정조 1년, 丁酉) 16세

학문적 스승으로 받들었던 성호(星湖) 이익(李瀷)의 유고(遺稿)를 처음 보았다. "꿈 속 같은 내 생각이 성호를 따라 사숙하는 가운데 깨달은 것이 많았다." 라고 자식과 조카들에게 말할 정도였다. 가을에 아버지를 따라 화순(和順) 임소(任所)로 갔다. 청주, 전주 등지를 유람하면서 시를 지었다. 11월 26일 장인 홍화보(洪和輔)가 해배되었다.

1778년(정조 2년, 戊戌) 17세

둘째 형 약전과 함께 화순현 북쪽에 있는 동림사(東林寺)에서 글을 읽고 「동림사독서기(東林寺讀書記)」를 지었다. 가을에 동북

현에 있는 물염정(勿染亭)을 유람하고 「유물염정기(遊勿染亭記)」
를 지었으며, 광주 동쪽에 있는 서석산(瑞石山:무등산)을 유람하
고 「유서석산기(遊瑞石山記)」를 지었다.

1779년(정조 3년, 己亥) 18세

아버지의 뜻을 받들어 서울에 올라와 공령문의 여러 체(體)를
공부하였고, 겨울에 성균관(成均館)에서 시행하는 승보시(陞補試)에
뽑혔다. 손암 정약전이 녹암 권철신을 스승으로 모셨으며, 천진
암 주어사에서 강학회를 열었다. 이벽이 눈 내리는 밤에 찾아와
촛불을 밝히고 경전에 대한 토론을 밤새워가며 했다.

1780년(정조 4년, 庚子) 19세

예천(醴川) 임소(任所)로 아버지를 찾아뵙고 반학정(伴鶴亭)에서
글을 읽으며 「반학정기」를 지었다. 진주 촉석루(矗石樓)를 유람하
고 「진주의기사기」를 지었다. 겨울에 어사의 모함으로 아버지가
벼슬을 그만두셨으며 광주(廣州)로 돌아올 때 모시고 돌아왔다.
겨울에 마현(馬縣)에서 글을 읽었다.

1781년(정조 5년, 辛丑) 20세

서울에 살면서 과시(科詩)를 익혔다. 7월에 딸을 낳았는데 5일
만에 죽었다.

1782년(정조 6년, 壬寅) 21세

서울의 남대문안 창동(倉洞)에 처음 집을 사서 살았다. 가을, 봉

은사에서 경의과문(經義科文) 공부를 하였다.

1783년(정조 7년, 癸卯) 22세

성균관에 들어갔다. 2월 세자 책봉을 축하하기 위한 증광감시(增廣監試)에서 둘째 형 약전과 함께 경의초시(經義初試)에 합격했다. 4월 회시(會試)에서 생원(生員)으로 합격하여 선정전(宣政殿)에 들어가 임금을 만났으나, 성군(聖君)과 현신(賢臣)의 만남이었다. 다산은 임금이 특별히 얼굴을 들라고 하고 나이가 몇이냐고 묻는 영광을 얻었고, 비상한 인재인 것을 인정받았다. 이것이 바로 정조대왕(正祖大王)과 첫 상면하는 풍운지회(風雲之會)였다. 회현방으로 이사하여 재산루(在山樓)에서 살았다. 「유수종사기(遊水鍾寺記)」를 지었다.

9월 12일 큰아들 학연(學淵)이 태어났다.

1784년(정조 8년, 甲辰) 23세

시골의 선비들이 모여 편을 갈라 활을 쏘는 향사례(鄕射禮)를 행하였다. 여름에 「중용강의(中庸講義)」 80여 항목을 지어 임금께 올렸다. 정조(正祖)는 도승지 김상집(金尙集:1723~?)을 불러 "그가 진술한 강의는 일반 세속의 흐름에서 벗어나 오직 마음으로 이를 헤아렸으니, 견해가 명확할 뿐만 아니라, 그 공정한 마음을 귀히 여길만하다. 마땅히 이 권(卷)을 으뜸으로 삼는다."라고 크게 칭찬하며 감탄했다. 이로써 다산의 학문적 역량은 정조가 높이 인정하였다. 이 해 이벽(李檗)을 따라 배를 타고 두미협(斗尾峽)을 내려가면서 처음으로 서교(西敎 : 천주교)에 관해서 듣게 되었다.

이승훈은 베이징에서 가져온 서학에 관한 책을 읽고 형인 약전과 약종, 이벽과 이승훈 등과 어울려 서학을 공부하기 시작했다. 9월 28일, 정시(庭試)의 초시(初試)에 합격하였다. 「독손무자(讀孫武子)」, 「제정석치화룡소장자(題鄭石癡畵龍小障子)」 등을 지었다.

1785년(정조 9년, 乙巳) 24세

2월25. 27일, 4월 16일, 반제(泮製)에 뽑혀 임금의 비접을 받고 상으로 종이와 붓을 하사 받았다. 11월 3일, 감제(柑製)의 초시에 합격하였다. 12월 1일 춘당대에서 식당명(食堂銘)을 짓도록 하였는데 수석을 차지하였다. 또한 다음날 비궁당명(匪躬當銘)을 짓도록 하였는데 또 수석을 차지했다.

다산의 답안지를 읽어 본 임금이 크게 칭찬하며 장원급제에 부족함이 없다고 했으며, 이를 본 사람들도 다산은 반드시 재상(宰相)이 될 것이라 하였다. 임금께서 『대전통편(大典通編)』한 질을 내려주니 모든 사람들이 큰 영화로 여겼다. 「우인이덕조만사(友人李德操輓詞)」, 「추일서회(秋日書懷)」를 지었다.

1786년(정조 10년, 丙午) 25세

2월 4일, 별시(別試)의 초시(初試)에 합격하였다. 8월 6일, 도기(到記)의 초시에 합격했다. 「감흥이수(感興二首)」를 지었다.

7월 29일, 둘째 아들 학유(學游)가 태어났다.

1787년(정조 11년, 丁未) 26세

정월 26일과 3월 14일 반제에 수석으로 뽑혔다. 8월 21일 반제(泮製)에 뽑히고, 8월 성균관 시험에서 고등(高等)을 차지하였다. 임금께서 중희당(重熙堂)으로 입대(入隊)하라고 하여 들어가니 임금이 물으셨다. "너는 『팔자백선』을 얻었는가?"라고 하니 "얻었습니다."라고 하였다. 또 "『대전통편』은 얻었는가?"라고 하니 "얻었습니다."라고 하였고, "『국조보감』을 얻었는가?"라고 하니 "얻었습니다."라고 하였다. 임금께서 말씀하시기를 "근일(近日)에 내각에서 간행한 책을 모두 얻었으니 내가 줄 책이 없구나."라고 하시며 크게 웃은 후 술이나 주겠다며 술을 취하도록 먹게 하였다. 퇴근할 무렵 한 권의 서적을 하사했는데 집에 가서 읽어보니 『병학통(兵學通)』(병법에 관한 서적)이라는 책이었다. 「추일문암산장잡시(秋日門巖山莊雜詩)」를 지었다.

1788년(정조 12년, 戊申) 27세

1월 7일 인일제(人日製)에 합격했다. 3월 7일 반제(泮製)에 수석으로 합격하여 희정당에서 임금을 뵈오니 초시와 회시의 횟수를 질문하였다. 「원진사칠수증내(蚖珍詞七首贈內)」를 지었다.

1789년(정조 13년, 己酉) 28세

봄의 도기(到記)에서 석갈(釋褐 : 문과에 급제함)하였다. 3월에 탐화랑(探花郎 : 대과 전시에 갑과의 3위로 합격한 사람)의 예로써 7품에 부쳐져 희릉직장(禧陵直長) 제수되었다. 또 초계문신(당하문관 중문학에 뛰어난 자를 뽑아 매달 강동, 제술을 시험할 때 쓰는 시험관)에 임명되었다. 5월에 부사정(副司正 : 종7품의 무관)으로 옮겨지고, 6월에 가주서(假注書)에 제수되었다. 「차장호

원(次長湖院)」,「송진택 신공광하유백두산서(送震澤申公光河遊白頭山序)」를 지었다. 겨울에 배다리 주교(舟橋)의 제작 방법을 만들어 공을 세웠으며,「산문 지리책」을 지었다.

12월에 셋째 아들 구장(懼牂)이 태어났다.

1790년(정조 14년, 庚戌) 29세

2월 26일, 한림회권(翰林會圈)에 뽑혔고, 29일 한림소시(翰林召試)에 뽑혔다. 정약용에 대한 정조임금의 신임이 두터워지자 이를 시기한 벽파의 견제가 심해져 3월 8일 해미현(海美縣)으로 정배(定配)되었다. 13일 배소(配所)에 이르렀는데, 19일 용서를 받아 풀려났다.

「해미남상국사당기(海美南相國祠堂記)」를 지었다. 5월 3일 예문관검열(藝文官檢閱)로 다시 들어갔다가, 5일 용양위(龍驤衛) 부사과(副司果)로 승직되었다. 가을에 「단양산수기(丹陽山水記)」를 지었다.

1791년(정조 15년, 辛亥) 30세

7월에는 정6품 벼슬인 사간원(司諫院) 정언(正言)으로 제수되어 잡과감대(雜科監臺)에 나아갔으며, 9월 10일 정5품 벼슬인 사헌부(司憲府) 지평(持平)에 제수되어 무과감대(武科監臺)에 나아갔다. 12월 친시(親試)에서 7등을 차지하고, 과시에서는 10등을 차지했다. 과강(科講)에서 6등을 차지하여 모두 상을 받았다. 이 해 겨울에 『시경강의(詩經講義)』800여 조를 지어 올려 임금께 크게 칭찬을 받았다.「억여행(憶汝行)」을 지었다.

서양문물을 받아들여 우리 생활에 이롭게 써야 한다는 것을 임금에게 수시로 주장했다. 이 해 겨울에 최초의 천주교 박해사건인 '신해사옥'으로 호남에서 윤지충(尹持忠:다산의 외종형), 권상연(權尙然 :윤지충의 외종형)이 천주교를 믿고 선조의 제사를 폐지하며 신주를 불사른 사건이 발생하여 사형에 처해졌다. 이 사건을 단서로 하여 이기경(李基慶), 홍낙안(洪樂安), 목만중(睦萬中) 등이 공모하여 서양 과학과 천주교를 구별하지 않고 '서학'을 '사학(邪學)'으로 규정하였다. 그들은 다산일파를 사학도로 지목하여 사감을 실현시키려고 하였다. 특히 홍낙안은 좌상 채제공(蔡濟恭)에게 글을 올려 "총명하고 재지(才智)있는 벼슬아치와 유생들 중에 10에 7·8은 모두 서교(西敎)에 빠져 있으니 황건(黃巾)이나 백련(白蓮)과 같은 난리가 일어 난 것입니다."라고 하였다. 천주교에 대한 탄압과 다산일파에 대한 박해가 점점 구체화 되어가고 있었다.

1792년(정조 16년, 壬子) 31세

3월 22일 홍문관(弘文館)에 뽑혔으며, 29일 홍문관수찬(弘文館修撰)에 제수되었다. 4월 9일 진주 임소에서 부친 진주목사 정재원이 운명하였고 5월에 충주에 반장(返葬)하였으며, 무덤 옆에 오두막을 지어 시묘살이를 했다. 겨울에 정조의 특명을 받들어 수원성 규제를 지어 올렸다. 기중기·활차·고륜(鼓輪) 등 설계도면을 창작하여 수원성 축조에 응용한 결과로 성공적으로 마쳤으며, 경비 4만 냥을 절약하였다.

1793년(정조 17년, 癸丑) 32세

4월에 아버지소상(小祥)을 지내고 연복(練服)으로 갈아입었다. 여름에 화성유수(華城留守)로 있던 채제공(蔡濟恭)이 영의정이 되었다.

1794년(정조 18년, 甲寅) 33세

6월에 부친의 대상(大祥)을 마치고, 7월 23일 성균관 직강(直講)에 제수되었다. 8월 초 비변랑(備邊郎)에 임명하는 계(啓)가 있었고, 10월 27일 홍문관 교리로 제수되었다가, 28일 홍문관 수찬에 제수되었다.

10월 29일 성정각(誠正閣)에서 경기도 암행어사의 명을 받았다. 11월 15일에 복명하여 연천 일대의 민정을 살폈다. 관찰사 서용보가 권력을 이용해 향교 터를 정승에게 바쳐 묏자리를 삼고자 거짓으로 "터가 좋지 않다"고 고을 선비들을 협박하여 학궁(學宮)을 옮기고 명륜당을 헐어버렸다. 이것을 알고 체포하여 징계하니 서용보(徐龍輔:1757~1824)의 미움을 받게 되었다. 그 결과 신유교옥(辛酉敎獄) 때 서용보가 다산에게 위해를 가하려고 하였으며, 여러 번 다산의 앞길을 막게 된다. 12월 13일, 홍문관 부교리(副校理)에 제수되었다. 「봉지염찰도적성촌사작(奉旨廉察到積城村舍作)」, 「박학(博學)」, 「영수석절구(詠水石絶句)」, 「명봉편(鳴鳳篇)」, 「칠월칠일야(七月七日夜)」 등을 지었다.

1795년(정조 19년, 乙卯) 34세

6월에 아버지의 3년 상을 마쳤다. 정월 17일, 사간원(司諫院) 사간(司諫)에 제수되었다. 품계(品階)가 통정대부(通政大夫)에 오르고 동부승지(同副承旨)에 제수되었다. 2월 17일 병조참의(兵曹參議)에 제수되었다. 3월 20일 우부승지(右副承旨)로 제수되었고,

4월 규영부교서직에서 정직(停職)되었다. 7월 중국인 신부 주문모(周文謨)의 선교활동이 탄로나 천주교 신자인 윤유일, 지황, 최인길이 처형되고 이승훈은 예산으로 유배당했다. 다산도 이 사건으로 모함을 받아 7월 26일 금정도찰방(金井道察訪)으로 좌천당했다. 12월 20일 용양위부사직(龍驤衛副司直)으로 옮겨졌다. 「도산사숙록(陶山私淑錄)」 33직을 지었으며, 「봉곡사술지시서(鳳谷寺述志詩序)」, 「유오서산기(遊烏棲山記)」, 「조룡대기(釣龍臺記)」, 「오죽헌기(梧竹軒記)」, 「기민시(飢民詩)」「탄빈(歎貧)」, 「고우탄시남고(苦雨歎示南皋)」, 「취가행(醉歌行)」, 「고시십이사수(古詩二十四首)」, 「차평택현(次平澤縣)」, 「조룡대(釣龍臺)」, 「유엄지출보금정도찰방만도동작진작(有嚴旨出補 金井道察訪晩渡銅雀津作)」 등을 지었다.

1796년(정조 20년, 丙辰) 35세

10월에 명을 받고 규영부 교서가 되었다. 겨울에 규영부로 불러들여 자리를 마주하고 특별히 오랫동안 이별하였던 뜻을 유시하고 「규운옥편(奎韻玉篇)」의 범례와 「사기영선(史記英選)」의 제목에 대해 자문했다. 12월 1일에 병조참지에 제수되었다. 3일 우부승지에 제수되었다가 다음날 좌부승지로 제수된 후 부호군으로 옮겼다. 「규영부교서기(奎英府校書記)」, 「양강우어자(楊江遇漁子)」, 「신승지광하만사(申承旨光河輓詞)」, 「이주신택소집(李周臣宅小集)」, 「불역쾌재행20수(不亦快哉行二十首)」, 「시사언(詩四言)」 등을 지었다.

1797년(정조 21년, 丁巳) 36세

3월에 대유사(大酉舍)에서 음식을 베풀어 주신데 나가 참석하고 임금의 명을 받아 『춘추경전(春秋經典)』을 교정하였고, 두보(杜甫)의 시(詩)와 육방옹(陸放翁)의 시집 간행의 교정을 보았다.

6월 22일 병조참지를 거쳐 동부승지, 참조참의, 우부승지가 되었으나 벽파가 계속하여 서학파에 대한 공격을 계속하자 벼슬을 사임하는 상소를 올려 사직하였다. 상소의 내용은 평생의 본말(本末)을 진술하였는데, 털끝만큼도 숨김이 없었다. 그리하여 정조께서 "선단(善端)의 싹이 온화하여 마치 봄기운이 만물을 싹트게 하는 것과 같이 종이에 가득 펼쳐져 있으니 말한 것을 감격스럽게 들었다."라는 비답을 내리시고, 교지를 내려 칭찬하였다. 다산이 상소를 올린 것은 시기하는 자들의 구설 때문이었다.

윤 6월 2일 곡산부사(谷山府使)에 제수되었다. 마침 곡산에 빈자리가 있어 임금이 어필(御筆)로 첨서낙점하여 이루어진 인사로, 임금께 인사를 올렸다. 그러자 친히 유시(諭示)를 내려 말씀하시기를 "지난번 상소문은 문사(文詞)를 잘 구사했을 뿐만 아니라, 심사(心事)도 빛나고 밝으니 참으로 우연한 일이 아니다. 곧바로 한번 승진시켜 쓰고자 하였다. 그러나 의논이 들끓으니 왜들 그러는지 모르겠다. 한두 해쯤 늦어진다고 해서 해로울 것은 없으니 떠나거라. 장차 부를 것이니 슬퍼할 필요는 없다."라고 위로하였다.

다산은 곡산에서 참된 목민관이 되어 선정(善政)을 펼칠 기회라 여기고 고을을 잘 다스려 그 치적이 두루 알려지게 되었다. 겨울에 『마과회통(麻科會通)』을 완성하였다. 『마과회통』은 홍역을 치료하는 처방이다. 아들들이 연이어 홍역으로 요절하였기에 다산이 처방을 수집하여 모두 12권의 책을 완성하였다.

「적기행시최생(赤驥行示崔生)」, 「오연범주수(鳥淵汎舟五首)」, 홀곡행정수안수(笏谷行呈遂安守)」, 「노인령(老人嶺)」 등을 지었다.

1798년(정조 22년, 戊午) 37세

4월에 『사기찬주(史記纂註)』를 올렸다. 지난해 임금께 하직인사를 올리러 갔을 때, "곡산은 한가한 읍이다. 그곳에 가거든 찬주(纂註) 하도록 하라."라는 분부를 받았고, 『사기영선(史記英選)』의 주해가 번잡함을 줄여 찬할 것을 명하였다. 그러므로 각신(閣臣) 이만수(李晩秀)를 통하여 올린 것이다. "글로 올린 것이 뜻에 적합하니 매우 다행스러운 일이다." 라는 임금의 답이 있었다.

겨울에 곡산의 좁쌀과 콩을 전부 돈으로 바꾸어 올리라는 영(令)을 철회해 주도록 요청해 민생을 안정시키도록 하였다. 군포로 면포를 걷는데, 아전이 가지고 온 자가 오례의도척(五禮儀圖尺)과 비교하여 2치나 더 길어 오례의도척을 기준으로 자를 만들어 백성의 군포를 받아 군역을 진 백성들의 편리를 도모하였다. 호적을 다시 작성할 때에도 침기부(砧基簿)를 가져다가 종횡표(縱橫表)와 지도를 만들고 경위선(經緯線)을 그려 넣어 백성들의 허실과 강약, 땅의 넓고 좁음, 멀고, 가까움을 잘 알 수 있도록 하였다. 「부수안도중작(赴遂安途中作)」, 「천용자가(天龍子歌)」, 「곡산정당신건기(谷山政堂新建記)」, 「화최사문유렵편(和崔斯文遊獵篇)」, 「부용당기(芙蓉堂記)」, 「서향묵미각기(書香墨味閣記)」, 「제겸제원절목후(題兼濟院節目後)」, 「자하담범주기(紫霞潭汎舟記)」, 「곡산북방산수기(谷山北坊山水記)」 등을 지었다.

1799년(정조 23년, 己未) 38세

2월에 황주(黃州) 영위사(迎慰使)로 임명하는 교지를 받았다. 정월에 청나라 고종황제가 붕어(崩御)하여 칙사가 왔으므로 호조참판의 임시 직함을 가지고 칙사 일행을 맞이하였다. 4월 24일 내직으로 옮겨 병조참지(兵曹參知)에 제수되었다. 상경도중 5월 4일 동부승지를 제수 받았다가 5일에 형조참의로 다시 제수되었다. 병조참의로 있으면서 여러 가지 옥사를 심리하는데 의심스러운 점을 판결하여 종합적으로 밝히니 매번 칭찬을 들었으며, 「초도돈우계(椒島牛啓)」를 올렸다. 6월에 대언(臺言)으로 인해 상소하여 자신의 입장을 밝히고 체임하여 주기를 상소한 결과, 7월 26일에 체직을 허락 받았다. 이때의 상소문이 「사형조참의소(辭刑曹參議疏)」이다. 10월에 조화진과 충청감사 이태영이 이가환, 정약용과 한영익 부자(주문모 밀입국을 보고)를 서교에 탐닉했다고 상소했으나 정조는 무고라고 일축했다. 12월에는 특별교지에 의해 세서례(洗書禮) 때의 어제시(御製詩)에 화답하는 시를 지어 올렸다. 「입갈현동(入葛玄洞)」, 「확연폭포가(淵瀑布歌)」, 「영남인물고서(嶺南人物攷書)」, 「숙평구(宿平邱)」 등을 지었다. 곡산에서 「농업정책에 관한 건의서」를 집필하고 기행문 '창옥동기행'도 지었다. 넷째 아들 농장(農牂)이 태어났다.

1800년(정조 24년, 庚申) 39세

이해 봄 다산은 모든 것을 청산하고 시골로 돌아갈 계획을 굳게 결심하였다. 세상이 날로 험악해져 감을 본 다산은 고향으로 낙향할 계획으로 이미 처자를 소내(笤川)로 보냈다. 정조가 이 소식을 듣고 다산을 불러 말하기를 "교서(校書)의 일을 보도록 하라. 내가 어찌 너를 놓아 보낼 수 있겠느냐." 라고 하였다. 6월 12일 내각의 서리가 「한서선(漢書選)」 10질을 가지고 와서 다섯 질은 남겨서 가전(家傳)의 물건으로 하고, 나머지 다섯 질은 제목을 써서 다시 들여 보내도록 하였다. 군신의 의(誼)는 이것으로 끝이었다.

6월 28일 정조선황제(正祖宣皇帝)가 갑자기 승하했기 때문에 다산은 하늘이 무너지는 듯한 충격과 슬픔으로 묘지문에서 정조 임금을 이렇게 말하였다.

"나는 포의(布衣)로 임금의 알아주심을 입었으니, 정조대왕(正祖大王)께서 총애해주시고 칭찬해 주심이 동렬(同列)에서 벗어났다. 앞뒤로 상을 받고 서책·구마·문채 있는 짐승가죽·진귀한 여러 물건 등을 내려주신 것은 이루 다 기록할 수가 없다. 기밀에 참여하도록 허락하여 주시고, 생각한 바가 있어 조목조목 올리면 모두 즉석에서 윤허하여 주셨다." 이렇게 다산을 알아주던 임금께서 돌아가셨으니, 슬픔이 곡진하기 짝이 없었다. 겨울에 졸곡(卒哭)을 지낸 뒤, 고향으로 돌아가기로 결심하고 오직 초하루와 보름에만 곡반(哭班)에 나아갔다. 다산은 초천(소내)의 별장으로 돌아가 형제들과 함께 모여 날마다 경전을 강(講)하고 그 당(堂)에 여유(與猶)라는 편액을 달고 「여유당기(與猶堂記)」를 지었다. 「문헌비고간오(文獻備考刊誤)」, 「만출강고(晚出江皐)」, 「고풍(苦風)」, 「고의(古意)」, 「강변도중작(江邊道中作)」, 「봉화계부운(奉和季父韻)」 등을 지었다.

1801년(순조 원년, 辛酉) 40세
정월에 사상탄압과 사파암살을 예고한 섭정 김대비의 '사학엄금 교서(邪學嚴禁教書)'가 선포되었다. 동월 19일 석각(夕刻)에 천주교 '명회(名會)' 장 정약종의 비장 책롱이 압수되었으며, 박장설·이서구·최현종 등은 계속 상소하여 천주신도를 반역죄로 처단할 것을 주장하였다.

2월 8일 사간원에서 임금께 올린 계(啓)에 의하여 9일 다산(茶山)은 이가환·이승훈·홍낙민 등과 함께 새벽에 잡혀 옥에 구금되었다. 같은 달 27일 임금의 은혜를 입고 출옥하여 장기로 유배되고 손암(巽庵) 정약전(丁若銓)은 신지도(新智島)로 유배되고 셋째 형인 약종(若鍾)은 옥사했다. 다산은 이곳에서 『이아술(爾雅述)』 6권을 저술했다.

10월에 황사영 백서 사건이 터져 서울로 다시 압송되어 문초를 받은 후 그 사건에 연루됨이 없다는 것이 밝혀져 11월 다산은 정일환 등의 도움으로 죽음을 면하여 강진현으로 유배되고, 형 정약전은 흑산도로 유배되었다. 이 때에 교리(校理) 윤영희(尹永僖)가 다산의 생사를 탐지하려고 대사간 박장설(朴長卨)을 찾아가 옥사의 실정을 물었다. 마침 홍희운(洪羲運)이 와서 윤영희가 옆방으로 피해 들어가자 희운이 말에서 내려 방에 들어와 발끈 성을 내면서 소리치기를 "천 사람을 죽여도 아무개 한 사람을 죽이지 못하면 아무도 죽이지 못한 것과 같은데 어찌 공은 힘써 다투지 않습니까?" 라고 하니, 박장설은 "저 사람이 스스로 죽지 않는데 내가 어찌 죽일 수가 있겠소?" 라고 대답하였다. 다산을 모함했던 사람들의 심사가 대체로 이러했다.

다산의 형제는 서로 나란히 율정점(栗亭店)에 이르러 서로 갈리어 헤어지니 각별한 형제애를 가진 두 분의 정경이 실로 눈물겨웠다. 「율정별(栗亭別)」이라는 시에 잘 나타나 있다. 「하담별(荷潭

別)」,「석우별(石遇別)」,「사평별(沙坪別)」,「기성잡시 27수(鬐城雜詩二十七首)」,「독좌 2수(獨坐二首)」,「고시 27수(古詩二十七首」,「아가사 (兒哥詞)」,「해랑행(海狼行)」,「오즉어행(烏鰂魚行)」,「장기농가10 장(長鬐農歌十章)」,「기아(寄兒)」,「타맥행(打麥行)」,「추일억사형(秋日憶舍兄)」,「야과동작도(夜過銅雀渡)」,「객중서회(客中西懷)」 등을 지었다.

1802년(순조 2년, 壬戌) 41세

윤광택(尹光宅)이 자기 조카 시유(詩有)를 시켜 자주 물품을 보내주며 안부를 물었다. 큰아들 학연(學淵)이 와서 근친하였다. 겨울에 넷째 아들 농장이 요절했다는 소식이 왔다. 다산의 비통한 심정은 「농아광지(農兒壙志)」에 잘 나타나 있는데, 자식 사랑과 자식을 잃은 부인의 심정에 대한 이해를 그리고 있어 부부애의 지극함을 보여준다. 「신년득가서(新年得家書)」, 「탐진촌요 10수(耽津村謠十首)」지었다.

1803년(순조 3년, 癸亥) 42세

정월 초하룻날 집으로 편지를 보냈는데, 책을 초(鈔)하는 규모에 대하여 덧붙여 보여 주었다. 봄에 『단궁잠오(檀弓箴誤)』가 이루어졌다. 단궁 2편은 『예기(禮記)』 여러 편 가운데 그 뜻과 이치가 매우 정밀하고 뮤사가 특히 아름답다. 여름에 『조존고(弔尊考)』가 이루어졌다. 모두 23칙으로 장례절차 전반에 걸친 세밀한 내용을 『경례(敬禮)』를 근거로 하여 기술되었다. 겨울에는 『예전상의광(禮箋喪儀匡)』 17편이 이루어졌다. 다산이 유배지에서 밤낮으로

골똘히 연구 하여 마침내 「사상례」과 「상복」 1편의 주석을 취하여 이루어낸 것이다. 「애절양(哀絶陽)」, 「충식송(蟲食松)」 「황칠(黃漆)」, 「전가만춘(田家晚春)」, 「사의재기(四宜齋記)」 등을 지었다.

1804년(순조 4년, 甲子) 43세
봄에 『아학편훈의(兒學編訓義)』가 이루어졌다. 「오작(午酌)」, 「증문(憎蚊)」, 「하일대주(夏日對酒)」, 「독소(獨笑)」, 「아생(蛾生)」, 「우래 12장(憂來十二章)」, 「구우(久雨)」 등을 지었다.

1805년(순조 5년, 乙丑) 44세
여름에 『정체전중변(正體傳重辨)』이 이루어졌다. 일명 『기해방례변(己亥邦禮辨)』이라고도 하며, 모두 3권이다.
겨울에 큰아들 학연이 강진으로 찾아왔다. 이에 보은산방(寶恩山房)으로 나가 밤낮으로 『주역(周易)』과 『예기(禮記)』를 가르쳤다. 아들이 질문한 것을 답변하며 기록한 것이 있는데, 모두 52칙으로 '승암문답(僧菴問答)'이라고 하였다. 「과야인촌거(過野人村居)」, 「화소장공동파수(和蘇長公東坡八首)」, 「체사유월삼일치우(滯寺六月三日值雨)」 등을 지었다.

1807년(순조 7년, 丁卯) 46세
5월에 장손 대림(大林)이 태어났다. 7월에 형의 아들 학초(學樵)의 부음(訃音)이 와서 묘지명(墓誌銘)을 지었다. 다산은 거기서 "내가 유락(流落)한 후에 6경 4서의 설을 지은 것이 몇 권이 있는데, 학초를 기다려 전해주려 하였더니 이제 가버렸구나." 라고 탄식하였다. 학문을 좋아하고 명민(明敏)한 학초에게 공이 애써 이룩한 학문을 전해주려고 하였다. 그런데 일찍 죽고 말았으니 그 슬픔이 곡진하였다. 겨울에 『예전상구정(禮箋喪具訂)』이 이루어졌다. 이는 다산이 상의(喪儀)를 바로잡고, 또 상구(喪具)에 대해 잘못 전해지고 틀린 것들을 바로잡기 위한 것으로 모두 6권이다. 「제서호부전도(題西湖浮田圖)」, 「제동시효빈도(題東施效嚬圖)」, 「승발송행(僧拔松行)」, 「일발암기(一鉢庵記)」, 「엽호행(獵虎行)」 등을 지었다.

1808년(순조 8년, 戊辰) 47세

봄에 다산(茶山)으로 거처를 옮겼다. 다산은 강진현 남쪽에 있는 만덕사 바로 서쪽에 있는데, 귤림처사(橘林處士) 윤단(尹博)의 산정(山亭)이다. 다산으로 옮긴 뒤에 대(臺)를 쌓고, 못을 파고, 꽃과 나무를 열을 지어 심고 물을 끌어 폭포를 만들었다. 다산초당(茶山草堂)의 동쪽과 서쪽에 동암(東庵)과 서암(西菴) 두 암자를 지었다. 그곳에 장서 2천여 권을 쌓아놓고 제자를 모아 공부를 가르치며, 독서와 저서에 힘쓰면서 스스로 즐기고, 석벽(石壁)에 '정석(丁石)' 두 글자를 새겨 정약용이 살다간 '정(丁)씨의 돌(石)'이라 표시하였다.

이 때 제자들에게 「추이효변지학(推移爻變之學)」을 강의하고, 뜻이 통하자 『주역(周易)』을 가지고 서로 더불어 어려운 점을 물어 『다산문답(茶山問答)』 1권을 지었다.

봄에 둘째 아들 학유(學遊)가 왔다. 여름에 가계(家誡)를 썼다. 겨울에 『제례고정(祭禮考定)』이 이루어졌는데, 이는 우리나라 사대부들의 제사 지내는 법이 자못 경례를 잃었다고 생각하여 이를 고증하기 위한 것이다.

겨울에 『주역심전(周易心箋)』이 이루어졌다. "내가 갑자년 동짓날 강진 유배지에서 주역을 읽기 시작하였다. 이해 여름에 차록(箚錄)해 놓은 공부가 있어 겨울에 완성을 했는데 모두 8권이었다." 이것은 '무진본(戊辰本)' 서문(序文)에 쓴 것으로 뒤에 '정묘본(丁卯本)'으로 다시 고쳐 완결을 지으니 24권이 되었다. 「독역요지(讀易要旨)」 18칙을 지었다. 『역례비석(易例比釋)』을 저술하였다. 『대상전(大象傳)』을 취하여 별도로 1편을 모아 주해를 달았고, 『시괘전(蓍卦傳)』 1부를 취하여 별도로 주석을 달았다. 또 『설괘전(設卦傳)』을 취하여 전거(典據)가 있는 것은 보충하고 잘못 와전된 것은 정정하였다.

1809년(순조 9년, 己巳) 48세

봄에 『예전상복상(禮箋喪服商)』이 이루어졌다. 가을에 『시경강의(詩經講義)』를 수정하여 완성하였다.

다산의 묘지문(墓誌文)에 보이듯이 "내가 바닷가로 유배되어 어린 시절 학문에 뜻을 두었다. 그러나 어언 20년간 세상일에 빠져 다시 선왕의 대도(大道)를 알지 못하였더니, 이제야 공부할 여유가 생겼구나." 라는 생각으로 마침내 은연 중 기뻐하였다. 육경(六經)과 사서(四書)를 취하여 한·위(漢·魏) 이후로 명(明)·청(淸)에 이르기까지 경전의 뜻을 보충 설명해 놓은 학설을 널리 수집하고 두루 고증하여 잘못된 것을 바로 잡았다. 일가(一家)의 말을 갖추어 버리고 취한 뜻을 밝혀 놓았다.

선대왕(先大王:정조)의 비평을 받은 『모시강의(毛詩講義)』 12권을 수편(首篇)으로 삼고, 별도로 『강의보(講義補)』 3권을 지었다. 「현파 윤흥서행장(玄坡尹興緒行狀)」을 지었다.

1810년(순조 10년, 庚午) 49세

봄에 『시경강의보(詩經講義補)』가 이루어졌다. 다산은 이 때의 일에 대하여 "내가 다산에 있을 적에 당시 『시경(詩經)』을 강의하고 있었다. 이 때에 나는 중풍으로 매우 곤란을 겪어 정신이 맑지 못했다. 그러나 그만 둘 수 없었던 것은 선성(先聖)·선왕(先王)의 도에 대해 몸을 바쳐 진력하여 죽은 뒤에야 그만두려고 했기 때문이다." 라고 하였다. 봄에 『관례작의(冠禮酌儀)』가 이루어졌다. 이에 대해 "내가 다산에 있을 적에 마침 주인의 아들이 가관례(加冠禮)를 치르기에 『삼가의례(三加儀禮)』, 『가례(家禮)』를 취하고 아름다운 풍속을 참작하여 다음과 같이 삼가지문(三加之文)을 갖추는 바이다." 라고 하였다. 『가례작의(嘉禮酌儀)』가 이루어졌다. 봄, 여름, 가을에 세차례 가계(家誡)를 썼다. 9월에 큰아들 학연이 바라를 두드려 억울함을 하소연하여 특별히 용서해 주는 은총을 입었다. 그러나 홍명주(洪命周)의 상소와 이기경의 대계(臺啓)가 있었기 때문에 석방되지 못하였다. 겨울에 『소학주관(小學珠串)』이 이루어졌다.

1811년(순조 11년, 辛未) 50세

봄에 『아방강역고(我邦疆域考)』가 이루어졌다. 겨울에 『예전상기별(禮箋喪期別)』이 이루어졌다. 이미 「예전상복상(禮箋喪服商)」

을 만들어 놓았는데, 또 상기(喪期)에 관한 여러 의소(義疏)를 모아 별도로 만들었다. 기(期)라는 것은 내·외종이 입어야 하는 상복의 융쇄(隆殺)와 복을 입어야 하는지 입지 않아야 하는지에 관한 것과 강복해야 되는지 강복해서는 안 되는지에 관한 것이다. 이를 「상기별(喪期別)」이라 하였다. 홍경래가 난을 일으켜 가산과 서쪽의 8군을 함락시켰다. 다산은 자신이 예견하고 걱정했던 민란이 터졌다는 소식 을 듣고 몹시 안타까워했다.

1812년(순조 12년, 壬申) 51세

봄에 가정공(稼亭公)의 부고(訃告)를 받고 행장(行狀)을 지었다. 패서(浿西) 지방에 홍경래(洪景來)의 난이 일어났으므로 민가에 병사(兵事)에 관한 일을 인식시키기 위하여 『민보의(民堡議)』를 지었다. 겨울에 『춘추고징(春秋考徵)』이 완성되었다. "춘추란 육예(六藝)의 하나이니 옛날의 이른바 좌사(左史)이다. 왕도(王道)가 이루어지면 한 마디 말과 한 가지 행동이 모두 경(經)이 될 수 있다. 그래서 서경과 춘추가 육경에 들게 된 것이다." 라고 그 첫머리에 썼다. 「아암탑문(兒菴塔文)」을 썼다. 아암(兒菴) 혜장선사는 공이 강진에 귀양온 뒤 5년째 되어 가까이 지낸 학승이었다. 딸이 옹산(翁山) 윤서유(尹書有)의 아들 창모(昌謨)에게 시집갔다. 「윤면채뢰(尹勉采誄)」를 지었다.

1813년(순조 13년, 癸酉) 52세

겨울에 『논어고금주(論語古今注)』가 이루어졌다. 여러 해 동안 자료를 수집하여 이 해 겨울에 완성하니 40권이었다. 이강회, 윤동이 함께 도왔다. 「춘추성언수(春秋聖言蒐)」, 「증별이중협우후시 첩서(贈別李重協虞候詩帖序)」 등을 지었다.

1814년(순조 14년, 甲戌) 53세

4월에 대계(臺啓)가 처음으로 정지되었다. 장령(掌令) 조장한 (趙章漢)이 사헌부에 나아가 특별히 정지시켰다. 그때 의금부에서 관문(關文)을 발송하여 석방시키려고 하였으나, 강준흠(姜浚欽)이 상소하여 발송하지 못했다. 여름에 『맹자요의(孟子要義)』 9권 가을에 『대학공의(大學公義)』 3권과 『중용자잠(中庸自箴)』 3권 겨울에 『대동수경(大東水經)』 2권이 이루어졌는데, 겨울에 이청(李晴)이 집주(集注)케 하였다.

1815년(순조 15년, 乙亥) 54세

봄에 『심경밀험(心經密驗)』과 『소학지언(小學枝言)』 두 책을 지었다. 책 머리에 "내가 곤궁하게 살면서 일이 없어 육경(六經)과 사서 (四書)를 연구한 지가 오래 되었다. 하나라도 얻은 것이 있으면 뽑아서 간직해 두었다. 이에 그 독실히 행할 방도를 추구해 보니, 오직 『소학(小學)』과 『심경(心經)』이 모두 그 경전 가운데서 꽃을 피운 것이다. 배우는 자가 이 두 책에 마음을 기울이고 힘써 실천하여 『소학(小學)』으로써 그 밖을 다스리고, 『심경(心經)』으로 그 안을 다스린다면 절로 현자(賢者)가 되는 길이 열릴 것이다." 라고 쓰고 있다.

1816년(순조 16년, 丙子) 55세

봄에 『악서고존(樂書孤存)』이 이루어졌다. 5월 아들에게 보낸 편지에 시비(是非)와 이해(利害)에 관련하여 인간 처세에 대해 귀한 편지를 보냈다. 6월 둘째 형 손암(巽菴) 정약전 선생이 흑산도에서 세상을 떠났다. 박재굉(朴載宏)을 보내 나주로 영구를 돌아오게 하였다. 그에게 보낸 편지에 "돌아가신 형님은 덕행과 기국이 넓고 학문과 식견이 깊고 밝아 내가 감히 견줄 수 없지만, 부지런하고 민첩한 것은 나보다 못하였다. 그래서 저술한 것은 많지 않으나 지금 세상에 그와 같은 분은 다시 없을 것이다."라고 적고 있다. 집으로 보낸 편지에 "6월 6일 어진 내 중씨(仲氏)가 세상을 떠난 날이다. 아! 어질고도 궁하기가 이 같은 분이 있었겠는가? 돌아가심이 원통하여 울부짖으니 나무와 돌도 눈물을 흘리는데 다시 또 무슨 말을 하리요. 외로운 천지간에 다만 손암 선생만이 나의 지기(知己)였는데, 이제 돌아가셨으니 내 비록 터득한 것이 있다고 한들 어느 곳에서 입을 열어 말하겠는가?" 라고 썼다. 손암 선생의 묘지명 「선중씨정약전묘지명(先仲氏丁若銓墓誌銘)」을 지었다.

1817년(순조 17년, 丁丑) 56세

가을에 『상의절요(喪儀節要)』가 이루어졌다. 모두 6편인데 3권까지는 큰아들이 받아 적었고, 하편은 이굉보의 물음에 답한 것이다. 「예서차기(禮書箚記)」, 「오복연혁표(五服沿革表)」 1편을 이 책 끝에 붙여 합하여 『상의절요』라고 하였다.

『방례초본(邦禮草本)』의 저술을 시작하였는데 끝내지는 못하였다. 이 책은 또한 『경세유표(經世遺表)』라고도 한다. 경세란 무엇인가? 관제(官制)·군현지제(郡縣之制)·전제(田制)·부역(役役)·공시(貢市)·창저(倉儲)·군제(軍制)·과제(科制)·해세(海稅)·상세(商稅)·마정(馬政)·선법(船法)·영국지제(營國之制) 등을 지금 쓰느냐, 쓰지 않느냐에 구애를 받지않고, 경기(經紀)를 세워 진술하여 낡은 우리나라를 새롭게 하려고 생각한 것이다.

1818년(순조 18년, 戊寅) 57세

봄에 『목민심서(牧民心書)』가 이루어졌다. 목민은 백성을 다스리는 것으로 율기(律己)·봉공(奉公)·애민(愛民)의 3기로 하고, 이(吏)·호(戶)·예(禮)·병(兵)·형(刑)·공(工)을 6전(大典)으로 하여, 진황(賑荒)으로 끝을 맺었다. 모두 48권이다. 여름에 『국조전례고(國朝典禮考)』가 이루어졌다. 2권이다. 8월에 이태순(李泰淳)의 상소로 관문(關文)을 발하여 다산을 떠나 14일에 열수(洌水)로 돌아와 효부(孝婦) 심씨(沈氏)의 묘지명을 지었다.

1819년(순조 19년, 己卯) 58세

여름에 『흠흠신서(欽欽新書)』가 이루어졌다. 이 책의 처음 이름은 『명청록(明淸錄)』이었다. 그런데 후에 『우서(虞書)』, '흠재흠재(欽哉欽哉)', 즉 형벌을 신중히 하라는 뜻으로 이 이름으로 고쳤다.

겨울에 『아언각비(雅言覺非)』가 이루어졌는데, 모두 3권이다.

1820년(순조 20년, 庚辰) 59세

5월 1일 「위이인영증언(爲李仁榮贈言)」을 썼다. 겨울에 옹산(翁山) 윤정언(尹正言)의 묘지명 「옹산윤공묘지명(翁山尹公墓誌銘)」을 지었다.

1821년(순조 21년, 辛巳) 60세

봄에 『사대고례산보(事大考例刪補)』가 이루어졌다. 9월에 큰형 정 약현의 상을 당하고, 백씨(伯氏) 진사공(進士公)의 묘지명 「선백씨정약현묘지명(先伯氏丁若鉉墓誌銘)」을 지었다. 겨울에 남고(南皐) 참의(參議) 윤지범(尹持範)의 묘지명 「남고윤지범묘지명(南皐尹持範墓誌銘)」을 지었다.

1822년(순조 22년, 壬午) 61세

회갑을 맞아 「자찬묘지명(自撰墓地銘)」 집중과 광증본 2종을 지었다. 거기에 "육경(六經)과 사서(四書)의 학문을 두루 연구하여 마쳤고, 경제실용(經濟實用)의 학문을 마무리해서 천하의 능사(能事)를 끝냈다. 천인성명(天人性命)의 근원에 통달하고 생사(生死)·추탈(推脫)의 근본을 체험하여 다시는 마음에 걸리는 것이 없었다. 남자로서 할 일은 대강 마쳤으니 이제 죽어도 두려울 게 없다."라고 기술하였다.

지평(持平) 윤지눌(尹持訥)의 묘지명 「윤지눌지평묘지명(尹持訥持平墓誌銘)」, 이장령(李掌令) 유수(儒修)의 묘지명 「이장령유수묘지명(李掌令儒修墓誌銘)」, 「녹암권철신묘지명(鹿菴權哲身墓誌銘)」, 「정헌이가환묘지명(貞軒李家煥墓誌銘)」 등을 지었다. 정산(鼎山) 김기서(金基敍)와 편지를 주고 받았다.

1823년(순조 23년, 丁亥) 62세

4월 15일부터 25일까지 산수를 거슬러 유람하고 「산행일기(汕行日記)」, 「산수심원기(汕水尋源記)」 등을 지었다. 9월 28일 승지

후보로 낙점(落點)되었으나 취소되었다.

1827년(순조 27년, 丁亥) 66세

다산을 등용하자는 의견이 나왔으나 10월에 윤극배(尹克培)가 다산을 참혹하게 무고하는 상소를 올려 오히려 옥에 수감될 뻔하였다. 「제변상벽계령자도(題卞相璧母鷄領子圖)」를 지었다.

1830년(순조 30년, 庚寅) 69세

5월 5일 익종(翼宗:순조의 아들)이 위독해 약원(藥院)에서 탕제(湯制)의 일로 다산과 논의하고자 아뢰어 부호군(副護軍)에 단부(單付) 되었으나 약을 올리기도 전인 6일 익종이 세상을 떠났다.

1834년(순조 34년, 甲午) 73세

봄에 『상서고훈(尙書古訓)』과 『지원록(知遠錄)』을 개수하여 합편했는데, 모두 21권이다. 가을에 『매씨서평(梅氏書平)』 10권을 개정했다. 11월에 순조 임금의 환후가 위중하여 부름을 받고 급히 대궐로 나갔으나, 홍화문에서 초상이 났다는 말을 듣고 이튿날 고향으로 돌아왔다.

1836년(헌종 2년, 丙申) 75세

2월 22일 신시(辰時)에 열상(洌上)의 정침(正寢)에서 생을 마감 했다. 이 날은 다산의 회혼일(回婚日)이어서 족친(族親)들이 모두 왔고, 문생(門生)들도 다 모였다. 4일 전에 이미 위독하기 시작했는데, 21일에는 회복될 기미가 있었다. 하지만 다산은 자신의 죽음을 예견하고 모든 유언을 남긴 후 다음 날 편히 세상을 떠났다. 장례절차는 1822년 회갑때 다산이 이미 작은 첩(帖)을 잘라 유명(遺命)을 적어두었다. 첫머리에 "이 유명은 꼭 예(禮)를 따를 것도 없고, 오직 그 뜻대로 할 것이다. 살았을 때 그 뜻을 받들지 않고 죽었을 때 그 뜻을 좇지 않으면 모두 효(孝)가 아니다. 하물며 내가 「예경(禮經)」을 수십 년 동안 정밀하게 연구했으므로 그 뜻은 다 예에 근거를 둔 것이지 감히 내 멋대로 한 것이 아니니 어찌 따르지 않겠는가? 산 사람이 해야 할 일은 『상의절요』에 있으니 마땅히 잘 살펴 행하고 어기지 말아라." 라고 적고 있다. 4월 1일 집 뒷동산에 장사지냈는데 장례절차는 유명(遺命)을 따랐고, 나머지는 상의절요대로 좇았다. 여유당(與猶堂) 뒤편 광주(廣州) 초부방(草阜坊) 마현리(馬峴里) 자좌(子坐)의 언덕(지금의 남양주군 조안면 능내리)이다.

1910년(순종 4년, 庚戌)

7월 18일 특별히 정헌대부(正憲大夫) 규장각제학(奎章閣提學)을 추증하고, 문도공(文度公)의 시호(謚號)를 내렸다.

융희(隆熙) 4년 경술년(庚戌年), 1910년 7월 18일, 다산 서거 후 75년 만에 임금은 "고(故) 승지 정약용은 문장과 경제(經濟)로 일세에 탁월하여 마땅히 조가(朝家)의 표창하는 일이 있어야 하기에, 특별히 정삼품(正三品) 규장각제학(奎章閣提學)을 추증(追贈)하여 절혜(節惠)의 은전을 베푸노라."라는 글을 내려 유배자 다산의 명예를 회복시켰다.

삶따라 자취따라
茶山 정약용

다산선생 탄신 235주년을 기념하며
1997년 6월 16일 초판   1쇄 펴냄

다산선생 탄신 262주년을 기념하며
2024년 6월 16일   18쇄 펴냄

정약용 선생   외가 - 예손 | 裔孫 | 다 산   茶 情
            제자 - 현손 | 玄孫 | 지킴이   尹棟燮

도서출판 다산문화원

전남 강진구 도암면 다산초당길 68
010-3883-2116

출판등록 : 2015년 4월 6일
        제492-2015-000002

값 : 25,000원